MAX-PLANCK-INSTITUT
FÜR AUSLÄNDISCHES ÖFFENTLICHES RECHT
UND VÖLKERRECHT

Beiträge zum ausländischen öffentlichen Recht und Völkerrecht

Begründet von Viktor Bruns

Herausgegeben von
Armin von Bogdandy · Anne Peters

Band 261

Johanna Elisabeth Dickschen

Empfehlungen und Leitlinien als Handlungsform der Europäischen Finanzaufsichtsbehörden

Eine dogmatische Vermessung

Recommendations and Guidelines as Legal Instrument of the European Financial Supervisory Authorities

(English Summary)

Springer

ISSN 0172-4770 ISSN 2197-7135 (electronic)
Beiträge zum ausländischen öffentlichen Recht und Völkerrecht

ISBN 978-3-662-54360-3 ISBN 978-3-662-54361-0 (ebook)
DOI 10.1007/978-3-662-54361-0

Die Deutsche Nationalbibliothek verzeichnet diese Publikation in der Deutschen Nationalbibliografie; detaillierte bibliografische Daten sind im Internet über http://dnb.d-nb.de abrufbar.

Springer

Gedruckt auf säurefreiem und chlorfrei gebleichtem Papier

Springer ist Teil von Springer Nature
Die eingetragene Gesellschaft ist Springer-Verlag GmbH Deutschland
Die Anschrift der Gesellschaft ist: Heidelberger Platz 3, 14197 Berlin, Germany

Meiner Familie

Vorwort

Die vorliegende Arbeit entstand während meiner Zeit als wissenschaftliche Mitarbeiterin am Max-Planck-Institut für ausländisches öffentliches Recht und Völkerrecht in Heidelberg und wurde von der Juristischen Fakultät der Johann Wolfgang Goethe-Universität Frankfurt am Main als Dissertation angenommen. Das Manuskript wurde für die Druckfassung an einigen Stellen aktualisiert und befindet sich auf dem Stand von September 2015.

Mein besonderer Dank gilt Prof. Dr. Armin von Bogdandy, der mich einerseits als Doktorvater in jedweder Hinsicht unterstützt hat und mir andererseits viel Freiraum bei der Erstellung dieser Arbeit gewährte. Danken möchte ich Prof. Dr. Dr. h.c. Helmut Siekmann für die Erstellung des Zweitgutachtens, das für mich sehr wertvolle Anmerkungen enthielt. Schließlich danke ich meinem Doktorvater sowie Prof. Dr. Anne Peters für die Aufnahme dieser Arbeit in die Schriftenreihe des Max-Planck-Instituts.

Vertiefte Einblicke in die Praxis der Europäischen Wertpapier- und Marktaufsichtsbehörde erhielt ich durch ein Praktikum in deren Rechtsabteilung. Den dortigen Mitarbeitern und Mitarbeiterinnen danke ich für viele hilfreiche Gespräche und Anregungen, von denen meine Arbeit sehr profitiert hat.

Danken möchte ich auch all jenen, die mich während der Dissertationszeit freundschaftlich und kollegial begleiteten und unterstützten. Sie wissen, dass sie gemeint sind, auch ohne namentliche Nennung. Insbesondere geht der Dank an die „Dienstagsrunde“ am Institut für die wertvollen Anregungen sowie für die mühsame Arbeit des Korrekturlesens an Carlino Antpöhler und an meine Eltern.

Meinen Eltern und meinem Mann Alexander möchte ich darüber hinaus aus tiefstem Herzen für ihre stete und uneingeschränkte Unterstützung danken.

Stuttgart, im März 2016 — Johanna Dickschen

Inhaltsübersicht

Einleitung ... 1

Kapitel 1: Grundlagen ... 11

A. Handlungsformen als dogmatische Kategorie des Unionsrechts ... 11
B. Primärrechtliche Ausgangspunkte ... 20
C. Die Akteure der Europäischen Finanzaufsicht ... 28

Kapitel 2: Bestandsaufnahme ... 53

A. Stand der Forschung ... 53
B. Leitlinien und Empfehlungen in der Rechtspraxis der Level-3-Ausschüsse und der Europäischen Aufsichtsbehörden ... 58
C. Leitlinien und Empfehlungen anderer Agenturen und des Europäischen Ausschusses für Systemrisiken ... 70

Kapitel 3: Identifikation des Untersuchungsgegenstandes ... 77

A. Formidentifizierende Merkmale – Rekonstruktion der Praxis ... 77
B. Evaluierung der Praxis ... 95
C. Zusammenfassung und Stellungnahme ... 112
D. Vorschlag: Identifizierung von Leitlinien und Empfehlungen der Europäischen Aufsichtsbehörden anhand dreier Kriterien ... 113

Kapitel 4: Rechtsregime ... 115

A. Wirkungsmodus ... 115
B. Gültigkeitsregime ... 173
C. Kontrollregime ... 221
D. Zusammenfassung ... 240

Kapitel 5: Zusammenfassung in Thesen ... 243

Summary: Recommendations and Guidelines as Legal Instrument of the European Financial Supervisory Authorities 247

Literaturverzeichnis 251

Sachregister 275

Inhaltsverzeichnis

Einleitung 1

Kapitel 1: Grundlagen 11

A. Handlungsformen als dogmatische Kategorie des Unionsrechts 11
 I. Begriff der Handlungsform 11
 II. These: Rechtsstaatliche Gebotenheit einer Formalisierung 14
 III. Funktionen der Handlungsformen auf Unionsebene 17
B. Primärrechtliche Ausgangspunkte 20
 I. Die Begriffsverwendung von Handlungsform, Empfehlungen und Leitlinien im Unionsprimärrecht 21
 II. Keine Sperrwirkung des Art. 288 AEUV 23
 III. Keine Sperrwirkung des Art. 292 AEUV 26
C. Die Akteure der Europäischen Finanzaufsicht 28
 I. Rückblick: Die Level-3-Ausschüsse als Vorläufer der Europäischen Aufsichtsbehörden 28
 II. Die Europäischen Aufsichtsbehörden 33
  1. Ziele, Aufgaben und Befugnisse 37
  2. Organisatorische Struktur 39
  3. Finanzielle und personelle Ausstattung, Sitz 42
  4. Unabhängigkeit 44
 III. Verhältnis zu anderen Einrichtungen auf nationaler, europäischer und internationaler Ebene 44
  1. Nationale Ebene 44
  2. Europäische Ebene 45
  3. Internationale Ebene 47

Kapitel 2: Bestandsaufnahme 53

A. Stand der Forschung 53
B. Leitlinien und Empfehlungen in der Rechtspraxis der Level-3-Ausschüsse und der Europäischen Aufsichtsbehörden 58
 I. Rechtsakte der Level-3-Ausschüsse 59
  1. Leitlinien 59
  2. Empfehlungen 62
 II. Rechtsakte der Europäischen Aufsichtsbehörden 64

1. Leitlinien ... 64
2. Empfehlungen ... 67
III. Zusammenfassung ... 69
C. Leitlinien und Empfehlungen anderer Agenturen und des Europäischen Ausschusses für Systemrisiken ... 70

Kapitel 3: Identifikation des Untersuchungsgegenstandes ... 77

A. Formidentifizierende Merkmale – Rekonstruktion der Praxis ... 77
I. Bezeichnung im Titel der Rechtsakte ... 80
II. Hinweis auf Art. 16 der Gründungsverordnungen und Hinweise zur rechtlichen Stellung ... 82
III. Adressaten der Rechtsakte ... 83
IV. Aufbau der Rechtsakte ... 88
1. Nummerierung ... 89
2. Einleitung und Begründung ... 90
3. Gliederung des regelnden Teils ... 91
4. Begleitdokumente ... 92
5. Zusammenfassung ... 93
V. Einleitungs-, Abschluss- und Unterzeichnungsformel ... 93
B. Evaluierung der Praxis ... 95
I. Zweifelsfälle von Rechtsakten derselben Bezeichnung ... 96
II. Abgrenzung zu Rechtsakten anderer Bezeichnung ... 100
1. (Technische) Standards ... 100
2. Stellungnahmen ... 101
3. *Question and Answer*-Dokumente ... 103
4. Prinzipien ... 105
5. *Framework* ... 107
III. Zusammenfassung ... 108
IV. Abgrenzung von Empfehlungen und Leitlinien der Europäischen Aufsichtsbehörden ... 108
C. Zusammenfassung und Stellungnahme ... 112
D. Vorschlag: Identifizierung von Leitlinien und Empfehlungen der Europäischen Aufsichtsbehörden anhand dreier Kriterien ... 113

Kapitel 4: Rechtsregime ... 115

A. Wirkungsmodus ... 115
I. Faktische und rechtliche Wirkungen ... 116
II. Rückblick: Rechtsakte der Level-3-Ausschüsse ... 119

III. Wirkungen der Rechtsakte der Europäischen Aufsichtsbehörden ... 123
1. Unverbindlichkeit ... 123
2. Der *comply or explain*-Mechanismus ... 124
a. Allgemeine Darstellung des Mechanismus ... 125
b. Sanktion: Verfahren nach Art. 17 der Gründungsverordnungen ... 130
aa. Verstoß durch nationale Aufsichtsbehörden ... 131
bb. Verstoß durch Finanzmarktteilnehmer ... 134
c. Weitergehende sekundärrechtliche Verrechtlichung? ... 135
d. Umsetzung in Deutschland ... 137
e. Einhaltung der Leitlinien und Empfehlungen seit 2011 ... 141
3. Selbstbindung der ESAs und Vertrauensschutz ... 146
a. Leitlinien und Empfehlungen als *safe harbour*? ... 146
b. Grundsatz der Selbstbindung ... 149
c. Grenzen der Selbstbindung ... 151
aa. Begrenzung durch den Text ... 151
bb. Abweichung im Einzelfall ... 151
cc. Rechtswidrige Leitlinien und Empfehlungen und Vertrauensschutz ... 152
d. Vertrauensschutz bei Änderung von Leitlinien und Empfehlungen ... 154
4. Berücksichtigungspflicht für mitgliedstaatliche Gerichte ... 158
a. Allgemeine Darstellung der Berücksichtigungspflicht ... 158
b. Berücksichtigung in der Gerichtspraxis ... 162
5. Auswirkungen auf die zivilrechtliche Haftung ... 164
IV. Zusammenfassung und Stellungnahme ... 170
B. Gültigkeitsregime ... 173
I. Wirksamkeitsregime ... 175
1. Inkrafttreten der Rechtsakte ... 175
2. Veröffentlichung oder individuelle Bekanntgabe der Rechtsakte ... 177
3. Außerkrafttreten der Rechtsakte ... 180
4. Zusammenfassung ... 181
II. Rechtmäßigkeitsregime ... 181
1. Begründungspflicht ... 182
2. Rechtsgrundlage ... 183
3. Verfahrensregeln ... 192

a. Rückblick: Level-3-Ausschüsse ... 193
b. Europäische Aufsichtsbehörden ... 196
aa. Arbeitsprogramm ... 196
bb. Entwurfsphase ... 196
cc. Konsultation ... 197
dd. Annahme der Empfehlungen und Leitlinien durch den Rat der Aufseher ... 202
ee. Überprüfung ... 204
ff. Verstoß gegen Verfahrensvorschriften ... 205
c. Vergleich mit Verfahren anderer Unionsorgane, Einrichtungen und Agenturen sowie Stellungnahme ... 207
4. Sprachenregime ... 210
5. Verstoß gegen die *Meroni*-Doktrin? ... 212
6. Weitere Grenzen für Leitlinien und Empfehlungen ... 215
III. Formenwahlermessen ... 218
IV. Keine formspezifische Fehlerfolgenlehre ... 220
V. Zusammenfassung ... 220
C. Kontrollregime ... 221
I. Rechtsschutz ... 221
1. System des Rechtsschutzes gegen Maßnahmen der ESAs ... 222
2. Rechtsschutz gegen Leitlinien und Empfehlungen *de lege lata* ... 224
a. Beschwerde zum Beschwerdeausschuss ... 225
b. Inzidentkontrolle über ein Vorabentscheidungsverfahren ... 225
c. Nichtigkeitsklage ... 226
aa. Anfechtbare Handlung ... 227
bb. Ausnahme: rechtswidriger Anschein von Verpflichtungen ... 231
cc. Klagebefugnis ... 232
3. Stellungnahme und Reformmöglichkeiten ... 234
II. Haftung ... 238
D. Zusammenfassung ... 240

Kapitel 5: Zusammenfassung in Thesen ... 243

Summary: Recommendations and Guidelines as Legal Instrument of the European Financial Supervisory Authorities ... 247

Literaturverzeichnis 251

Sachregister 275

Abkürzungsverzeichnis

AEUV	Vertrag über die Arbeitsweise der Europäischen Union
ACER	*European Agency for the Cooperation of Energy Regulators* (Agentur für die Zusammenarbeit der Energieregulierungsbehörden)
AcP	Archiv für die civilistische Praxis
BaFin	Bundesanstalt für Finanzdienstleistungsaufsicht
CEBS	Committee of European Banking Supervisors
CEIOPS	Committee of European Insurance and Occupational Pensions Supervisors
CESR	Committee of European Securities Regulators
CML Rev.	Common Market Law Review
CRD	*Capital Requirements Directive* (Eigenkapitalrichtlinie)
DCGK	Deutscher Corporate Governance Kodex
DVBl.	Deutsches Verwaltungsblatt
EASA	*European Aviation Safety Agency* (Europäische Agentur für Flugsicherheit)
EBA	*European Banking Authority* (Europäische Bankenaufsichtsbehörde)
EIOPA	*European Insurance and Occupational Pensions Authority* (Europäische Aufsichtsbehörde für das Versicherungswesen und die betriebliche Altersversorgung)
ELJ	European Law Journal
ELRev.	European Law Review
EMA	*European Medicines Agency* (Europäische Arzneimittel-Agentur)
EMRK	Europäische Menschenrechtskonvention
ENISA	Europäische Agentur für Netz- und Informationssicherheit

ESAs	*European Supervisory Authorities* (Europäische Aufsichtsbehörden)
ESFS	*European System of Financial Supervision* (Europäisches System der Finanzaufsicht)
ESMA	*European Securities and Markets Authority* (Europäische Wertpapier- und Marktaufsichtsbehörde)
ESRB	*European Systemic Risk Board* (Europäischer Ausschuss für Systemrisiken)
ESZB	Europäisches System der Zentralbanken
EuGH	Gerichtshof der Europäischen Union
EuR	Zeitschrift Europarecht
EUV	Vertrag über die Europäische Union
EuZW	Europäische Zeitschrift für Wirtschaftsrecht
EZB	Europäische Zentralbank
FSA	*Financial Services Authority*
FSB	*Financial Stability Board*
FCA	*Financial Conduct Authority*
FinDAG	Finanzdienstleistungsaufsichtsgesetz
GR-Charta	Charta der Grundrechte der Europäischen Union
IASB	*International Accounting Standards Board*
IFRS	*International Financial Reporting Standards*
IOSCO	*International Organization of Securities Commissions*
IPA	International Public Authority
JöR	Jahrbuch des öffentlichen Rechts
JuS	Juristische Schulung
JZ	JuristenZeitung
KWG	Kreditwesengesetz
MAD	*Market Abuse Directive* (Marktmissbrauchsrichtlinie)
MiFID	*Markets in Financial Instruments Directive* (Richtlinie über Märkte für Finanzinstrumente)
MPEPIL	Max Planck Encyclopedia of Public International Law
NJW	Neue Juristische Wochenschrift
NVwZ	Neue Zeitschrift für Verwaltungsrecht
NZG	Neue Zeitschrift für Gesellschaftsrecht

OGAW	Organismen für gemeinsame Anlagen in Wertpapieren
ODRF	*OTC Derivatives Regulators' Forum*
Q&A-Dokumente	*Question and Answer*-Dokumente
SEC	*Securities Exchange Commission*
UCITS	*Undertakings for Collective Investment in Transferable Securities*
WM	Zeitschrift für Wirtschafts- und Bankrecht
WpHG	Wertpapierhandelsgesetz
WpPG	Wertpapierprospektgesetz
ZaöRV	Zeitschrift für ausländisches öffentliches Recht und Völkerrecht
ZHR	Zeitschrift für das gesamte Handels- und Wirtschaftsrecht

Einleitung

Im Rahmen der Finanzkrise empfahl die Europäische Bankenaufsichtsbehörde EBA Ende 2011, die Kernkapitalquote des Eigenkapitals der Banken auf 9% anzuheben, damit die Banken für zukünftige Krisen besser vorbereitet seien.[1] Für die 71 getesteten Banken bedeutete dies, dass sie insgesamt mehr als 114 Mrd. € an zusätzlichem Kapital benötigten,[2] alleine die Commerzbank benötigte z.B. mehr als 5 Mrd. € und die spanische Bank Santander mehr als 15 Mrd. €.[3] Bei der „Anordnung" handelte es sich um die zweite formale „Empfehlung" der EBA, die an die mitgliedstaatlichen Finanzaufsichtsbehörden gerichtet war. Empfehlungen sind nach Art. 288 AEUV rechtlich unverbindlich. Die Gründungsverordnung der EBA sieht jedoch einen sogenannten *comply or explain*-Mechanismus vor.[4] Dies bedeutet, dass der Adressat der Maßnahme sie entweder befolgen muss oder ein Abweichen ausführlich zu begründen hat. In diesem Fall erklärten sich alle 27 nationalen Auf-

---

1 *EBA*, EBA Recommendation on the creation and supervisory oversight of temporary capital buffers to restore market confidence, EBA/REC/2011/1.

2 *EBA*, Pressemitteilung v. 8.12.2011, The EBA publishes Recommendation and final results of bank recapitalisation plan as part of co-ordinated measures to restore confidence in the banking sector, http://www.eba.europa.eu/documents/10180/15971/Press+release+FINALv2.pdf/c9046302-c51d-4c7e-9156-8481db75d036 (15.09.2015). Insgesamt hat sich die Kapitalausstattung der Banken letztendlich um 200 Mrd. € erhöht, siehe *EBA*, Pressemitteilung v. 3.10.2012, EBA publishes final report on the recapitalisation of European banks and paves the way for the transition to the CRDIV framework, http://www.eba.europa.eu/documents/10180/15971/PressReleaseRecapitalisationExercise.pdf/0d5001c3-9794-42b4-880b-122f9461b344 (15.09.2015).

3 Commerzbank probt den Befreiungsschlag, Handelsblatt v. 19.01.2012, http://www.handelsblatt.com/unternehmen/banken/ausreichend-eigenkapital-commerzbank-probt-den-befreiungsschlag-seite-all/6084652-all.html; http://www.eba.europa.eu/risk-analysis-and-data/eu-capital-exercise/2011 (15.09.2015).

4 Art. 16 Abs. 3 der Verordnung (EU) Nr. 1093/2010 des Parlaments und des Rates zur Errichtung einer Europäischen Aufsichtsbehörde (Europäische Bankenaufsichtsbehörde), ABl. 2010 L 331, S. 12, geändert durch Verordnung (EU) Nr. 1022/2013, ABl. 2013 L 287, S. 5.

J.E. Dickschen, *Empfehlungen und Leitlinien als Handlungsform der Europäischen Finanzaufsichtsbehörden,* Beiträge zum ausländischen öffentlichen Recht und Völkerrecht, DOI 10.1007/978-3-662-54361-0_1

sichtsbehörden bereit, die Empfehlung umzusetzen und die jeweils betroffenen Banken entsprechend anzuweisen.[5]

Die Empfehlung erfolgte, nachdem die EBA Stresstests durchgeführt hatte, und erntete vielfache Kritik. Insbesondere deutsche Aufseher, Medien und Literatur bemängelten, dass die EBA bereits Anforderungen an die Eigenkapitalquote nach Basel III vorweggenommen habe, obwohl die EU die entsprechenden Empfehlungen des Basler Ausschusses für Bankenaufsicht noch nicht umgesetzt hatte.[6]

Am Beispiel dieser Empfehlung lässt sich in der europäischen Finanzaufsicht eine zunehmende Verrechtlichung beobachten.[7] So ist der soeben erwähnte *comply or explain*-Mechanismus in dieser Form 2011 eingeführt worden. Zudem erlässt die Kommission in Zusammenarbeit mit den Europäischen Finanzaufsichtsbehörden zuvor unverbindliche Standards nun als verbindliche Durchführungsverordnungen.

Die Verrechtlichung steht in engem Zusammenhang mit einer stärkeren Regulierung. Nachdem bis 2007 eine Selbstregulierung der Finanzmärkte im Vordergrund stand, erfolgt seit der Finanzkrise wieder eine

---

5 *EBA*, Pressemitteilung vom 9.02.2012, The EBA Board of Supervisors makes its first aggregate assessment of banks' capital plans, http://www.eba.europa.eu/documents/10180/587401/Press-release-EBA-9-02-2012_1.pdf, S. 2 (15.09.2015).

6 Die Financial Times zitierte die Präsidentin der BaFin, wonach die „EBA was acting ‚without legal authority … or legitimacy'", siehe German Regulator Hits at Bank Stress Tests, Financial Times v. 7.06.2011, S. 13; Europas Stresstests sind härter, FAZ v. 27.04.2011, http://www.faz.net/aktuell/wirtschaft/eurokrise/bundesbank-vize-zeitler-europas-stresstests-sind-haerter-1625652.html (15.09.2015); *M. Noduoushani*, Stille Einlagen im Lichte von Basel III, Zeitschrift für Wirtschaftsrecht 2011, S. 1995, 1996, Fn. 2; *C. Ohler*, Finanzmarktregulierung und -aufsicht, in: *M. Ruffert* (Hrsg.), Europäisches Sektorales Wirtschaftsrecht, Bd. 5, 2013, S. 611, Rn. 135. Prozyklische Effekte befürchtet *F.-C. Zeitler*, Vergessene Ursachen der Banken- und Finanzkrise, WM 2012, S. 673, 674. Der IWF hingegen unterstützte die Empfehlung, siehe: IMF sees banks deleveraging by $2.6tn, Financial Times v. 18.04.2012, http://www.ft.com/intl/cms/s/0/00078672-8952-11e1-bed0-00144feab49a.html#axzz2xq9muVGM (15.09.2015).

7 Allgemein zur Verrechtlichung im Völkerrecht aus politikwissenschaftlicher Sicht *K. W. Abbott/D. Snidal*, Hard and Soft Law in International Governance, International Organization 54 (2000), S. 421. Zu gleichzeitigen Tendenzen der Verrechtlichung und Informalisierung siehe *M. Goldmann*, Internationale öffentliche Gewalt, Handlungsformen internationaler Institutionen im Zeitalter der Globalisierung, 2015, S. 91 f.

verstärkte öffentliche Regelung.[8] Dabei zeigt sich, dass es für den öffentlichen Sektor schwierig ist, seine „Regelungs-Expertise“ wieder aufzubauen, wenn er sie zuvor an private Experten und Fachleute abgegeben hat.[9]

Die Regelung und „Zähmung“ der Finanzmärkte ist eine der großen Herausforderungen dieser Zeit. Die Ursprünge der Finanzmarktaufsicht liegen in der Gewerbeaufsicht, so dass der Gedanke der Gefahrenabwehr dieses Rechtsgebiet prägte (Ziel war vor allem der allgemeine Vermögensschutz der Anleger).[10] Seit der Finanzkrise ist die Stabilität des Finanzsystems als Ziel in den Vordergrund gerückt. Die Globalisierung hat dazu geführt, dass Akteure im Finanzmarkt stärker miteinander verflochten sind und sehr schnell immer neue, komplexere Finanzprodukte entwickeln.[11] Zudem erfolgt eine Großzahl an Transaktionen z.B. durch den Hochfrequenzhandel mit einer kaum noch nachvollziehbaren Geschwindigkeit.[12] Problematisch an den Finanzmärkten ist, dass durch die starke Verflechtung der Akteure ein Zusammenbruch einzelner Unternehmen Kettenreaktionen auslösen kann, so dass soge-

---

8 Die Idee der Selbstregulierung als „gescheitert“ bezeichnet *H. Siekmann*, Die Finanzmarktaufsicht in der Krise, in: *A. Scherzberg/I. Dogan/O. Çan* (Hrsg.), Staatliche Finanzmarktregulierung und Eigentumsschutz, 2010, S. 9 ff. Zum Beitrag der Rechtsordnung als Ursache der Finanzkrise und einem Versagen der Aufsicht siehe *H. Siekmann*, Staatsversagen und Marktversagen im Bereich der Finanzmärkte, in: *T. Baums* (Hrsg.), Eine stabile Geld-, Währungs- und Finanzordnung, 2013, S. 637 ff. Allgemein *G. Napolitano*, The role of the State in (and after) the financial crisis: new challenges for administrative law, in: *S. Rose-Ackerman/P. L. Lindseth* (Hrsg.), Comparative Administrative Law, 2010, S. 569 ff.

9 *J. Köndgen*, Privatisierung des Rechts, AcP 206 (2006), S. 477, 523.

10 *C. Ohler*, Finanzmarktregulierung und -aufsicht, in: *M. Ruffert* (Hrsg.), Europäisches Sektorales Wirtschaftsrecht, Bd. 5, 2013, S. 611, Rn. 2.

11 *S. Kapoor*, Study for the European Parliament, Policy Department A: Emergent Global Challenges: What Europe Needs to Do to Tackle the Triple Crises of Tax, Finance and Climate, PE 433.452, 2010, S. 14; *C. Ohler*, Finanzmarktregulierung und -aufsicht, in: *M. Ruffert* (Hrsg.), Europäisches Sektorales Wirtschaftsrecht, Bd. 5, 2013, S. 611, Rn. 13, 28.

12 Dieser Handel beträgt inzwischen mehr als ein Drittel des Aktienhandels in Europa, siehe: Millionen in Millisekunden, FAZ v. 16.02.2014, http://www.faz.net/aktuell/finanzen/fonds-mehr/hochfrequenzhandel-millionen-in-millisekunden-12803798.html (15.09.2015). Zu einer Labilität durch die hohe Geschwindigkeit siehe *H. C. Röhl*, Finanzmarktaufsicht, in: *M. Fehling/M. Ruffert* (Hrsg.), Regulierungsrecht, 2010, § 18, Rn. 11.

nannte systemische Risiken bestehen.[13] Regulierung der Finanzmärkte bedeutet dann, Maßnahmen vorzusehen, damit in Krisensituationen die Finanzmärkte funktionsfähig bleiben[14] und die Stabilität des Finanzsystems soweit wie möglich gewährleistet ist.

Eine weitere Herausforderung besteht in den unterschiedlich ausgeprägten Ressourcen der verschiedenen Interessenvertreter. Lange Zeit dominierten im Finanzsektor die Interessen der Finanzindustrie und Verbraucherinteressen konnten sich nicht durchsetzen, was schließlich auch Abgeordnete des Europäischen Parlaments und der EU-Binnenmarktkommissar beklagten.[15] Einige Parlamentarier initiierten daraufhin 2010 die Gründung von „Finance Watch", einer Nichtregierungsorganisation, die die Allgemeinwohlbelange vertreten soll.[16] Mit nur wenigen Mitarbeitern versuchen Organisationen wie Finance Watch der Finanzindustrie entgegenzutreten, die in Brüssel mehr als 700 Lobbyisten beschäftigt.[17] Außerdem sind in vielen Expertengruppen der Europäischen Union, die Gesetzgebungsakte in einem frühen Stadium mitbeeinflussen können, Verbrauchervertreter unterrepräsentiert.[18] Diese Unausgeglichenheit erschwert, dass die Regulierung das

---

[13] *C. Ohler*, Finanzmarktregulierung und -aufsicht, in: *M. Ruffert* (Hrsg.), Europäisches Sektorales Wirtschaftsrecht, Bd. 5, 2013, S. 611, Rn. 6.

[14] *C. Ohler*, Finanzmarktregulierung und -aufsicht, in: *M. Ruffert* (Hrsg.), Europäisches Sektorales Wirtschaftsrecht, Bd. 5, 2013, S. 611, Rn. 6. Kritisch zum Begriff der Regulierung *H. Siekmann*, Die Schaffung von Einrichtungen der Finanzaufsicht auf EU-Ebene, in: *T. Baums* (Hrsg.), Eine stabile Geld-, Währungs- und Finanzordnung, 2013, S. 449, 454. Zu verschiedenen ökonomischen und juristischen Regulierungsbegriffen siehe *J. Ruthig*, Aktuelle Entwicklungen der Finanzmarktaufsicht in Europa, in: *J. Ziekow/J. Hyun Seok* (Hrsg.), Der Staat als Wirtschaftssubjekt und -regulierer, 2013, S. 43, 53 ff. Diese Arbeit verwendet einen weiten Regulierungsbegriff, worunter auch „Normsetzung" durch Legislative und Exekutive fällt.

[15] Interessenverband als Gegenpol zur Finanzlobby, FAZ v. 12.04.2011, http://www.faz.net/aktuell/wirtschaft/wirtschaftspolitik/finance-watch-interessenverband-als-gegenpol-zur-finanzlobby-1622508.html (15.09.2015).

[16] Siehe http://www.finance-watch.org/about-us/why-finance-watch (15.09.2015).

[17] Die Anti-Lobby der Ex-Banker, Der Tagesspiegel v. 15.02.2012, http://www.tagesspiegel.de/politik/eu-und-bankenregulierung-die-anti-lobby-der-ex-banker/6209660.html (15.09.2015).

[18] *R. A. Kasten*, Regulierung durch Expertengruppen auf der Ebene der Europäischen Kommission – Lobbyismus oder notwendiger Sachverstand?,

öffentliche Interesse (im Gegensatz zu privaten Interessen) ausreichend im Blick behält.

Die vorliegende Arbeit ist aus einer öffentlich-rechtlichen Perspektive geschrieben[19] und knüpft an zwei Forschungsstränge an. Zum einen wird die Tätigkeit der europäischen Finanzaufsicht als Ausübung supranationaler (europäischer) öffentlicher Gewalt verstanden, wodurch die Arbeit Erkenntnisse aus dem *International Public Authority*-Ansatz (IPA, internationale öffentliche Gewalt) ziehen kann.[20] Ziel ist es, öffentliche Gewalt im Interesse der Freiheit der Einzelnen einzuhegen und eine politische Steuerung zu ermöglichen.[21] Zum anderen nimmt die Arbeit Bezug auf die Handlungsformenlehre, die sich auf die Handlungen der Verwaltung, nicht jedoch auf den institutionellen Aufbau und die beteiligten Akteure, konzentriert.[22] Der Vorteil dieses Ansatzes ist, dass man strukturelle Eigenheiten und rechtsspezifische Gehalte besser erfassen kann.[23] Die Strukturierung durch Handlungsformen verfolgt dabei auch das Ziel, dass der politische Steuerungsimpuls ziel-

---

Zeitschrift für Bankrecht und Bankwirtschaft 2008, S. 238; *P. Sabido*, Alter-EU, A Year of Broken Promises, 2013, http://www.alter-eu.org/sites/default/files/documents/Broken_Promises_web.pdf (15.09.2015).

[19] Traditionellerweise ist das Kapitalmarktrecht zivilrechtlich geprägt, was sich z.B. daran zeigt, dass in einschlägigen Lehrbüchern das Aufsichtsrecht oft nur wenige Seiten einnimmt: *S. Kümpel/A. Wittig* (Hrsg.), Bank- und Kapitalmarktrecht, 2011; *R. Veil*, Europäisches Kapitalmarktrecht, 2011. Die Aufsicht ist jedoch dem öffentlichen Recht zuzuordnen. Es ergibt sich eine Kombination der Rechts- und Sanktionsregime: Zivilrechtliche Sanktionen wie Schadensersatz stehen neben öffentlich-rechtlichen wie dem Entzug von Erlaubnissen oder strafrechtlichen Geldbußen, siehe *C. Bumke*, Kapitalmarktregulierung, Die Verwaltung 2008, S. 227, 241 ff. Für eine Stärkung des Aufsichtsrechts als Sonderordnungsrecht siehe *H. Siekmann*, Die Neuordnung der Finanzmarktaufsicht, Die Verwaltung 2010, S. 95, 109.

[20] Dazu *A. von Bogdandy/P. Dann/M. Goldmann*, Völkerrecht als öffentliches Recht: Konturen eines rechtlichen Rahmens für Global Governance, Der Staat 2010, S. 23.

[21] Ausführlicher zu diesem Ansatz s.u. Kapitel 1, A. II.

[22] Ausführlicher zum Begriff der Handlungsform s.u. Kapitel 1, A. I.

[23] *C. Bumke*, Rechtsetzung in der Europäischen Gemeinschaft: Bausteine einer gemeinschaftsrechtlichen Handlungsformenlehre, in: *G. F. Schuppert/I. Pernice/U. Haltern* (Hrsg.), Europawissenschaft, 2005, S. 643, 645 f.

genau umgesetzt werden kann,[24] d.h. dass demokratische Herrschaft möglich wird.[25] Die Finanzaufsichtsbehörden als Verwaltung sind Steuerungssubjekt dadurch, dass sie Steuerungsimpulse aktiv umsetzen und die Finanzmärkte steuern, gleichzeitig aber auch Steuerungsobjekt dadurch, dass sie durch demokratisch erlassene Gesetze und Verordnungen gesteuert werden.[26] Die soeben beschriebenen Herausforderungen zeigen, dass es besonders wichtig ist, die Finanzmärkte im öffentlichen Interesse zu steuern.

Den Europäischen Aufsichtsbehörden (*European Supervisory Authorities*, ESAs)[27] stehen verschiedene Handlungsformen des Unionsrechts zur Verfügung: z.B. Leitlinien und Empfehlungen, technische Standards als Durchführungsverordnungen sowie Beschlüsse im Einzelfall. Die vorliegende Arbeit konzentriert sich auf Leitlinien und Empfehlungen

---

[24] Zur Steuerungsfunktion siehe *A. von Bogdandy/P. M. Huber*, Staat, Verwaltung und Verwaltungsrecht: Deutschland, in: *A. von Bogdandy/S. Cassese/P. M. Huber* (Hrsg.), IPE III, Verwaltungsrecht in Europa: Grundlagen, 2010, § 42, Rn. 92 ff.; *A. Voßkuhle*, Neue Verwaltungsrechtswissenschaft, in: *W. Hoffmann-Riem/E. Schmidt-Aßmann/A. Voßkuhle* (Hrsg.), Grundlagen des Verwaltungsrechts, Bd. I, 2012, § 1.

[25] Für eine Ausrichtung der Handlungsformen am Rechtsstaats- und Demokratieprinzip siehe *M. Goldmann*, Internationale öffentliche Gewalt, Handlungsformen internationaler Institutionen im Zeitalter der Globalisierung, 2015, S. 407 f.

[26] Allgemein dazu *E. Schmidt-Aßmann*, Das allgemeine Verwaltungsrecht als Ordnungsidee, 2004, Kap. 1, Rn. 36.

[27] Die Abkürzung ESAs entstammt dem 10. Erwägungsgrund der Gründungsverordnungen: Verordnung (EU) Nr. 1093/2010 des Parlaments und des Rates zur Errichtung einer Europäischen Aufsichtsbehörde (Europäische Bankenaufsichtsbehörde), ABl. 2010 L 331, S. 12, geändert durch Verordnung (EU) Nr. 1022/2013, ABl. 2013 L 287, S. 5; Verordnung (EU) Nr. 1094/2010 des Parlaments und des Rates zur Errichtung einer Europäischen Aufsichtsbehörde (Europäische Aufsichtsbehörde für das Versicherungswesen und die betriebliche Altersversorgung), ABl. 2010 L 331, S. 48; Verordnung (EU) Nr. 1095/2010 des Parlaments und des Rates zur Errichtung einer Europäischen Aufsichtsbehörde (Europäische Wertpapier- und Marktaufsichtsbehörde), ABl. 2010 L 331, S. 84. Im Folgenden werden die Verordnungen als EBA-Verordnung, EIOPA-Verordnung und ESMA-Verordnung bezeichnet. Wenn auf alle Verordnungen zugleich Bezug genommen wird, werden sie als Gründungsverordnungen bezeichnet, weil sie in der Nummerierung der Artikel und im Aufbau deckungsgleich sind. Artikel ohne weitere Angabe sind solche der Gründungsverordnungen.

der ESAs, wobei sie diese allgemeine Handlungsform des Unionsrechts am Beispiel des Finanzsektors untersucht.

Empfehlungen stellen 4% des geltenden Unionsrechts[28] und können beträchtliche Auswirkungen nach sich ziehen, wie das obige Beispiel der EBA-Empfehlung zur Bankenrekapitalisierung aufzeigt. Damit sie ihre Aufgaben erfüllen können, sind die ESAs gemäß Art. 16 der Gründungsverordnungen befugt, Empfehlungen und Leitlinien zu erlassen. Diese dienen laut Art. 16 der Gründungsverordnungen dazu, effiziente Aufsichtspraktiken zu schaffen und eine kohärente Anwendung des Unionsrechts sicherzustellen, worauf sich beispielsweise die Empfehlung der EBA zur Bankenrekapitalisierung beruft. Die Gründungsverordnungen klären jedoch an keiner Stelle, was unter einer Empfehlung oder Leitlinie zu verstehen ist. Auch sind die Wirkungen, die von Leitlinien und Empfehlungen ausgehen, ebenso wie die Rechtsschutzmöglichkeiten, ungeklärt.

Um Leitlinien und Empfehlungen zu erarbeiten, wirken die nationalen Finanzaufsichtsbehörden und die ESAs zusammen, d.h. die Rechtsakte entstehen und wirken im Mehrebenensystem der Union, weil sowohl nationale als auch europäische Stellen beteiligt sind.[29] Die genauere Bestimmung des Handlungsinstruments Leitlinien und Empfehlungen fördert die effektive Zusammenarbeit der verschiedenen Behörden. Für die Rechtsanwender, d.h. vor allem die nationalen Behörden und Finanzmarktteilnehmer, ist es wichtig, dass die Handlungsinstrumente genau bestimmt und definiert sind, denn nur so können sie erkennen, welche Verhaltenserwartungen damit verknüpft sind.[30] Auch aufgrund der teilweise großen Bedeutung von Leitlinien und Empfehlungen ist es deshalb aus rechtsstaatlicher Sicht notwendig, ihre Voraussetzungen

---

[28] Ermittelt anhand des Fundstellennachweises der Union, Stand 1.1.2004, siehe *J. Bast*, Grundbegriffe der Handlungsformen der EU, 2006, S. 126. Zu aktuelleren Zahlen (Stand 2010), die davon nicht grundlegend abweichen, siehe *N. Appel*, Das Internationale Kooperationsrecht der Europäischen Union, 2016, Zweiter Teil D I 1 c, Abbildung I.

[29] Zum Begriff *multilevel constitutionalism* siehe *I. Pernice*, Multilevel constitutionalism in the European Union, ELRev. 27 (2002), S. 511 ff.; für den Finanzsektor siehe *W. Heun*, Finanzaufsicht im Wandel, JZ 2012, S. 235, 238.

[30] Zur Erkennbarkeit der Verhaltenserwartungen und zur Kommunikation zwischen Rechtsanwender und Rechtsetzer siehe *J. Bast*, Grundbegriffe der Handlungsformen der EU, 2006, S. 146 f.

und Wirkungen klarer zu fassen.[31] Ziel der Arbeit ist es, Empfehlungen und Leitlinien der ESAs aus einer rechtsstaatlichen Perspektive zu analysieren und die Ausübung supranationaler öffentlicher Gewalt durch die ESAs zu strukturieren.

Die Untersuchung widmet sich schwerpunktmäßig den Leitlinien und Empfehlungen der ESAs,[32] bezieht aber auch die Leitlinien und Empfehlungen der sogenannten „Level-3-Ausschüsse" als Vorläufer der ESAs mit ein. Die Durchsetzung der ESA-Empfehlungen und -Leitlinien ist zwar durch den *comply or explain*-Mechanismus ggf. leichter als bei den Rechtsakten der Level-3-Ausschüsse. In Anbetracht des vergleichbaren Verfahrens und der übrigen vergleichbaren Wirkungen empfiehlt sich dennoch eine gemeinsame Untersuchung.[33] So lassen sich Verrechtlichungsprozesse darstellen.

Folgende Fragen stehen im Mittelpunkt der Untersuchung:

- Wie lassen sich Empfehlungen und Leitlinien identifizieren und voneinander sowie von anderen Handlungsformen abgrenzen?
- Welche Wirkungen sind mit Empfehlungen und Leitlinien verknüpft?
- Auf welcher Rechtsgrundlage erlassen die ESAs Leitlinien und Empfehlungen und ist diese ausreichend?
- Wie ist das Verfahren ausgestaltet und genügt es rechtsstaatlichen Anforderungen?
- Sind die Empfehlungen und Leitlinien mit der *Meroni*-Doktrin des EuGH vereinbar?
- Wie kann ausreichender Rechtsschutz gewährleistet werden?

Methodisch verfolgt diese Arbeit einen rechtsdogmatischen Ansatz. Rechtsdogmatik bereitet mit ihrem Anwendungsbezug geltende abstrakt-generelle Normen für Einzelfallentscheidungen auf, wodurch der

---

[31] Vgl. *G. Sydow*, Europäische exekutive Rechtsetzung zwischen Kommission, Komitologieausschüssen, Parlament und Rat, JZ 2012, S. 157.

[32] Diese sind bis zum 31.12.2013 berücksichtigt.

[33] Ähnlich *F. Walla*, Die Europäische Wertpapier- und Marktaufsichtsbehörde (ESMA) als Akteur bei der Regulierung der Kapitalmärkte Europas – Grundlagen, erste Erfahrungen und Ausblick, Zeitschrift für Bank- und Kapitalmarktrecht 2012, S. 265, 267, wonach die Rechtsnatur der ESMA-Leitlinien und Empfehlungen denen von CESR entsprechen soll.

Rechtsstoff strukturiert und systematisiert wird.[34] Dabei befinden sich dogmatische Begriffe und Prinzipien auf einer Ebene oberhalb der Rechtsnormen und unterhalb von rechtstheoretisch-rechtsphilosophischen Begriffen.[35] Dogmatik auf dieser Zwischenebene hat als Funktion, eine rechtsstaatliche und gleichheitsgerechte Rechtsanwendung zu garantieren: Sie soll zum einen die Bindung an das Gesetz und die Konsistenz des Entscheidens stärken. Zum anderen gibt der Gleichheitssatz ein Minimum an Dogmatik vor, indem er bestimmt, dass ähnliche Fälle gleich entschieden werden sollen.[36]

Die Vorgehensweise der Arbeit ist eine induktive. Zunächst wird beschreibend die Praxis der handelnden Behörden herausgearbeitet. Wie gehen die ESAs mit dem Instrument „Empfehlungen und Leitlinien" um? Eine Bestandsaufnahme ermöglicht es, einen Überblick über die bisherige Praxis zu gewinnen. Anschließend werden hieraus Schlussfolgerungen abgeleitet und dogmatische Fragen bearbeitet. Mit dieser Aufarbeitung wird angestrebt, dass die weitere Forschung die Ergebnisse auf andere Bereiche des Unionsrechts übertragen kann.

Das erste Kapitel legt die Grundlagen: Was ist eine Handlungsform? Was sind primärrechtliche Ausgangspunkte und wer nutzt die Handlungsform der Empfehlungen und Leitlinien? Daran anschließend klärt

---

[34] Zu verschiedenen Ansätzen in der Literatur: *C. Waldhoff*, Kritik und Lob der Dogmatik, in: *G. Kirchhof/S. Magen/K. Schneider* (Hrsg.), Was weiß Dogmatik?, 2012, S. 17, 26 f. Insgesamt geben die Beiträge in *G. Kirchhof/S. Magen/K. Schneider* (Hrsg.), Was weiß Dogmatik?, 2012, einen guten Überblick zu Begriff und Funktionen von Dogmatik. Dogmatik besteht dabei aus Systembildung und Systemnutzung, siehe *E. Schmidt-Aßmann*, Das allgemeine Verwaltungsrecht als Ordnungsidee, 2004, Kap. 1, Rn. 3 f.; siehe auch *N. Luhmann*, Rechtssystem und Rechtsdogmatik, 1974, S. 9 ff.; *C. Möllers*, Methoden, in: *W. Hoffmann-Riem/E. Schmidt-Aßmann/A. Voßkuhle* (Hrsg.), Grundlagen des Verwaltungsrechts, Bd. I, 2012, § 3, Rn. 35.

[35] *A. von Bogdandy/M. Goldmann*, Die Ausübung internationaler öffentlicher Gewalt durch Politikbewertung – die PISA-Studie der OECD als Muster einer neuen völkerrechtlichen Handlungsform, ZaöRV 69 (2009), S. 51, 78.

[36] *G. Kirchhof/S. Magen*, Dogmatik: Rechtliche Notwendigkeit und Grundlage fächerübergreifenden Dialogs – eine systematisierende Übersicht, in: *G. Kirchhof/S. Magen/K. Schneider* (Hrsg.), Was weiß Dogmatik?, 2012, S. 151, 158 ff. Zur Gesetzesbindung *M. Jestaedt*, Wissenschaftliches Recht, in: *G. Kirchhof/S. Magen/K. Schneider* (Hrsg.), Was weiß Dogmatik?, 2012, S. 117, 135; *C. Waldhoff*, Kritik und Lob der Dogmatik, in: *G. Kirchhof/S. Magen/K. Schneider* (Hrsg.), Was weiß Dogmatik?, 2012, S. 17, 32 ff.

die Bestandsaufnahme als zweites Kapitel die Fragen, welche Literatur zu Empfehlungen und Leitlinien bisher vorhanden ist, wie die Rechtspraxis der ESAs und ihrer Vorläuferausschüsse aussieht und welche weiteren Agenturen Leitlinien und Empfehlungen erlassen. Es schließt sich die Identifikation des Untersuchungsgegenstandes an: Ziel ist es, diejenigen formidentifizierenden Merkmale zu ermitteln, aus denen sich ergibt, dass eine Empfehlung oder Leitlinie vorliegt (Kapitel 3). Das letzte Kapitel stellt das Rechtsregime dar, dem die Empfehlungen und Leitlinien unterliegen, d.h. welche rechtlichen Regeln auf diese Handlungsform Anwendung finden (Kapitel 4).

Kapitel 1: Grundlagen

Um die in dieser Arbeit untersuchten Fragen zu beantworten, lässt sich die in Deutschland entwickelte Handlungsformendogmatik heranziehen. Diese bietet den Ausgangspunkt für eine stärkere Systematisierung und Formalisierung der Leitlinien und Empfehlungen der Europäischen Finanzaufsichtsbehörden. Zunächst werden der Begriff der Handlungsform geklärt, eine rechtsstaatliche Formalisierung gefordert und Funktionen von Handlungsformen untersucht (A.). Zweitens stehen primärrechtliche Anknüpfungspunkte im Zentrum der Aufmerksamkeit (B.). Um zu verstehen, wie die Leitlinien und Empfehlungen entstehen, ist ein Blick auf die Akteure der Finanzaufsicht angezeigt, deshalb folgt in einem dritten Schritt ein Überblick über die handelnden Akteure (C.).

A. Handlungsformen als dogmatische Kategorie des Unionsrechts

I. Begriff der Handlungsform

„Wer von ‚Handlungsform' spricht, will unterscheiden und ordnen."[37] Dies ist eine typisch deutsche bzw. kontinentaleuropäische Herangehensweise,[38] wobei auch nach längerer Diskussion im deutschen Recht keine Einigkeit über den Begriff herrscht.[39] Trotzdem wurden die im

---

[37] *J. Bast*, Grundbegriffe der Handlungsformen der EU, 2006, S. 6.

[38] Die Formungs- bzw. Systemidee bezeichnet *Schmidt-Aßmann* als Ausprägung kontinentalen Rechtsdenkens: *E. Schmidt-Aßmann*, Die Lehre von den Rechtsformen des Verwaltungshandelns, DVBl. 1989, S. 533.

[39] *P. Szczekalla*, Handlungsformen im europäischen Verwaltungsrecht, in: *J. P. Terhechte* (Hrsg.), Verwaltungsrecht der Europäischen Union, 2011, § 5, Rn. 3; *H. J. Wolff/O. Bachof/ R. Stober/W. Kluth*, Verwaltungsrecht I, 2007, § 44, Rn. 7 ff. Trotzdem wird die Lehre von den Handlungsformen als Kernelement des deutschen Verwaltungsrechts bezeichnet, *E. Schmidt-Aßmann*, Das allgemeine Verwaltungsrecht als Ordnungsidee, 2004, Kap. 6, Rn. 34;

J.E. Dickschen, *Empfehlungen und Leitlinien als Handlungsform der Europäischen Finanzaufsichtsbehörden,* Beiträge zum ausländischen öffentlichen Recht und Völkerrecht, DOI 10.1007/978-3-662-54361-0_2

deutschen Recht entwickelten Begriffe Handlungsform und Handlungsformenlehre auf die europäische Ebene übertragen.

Unter einer Handlungsform versteht diese Arbeit eine „Bezeichnung für eine bestimmte formale Qualifizierung eines Rechtsakts (...), an die sich formcharakteristische Rechtswirkungen anschließen".[40] Synonym dazu werden die Begriffe Rechtsform und (Rechts-)Instrument verwendet. So wie der Verwaltungsakt oder der öffentlich-rechtliche Vertrag typische Handlungsformen im deutschen Recht sind, sind dies im Unionsrecht die Verordnung oder Richtlinie. Der Begriff der Handlungsform ermöglicht es, zwischen verschiedenen Arten von Handlungen zu unterscheiden, d.h. der Begriff dient der Differenzierung – wie auch die Unterscheidung zwischen Recht und Nicht-Recht.[41] Die Unterscheidung nach Handlungsformen ist dabei sinnvoll, wenn sich an die Qualifizierung Rechtsfolgen anschließen,[42] z.B. hinsichtlich des Verfahrens, der Bindungswirkung oder des Rechtsschutzes. Das Ziel der Handlungsformenlehre ist es zu typisieren, zu kategorisieren und Distanz durch Abstraktion zu schaffen.[43]

Diese Arbeit spricht synonym von Handlungsform und Rechtsform. In der deutschen Lehre werden diese Begriffe jedoch häufig voneinander abgegrenzt: Rechtsformen sollen nur rechtsverbindliches Handeln umfassen, während Handlungsformen übergreifend auch informelles Handeln mit einbezögen und somit den Oberbegriff bildeten.[44] Rechtsfor-

---

B. Schöndorf-Haubold, Die Strukturfonds der Europäischen Gemeinschaft, 2005, S. 352.

[40] *A. von Bogdandy/J. Bast/F. Arndt*, Handlungsformen im Unionsrecht, ZaöRV 62 (2002), S. 77, 82; zum Begriff „acte juridique" als „manifestation de la volonté ayant pour objet de produire une conséquence juridique" siehe *S. Lefevre*, Les actes communautaires atypiques, 2006, S. 129, Rn. 34.

[41] *J. Bast*, Grundbegriffe der Handlungsformen der EU, 2006, S. 6 ff.

[42] *J. Bast*, Grundbegriffe der Handlungsformen der EU, 2006, S. 8.

[43] *A. von Bogdandy*, Gubernative Rechtsetzung, 2000, S. 158; *E. Schmidt-Aßmann*, Die Lehre von den Rechtsformen des Verwaltungshandelns, DVBl. 1989, S. 533, 534; *H. J. Wolff/O. Bachof/R. Stober/W. Kluth*, Verwaltungsrecht I, 2007, § 44, Rn. 8, 16.

[44] *B. Biervert*, Der Mißbrauch von Handlungsformen im Gemeinschaftsrecht, 1999, S. 20; *W. Pauly*, Grundlagen einer Handlungsformenlehre im Verwaltungsrecht, in: *K. Becker-Schwarze/W. Köck/T. Kupka/M. von Schwanenflügel* (Hrsg.), Wandel der Handlungsformen im Öffentlichen Recht, 1991, S. 25, 32 ff.; *E. Schmidt-Aßmann*, Das allgemeine Verwaltungsrecht als Ordnungsidee, 2004, Kap. 6, Rn. 34 (an anderer Stelle jedoch scheint er die Be-

men seien „vertypte Handlungsausschnitte“, die ihre Gestalt durch Rechtskriterien erhalten.[45] Handlungsformen wie Subvention und behördliche Warnung könnten sich zu Rechtsformen entwickeln, wenn sie rechtlich klar abgegrenzt seien und ihnen Rechtsfolgen zugeordnet werden könnten.[46] Zumindest auf europäischer Ebene lassen sich die Begriffe jedoch synonym verwenden.[47] Zunächst spricht dafür der Wortlaut der Verträge: Art. 288 AEUV nennt mit Empfehlungen und Stellungnahmen ausdrücklich auch unverbindliche Rechtsakte. Demnach liegt dem Unionsrecht nicht der traditionelle Rechtsbegriff zu Grunde, der nur verbindliche Handlungen als Recht anerkennt, sondern ein erweiterter Rechtsbegriff, der auch unverbindliches Handeln erfasst.[48] Dies bedeutet als theoretisches Verständnis, dass der „Anspruch einer hoheitlichen Willensäußerung, verbindlich zu sein, keine

---

griffe synonym zu verwenden, siehe *E. Schmidt-Aßmann*, Die Lehre von den Rechtsformen des Verwaltungshandelns, DVBl. 1989, S. 533); kritisch, da diese Einteilung nur eingeschränkt nützlich sei *C. Ernst*, Die Verwaltungserklärung, 2008, S. 33 ff. Zu den Begriffen „informelles“ bzw. „informales“ Handeln als Synonyme *P. Szczekalla*, Handlungsformen im europäischen Verwaltungsrecht, in: *J. P. Terhechte* (Hrsg.), Verwaltungsrecht der Europäischen Union, 2011, § 5, Rn. 26, Fn. 26 m.w.N.

45 *E. Schmidt-Aßmann*, Die Lehre von den Rechtsformen des Verwaltungshandelns, DVBl. 1989, S. 533; ähnlich *W. Hoffmann-Riem*, Rechtsformen, Handlungsformen, Bewirkungsformen, in: *W. Hoffmann-Riem/E. Schmidt-Aßmann/A. Voßkuhle* (Hrsg.), Grundlagen des Verwaltungsrechts, Bd. II, 2012, § 33, Rn. 11.

46 *E. Schmidt-Aßmann*, Das allgemeine Verwaltungsrecht als Ordnungsidee, 2004, Kap. 6, Rn. 34.

47 Wie hier: *A. von Bogdandy/J. Bast/F. Arndt*, Handlungsformen im Unionsrecht, ZaöRV 62 (2002), S. 77, 82; *M. Vogt*, Die Entscheidung als Handlungsform des Europäischen Gemeinschaftsrechts, 2005, S. 3. Anders dagegen auch auf europäischer Ebene aus Gründen der sprachlichen Anschaulichkeit: *B. Schöndorf-Haubold*, Die Strukturfonds der Europäischen Gemeinschaft, 2005, S. 353; *B. Biervert*, Der Mißbrauch von Handlungsformen im Gemeinschaftsrecht, 1999, S. 20; *P. Szczekalla*, Handlungsformen im europäischen Verwaltungsrecht, in: *J. P. Terhechte* (Hrsg.), Verwaltungsrecht der Europäischen Union, 2011, § 5, Rn. 14.

48 *A. von Bogdandy/J. Bast/F. Arndt*, Handlungsformen im Unionsrecht, ZaöRV 62 (2002), S. 77, 114. Ausführlich zum Rechtsbegriff der Union *F. von Alemann*, Die Notwendigkeit eines formalen Rechtsbegriffes der Unionsrechtsordnung, Der Staat 2006, S. 383.

notwendige Bedingung ihrer Geltung als Recht darstellt."[49] Ferner ist es Ziel der Verfasserin dieser Arbeit, die spezielle Rechtsformenqualität und die Bezüge zum Rechtssystem von Leitlinien und Empfehlungen zu untersuchen. Daher würde eine Unterscheidung zwischen Rechts- und Handlungsform das Vorliegen einer bestimmten rechtlichen Beschaffenheit vorwegnehmen, die zunächst noch ausführlich untersucht werden soll.[50]

II. These: Rechtsstaatliche Gebotenheit einer Formalisierung

Es ist unklar, welche Wirkungen von Empfehlungen und Leitlinien ausgehen und wie Rechtsschutz möglich ist.[51] Die These dieser Arbeit ist, dass Empfehlungen und Leitlinien der Europäischen Aufsichtsbehörden von derartiger Bedeutung sind, dass eine dogmatische Formalisierung rechtsstaatlich geboten ist. Ziel der Arbeit ist es deshalb, diese Handlungsform aus einer rechtsstaatlichen Perspektive zu analysieren und systematisch einzuordnen. Schon der Begriff Handlungs*form* deutet etwas Formalisiertes an. Durch diese Formalisierung wird die Verwaltung festgelegt und diszipliniert, was eine Bindung öffentlicher Gewalt bedeutet.[52]

---

[49] *J. Bast*, Handlungsformen und Rechtsschutz, in: *A. von Bogdandy/J. Bast* (Hrsg.), Europäisches Verfassungsrecht, 2009, S. 489, 492. Ähnlich: *A. von Bogdandy/P. Dann/M. Goldmann*, Developing the Publicness of Public International Law: Towards a Legal Framework for Global Governance Activities, German Law Journal 9 (2008), S. 1375, 1381 ff.; *J. Bast*, Grundbegriffe der Handlungsformen der EU, 2006, S. 181 ff.

[50] Ähnlich: *M. Vogt*, Die Entscheidung als Handlungsform des Europäischen Gemeinschaftsrechts, 2005, S. 3.

[51] Allgemein zu *soft rule-making* in der EU *L. Senden/T. van den Brink*, Study for the European Parliament, Policy Department C: Citizen's Rights and Constitutional Affairs, Checks and Balances of Soft EU Rule-Making, PE 462/433, 2012, S. 16.

[52] *T. von Danwitz*, Verwaltungsrechtliches System und Europäische Integration, 1996, S. 67; *P. Szczekalla*, Handlungsformen im europäischen Verwaltungsrecht, in: *J. P. Terhechte* (Hrsg.), Verwaltungsrecht der Europäischen Union, 2011, § 5, Rn. 4; kritisch dazu im Hinblick auf das Unionsrecht *C. Bumke*, Rechtsetzung in der Europäischen Gemeinschaft: Bausteine einer gemeinschaftsrechtlichen Handlungsformenlehre, in: *G. F. Schuppert/I. Pernice/U. Haltern* (Hrsg.), Europawissenschaft, 2005, S. 643, 662 f.

Warum ist eine solche Bindung öffentlicher Gewalt durch Formalisierung notwendig? Die Tätigkeit der Europäischen Finanzaufsichtsbehörden wird als Ausübung supranationaler öffentlicher Gewalt verstanden. Insoweit zieht die Arbeit Erkenntnisse aus dem *International Public Authority*-Ansatz.[53] Dieser Ansatz gründet sich auf die Selbstbestimmung des Menschen als Grundprinzip des öffentlichen Rechts und sieht die Aufgabe des öffentlichen Rechts darin, die Ausübung öffentlicher Gewalt im Interesse der Freiheit der Einzelnen einzuhegen und politische Steuerung im Sinne des Demokratieprinzips zu ermöglichen. Um legitim zu sein, muss jede Ausübung öffentlicher Gewalt gerechtfertigt werden. Unter *Gewalt* wird das rechtlich begründete Vermögen verstanden, „andere Akteure in ihrer Freiheit rechtlich oder tatsächlich einzuschränken oder aber deren Gebrauch in ähnlicher Weise zu gestalten".[54] Darunter werden nicht nur rechtsverbindliche Akte, sondern auch unverbindliche Akte subsumiert, soweit dadurch andere Akteure *konditioniert* werden, d.h. genügend Druck erzeugt wird.[55] Der *öffentliche* und *internationale* Charakter der Gewalt richtet sich vorrangig nach der Rechtsgrundlage, d.h. der Kompetenz der Akteure.

Die Gründungsverordnungen übertragen den Europäischen Finanzaufsichtsbehörden verschiedene Befugnisse, darunter auch die Befugnis, Leitlinien und Empfehlungen zu erlassen. Diese entfalten – wie das Eingangsbeispiel belegt – Druck, dem die Adressaten (im Regelfall nationale Aufsichtsbehörden) nur unter erheblichen Kosten ausweichen können, wobei diese Kosten ökonomisch oder ideell sein können.[56] In-

---

[53] Dazu *A. von Bogdandy/P. Dann/M. Goldmann*, Völkerrecht als öffentliches Recht: Konturen eines rechtlichen Rahmens für Global Governance, Der Staat 2010, S. 23; zur Unionsebene *A. von Bogdandy/I. Venzke*, In wessen Namen?, 2014, S. 187, 203.

[54] *A. von Bogdandy*, Prinzipien von Staat, supranationalen und internationalen Organisationen, in: *J. Isensee/P. Kirchhof* (Hrsg.), Handbuch des Staatsrechts, Bd. XI, 2013, § 232, Rn. 14.

[55] Die Freiheit, einen unverbindlichen Akt nicht zu befolgen, ist oft nur Fiktion. Dazu *A. von Bogdandy/P. Dann/M. Goldmann*, Völkerrecht als öffentliches Recht: Konturen eines rechtlichen Rahmens für Global Governance, Der Staat 2010, S. 23, 32; aus politikwissenschaftlicher Sicht *K. W. Abbott/D. Snidal*, Hard and Soft Law in International Governance, International Organization 54 (2000), S. 421.

[56] Allgemein dazu *A. von Bogdandy/M. Goldmann*, Die Ausübung internationaler öffentlicher Gewalt durch Politikbewertung – die PISA-Studie der OECD als Muster einer neuen völkerrechtlichen Handlungsform, ZaöRV 69 (2009), S. 51, 69, 90.

dem die ESAs die Nichtbefolgung von Leitlinien und Empfehlungen veröffentlichen und sich die nationalen Behörden rechtfertigen müssen, bauen die ESAs einen hohen kommunikativen Druck auf. Dieser Druck ist ausreichend, andere zu konditionieren, d.h. die ESAs besitzen die Rechtsmacht, die nationalen Aufsichtsbehörden zu determinieren. Die Rechtsgrundlage dafür ist nicht international, sondern im Rahmen der EU als supranational einzuordnen, so dass diese *supranationale öffentliche Gewalt* ausüben.

Diese Ausübung öffentlicher Gewalt muss den Prinzipien der Rechtsstaatlichkeit und Demokratie genügen, wie sich aus Art. 2 EUV und Art. 9 ff. AEUV ergibt.[57] Zwar ist die Union eine Rechts*gemeinschaft* und kein *Staat*, aber die Inhalte des Rechtsstaatsprinzips (*rule of law*) lassen sich auf die Union übertragen.[58] Die Funktion der Rechtsstaatlichkeit ist die Bindung öffentlicher Gewalt, sei es formell durch den Vorbehalt des Gesetzes[59] und das Gebot geregelter Verfahren, sei es materiell durch die Beachtung der Grundrechte und des Verhältnismäßigkeitsgrundsatzes.[60] Viele der genannten Grundsätze hat der EuGH in seiner Rechtsprechung entwickelt und präzisiert.[61] Dies gilt auch für die Rechtsschutzgarantie[62] und das institutionelle Gleichgewicht.[63] Die

---

[57] *A. von Bogdandy/M. Kottmann/C. Antpöhler/J. Dickschen/S. Hentrei/M. Smrkolj*, Ein Rettungsschirm für europäische Grundrechte, ZaöRV 72 (2012), S. 45, 67; zum Demokratieprinzip siehe auch *A. von Bogdandy*, The European Lesson for International Democracy: The Significance of Articles 9–12 EU Treaty for International Organizations, European Journal of International Law 23 (2012), S. 315.

[58] *C. Calliess*, in: *C. Calliess/M. Ruffert* (Hrsg.), EUV/AEUV, Kommentar, 2011, Art. 2 EUV, Rn. 25.

[59] Dazu auch *A. von Bogdandy*, Grundprinzipien, in: *A. von Bogdandy/J. Bast* (Hrsg.), Europäisches Verfassungsrecht, 2009, S. 13, 46 ff.

[60] *C. Calliess*, in: *C. Calliess/M. Ruffert* (Hrsg.), EUV/AEUV, Kommentar, 2011, Art. 2 EUV, Rn. 26; *M. Hilf*, in: *E. Grabitz/M. Hilf/M. Nettesheim*, Das Recht der EU (Stand Sept. 2013), Art. 2 EUV, Rn. 34 f.

[61] *H. Schulze-Fielitz*, in: *H. Dreier* (Hrsg.), Grundgesetz-Kommentar, Bd. 2, 2006, Art. 20 GG, Rn. 24 m.w.N.

[62] Zur Rechtsschutzgarantie: *EuGH*, Rs. 222/86, Unectef/Heylens, Slg. 1987, 4097, Rn. 15; *M. Pechstein*, in: *R. Streinz* (Hrsg.), EUV/AEUV-Kommentar, 2012, Art. 2 EUV, Rn. 6; zum Rechtsschutzprinzip auch *A. von Bogdandy*, Grundprinzipien, in: *A. von Bogdandy/J. Bast* (Hrsg.), Europäisches Verfassungsrecht, 2009, S. 13, 42 f.

Bindung öffentlicher Gewalt durch die einzelnen Ausprägungen der Rechtsstaatlichkeit stärkt die Vorhersehbarkeit für die Betroffenen. Somit wird durch eine dogmatische Formalisierung im Sinne der Rechtsstaatlichkeit das Handeln der Europäischen Aufsichtsbehörden für die Marktteilnehmer und nationalen Behörden voraussehbarer. Transparenz und Rechtssicherheit lassen sich dadurch erhöhen.[64] Dies ist auch deshalb von Bedeutung, weil Transparenz und Beteiligung der Betroffenen Ausprägungen des europäischen Demokratieprinzips sind.

III. Funktionen der Handlungsformen auf Unionsebene

Neben der rechtsstaatlichen Disziplinierung stellt sich die Frage, welche weiteren Funktionen die Handlungsformen erfüllen. Im nationalen Recht sind Handlungsformen oft mit Kompetenzen verknüpft und Ausdruck des Gewaltenteilungsprinzips.[65] Während beispielsweise förmliche Gesetze der Legislative vorbehalten sind, sind Verwaltungsakt und Rechtsverordnung typisch administrative Handlungsformen. Dies spiegelt sich auch im Begriff Rechtssatzform („Rechtsquelle") im Gegensatz zu Handlungsform, der den Grad der Allgemeinheit und Abstraktheit berücksichtigt, wider. Auf Unionsebene passt diese Unterscheidung nicht, denn die Verträge sprechen von „Maßnahmen" der Unionsorgane, ohne zwischen allgemeinen und individuellen oder abstrakten und konkreten Akten zu unterscheiden. Auch erfolgt die Zuordnung der Kompetenzen nicht nach legislativen und exekutiven Funktionen.[66] Somit sind die Handlungsformen von den Kompetenzen

---

63 *M. Hilf*, in: *E. Grabitz/M. Hilf/M. Nettesheim*, Das Recht der EU (Stand Sept. 2013), Art. 2 EUV, Rn. 35, dazu s.u. Kapitel 4, B. II. 5.

64 Ähnlich *L. Senden*, Soft Law in European Community Law, 2004, S. 499.

65 *M. Vogt*, Die Entscheidung als Handlungsform des Europäischen Gemeinschaftsrechts, 2005, S. 204 ff.

66 *A. von Bogdandy/J. Bast/F. Arndt*, Handlungsformen im Unionsrecht, ZaöRV 62 (2002), S. 77, 82 f. Einer der wenigen vertraglichen Anhaltspunkte ist die delegierte Rechtsetzung in den Art. 290, 291 AEUV, wonach der Rat (= Gesetzgeber) an die Kommission (= Exekutive) delegiert. Allerdings ist die Durchführungskompetenz gerade nicht mit einer spezifischen Handlungsform verknüpft, so können sowohl Rat und Parlament als auch die Kommission Verordnungen erlassen. Dazu *C. Bumke*, Rechtsetzung in der Europäischen Gemeinschaft: Bausteine einer gemeinschaftsrechtlichen Handlungsformenlehre, in: *G. F. Schuppert/ I. Pernice/U. Haltern* (Hrsg.), Europawissenschaft,

entkoppelt. Im Verhältnis von Handlungsform zu Kompetenz sollen die Handlungsformen – die entsprechende Kompetenz vorausgesetzt – den Organen ein „hinreichend differenziertes Tableau an Handlungsinstrumenten" zur Verfügung stellen, damit diese ihre Aufgaben erfüllen können.[67] Bei der Wahl der Handlungsform sind die Organe dann grundsätzlich frei, soweit die Rechtsvorschriften keine Form vorgeben.[68]

Ferner hat im deutschen Verwaltungsrecht die Handlungsform Auswirkungen auf den Rechtsschutz, da die Klageart von der gewählten Handlungsform abhängt, so ist z.B. eine Anfechtungsklage nur gegen einen Verwaltungsakt zulässig.[69] Im Unionsrecht hingegen sind Handlungsform und Rechtsschutz teilweise voneinander abgekoppelt: Im Rahmen der Nichtigkeitsklage reicht nach Art. 263 AEUV das Vorliegen einer Handlung für die Anfechtbarkeit aus. Nach der weiten Interpretation des EuGH fallen hierunter „alle Handlungen der Organe, die dazu bestimmt sind, Rechtswirkungen zu erzeugen, ohne Unterschied ihrer Rechtsnatur oder Form" (sogenannte *AETR*-Formel).[70] Traditionellerweise fallen darunter verbindliche Rechtsakte. Für diese gilt also eine Formenneutralität des Rechtsschutzes. Seit der Neufassung durch

---

2005, S. 643, 651. Ob auf Unionsebene der Begriff Gewaltenteilung/Gewaltengliederung angemessen ist (so *C. Möllers*, Die drei Gewalten, 2008, S. 176 ff.), oder eher von Gewaltenkooperation (so *A. von Bogdandy/ J. Bast/F. Arndt*, Handlungsformen im Unionsrecht, ZaöRV 62 (2002), S. 77, 83) bzw. dem institutionellen Gleichgewicht (so *M. Hilf*, in: *E. Grabitz/M. Hilf/M. Nettesheim*, Das Recht der EU (Stand Sept. 2013), Art. 2 EUV, Rn. 35) zu sprechen ist, kann hier offenbleiben.

[67] *A. von Bogdandy/J. Bast/F. Arndt*, Handlungsformen im Unionsrecht, ZaöRV 62 (2002), S. 77, 81; zur Entlastung der Handlungsformenlehre durch die Entkopplung von der Kompetenzlehre siehe *J. Bast*, Grundbegriffe der Handlungsformen der EU, 2006, S. 21 ff.

[68] S.u. Kapitel 4, B. III., ausführlich dazu *J. Bast*, Grundbegriffe der Handlungsformen der EU, 2006, S. 33 ff.; *P. Szczekalla*, Handlungsformen im europäischen Verwaltungsrecht, in: *J. P. Terhechte* (Hrsg.), Verwaltungsrecht der Europäischen Union, 2011, § 5, Rn. 6 f.; a.A. *H. P. Ipsen*, Europäisches Gemeinschaftsrecht, 1972, Kap. 20, Rn. 23 ff. Die Ansicht Ipsens wird jedoch nicht zuletzt durch Art. 296 Abs. 1 AEUV widerlegt.

[69] § 42 Abs. 1 VwGO; allgemein dazu *R. Pietzcker*, in *F. Schoch/E. Schmidt-Aßmann/R. Pietzner* (Hrsg.), VwGO-Kommentar, Bd. 1, 2011, Vorb. § 42, Abs. 1, Rn. 23.

[70] *EuGH*, Rs. 22/70, Kommission/Rat (AETR), Slg. 1971, 263, Rn. 38, 42.

den Lissabonner Vertrag gilt dies auch für die Individualnichtigkeitsklage, indem Art. 263 Abs. 4 AEUV anstelle einer „Entscheidung" nun ebenfalls auf eine „Handlung" abstellt.[71] Für unverbindliche Handlungsformen ist hingegen strittig, ob und in welchen Fällen Rechtsschutz zu gewähren ist.[72] Insoweit hat die Handlungsform dann eine Bedeutung für den Rechtsschutz.

Handlungsformen erfüllen weitere wichtige Funktionen. Sie dienen – wie bereits erörtert – einer *rechtsstaatlichen Disziplinierung*.[73] Eng damit verknüpft ist die *Ordnungsfunktion*: Handlungsformen dienen dazu, die Masse des täglichen Verwaltungshandelns konstruktiv zu ordnen. Dies impliziert eine reflexive Wirkung für die Verwaltung selbst und ermöglicht so ein planvoll ordnendes Verwalten.[74]

Außerdem ordnen Handlungsformen einem Rechtsinstrument ein spezifisches Rechtsregime zu und stellen Lösungen für einzelne Probleme bereit. Die Verwaltung erhält auf diese Weise für bestimmte Probleme automatische Antworten, was zur Rationalisierung und Entlastung der Verwaltung beiträgt.[75] Diese Funktion hat *Schmidt-Aßmann* als *Speicherfunktion* bezeichnet, weil die Handlungsformen quasi als Speicher für Lösungsmodelle dienen.[76] Für die Europäischen Finanzaufsichtsbe-

---

[71] Zur vorherigen Rechtslage mit dem Wortlaut „Entscheidung" ausführlich *J. Bast*, Handlungsformen und Rechtsschutz, in: *A. von Bogdandy/J. Bast* (Hrsg.), Europäisches Verfassungsrecht, 2009, S. 489, 518 ff., 555; *J. Bast*, Grundbegriffe der Handlungsformen der EU, 2006, S. 75 ff.

[72] Dazu s.u. Kapitel 4, C. I.

[73] S.o. Kapitel 1, A. II.

[74] *P. Krause*, Rechtsformen des Verwaltungshandelns, 1974, S. 22; *E. Schmidt-Aßmann*, Die Lehre von den Rechtsformen des Verwaltungshandelns, DVBl. 1989, S. 533, 534; *W. Pauly*, Grundlagen einer Handlungsformenlehre im Verwaltungsrecht, in: *K. Becker-Schwarze/ W. Köck/T. Kupka/M. von Schwanenflügel* (Hrsg.), Wandel der Handlungsformen im Öffentlichen Recht, 1991, S. 25, 35.

[75] *F. Ossenbühl*, Die Handlungsformen der Verwaltung, JuS 1979, S. 681 f.; *T. von Danwitz*, Verwaltungsrechtliches System und Europäische Integration, 1996, S. 35; zurückhaltender zur Rationalisierung *T. von Danwitz*, Europäisches Verwaltungsrecht, 2008, S. 258 f.

[76] *E. Schmidt-Aßmann*, Die Lehre von den Rechtsformen des Verwaltungshandelns, DVBl. 1989, S. 533 f.; *E. Schmidt-Aßmann*, Das allgemeine Verwaltungsrecht als Ordnungsidee, 2004, Kap. 6, Rn. 34; *Vogt* gesteht der Entscheidung auf europäischer Ebene nur eine limitierte Speicherfunktion zu, *M. Vogt*, Die Entscheidung als Handlungsform des Europäischen Gemein-

hörden ist die Speicherfunktion sehr wichtig: Die Level-3-Ausschüsse als Vorläufer der heutigen Aufsichtsbehörden entwickelten voneinander unabhängig verschiedene Auslegungshilfen für europäische Rechtsakte, die sie als *Recommendations*, *Guidelines*, *Guidance* oder aber auch *Protocol*, *Principles* oder *Methodology* bezeichneten. Sie dachten zwar daran, dies zu vereinheitlichen und gemeinsam zu definieren,[77] dies ist dann jedoch nicht durchgeführt worden.[78] Dadurch, dass die Europäischen Aufsichtsbehörden auch heute noch drei verschiedene Institutionen an unterschiedlichen Orten sind, können einheitliche Handlungsformen als Speicher wirken und so eine einende Funktion ausüben.[79] Dies dient auch der Anwendung des Gleichheitssatzes, der u.a. in Art. 9 EUV seine Ausprägung findet.

Schließlich kommt den Handlungsformen eine *Leitfunktion* zu. Selbst wenn die Zuordnung zu einer bestimmten Handlungsform nicht gelingt, ermöglichen Analyse und Vergleich mit feststehenden Handlungsformen, z.B. durch Analogiebildung, eine Rechtsfindung.[80]

B. Primärrechtliche Ausgangspunkte

Die ESAs erlassen nach Art. 16 der Gründungsverordnungen Leitlinien und Empfehlungen. Dieser Artikel regelt Verfahrensvoraussetzungen und Wirkungen,[81] aber an keiner Stelle wird geklärt, was unter Leitlinien und Empfehlungen zu verstehen ist. In den Verträgen tauchen Empfehlungen und Leitlinien nur am Rande auf, erstere vor allem in Art. 288 und Art. 292 AEUV. Welche Erkenntnisse lassen sich daraus für Empfehlungen und Leitlinien der ESAs ableiten?

---

schaftsrechts, 2005, S. 202, 259 ff.; dies generell bejahend hinsichtlich der Verbindlichkeit und des Rechtsregimes allerdings *B. Schöndorf-Haubold*, Die Strukturfonds der Europäischen Gemeinschaft, 2005, S. 354, 356.

[77] Vgl. *CESR*, 2006 report on Supervisory Convergence in the field of Securities Markets, CESR/06-259b, S. 10.

[78] Es finden sich in den darauffolgenden Jahresberichten und weiteren Publikationen keine weiteren Hinweise.

[79] Allgemein zur horizontalen Einheitsbildung durch Handlungsformen im Unionsrecht *J. Bast*, Grundbegriffe der Handlungsformen der EU, 2006, S. 41.

[80] *E. Schmidt-Aßmann*, Die Lehre von den Rechtsformen des Verwaltungshandelns, DVBl. 1989, S. 533.

[81] S.u. Kapitel 4, A. III.

I. Die Begriffsverwendung von Handlungsform, Empfehlungen und Leitlinien im Unionsprimärrecht

Die Verträge verwenden den Begriff „Handlungsform" nicht ausdrücklich, sondern sprechen von „Maßnahmen". Jedoch enthält Art. 288 AEUV einen Katalog von Rechtsakten der Union, der als Ausgangspunkt jeder Untersuchung europäischer Handlungsformen gilt. Art. 288 AEUV nennt mit Verordnung, Richtlinie und Beschluss drei verbindliche und mit Empfehlungen und Stellungnahmen zwei unverbindliche Handlungsformen.

Empfehlungen sind nach Art. 288 Abs. 5 AEUV unverbindlich. Anders als etwa bei Verordnungen und Richtlinien regelt Art. 288 AEUV ihre Wirkungen, Adressaten und die Rechtsnatur nicht und anhand des Vertragstextes lassen sie sich nicht von Stellungnahmen, die ebenfalls unverbindlich sind, unterscheiden.[82]

Anders als Empfehlungen sind *Leitlinien* nicht im Katalog der Rechtsakte nach Art. 288 AEUV enthalten, sondern die Verträge erwähnen Leitlinien nur in verschiedenen Politikbereichen, so z.B. die Leitlinien der Europäischen Zentralbank (EZB) oder Leitlinien zur Koordinierung der Gesundheitspolitik.[83] Über die im Vertrag genannten Anwendungsbereiche hinaus haben Leitlinien jedoch auch einen großen Einfluss in verschiedenen Rechtsbereichen der Union. Dabei gilt es zwischen verschiedenen Leitlinienbegriffen zu unterscheiden.[84] Eine eigenständige Handlungsform bilden die verbindlichen Leitlinien der EZB, die primärrechtlich in Art. 12.1 der ESZB-Satzung verankert sind. Die vertraglich vorgesehenen Leitlinien der Beschäftigungspolitik und der transeuropäischen Netze hingegen sind in der Praxis bislang als Ent-

---

82 Zur Abgrenzung von Empfehlungen und Stellungnahmen s.u. Kapitel 3, B. IV.

83 Art. 12.1 der ESZB-Satzung, für die Gesundheitspolitik Art. 168 Abs. 2 AEUV; siehe auch *H. Lecheler*, Ungereimtheiten bei den Handlungsformen des Gemeinschaftsrechts – dargestellt anhand der Einordnung von „Leitlinien", DVBl. 2008, S. 873, 874. Weitere Vertragsartikel sind: Art. 171 f. AEUV im Bereich Transeuropäische Netze; Art. 5 Abs. 2, 148 AEUV für die Koordinierung der Beschäftigungspolitik; Art. 26 Abs. 3 AEUV für den Binnenmarkt; Art. 68 AEUV für Programmplanung im Raum der Freiheit, der Sicherheit und des Rechts; Art. 173 Abs. 2 AEUV für die Industriepolitik und Art. 181 Abs. 2 AEUV für die Forschung.

84 Dazu im Detail *I. Härtel*, Handbuch Europäische Rechtsetzung, 2006, § 13, Rn. 1 ff.

schließung/Beschluss oder Entscheidung ergangen.[85] Leitlinien für transeuropäische Netze sind (als Entscheidung) verbindlich, während dies beispielsweise für die Leitlinien der Beschäftigungspolitik[86] und die Leitlinien im Bereich der Industrie[87] in der Literatur umstritten ist. Andere vertraglich vorgesehene Leitlinien wie z.B. im Bereich der Forschung sollen unverbindlich sein.[88] In der Rechtspraxis erlässt die Kommission in verschiedenen weiteren Rechtsbereichen Leitlinien, insbesondere im Wettbewerbsrecht, die sie im Amtsblatt unter der Rubrik „Mitteilungen" veröffentlicht und die in der Regel unverbindlich sind.[89] Es ist umstritten, ob diese Leitlinien bzw. Mitteilungen der Kommission als Empfehlungen nach Art. 288 AEUV einzuordnen sind.[90] Letztlich kann diese Frage hier jedoch offen bleiben, weil sie für die Einordnung von Empfehlungen und Leitlinien der ESAs nicht weiterhilft.

---

[85] Entschließung des Rates zu den beschäftigungspolitischen Leitlinien für 1998, ABl. 1998 C 30, S. 1; Beschluss 2003/578/EG des Rates über die Leitlinien für beschäftigungspolitische Maßnahmen der Mitgliedstaaten, ABl. 2003 L 197, S. 13; Entscheidung Nr. 1229/2003/EG des Parlaments und des Rates über eine Reihe von Leitlinien betreffend die transeuropäischen Netze im Energiebereich, ABl. 2003 L 176, S. 11.

[86] *I. Härtel*, Handbuch Europäische Rechtsetzung, 2006, § 13, Rn. 1 ff. m.w.N.

[87] *B. Lurger*, in: *R. Streinz* (Hrsg.), EUV/AEUV-Kommentar, 2012, Art. 173 AEUV, Rn. 29.

[88] *H. Trute/A. Pilniok*, in: *R. Streinz* (Hrsg.), EUV/AEUV-Kommentar, 2012, Art. 181 AEUV, Rn. 3.

[89] Verbindlich können nur Leitlinien im Beihilferecht nach Art. 108 AEUV sein, wenn der Mitgliedstaat ihnen zugestimmt hat, dazu *I. Härtel*, Handbuch Europäische Rechtsetzung, 2006, § 13, Rn. 28 ff.

[90] Dafür *M. U. Brohm*, Die „Mitteilungen" der Kommission im Europäischen Verwaltungs- und Wirtschaftsraum, 2012, S. 67 ff., 189, da es funktionale Äquivalente seien; ähnlich *L. Senden*, Soft Law in European Community Law, 2004, S. 162 *et passim*; dagegen *S. Thomas*, Die Bindungswirkung von Mitteilungen, Bekanntmachungen und Leitlinien der EG-Kommission, EuR 2009, S. 423, 424, da Leitlinien anders als Empfehlungen eine Gestaltungsfunktion haben, um bestimmte Auslegungsinhalte festzustellen; *I. Härtel*, Handbuch Europäische Rechtsetzung, 2006, § 13, Rn. 35 ff.

II. Keine Sperrwirkung des Art. 288 AEUV

Lässt sich aus dem Katalog der Rechtsakte in Art. 288 AEUV ein *numerus clausus* der Handlungsformen ableiten, gegen den Leitlinien verstießen, oder können die Organe und Einrichtungen neue Handlungsformen „erfinden“ und es existiert keine Sperrwirkung hinsichtlich der Art der Handlungsform? Die Praxis verwendet seit der Gründung der Gemeinschaften eine Vielzahl von weiteren Handlungsformen wie „Entschließungen“, „Mitteilungen“, „Leitlinien“ etc.[91] und hat sich somit gegen einen *numerus clausus* entschieden.

Unstreitig ermächtigen die Verträge verschiedene Organe und Einrichtungen zu anderen rechtserheblichen Handlungen, so geben z.B. der Wirtschafts- und Sozialausschuss und der Ausschuss der Regionen Stellungnahmen ab (Art. 304, 307 AEUV) und der Rechnungshof erstattet nach Art. 287 AEUV Bericht. Außerdem kann die Union beispielsweise Leitlinien für transeuropäische Netze erlassen (Art. 171 Abs. 1 AEUV). Präziser gefasst lautet die Frage deshalb, für wen ein *numerus clausus* gelten sollte. Art. 288 AEUV spricht von den „Organen“. Damit sind die sieben in Art. 13 EUV aufgezählten Organe gemeint.[92] Nicht umfasst sind davon jedoch Agenturen und andere Einrichtungen der Union wie im vorliegenden Fall die ESAs. Somit kann die Frage, ob für die Organe ein *numerus clausus* besteht, offen bleiben.[93]

---

[91] Für einen Überblick siehe *A. von Bogdandy/J. Bast/F. Arndt*, Handlungsformen im Unionsrecht, ZaöRV 62 (2002), S. 77, 87 ff.; *M. Ruffert*, in: *C. Calliess/M. Ruffert* (Hrsg.), EUV/AEUV, Kommentar, 2011, Art. 288 AEUV, Rn. 98 ff.

[92] So auch *W. Schroeder*, in: *R. Streinz* (Hrsg.), EUV/AEUV-Kommentar, 2012, Art. 288 AEUV, Rn. 14; a.A. *M. Nettesheim*, in: *E. Grabitz/M. Hilf/M. Nettesheim*, Das Recht der EU (Stand Sept. 2013), Art. 288 AEUV, Rn. 71, der davon ausgeht, dass im Hinblick auf Art. 263 Abs. 1 S. 2 AEUV auch andere Institutionen, etwa Agenturen, die Handlungsformen nutzen dürfen, so dass „Organe“ weiter zu verstehen sei.

[93] Die herrschende Meinung verneint einen *numerus clausus* auch für die Organe: *J. Bast*, Grundbegriffe der Handlungsformen der EU, 2006, S. 44, Fn. 132 m.w.N.; *M. Ruffert*, in: *C. Calliess/M. Ruffert* (Hrsg.), EUV/AEUV, Kommentar, 2011, Art. 288 AEUV, Rn. 98; *K. Lenaerts/P. Van Nuffel*, European Union Law, 2011, Rn. 22-102; *J. P. Terhechte*, Der Vertrag von Lissabon: Grundlegende Verfassungsurkunde der europäischen Rechtsgemeinschaft oder technischer Änderungsvertrag?, EuR 2008, S. 143, 177; *N. Blokker*, Decisions of international organizations: the case of the European Union, Netherlands Yearbook of International Law 30 (2000), S. 3, 16 mit Ver-

Jedoch ist eine Sperrwirkung nicht nur hinsichtlich der Art der Handlungsformen denkbar, sondern auch hinsichtlich der erlassenden Organe und Einrichtungen. Einige Stimmen in der Literatur vertraten zum Vertrag von Nizza die Ansicht, dass nur die in ex-Art. 249 EGV (entspricht Art. 288 AEUV) genannten Organe – Europäisches Parlament und Rat gemeinsam, Rat und Kommission – die normierten verbindlichen Handlungsformen benutzen dürften, soweit nicht der Vertrag primärrechtlich anderweitige Einrichtungen dazu ermächtigt.[94] Dies hätte zur Folge, dass andere Einrichtungen wie im vorliegenden Fall die ESAs als Agenturen von der Sperrwirkung erfasst wären. Diese dürften dann – anders als in den Gründungsverordnungen vorgesehen[95] – keine verbindlichen Beschlüsse fassen.[96]

Für eine organbezogene Sperrwirkung führt die Literatur Folgendes an: Der Wortlaut des ex-Art. 249 EGV deckte sie und die Überschrift des Vertragskapitels sprach ebenfalls dafür („Gemeinsame Bestimmungen für mehrere [also nicht alle, *d. Verf.*] Organe").[97] Auch entspricht es der Normierungstechnik des Vertrages, denn die besondere Bedeutung der

---

weis auf andere in den Verträgen erwähnte Maßnahmen wie Maßnahmen für Verbraucherschutz Art. 169 EGV, allgemeine Aktionsprogramme Art. 192 Abs. 3 EGV und Mehrjahresprogramme Art. 209 EGV; a.A. *T. Oppermann/ C. D. Classen/M. Nettesheim*, Europarecht, 2009, § 10, Rn. 78, die für außenrechtsverbindliche Akte einen *numerus clausus* bejahen, dann allerdings selbst von „Rechtsakten sui generis" sprechen.

94 So z.B. in Art. 132 AEUV die EZB; *J. Bast*, Grundbegriffe der Handlungsformen der EU, 2006, S. 49 f.; *C. Bumke*, Rechtsetzung in der Europäischen Gemeinschaft: Bausteine einer gemeinschaftsrechtlichen Handlungsformenlehre, in: *G. F. Schuppert/I. Pernice/U. Haltern* (Hrsg.), Europawissenschaft, 2005, S. 643, 662; *M. Vogt*, Die Entscheidung als Handlungsform des Europäischen Gemeinschaftsrechts, 2005, S. 21, 24 f.; zum EWG-Vertrag und der Rechtssetzungsbefugnis wohl auch *U. Everling*, Die allgemeine Ermächtigung der Europäischen Gemeinschaft zur Zielverwirklichung nach Art. 235 EWG-Vertrag, EuR Beiheft 1/1976, S. 2, 15.

95 Siehe Art. 8 Abs. 2 lit. e, f der Gründungsverordnungen.

96 Wenn man davon ausgeht, dass die ESA-Beschlüsse Beschlüsse i.S.v. Art. 288 AEUV sind. Anders noch zu Entscheidungen *M. Vogt*, Die Entscheidung als Handlungsform des Europäischen Gemeinschaftsrechts, 2005, S. 24 f. *D. Riedel*, Die Gemeinschaftszulassung für Luftfahrtgerät: Europäisches Verwalten durch Agenturen am Beispiel der EASA, 2006, S. 100 f. äußert sich auch zu Maßnahmen der Agentur für Flugsicherheit EASA, deren Entscheidungscharakter er jedoch verneint.

97 *J. Bast*, Grundbegriffe der Handlungsformen der EU, 2006, S. 50.

verbindlichen Handlungsformen wird dadurch betont, dass sie den primären Rechtsetzungsorganen zugewiesen werden.[98] Diese Argumente finden allerdings im Vertrag von Lissabon keine Stütze mehr. Der Wortlaut des Art. 288 AEUV spricht nun allgemein von den „Organen", also nicht mehr nur von den primär rechtsetzenden, sondern von allen in Art. 13 EUV genannten. Außerdem lautet die Kapitelüberschrift nun „Rechtsakte der Union". Empirisch soll die Praxis bislang die organbezogene Sperrwirkung zwar eingehalten haben,[99] diese Untersuchung beruht jedoch auf einer Stichprobe des Fundstellennachweises mit Stand Dezember 1997.[100] Außerdem enthält der Fundstellennachweis nur im Amtsblatt veröffentlichte Rechtsakte, nicht dagegen Beschlüsse von Agenturen, die seit 1997 erheblich zugenommen haben.[101] Somit kann diese Untersuchung für den heutigen Stand der Praxis nicht mehr als Argument herangezogen werden.

Die herrschende Meinung lehnt eine organbezogene Sperrwirkung zu Recht ab.[102] Der Wortlaut des Art. 288 AEUV lässt dies – wie auch bei der Frage des *numerus clausus* – offen. Anhaltspunkte bietet eine teleologische Auslegung: Wenn Agenturen wirksam und effizient arbeiten

---

98 *J. Bast*, Grundbegriffe der Handlungsformen der EU, 2006, S. 50.

99 *A. von Bogdandy/J. Bast/F. Arndt*, Handlungsformen im Unionsrecht, ZaöRV 62 (2002), S. 77, 136 f.

100 *A. von Bogdandy/J. Bast/F. Arndt*, Handlungsformen im Unionsrecht, ZaöRV 62 (2002), S. 77, 86.

101 Das Harmonisierungsamt für den Binnenmarkt (Marken, Muster und Modelle; HABM oder Markenamt) beispielsweise trägt Marken ein und trifft Entscheidungen über Widersprüche, vgl. Art. 42 Abs. 5, 45 der Verordnung (EG) Nr. 207/2009 des Rates über die Gemeinschaftsmarke (kodifizierte Fassung), ABl. 2009 L 78, S. 1. Seit dem Vertrag von Lissabon ist davon auszugehen, dass es sich um Beschlüsse i.S.v. Art. 288 AEUV handelt. Zur alten Rechtslage *D. Fischer-Appelt*, Agenturen der Europäischen Gemeinschaft, 1999, S. 120.

102 Diese Meinung hat sich im Zuge der Markenrechtsdiskussion zu ex-Art. 235 EWG herausgebildet, *P. Bartodziej*, Reform der EG-Wettbewerbsaufsicht und Gemeinschaftsrecht, 1994, S. 269 f.; *D. Fischer-Appelt*, Agenturen der Europäischen Gemeinschaft, 1999, S. 118. *M. Nettesheim*, in: *E. Grabitz/M. Hilf/M. Nettesheim*, Das Recht der EU (Stand Sept. 2013), Art. 288 AEUV, Rn. 71; *I. Schwartz*, in: *H. von der Groeben/J. Schwarze* (Hrsg.), Kommentar zum EU-/EG-Vertrag, 2004, Art. 308 EG, Rn. 215; *H. Hofmann*, Normenhierarchien im europäischen Gemeinschaftsrecht, 2000, S. 222; *B. Biervert*, in: *J. Schwarze* (Hrsg.), EU-Kommentar, 2008, Art. 249 EG, Rn. 2.

sollen und damit die Organe entlasten, so müssen dafür im Sinne von stillschweigenden Befugnissen (*implied powers*) auch die erforderlichen Handlungsbefugnisse delegiert werden.[103] Zusammenfassend spricht vieles dafür, dass Art. 288 AEUV die ESAs hinsichtlich eines *numerus clausus* an Handlungsformen nicht erfasst und eine organbezogene Sperrwirkung des Art. 288 AEUV nicht besteht.

III. Keine Sperrwirkung des Art. 292 AEUV

Art. 292 AEUV bestimmt, dass Rat, Kommission und in bestimmten vertraglich vorgesehenen Fällen die EZB Empfehlungen „abgeben". In der Praxis erlassen jedoch auch andere Institutionen, insbesondere das Europäische Parlament[104] und Agenturen wie die ESAs, Empfehlungen. Ähnlich wie auch bei der Frage der Sperrwirkung des Art. 288 AEUV ist fraglich, ob diese Praxis mit Art. 292 AEUV vereinbar ist.

Überwiegend äußern sich die Stellungnahmen in der Literatur nicht dazu, ob Art. 292 AEUV abschließend ist und somit nur Rat, Kommission und EZB Empfehlungen abgeben dürfen.[105] Dafür scheint zunächst der Wortlaut zu sprechen, der nur diese Organe erwähnt. Im Gegenzug dürften Stellungnahmen, die neben Art. 288 AEUV nicht weiter gesondert geregelt werden, alle Organe erlassen.[106]

Allerdings sind Wortlaut und Systematik des Art. 292 AEUV alles andere als klar.[107] Von seiner Entstehungsgeschichte her ist er ein „Über-

---

[103] *D. Fischer-Appelt*, Agenturen der Europäischen Gemeinschaft, 1999, S. 118.

[104] *L. Senden*, Soft Law in European Community Law, 2004, S. 159, Fn. 117.

[105] *C. Blumann*, in: *L. Burgorgue-Larsen/A. Levade/F. Picod* (Hrsg.), Traité établissant une Constitution pour l'Europe: Commentaire article par article, 2007, S. 471 ff.; *M. Gellermann*, in: *R. Streinz* (Hrsg.), EUV/AEUV-Kommentar, 2012, Art. 292 AEUV, Rn. 2; *P. Stancanelli*, Le système décisionnel de l'Union, in: *G. Amato/H. Bribosio/B. De Witte* (Hrsg.), Genèse et destinée de la Constitution européenne, 2007, S. 485, 500 f.; *C. Vedder*, in: *C. Vedder/W. Heintschel von Heinegg* (Hrsg.), Europäischer Verfassungsvertrag: Handkommentar, 2007, Art. I-35; *M. Nettesheim*, in: *E. Grabitz/M. Hilf/M. Nettesheim*, Das Recht der EU (Stand Sept. 2013), Art. 292 AEUV.

[106] *V. Hellmann*, Der Vertrag von Lissabon, 2009, S. 62.

[107] *J. Schoo*, in: *J. Schwarze* (Hrsg.), EU-Kommentar, 2012, Art. 292 AEUV, Rn. 1.

bleibsel", denn die geplante Vorläuferbestimmung (Art. I-35 des Europäischen Verfassungsvertrages) regelte allgemein Akte ohne Gesetzescharakter.[108] Dadurch, dass der Vertrag von Lissabon den Gesetzesbegriff des Verfassungsvertrages aufgab, übernahm der Lissabonner Vertrag nur den geplanten Art. I-35 Abs. 3 des Europäischen Verfassungsvertrages als Regelung von Empfehlungen in Art. 292 AEUV.

Primärrechtlich ist an anderen Stellen des Vertrages vorgesehen, dass weitere Organe und Einrichtungen Empfehlungen erlassen. Beispielsweise bestimmt Art. 154 Abs. 3 AEUV, dass die Sozialpartner Empfehlungen abgeben können. In der Praxis erlässt auch das Europäische Parlament Empfehlungen.[109]

Hinsichtlich weiterer Einrichtungen wie Agenturen gab es in den 1990er Jahren Bedenken, ob diese Empfehlungen abgeben dürften, weil sie in ex-Art. 189 EGV (jetzt Art. 288 AEUV) nicht erwähnt sind. Die Europäische Stelle zur Beobachtung von Rassismus und Fremdenfeindlichkeit (EUMC) sollte dem Kommissionsvorschlag nach Empfehlungen abgeben. Der Wirtschafts- und Sozialausschuss kritisierte jedoch, dass die Beobachtungsstelle dadurch möglicherweise eine Rolle einnehmen könnte, die in den Zuständigkeitsbereich eines der in ex-Art. 189 EGV genannten Organe fallen könnte.[110] Die Endfassung der Verordnung sprach nunmehr davon, dass das EUMC „Gutachten" ausarbeite.[111]

Zwischenzeitlich haben die Institutionen diese Bedenken allerdings aufgegeben. Mehr als zehn der neueren Agenturen geben nach dem Normtext ihrer Gründungsverordnungen „Empfehlungen" ab.[112] Diese verbreitete Praxis alleine kann zwar nicht rechtfertigen, dass

---

108 *M. Ruffert*, in: *C. Calliess/M. Ruffert* (Hrsg.), EUV/AEUV, Kommentar, 2011, Art. 292 AEUV, Rn. 1 f. Zu Art. I-35 siehe *C. Vedder*, in: *C. Vedder/W. Heintschel von Heinegg* (Hrsg.), Europäischer Verfassungsvertrag: Handkommentar, 2007, Art. I-35.

109 *L. Senden*, Soft Law in European Community Law, 2004, S. 159, Fn. 117.

110 Vgl. Ziff. 2.3 der Stellungnahme des Wirtschafts- und Sozialausschusses zum Verordnungsvorschlag, ABl. 1997 C 158, S. 9; dazu auch *D. Fischer-Appelt*, Agenturen der Europäischen Gemeinschaft, 1999, S. 137 f.

111 Diese Terminologie hat sich auch bei der dem EUMC nachfolgenden Grundrechteagentur erhalten, siehe Art. 4 Abs. 1 lit. d, Abs. 2 der Verordnung (EG) Nr. 168/2007 des Rates zur Errichtung einer Agentur der Europäischen Union für Grundrechte, ABl. 2007 L 53, S. 1.

112 Dazu s.u. Kapitel 2, C.

Art. 292 AEUV als nicht abschließend interpretiert wird. Die Praxis war jedoch den Vertragsparteien bei Abschluss des Lissabonvertrages bereits bekannt. Es lassen sich keine Hinweise finden, dass sie dies durch Art. 292 AEUV ändern wollten. Vielmehr sprechen auch die Entstehungsgeschichte und weitere primärrechtliche Erwähnungen von Empfehlungen anderer Einrichtungen dafür, dass Art. 292 AEUV nur eine ausdrückliche Ermächtigungsgrundlage für Empfehlungen von Rat und Kommission schaffen wollte, jedoch nicht ausschließen, dass andere Organe und Einrichtungen wie Agenturen Empfehlungen abgeben.[113] Folglich entfaltet Art. 292 AEUV – wie auch der bereits geprüfte Art. 288 AEUV – keine Sperrwirkung und steht den Empfehlungen der ESAs nicht im Wege.

C. Die Akteure der Europäischen Finanzaufsicht

Bevor diese Arbeit Empfehlungen und Leitlinien der ESAs näher untersucht, stellt sich die Frage, wer eigentlich die Akteure der Europäischen Finanzaufsicht sind, die diese Handlungsform benutzen. Bis ins Jahr 2010 haben die Vorläufer der Europäischen Aufsichtsbehörden, sogenannte Level-3-Ausschüsse, Empfehlungen und Leitlinien erlassen (I.). Seit 2011 handeln die Europäischen Aufsichtsbehörden (II.), deren Verhältnis zur nationalen, europäischen und internationalen Ebene anschließend untersucht wird (III.).

I. Rückblick: Die Level-3-Ausschüsse als Vorläufer der Europäischen Aufsichtsbehörden

Vor 2011 kooperierten die nationalen Finanzaufsichtsbehörden im Rahmen der Level-3-Ausschüsse, um Empfehlungen und Leitlinien zu erlassen. Zwar ist in materiell-rechtlicher Hinsicht das Finanzmarktrecht schon europarechtlich dominiert gewesen, jedoch lag die Aufsicht allein in den Händen der Mitgliedstaaten der Union.[114] Im Jahr 2001

---

[113] So i.E. auch *P. Szczekalla*, Handlungsformen im europäischen Verwaltungsrecht, in: *J. P. Terhechte* (Hrsg.), Verwaltungsrecht der Europäischen Union, 2011, § 5, Rn. 74.

[114] *W. Heun*, Finanzaufsicht im Wandel, JZ 2012, S. 235, 237; *T. Tridimas*, EU Financial Regulation: Federalization, Crisis Management and Law Reform, in:

nahm der Ausschuss der Europäischen Wertpapieraufsichtsbehörden (*Committee of European Securities Regulators*, CESR) als erster Level-3-Ausschuss seine Arbeit auf.[115] Die Bezeichnung „Level-3-Ausschuss" ergibt sich daraus, dass der Ausschuss Teil eines besonderen Komitologieverfahrens im Wertpapierrecht war, das aus insgesamt vier Ebenen bestand:[116] Auf der ersten Ebene erließen Rat und Europäisches Parlament Sekundärrechtsakte der Union (Rahmenprinzipien, Level 1). Die zweite Ebene bildeten Durchführungsverordnungen und -richtlinien der Kommission. Auf der dritten Ebene koordinierten die Level-3-Ausschüsse die Zusammenarbeit der nationalen Aufsichtsbehörden und erließen Empfehlungen und Leitlinien. Diese Ebene wich vom üblichen Komitologieverfahren ab. Abschließend überprüfte die Kommission auf der vierten Ebene die Umsetzung der Maßnahmen der ersten bis dritten Ebene (Durchsetzung).[117] Dieses sogenannte Lamfalussy-

---

P. Craig/G. de Búrca (Hrsg.), The Evolution of EU Law, 2011, S. 783, 803; grundlegend zu verschiedenen Aufsichtsmodellen *H. Davies/D. Green*, The Essential Guide, 2008, S. 156 ff.; *L. Martino Levi*, The European Banking Authority: Legal Framework, Operations and Challenges Ahead, Tulane European and Civil Law Forum 28 (2013), S. 51, 74, Fn. 98; *E. O. Wymeersch*, The Structure of Financial Supervision in Europe: About Single Financial Supervisors, Twin Peaks and Multiple Financial Supervisors, European Business Organization Law Review 8 (2007), S. 237 ff.

115 Beschluss 2001/527/EG der Kommission zur Einsetzung des Ausschusses der europäischen Wertpapierregulierungsbehörden, ABl. 2001 L 191, S. 43. Dieser ist ein Nachfolger des 1997 gegründeten *Forum of European Securities Commissions* (FESCO), siehe *R. D. Kelemen*, Eurolegalism: the transformation of law and regulation in the European Union, 2011, S. 109, Fn. 8; *A. Karpf*, Der Lamfalussy-Prozeß, Bank-Archiv 2005, S. 573, 575; *N. Moloney*, EC Securities Regulation, 2008, S. 1019 f.; *T. M. J. Möllers*, Europäische Methoden- und Gesetzgebungslehre im Kapitalmarktrecht – Vollharmonisierung, Generalklauseln und soft law im Rahmen des Lamfalussy-Verfahrens als Mittel zur Etablierung von Standards, Zeitschrift für europäisches Privatrecht 2008, S. 480, 485.

116 Auch nach den Reformen von 2011 bestehen diese vier Ebenen weiter. Aus ökonomischer Sicht zu Vor- und Nachteilen von Komitologieverfahren siehe *C. Kirchner*, Die ökonomische Theorie, in: *K. Riesenhuber* (Hrsg.), Europäische Methodenlehre, 2010, § 5, Rn. 69.

117 Ziff. 1 der Entschließung des Europäischen Rates über eine wirksamere Regulierung der Wertpapiermärkte in der Europäischen Union, ABl. 2001 C 138, S. 1; *T. M. J. Möllers*, Europäische Methoden- und Gesetzgebungslehre im Kapitalmarktrecht – Vollharmonisierung, Generalklauseln und soft law im

Verfahren[118] beschleunigte die Rechtssetzung im europäischen Wertpapierrecht erheblich,[119] so dass die Institutionen es 2005 auch auf die Bereiche der Banken- und Versicherungsaufsicht ausweiteten. Als weitere Level-3-Ausschüsse entstanden der Ausschuss der Europäischen Bankaufsichtsbehörden (*Committee of European Banking Supervisors*, CEBS) und der Ausschuss der Europäischen Aufsichtsbehörden für das Versicherungswesen und die betriebliche Altersversorgung (*Committee of European Insurance and Occupational Pensions Supervisors*, CEI-

---

Rahmen des Lamfalussy-Verfahrens als Mittel zur Etablierung von Standards, Zeitschrift für europäisches Privatrecht 2008, S. 480, 484.

[118] Benannt nach Baron *Alexandre de Lamfalussy*, der als Vorsitzender eines „Ausschusses der Weisen" dieses Verfahren vorgeschlagen hatte; siehe Schlussbericht des Ausschusses der Weisen über die Regulierung der Europäischen Wertpapiermärkte, 25.02.2001, http://ec.europa.eu/internal_market/securities/docs/lamfalussy/wisemen/final-report-wise-men_de.pdf (Lamfalussy-Bericht) (15.09.2015); ausführlich dazu *K. U. Schmolke*, Der Lamfalussy-Prozess im Europäischen Kapitalmarktrecht – eine Zwischenbilanz, NZG 2005, S. 912.

[119] So verkürzte sich die Dauer des Erlasses von Richtlinien von bis zu neun Jahren auf durchschnittlich 20 Monate unter dem Lamfalussy-Verfahren; siehe dazu Commission Staff Working Document, The Application of the Lamfalussy Process to EU Securities Markets Legislation – A preliminary assessment by the Commission services, v. 15.11.2004, http://ec.europa.eu/internal_market/securities/docs/lamfalussy/sec-2004-1459_en.pdf, S. 6 (15.09.2015); *T. M. J. Möllers*, Europäische Methoden- und Gesetzgebungslehre im Kapitalmarktrecht – Vollharmonisierung, Generalklauseln und soft law im Rahmen des Lamfalussy-Verfahrens als Mittel zur Etablierung von Standards, Zeitschrift für europäisches Privatrecht 2008, S. 480, 484; allgemein zur Flexibilität: *J. Köndgen*, Privatisierung des Rechts, AcP 206 (2006), S. 477, 512; *P. O. Mülbert/A. Wilhelm*, Reforms of EU Banking and Securities Regulation after the Financial Crisis, Banking & Finance Law Review 26 (2011), S. 187, 192, Fn. 19; zur überwiegend positiven Bewertung der Inter-Institutional Monitoring Group: Third Report Monitoring the Lamfalussy Process, 17.11.2004, http://ec.europa.eu/internal_market/securities/docs/monitoring/third-report/2004-11-monitoring_en.pdf, S. 6 (15.09.2015): „The Lamfalussy Process is working well overall and has led to swifter preparation of legislation."; Commission Staff Working Document, The Application of the Lamfalussy Process to EU Securities Markets Legislation – A preliminary assessment by the Commission services, v. 15.11.2004, http://ec.europa.eu/internal_market/securities/docs/lamfalussy/sec-2004-1459_en.pdf, S. 8 (15.09.2015).

OPS).[120] Die Level-3-Ausschüsse, deren Mitglieder aus den 27 nationalen Finanzaufsichtsbehörden kamen, besaßen keine eigene Rechtspersönlichkeit, sondern waren in den Rechtsformen des jeweiligen Sitzlandes organisiert.[121] Sie erarbeiteten auf der dritten Ebene Empfehlungen zu Auslegungsfragen und Leitlinien für die Umsetzung der auf der ersten und zweiten Stufe beschlossenen Maßnahmen.

Am Beispiel des Wertpapierausschusses CESR lässt sich zeigen, wie sich seine Rolle über die Zeit veränderte und er an Einfluss gewann. 2001 war er zunächst nur als technisches Beratungsgremium für die Kommission konzipiert.[122] Zunehmend entwickelte er dann jedoch eigene Initiativen z.B. im Bereich der Leerverkäufe[123] und beeinflusste so die Agenda der Kommission.[124] Auch trat CESR auf der internationalen Bühne auf, indem er sich im Rahmen der *International Organization of Securities Commissions* (IOSCO) ohne Auftrag der Kommission zu Ratingagenturen äußerte.[125] Diesem gestiegenen Einfluss entsprechend sa-

---

[120] Beschluss 2004/5/EG der Kommission zur Einsetzung des Ausschusses der europäischen Bankaufsichtsbehörden, ABl. 2004 L 3, S. 28; Beschluss 2004/6/EG der Kommission zur Einsetzung des Ausschusses der Europäischen Aufsichtsbehörden für das Versicherungswesen und die betriebliche Altersversorgung, ABl. 2004 L 3, S. 30.

[121] CEIOPS als deutscher eingetragener Verein (e.V.), CESR als französischer Verein und CEBS als englische Limited, siehe *EBA*, Minutes of the third EBA Board of Supervisors meeting, 9.06.2011, EBA BS 2011 098, S. 11.

[122] *E. Čulinović Herc/M. Braut Filipović*, The Role of CESR in EU Securities Market Law – From technical advisor to sectoral supervisor, in: *N. Bodiroga-Vukobrat/G. G. Sander/S. Barić* (Hrsg.), Die Offene Methode der Koordinierung in der Europäischen Union, 2010, S. 263, 281.

[123] *CESR*, Report, Model for a Pan-European Short Selling Disclosure Regime, CESR/10-088 und *CESR*, Report, Technical details of the pan-European short selling disclosure regime, CESR/10-453; siehe dazu *N. Moloney*, EU Financial Market Regulation after the Global Financial Crisis: "More Europe" or more Risks?, CML Rev. 47 (2010), S. 1317, 1343.

[124] *N. Moloney*, EU Financial Market Regulation after the Global Financial Crisis: "More Europe" or more Risks?, CML Rev. 47 (2010), S. 1317, 1343.

[125] *E. Posner*, The Lamfalussy Process: Polyarchic Origins of Networked Financial Rule-Making in the EU, in: *C. F. Sabel/J. Zeitlin* (Hrsg.), Experimentalist Governance in the European Union, 2010, S. 43, 53 f.; *N. Moloney*, EU Financial Market Regulation after the Global Financial Crisis: "More Europe" or more Risks?, CML Rev. 47 (2010), S. 1317, 1343.

hen auch die Marktteilnehmer CESR als wichtigen Akteur im Rechtssetzungsprozess an.[126]

Obwohl der Einfluss der Level-3-Ausschüsse zugenommen hatte, zeigte sich im Rahmen der Finanzkrise 2008, dass die bisherige Kooperation der Aufsichtsbehörden nicht ausreichte.[127] Insbesondere gab es Schwierigkeiten beim Informationsaustausch, den nationale Behörden z.B. unter Verweis auf Vertraulichkeitsbestimmungen verweigerten,[128] und es fehlte an Offenheit, frühzeitig über Schwachstellen bestimmter Institute zu diskutieren.[129] Auch schützten die Aufsichtsbehörden prioritär ihre eigenen Märkte und Investoren.[130] Die unverbindlichen Empfehlungen

---

[126] *CESR*, Questionnaire on Assessment of CESR's activities between 2001 and 2007, CESR/07-460; *E. Čulinović Herc/M. Braut Filipović*, The Role of CESR in EU Securities Market Law – From technical advisor to sectoral supervisor, in: *N. Bodiroga-Vukobrat/G. G. Sander/S. Barić* (Hrsg.), Die Offene Methode der Koordinierung in der Europäischen Union, 2010, S. 263, 270 f. Zu Spannungen mit dem Europäischen Parlament s.u. Kapitel 4, B. II. 2.

[127] The High-Level Group on Financial Supervision in the EU – chaired by Jacques de Larosière – Report, 25.02.2009, http://ec.europa.eu/internal_market/finances/docs/de_larosiere_report_de.pdf (15.09.2015) (De-Larosière-Bericht), S. 13; *K. Alexander*, Reforming European Financial Supervision: some of the legal and institutional challenges, Zeitschrift für Europarecht 2011, S. 50; *M. Merlin*, Le nouveau système européen de supervision financière, Revue du Droit de l'Union Européenne 2011, S. 17, 20.

[128] *T. Dietz*, Schriftliche Stellungnahme im Rahmen der schriftlichen Anhörung des Finanzausschusses des Deutschen Bundestags zu dem Gesetzentwurf der Bundesregierung „Entwurf eines Gesetzes zur Umsetzung der Richtlinie 2010/78/EU vom 24. November 2010 im Hinblick auf die Errichtung des Europäischen Finanzaufsichtssystems" – Drucksache 17/6255, 22.09.2011, S. 6.

[129] The High-Level Group on Financial Supervision in the EU – chaired by Jacques de Larosière – Report, 25.02.2009, http://ec.europa.eu/internal_market/finances/docs/de_larosiere_report_de.pdf, S. 11, 46 (15.09.2015).

[130] Zum Beispiel verwendete die *Financial Services Authority* (FSA) britische Anti-Terror-Gesetze, um Kapitalmittel einer Tochter der isländischen Bank Kaupthing einzufrieren. Dies sollte die nationalen Investoren schützen, erschwerte Kaupthing aber den Zugang zu weiteren Mitteln am Kapitalmarkt und wirkte so auch in anderen Ländern krisenverschärfend, *T. Dietz*, Schriftliche Stellungnahme im Rahmen der schriftlichen Anhörung des Finanzausschusses des Deutschen Bundestags zu dem Gesetzentwurf der Bundesregierung „Entwurf eines Gesetzes zur Umsetzung der Richtlinie 2010/78/EU vom 24. November 2010 im Hinblick auf die Errichtung des Europäischen Finanzaufsichtssystems" – Drucksache 17/6255, 22.09.2011, S. 6 m.w.N.;

und Leitlinien erwiesen sich als zu schwach, so dass die Level-3-Ausschüsse in der Finanzkrise nicht sinnvoll handeln konnten.[131] Diese Schwachstellen führten dazu, dass erstmals Europäische Aufsichtsbehörden im Finanzsektor entstanden.

II. Die Europäischen Aufsichtsbehörden

Nach der Lehman-Krise im Herbst 2008 forderte die Europäische Kommission Reformen der Finanzaufsicht in Europa.[132] Dem Bericht

---

M. Merlin, Le nouveau système européen de supervision financière, Revue du Droit de l'Union Européenne 2011, S. 17, 20.

[131] *Wymeersch* sieht die fehlende Verbindlichkeit als eine der entscheidenden Schwachstellen der Level-3-Maßnahmen, *E. O. Wymeersch*, The Institutional Reforms of the European Financial Supervisory System, European Company and Financial Law Review 7 (2010), S. 240, 249. Siehe auch zur Kritik der Deutschen Bank *R. Dieckmann*, Post-FSAP Agenda: Chance zur Vollendung der europäischen Finanzmarktintegration, Deutsche Bank Research Nr. 24, 25.05.2005, S. 13; *A. van Aaken*, Transnationales Kooperationsrecht nationaler Aufsichtsbehörden als Antwort auf die Herausforderung globalisierter Finanzmärkte, in: *C. Möllers/A. Voßkuhle/C. Walter* (Hrsg.), Internationales Verwaltungsrecht, 2007, S. 219, 256, Fn. 150.

[132] Mitteilung der Kommission vom 29.10.2008, Aus der Finanzkrise in den Aufschwung: Ein Aktionsrahmen für Europa, KOM(2008) 706, S. 4; Wirtschaftswissenschaftler und Stimmen der juristischen Literatur hatten schon länger eine europäisierte Finanzaufsicht gefordert; so u.a. im Rahmen der Diskussion auf dem Deutschen Juristentag 2002, darauf verweist *G. Spindler/J. Hupka*, Bindungswirkung von Standards im Kapitalmarktrecht, in: *T. M. J. Möllers* (Hrsg.), Geltung und Faktizität von Standards, 2009, S. 117, 121; *K. Lannoo/J.-P. Casey*, EU Financial Regulation and Supervision beyond 2005, CEPS Task Force Report, No. 54, 2005; *K. J. Hopt*, Auf dem Weg zu einer neuen europäischen und internationalen Finanzmarktarchitektur, NZG 2009, S. 1401, 1404, Fn. 25, 1406; *I. Begg*, Regulation and Supervision of Financial Intermediaries in the EU: The Aftermath of the Financial Crisis, Journal of Common Market Studies 47 (2009), S. 1107, 1111; *S. Cotterli/E. Gualandri*, Cross-border groups: Supervision after the Crisis, in: *R. Bottiglia/E. Gualandri/G. N. Mazzoco* (Hrsg.), Consolidation in the European Financial Industry, 2010, S. 146; *L. Giani*, The complementarity between financial supervision and crisis resolution: a gap in the EU framework at the time of the crisis, Law and Financial Markets Review 4 (2010), S. 421 f.

einer von der Kommission eingesetzten Expertengruppe folgend[133] wandelte die Union dann die Level-3-Ausschüsse im Januar 2011 in die Europäischen Aufsichtsbehörden um: die Europäische Bankenaufsichtsbehörde (*European Banking Authority*, EBA), die Europäische Aufsichtsbehörde für das Versicherungswesen und die betriebliche Altersversorgung (*European Insurance and Occupational Pensions Authority*, EIOPA) und die Europäische Wertpapier- und Marktaufsichtsbehörde (*European Securities and Markets Authority*, ESMA).[134] Diese drei ESAs haben – anders als ihre Vorläufer – eine eigene Rechtspersönlichkeit und die Literatur ordnet sie überwiegend als europäische Agenturen ein.[135]

---

[133] The High-Level Group on Financial Supervision in the EU – chaired by Jacques de Larosière – Report, 25.02.2009, http://ec.europa.eu/internal_market/finances/docs/de_larosiere_report_de.pdf (15.09.2015) (De-Larosière-Bericht, benannt nach dem Vorsitzenden der Expertengruppe *Jacques de Larosière*). Siehe dazu auch die Stellungnahme von *H. Siekmann*, Die Schaffung von Einrichtungen der Finanzaufsicht auf EU-Ebene, in: *T. Baums* (Hrsg.), Eine stabile Geld-, Währungs- und Finanzordnung, 2013, S. 449 ff.

[134] Siehe die Gründungsverordnungen, s.o. Fn. 27; im Detail zur Gesetzgebungsgeschichte: *N. Moloney*, EU Financial Market Regulation after the Global Financial Crisis: "More Europe" or more Risks?, CML Rev. 47 (2010), S. 1317, 1335 ff.; *J.-V. Louis*, The Implementation of the Larosière Report: A Progress Report, in: *M. Giovanoli/D. Devos* (Hrsg.), International Monetary and Financial Law: The Global Crisis, 2010, S. 146. Zur deutschen Bezeichnung von ESMA als Wertpapier- und *Markt*aufsichtsbehörde: Die Übersetzung des Begriffs *Securities* mit „Wertpapier" ist der deutschen Tradition geschuldet; inhaltlich ist weit mehr gemeint, so dass der Sprachendienst der EU dem dadurch Rechnung getragen hat, das Wort „Markt" von den Wertpapieren loszulösen und gesondert in die Bezeichnung aufzunehmen; treffender wäre „Finanzmarktaufsichtsbehörde", vgl. *M. Lehmann/C. Manger-Nestler*, Das neue Europäische Finanzaufsichtssystem, Zeitschrift für Bankrecht und Bankwirtschaft 2011, S. 2, 20.

[135] *H. Siekmann*, Die Schaffung von Einrichtungen der Finanzaufsicht auf EU-Ebene, in: *T. Baums* (Hrsg.), Eine stabile Geld-, Währungs- und Finanzordnung, 2013, S. 449, 459 ff.; *S. Griller/A. Orator*, Everything under control? The "way forward" for European agencies in the footsteps of the Meroni doctrine, ELRev. 35 (2010), S. 3, 34; *N. Moloney*, EU Financial Market Regulation after the Global Financial Crisis: "More Europe" or more Risks?, CML Rev. 47 (2010), S. 1317, 1344; kritischer aber in *N. Moloney*, The European Securities and Markets Authority and Institutional Design for the EU Financial Market – A Tale of Two Competences: Part (1) Rule-Making, European Business Organization Law Review 12 (2011), S. 41, 73; *E. Chiti*, An

Die ESAs sind zusammen mit den nationalen Aufsichtsbehörden für die Aufsicht auf der Mikroebene zuständig. Dabei besteht das Hauptziel der nationalen Aufsichtsbehörden darin, einzelne Finanzinstitute zu überwachen und vor Ausfall zu bewahren, die sogenannte mikroprudentielle Aufsicht. Dadurch schützen sie die Kunden und das Institut selbst. Die ESAs koordinieren die Aufsicht der nationalen Behörden. Die makroprudentielle Aufsicht zielt demgegenüber darauf ab, „eine Gefährdung des Finanzsystems insgesamt in Grenzen zu halten, um dadurch die Gesamtwirtschaft vor einem erheblichen Rückgang der realen Wirtschaftsleistung zu bewahren".[136] Diese Aufsicht auf Makroebene nimmt seit 2011 der Europäische Ausschuss für Systemrisiken (*European Systemic Risk Board*, ESRB) wahr.[137]

Zusammen bilden die ESAs, die nationalen Aufsichtsbehörden, der ESRB und ein Gemeinsamer Ausschuss der Europäischen Aufsichtsbehörden[138] das Europäische System der Finanzaufsicht (*European Sys-*

Important Part of the EU's Institutional Machinery: Features, Problems and Perspectives of European Agencies, CML Rev. 46 (2009), S. 1395, 1427 f.; *M. Lehmann/C. Manger-Nestler*, Die Vorschläge zur neuen Architektur der europäischen Finanzaufsicht, EuZW 2010, S. 87, 88: „Regulierungsagenturen"; *F. Amtenbrink*, Institutionelle Aspekte der neuen europäischen Finanzmarktregulierung und -aufsicht, in: *L. Gramlich/C. Manger-Nestler* (Hrsg.), Europäisierte Regulierungsstrukturen und -netzwerke, 2011, S. 119, 126; a.A. *E. O. Wymeersch*, The Institutional Reforms of the European Financial Supervisory System, European Company and Financial Law Review 7 (2010), S. 240, 253, 262: „not mere agencies of the Commission, but the expression of their will to cooperate", „one more step away from the traditional agencies".

[136] The High-Level Group on Financial Supervision in the EU – chaired by Jacques de Larosière – Report, 25.02.2009, http://ec.europa.eu/internal_market/finances/docs/de_larosiere_report_de.pdf, S. 43 (15.09.2015).

[137] Die deutsche Fassung der Verordnung verwendet ebenfalls die englische Abkürzung „ESRB" wie sich aus Art. 1 Abs. 1 der Verordnung (EU) Nr. 1092/2010 des Parlaments und des Rates über die Finanzaufsicht der Europäischen Union auf Makroebene und zur Errichtung eines Europäischen Ausschusses für Systemrisiken, ABl. 2010 L 331, S. 1 ergibt, im Folgenden abgekürzt als ESRB-Verordnung. Allgemein zum ESRB *A.-K. Kaufhold*, Systemaufsicht, Die Verwaltung 2013, S. 21; *E. Ferran/K. Alexander*, Can Soft Law Bodies be Effective? The Special Case of the European Systemic Risk Board, ELRev. 35 (2010), S. 751.

[138] Der Gemeinsame Ausschuss besteht aus den drei Vorsitzenden der ESAs und ist ein Lenkungsausschuss ohne eigene Rechtspersönlichkeit. Er dient der Abstimmung und Koordination zwischen den ESAs bei sektorübergreifenden Themen wie z.B. Finanzkonglomeraten, Art. 54-57 der Gründungsverordnun-

tem of Financial Supervision, ESFS). Ziel ist es – ähnlich wie im Europäischen System der Zentralbanken (ESZB) – ein vertikales Netz zwischen europäischen und nationalen Aufsichtsbehörden zu schaffen und auch die Europäischen Aufsichtsbehörden untereinander horizontal stärker zu vernetzen. So soll ein stabiler und einheitlicher Finanzmarkt gefördert werden.[139] Der sich bereits in anderen Politikbereichen niedergeschlagene und erforschte Netzwerkgedanke ist nun auch im Bereich der Europäischen Finanzaufsicht angekommen.[140] Grundsätzlich verbleibt die alltägliche Aufsicht bei den nationalen Behörden, während das Netzwerk einer stärkeren Koordinierung dienen soll.[141] Nur ausnahmsweise findet die tägliche Aufsicht auf der europäischen Ebene statt, wie dies beispielsweise bei Ratingagenturen und einem Teil der Banken der Fall ist.[142]

---

gen. Außerdem kann er auch Leitlinien herausgeben, siehe *IWF*, EBA Technical Note, Financial Sector Assessment Program European Union, IMF Country Report No. 13/74, 2013, http://www.imf.org/external/pubs/ft/scr/2013/cr1374.pdf, S. 20 (15.09.2015).

[139] Vgl. 8. Erwägungsgrund der Gründungsverordnungen. Große Erwartungen hegte 2011 das Europäische Parlament: Das neue System sollte Wochenenden wie das der Fortis-Krise möglichst vermeiden oder auch nationale Alleingänge z.B. von Deutschland im Bereich der Leerverkäufe, dazu *Europäisches Parlament*, Pressemitteilung v. 22.09.2010, Parliament gives green light to new financial supervision architecture, 20100921IPR83190, http://www.europarl.europa.eu/news/en/news-room/content/20100921IPR83190/html/Parliament-gives-green-light-to-new-financial-supervision-architecture (15.09.2015).

[140] Zu Netzwerken aufschlussreich *A.-M. Slaughter*, A New World Order, 2004, S. 36 ff.; *R. Dehousse*, Regulation by networks in the European Community: the role of European agencies, Journal of European Public Policy 4 (1997), S. 246; *C. Möllers*, Transnationale Behördenkooperation, ZaöRV 65 (2005), S. 351, 380 ff. Zum Netzwerk europäischer Kartellbehörden (*European Competition Net*, ECN) siehe *F. Cengiz*, Multi-level governance in competition policy: the European Competition Network, ELRev. 35 (2010), S. 660; *R. Smits*, The European Competition Network: Selected Aspects, Legal Issues of Economic Integration 32 (2005), S. 175.

[141] *T. Tridimas*, EU Financial Regulation: Federalization, Crisis Management and Law Reform, in: *P. Craig/G. de Búrca* (Hrsg.), The Evolution of EU Law, 2011, S. 783, 801; zu Netzwerkansätzen in Gründungsverordnungen Europäischer Agenturen *P. Craig*, EU Administrative Law, 2012, S. 166 ff.

[142] Verordnung (EG) Nr. 1060/2009 des Parlaments und des Rates über Ratingagenturen, ABl. 2009 L 302, S. 1, zuletzt geändert durch die Verordnung (EU) Nr. 462/2013, ABl. 2013 L 146, S. 1. Zur Bankenaufsicht durch die EZB

1. Ziele, Aufgaben und Befugnisse

Die ESAs verfolgen als primäres Ziel, zur Stabilität und Effektivität des Finanzsystems beizutragen; insbesondere sollen sie den Binnenmarkt stärken und die Integrität und Effizienz der Finanzmärkte gewährleisten.[143] Weitere Ziele sind, die Aufsicht international zu koordinieren, Aufsichtsarbitrage zu verhindern, Anlage- und andere Risiken angemessen zu regulieren sowie den Verbraucherschutz zu verbessern.[144] Dazu werden sie im Bereich des *acquis communautaire* für den Finanzdienstleistungsmarkt tätig, der für jeden Sektor gut ein Dutzend Sekundärrechtsakte umfasst.[145] Sammelrichtlinien zur gleichzeitigen Änderung mehrerer Richtlinien (sogenannte Omnibusrichtlinien) passen diese materiellen Sekundärrechtsakte an die Tätigkeit der ESAs an, indem sie z.B. Befugnisse zum Erlass von technischen Standards einfügen.[146]

Die Gründungsverordnungen trennen ihrem Wortlaut nach zwischen Aufgaben und Befugnissen, wie es aus dem deutschen Verwaltungsrecht bekannt ist.[147] Wichtigste *Aufgabe* ist es, einen Beitrag zur Festlegung hochwertiger gemeinsamer Regulierungs- und Aufsichtsstandards zu leisten. Weiterhin sollen die ESAs zur kohärenten Anwendung der ver-

---

s.u. Kapitel 1, C. III. 2. Zur Bedeutung der Ratingagenturen für die Entstehung der Krise siehe *H. Siekmann*, Errichtung einer Europäischen Ratingagentur, in: *T. Baums* (Hrsg.), Eine stabile Geld-, Währungs- und Finanzordnung, 2013, S. 541, 548 ff.

143 Art. 1 Abs. 5 der Gründungsverordnungen. Zum Begriff der Finanzsystemstabilität siehe *A.-K. Kaufhold*, Systemaufsicht, Die Verwaltung 2013, S. 21, 24 m.w.N.

144 Art. 1 Abs. 5 lit. c - f der Gründungsverordnungen.

145 Art. 1 Abs. 2 der Gründungsverordnungen.

146 Richtlinie 2010/78/EU des Parlaments und des Rates (Omnibus I), ABl. 2010 L 331, S. 120; Vorschlag für eine Richtlinie des Europäischen Parlaments und des Rates zur Änderung der Richtlinien 2003/71/EG und 2009/138/EG im Hinblick auf die Befugnisse der Europäischen Aufsichtsbehörde für das Versicherungswesen und die betriebliche Altersversorgung und der Europäischen Wertpapieraufsichtsbehörde, KOM(2011) 8; *G. Baur/M. Boegl*, Die neue europäische Finanzmarktaufsicht – Der Grundstein ist gelegt, Zeitschrift für Bank- und Kapitalmarktrecht 2011, S. 177, 178.

147 *B. Pieroth/B. Schlink/M. Kniesel*, Polizei- und Ordnungsrecht, 2012, § 2, Rn. 45 ff.

bindlichen Rechtsakte der Union beitragen.[148] Um die Aufgaben erfüllen zu können, verfügen die ESAs über die in Art. 8 Abs. 2 der Gründungsverordnungen vorgesehenen *Befugnisse*: Insbesondere wirken sie am Rechtsrahmen mit, indem sie technische Regulierungs- und Durchführungsstandards entwerfen sowie Leitlinien und Empfehlungen erlassen. Sie haben Interventionsbefugnisse, weil sie Beschlüsse im Einzelfall erlassen können, die sich an die zuständigen Behörden oder Finanzmarktteilnehmer richten.[149] Weitere Artikel der Gründungsverordnungen ergänzen dann diese Auflistung der Befugnisse mit genaueren Anforderungen an die einzelnen Handlungsformen. So regeln Art. 16 der Gründungsverordnungen Leitlinien und Empfehlungen sowie Art. 10 ff. technische Standards.

Die Befugnisse, technische Standards zu entwerfen und Leitlinien und Empfehlungen zu erlassen, stehen in engem Zusammenhang mit einem „gemeinsamen Regelwerk"[150] (*single rule-book*). Dahinter verbirgt sich der Gedanke, ein einheitliches Aufsichtsrecht zu schaffen und die Aufsicht zu harmonisieren.[151] Es soll keine Vollharmonisierung stattfinden, sondern ein „Kern grundlegender einheitlicher Standards" ausgearbeitet werden,[152] um so Regulierungsarbitrage zu minimieren.[153] Neben

---

[148] Art. 8 Abs. 1 der Gründungsverordnungen enthält außerdem noch eine ganze Reihe weiterer Aufgaben.

[149] Art. 8 Abs. 2 der Gründungsverordnungen. Die technischen Regulierungs- und Durchführungsstandards lassen sich als „Ebene 2,5" des Lamfalussy-Verfahrens einordnen, weil die ESAs sie entwerfen, dann allerdings die Kommission sie als Durchführungsverordnungen annimmt, so z.B. die Übersicht unter http://ec.europa.eu/internal_market/insurance/solvency/future/index_de.htm (15.09.2015).

[150] Finanzaufsichtspaket – Häufig gestellte Fragen, KOM MEMO/10/434, im Deutschen auch „einheitliches Regelwerk" genannt, siehe 5. und 22. Erwägungsgrund der Gründungsverordnungen. Einen Überblick der Argumente liefert *L. Martino Levi*, The European Banking Authority: Legal Framework, Operations and Challenges Ahead, Tulane European and Civil Law Forum 28 (2013), S. 51, 59 f.

[151] Kritisch dazu vor allem wegen der Risiken der Zentralisierung (*systemic regulatory error*): *N. Moloney*, EU Financial Market Regulation after the Global Financial Crisis: "More Europe" or more Risks?, CML Rev. 47 (2010), S. 1317, 1372; aus der Praxis *N. Sasserath-Alberti*, Single Rulebook – Theorie und Praxis, EuZW 2012, S. 641.

[152] Finanzaufsichtspaket – Häufig gestellte Fragen, KOM MEMO/10/434; *Level-3-Ausschüsse*, Pressemitteilung v. 22.09.2010, 3L3 Committees welcome

Richtlinien und Verordnungen fallen darunter vor allem technische Durchführungs- und Regulierungsstandards, aber auch Leitlinien und Empfehlungen.[154] CEBS, als Vorläufer der Europäischen Bankenaufsichtsbehörde EBA, verfolgte seit 2008 die Absicht, ein einheitliches Regelwerk für die Bankenaufsicht zu erstellen.[155] Dem nachfolgend forderte der De-Larosière-Bericht einen kohärenten Regulierungsrahmen (*consistent set of rules*).[156] Vorbild für das gemeinsame Regelwerk ist das *handbook* der britischen Finanzaufsichtsbehörde (*Financial Conduct Authority* FCA, bis Anfang 2013 *Financial Services Authority* FSA); indem dieses alle Regelungen in übersichtlicher Weise zusammenfasst, erleichtert es dem Rechtsanwender die Arbeit und vermindert so *compliance*-Kosten.[157] Im Rahmen der Bankenunion soll nun nicht nur ein gemeinsames Regelwerk entstehen, sondern die EBA soll auch ein einheitliches Aufsichtshandbuch (*hand book*) erstellen.[158]

2. *Organisatorische Struktur*

Alle ESAs folgen in ihrer internen Organisation demselben Muster, d.h. die einzelnen Gründungsverordnungen sind in großen Teilen iden-

---

European Parliament landmark vote to reform financial supervision in Europe, http://www.esma.europa.eu/system/files/20100922_3L3_PRl.pdf (15.09.2015).

153 *Regulatory arbitrage* bedeutet, dass regulierte Unternehmen Unterschiede der Regulierung in verschiedenen Staaten ausnutzen, um eine striktere Regulierung zu umgehen, siehe *T. E. Lynch*, Gambling by Another Name; The Challenge of Purely Speculative Derivatives, Stanford Journal of Law, Business & Finance 17 (2012), S. 67, 105 f.

154 *ESMA*, 2013 Regulatory Work Programme, ESMA/2013/455, Nr. 49 ff., 62, 75.

155 Dies insbesondere, um im Rahmen der Eigenkapitalrichtlinie CRD nationale Wahlrechte und Ermessensspielräume einzuschränken, siehe dazu *CEBS*, CEBS's technical advice to the European Commission on options and national discretions, 17.10.2008 (5.04.2014).

156 The High-Level Group on Financial Supervision in the EU – chaired by Jacques de Larosière – Report, 25.02.2009, http://ec.europa.eu/ internal_market /finances/docs/de_larosiere_report_de.pdf, S. 30 ff., englische Fassung S. 27 ff. (15.09.2015).

157 *M. Lehmann/C. Manger-Nestler*, Das neue Europäische Finanzaufsichtssystem, Zeitschrift für Bankrecht und Bankwirtschaft 2011, S. 2, 10.

158 Mitteilung der Kommission vom 12.9.2012, Fahrplan für eine Bankenunion, KOM(2012) 510, S. 5.

tisch (bis hin zur Nummerierung der Artikel). Es gibt fünf Organe: „Rat der Aufseher“, Verwaltungsrat, Vorsitzender, Exekutivdirektor sowie der Gemeinsame Beschwerdeausschuss, der für alle ESAs gemeinsam eingerichtet ist.

Der *Rat der Aufseher* (*Board of Supervisors*)[159] beschließt als Hauptorgan die Leitlinien und Empfehlungen. Obwohl im Regelfall eine einfache Mehrheit genügt, erlässt der Rat der Aufseher Leitlinien und Empfehlungen sowie technische Standards mit einer qualifizierten Mehrheit, die der qualifizierten Mehrheit im Rat nach Art. 16 EUV entspricht. Der Rat der Aufseher setzt sich aus dem Vorsitzenden der jeweiligen Europäischen Aufsichtsbehörde, den Leitern der nationalen Aufsichtsbehörden sowie jeweils einem Vertreter der Kommission, des ESRB und der anderen beiden ESAs zusammen.[160] Stimmberechtigt sind allerdings nur Vertreter der nationalen Aufsichtsbehörden, wodurch sich die ESAs von anderen Agenturen unterscheiden, in denen auch die Kommission stimmberechtigt ist.[161] Dadurch entsteht eine intergouvernementale Dynamik,[162] die auch zu Interessenkonflikten führen kann.[163] Entscheidend ist außerdem, dass die Leiter der nationalen Aufsichtsbehörden anwesend sind und so das Repräsentationsniveau gewahrt bleibt.[164]

Der Rat der Aufseher wählt aus dem Kreis seiner stimmberechtigten Mitglieder die sechs Mitglieder des *Verwaltungsrates*, der als Kontroll-

---

159 Art. 40 ff. der Gründungsverordnungen.

160 Im Rat der Aufseher der EBA ist zusätzlich ein Vertreter der EZB anwesend (ohne Stimmrecht), siehe Art. 40 der EBA-Verordnung.

161 *K. Michel*, Die neue Europäische Bankenaufsichtsbehörde, Die Öffentliche Verwaltung 2011, S. 728, 730 f. u.a. zur EASA und zur Europäischen Chemikalienagentur ECHA.

162 *N. Moloney*, The European Securities and Markets Authority: a perspective from one year on, Zeitschrift für Öffentliches Recht 2013, S. 59, 62.

163 *M. Busuioc*, Rule-Making by the European Financial Supervisory Authorities: Walking a Tight Rope, ELJ 19 (2013), S. 111, 122. Eine Politisierung befürchten *H. Zülch/S. Hoffmann/D. Detzen*, ESMA – Die neue europäische Wertpapier- und Kapitalmarktaufsicht, Europäisches Wirtschafts- und Steuerrecht 2011, S. 167, 173.

164 Darauf drängte zu Beginn vor allem die Kommission, siehe *EBA*, Minutes of the second EBA Board of Supervisors meeting, 2.03.2011, EBA BS 2011 056, S. 8.

organ die Behörde überwacht.[165] Der hauptamtliche *Vorsitzende* leitet die Sitzungen des Rates der Aufseher und des Verwaltungsrates. Seiner Ernennung durch den Rat der Aufseher kann das Europäische Parlament nach Anhörung des Kandidaten widersprechen,[166] was die *accountability* der ESAs erhöht.[167] Im Februar 2011 übte das Parlament seine Kontrollrechte aus:[168] Der Wirtschafts- und Währungsausschuss ECON lehnte die vorgeschlagenen Kandidaten zunächst ab. Er kritisierte, dass das Auswahlverfahren nicht ausreichend transparent gewesen sei, die Geschlechterbalance nicht gewahrt sei und dass sämtliche Kandidaten „aus der zweiten Reihe" stammten. Erst nachdem Rat und Kommission schriftliche Zusicherungen abgegeben hatten, u.a. zur Unabhängigkeit der ESAs und der Zusammensetzung des Rates der Aufseher, stimmte das Parlament den Kandidaten zu.[169]

Interessenvertreter können die Auswirkungen geplanter Rechtsakte oft gut (aus ihrer Perspektive) einschätzen, so dass Konsultationen mit ihnen für die ESAs hilfreich sind, wenn sie ausgewogen erfolgen. Um solche Konsultationen zu erleichtern, sind Interessenvertreter in einer jeweiligen „Interessengruppe" fest konstituiert, die der Rat der Aufse-

---

[165] Art. 45 ff. der Gründungsverordnungen.

[166] Art. 48 Abs. 2 der Gründungsverordnungen.

[167] *D. Fischer-Appelt*, The European Securities and Markets Authority: the beginnings of a powerful European securities authority?, Law and Financial Markets Review 2011, S. 21, 24.

[168] *Europäisches Parlament*, Pressemitteilung v. 3.02.2011, Sustained commitment needed for financial watchdogs to succeed, 20110202IPR13048, http://www.europarl.europa.eu/pdfs/news/expert/infopress/20110202IPR13048/20110202IPR13048_en.pdf (15.09.2015); *Europäisches Parlament*, Pressemitteilung v. 3.02.2011, Green light from Parliament for financial watchdog chiefs, 20110203IPR13128, http://www.europarl.europa.eu/pdfs/news/expert/infopress/20110203IPR13128/20110203IPR13128_en.pdf (15.09.2015); EU-Finanzaufseher in der Kritik, Handelsblatt v. 28.01.2011, http://www.handelsblatt.com/politik/international/eu-finanzaufseher-in-der-kritik/3818190.html (15.09.2015); *N. Moloney*, The European Securities and Markets Authority and Institutional Design for the EU Financial Market – A Tale of Two Competences: Part (1) Rule-Making, European Business Organization Law Review 12 (2011), S. 41, 76.

[169] Erster Vorsitzender der ESMA ist der Niederländer *Steven J. Maijoor*, Vorsitzender der EIOPA der Portugiese *Gabriel Bernardino* und Vorsitzender der EBA der Italiener *Andrea Enria*.

her ernennt.[170] Die ESAs konsultieren die 30 Mitglieder insbesondere bei der Ausarbeitung von technischen Standards sowie von Leitlinien und Empfehlungen.[171]

3. *Finanzielle und personelle Ausstattung, Sitz*

Das Budget der drei ESAs beträgt für die Jahre 2011 bis 2013 jeweils 60 Mio. €, wovon die Mitgliedstaaten ca. 60% und die Union 40% tragen, d.h. pro Jahr stehen jeder Einrichtung ca. 20 Mio. € zur Verfügung.[172] Zusätzlich können die ESAs Gebühren von den Finanzmarktteilnehmern erheben.[173] Ihr Personal erhöhten die ESAs in demselben Zeitraum von jeweils 15 auf mindestens 90.[174] Allerdings hat ESMA bereits 2011 noch mehr Stellen gefordert und auch teilweise erhalten, um

---

170 Art. 37 der Gründungsverordnungen. Die Interessengruppen sind: „Interessengruppe Bankensektor“ (*Banking Stakeholder Group*, BSG), „Interessengruppe Wertpapiere und Wertpapiermärkte“ (*Securities and Markets Stakeholder Group*, SMSG), „Interessengruppe Versicherung und Rückversicherung“ (*Insurance and Reinsurance Stakeholder Group*, IRSG) und „Interessengruppe betriebliche Altersversorgung“ (*Occupational Pensions Stakeholder Group*, OPSG).

171 Kritisch zu den Vorgänger-Gruppen und der Überrepräsentanz der Finanzindustrie *K. Haar/C. Pohl/A. Rowell/Y. Vassalos*, Alter-EU, A captive Commission – the role of the financial industry in shaping EU regulation, 2009, http://www.alter-eu.org/sites/default/files/documents/a-captive-commission-5-11-09.pdf (15.09.2015); *R. A. Kasten*, Regulierung durch Expertengruppen auf der Ebene der Europäischen Kommission – Lobbyismus oder notwendiger Sachverstand?, Zeitschrift für Bankrecht und Bankwirtschaft 2008, S. 238.

172 68. Erwägungsgrund der Gründungsverordnungen; für die ursprüngliche Schätzung siehe z.B. Vorschlag für eine Verordnung des Europäischen Parlaments und des Rates zur Einrichtung einer Europäischen Wertpapieraufsichtsbehörde, KOM(2009) 503, S. 74 ff.

173 So hatte beispielsweise ESMA im Jahr 2012 3 Mio. € Einnahmen aus Gebühren von Ratingagenturen, siehe *ESMA*, Annual Report 2012, S. 71.

174 Vorschlag für eine Verordnung des Europäischen Parlaments und des Rates zur Einrichtung einer Europäischen Wertpapieraufsichtsbehörde, KOM(2009) 503, S. 82 f.; Vorschlag für eine Verordnung des Europäischen Parlaments und des Rates zur Einrichtung einer Europäischen Aufsichtsbehörde für das Versicherungswesen und die betriebliche Altersversorgung, KOM(2009) 502, S. 80; Vorschlag für eine Verordnung des Europäischen Parlaments und des Rates zur Einrichtung einer Europäischen Bankaufsichtsbehörde, KOM(2009) 501, S. 79.

alle zusätzlichen Aufgaben ausführen zu können.[175] Im Vergleich mit nationalen Aufsichtsbehörden sind die geplanten Personalzuwächse moderat, so hatte die britische *Financial Services Authority* im Jahr 2011 knapp 4000 Mitarbeiter, die deutsche Bundesanstalt für Finanzdienstleistungsaufsicht (BaFin) immerhin noch gut 2000.[176] Ziel der Leitlinien und Empfehlungen der ESAs sind nach Art. 16 der Gründungsverordnungen „kohärente, effiziente und wirksame Aufsichtspraktiken". Allerdings ist zweifelhaft, ob die ESAs dieses Ziel und ihre umfangreichen Aufgaben mit einer solch geringen Personalausstattung erfüllen können.[177] Man könnte eher davon ausgehen, dass die ESAs einheitliches Aufsichtshandeln *fördern* sollen, wobei die eigentliche Aufsicht (und damit auch überwiegende Personalanteil) bei den nationalen Aufsichtsbehörden verbleibt.[178]

Im Gesetzgebungsverfahren umstritten war die Frage des Standortes der neuen Behörden: Das Parlament wollte sie an einem Ort konzentrieren,[179] der Rat auf verschiedene Standorte aufteilen, um die „nationalen Besitzstände" der Mitgliedstaaten zu wahren.[180] Im Sinne einer pfadabhängigen Entscheidung haben die Behörden schließlich ihren Sitz am Standort des entsprechenden Lamfalussy-Ausschusses.[181] So

---

175 Stretched ESMA says consultation to suffer, Global Financial Strategy v. 12.10.2011. Ende 2012 hatte ESMA bereits 101 Mitarbeiter, siehe *ESMA*, Annual Report 2012, S. 67.

176 Siehe *FSA*, Annual Report 2011/12, S. 80; *BaFin*, Jahresbericht 2011, S. 267.

177 *G. Baur/M. Boegl*, Die neue europäische Finanzmarktaufsicht – Der Grundstein ist gelegt, Zeitschrift für Bank- und Kapitalmarktrecht 2011, S. 177, 186.

178 Ähnlich *W. Heun*, Finanzaufsicht im Wandel, JZ 2012, S. 235, 239.

179 Die Kommission muss nun alle drei Jahre berichten, ob die Zusammenlegung an einen Ort sinnvoll wäre, siehe *Europäisches Parlament*, Pressemitteilung v. 22.09.2010, Parliament gives green light to new financial supervision architecture, 20100921IPR83190, http://www.europarl.europa.eu/news/en/news-room/content/20100921IPR83190/html/Parliament-gives-green-light-to-new-financial-supervision-architecture (15.09.2015).

180 *M. Lehmann/C. Manger-Nestler*, Die Vorschläge zur neuen Architektur der europäischen Finanzaufsicht, EuZW 2010, S. 87, 89.

181 *K. Alexander*, Reforming European Financial Supervision: some of the legal and institutional challenges, Zeitschrift für Europarecht 2011, S. 50, 56.

sitzt die EBA in London, die ESMA in Paris und die EIOPA in Frankfurt.

4. Unabhängigkeit

Die ESAs sind bei der Wahrnehmung ihrer Aufgaben unabhängig.[182] Darüber hinaus sind die Mitglieder der Organe der ESAs in dreifacher Hinsicht unabhängig: Sie dürfen keine Weisungen von Organen oder Einrichtungen der Union, von mitgliedsstaatlichen Regierungen oder von sonstigen öffentlichen oder privaten Stellen anfordern oder entgegennehmen.[183] Diese Unabhängigkeit ist dabei nicht so weitreichend wie die institutionelle Autonomie der Europäischen Zentralbank,[184] allerdings weiter reichend als bei anderen Behörden.[185] Fraglich ist, inwieweit die Leiter der nationalen Behörden tatsächlich unabhängig sind, da sie in den nationalen Verwaltungsaufbau eingebunden sind und z.B. die BaFin nicht unabhängig ist, sondern als nachgeordnete Bundesbehörde der Aufsicht des Finanzministers untersteht.[186] Außerdem setzt das institutionelle Gleichgewicht der Unabhängigkeit Grenzen, denn die ESAs sind jährlich gegenüber Rat und Parlament rechenschaftspflichtig.[187]

III. Verhältnis zu anderen Einrichtungen auf nationaler, europäischer und internationaler Ebene

1. Nationale Ebene

Die ESAs arbeiten mit den nationalen Finanzaufsichtsbehörden im Netz ESFS zusammen. Die oberste Führungsebene der nationalen Behörden ist in den Organen der ESAs (Rat der Aufseher) vertreten,[188]

---

[182] Art. 1 Abs. 6 a.E. der Gründungsverordnungen.

[183] Art. 42, 46, 49, 52, 59 der Gründungsverordnungen.

[184] Art. 130 AEUV.

[185] *M. Lehmann/C. Manger-Nestler*, Die Vorschläge zur neuen Architektur der europäischen Finanzaufsicht, EuZW 2010, S. 87, 89.

[186] § 2 FinDAG.

[187] Art. 3, 43 Abs. 5, 50 der Gründungsverordnungen.

[188] 52. Erwägungsgrund, Art. 40 Abs. 1 lit b, Abs. 3 der Gründungsverordnungen.

darüber hinaus wirken Vertreter aller Ebenen der nationalen Behörden in verschiedenen Arbeitsgruppen zur Erarbeitung von technischen Standards, Leitlinien und Empfehlungen mit.[189]

Die BaFin ist nach deutschem Recht gesetzlich in das ESFS eingebunden. Insbesondere bestehen Mitteilungs- und Unterrichtungspflichten der BaFin gegenüber den ESAs, Verschwiegenheitspflichten wurden angepasst und die BaFin soll die ESAs bei Meinungsverschiedenheiten oder mangelnder Zusammenarbeit zwischen den nationalen Aufsichtsbehörden einbeziehen.[190] Mit dieser gesetzlichen Grundlage wird auch Bedenken hinsichtlich der Legitimation begegnet, die sich ergeben, wenn sich die deutschen Behörden an internationaler Koordination beteiligen.[191]

2. *Europäische Ebene*

Auf europäischer Ebene ist vor allem die Zusammenarbeit der ESAs mit dem ESRB und dem ESZB von Interesse. Im Verhältnis zwischen den ESAs und dem ESRB ist es wichtig sicherzustellen, dass mikro- und makroökonomische Aufsicht eng kooperieren. Damit sie ihre Funktionen im Hinblick auf die Systemstabilität erfüllen können, bestimmen die Verordnungen einen gegenseitigen Informationsaustausch.[192] Darüber hinaus sind ESRB und ESAs auch institutionell verflochten: Die Vorsitzenden der ESAs sind Mitglieder im Verwaltungsrat des ESRB, was einen Austausch von Informationen zusätzlich erleichtert und die

---

189 Siehe dazu u.a. mit Übersichten der jeweiligen Komitees und Arbeitsgruppen *EIOPA*, Annual Report 2011, S. 140 f.; *ESMA*, Annual Report 2011, S. 80.

190 Das Gesetz zur Umsetzung der Richtlinie 2010/78/EU vom 24.11.2010 im Hinblick auf die Errichtung des Europäischen Finanzaufsichtssystems, BGBl. 2011, I Nr. 62, S. 2427, ändert u.a. das Kreditwesengesetz (KWG), das Wertpapierhandelsgesetz (WpHG) und das Wertpapierprospektgesetz (WpPG).

191 Diese Bedenken ergeben sich, weil verfassungsrechtlich die Gubernative für die Vertretung nach außen zuständig ist. Wenn dann nationale Behörden international agieren, fehlt ihnen die personelle Legitimation. Diese wird mit einer demokratischen Legitimation durch eine gesetzliche Grundlage ausgeglichen, siehe *C. Möllers*, Transnationale Behördenkooperation, ZaöRV 65 (2005), S. 351, 375.

192 Art. 15 der ESRB-Verordnung; Art. 36 der Gründungsverordnungen.

enge Beziehung der Regulierung von systemischen Risiken und allgemeiner Finanzmarktregulierung verdeutlicht.[193]

Im Verhältnis zum ESZB ergeben sich inhaltliche Überschneidungen vor allem im Verhältnis von EBA und EZB. Seit November 2014 hat die EZB die Bankenaufsicht über die größten Banken der Eurozone übernommen, die Harmonisierung und Koordinierung bleibt jedoch bei der EBA angesiedelt.[194] Die EZB muss sich insofern – wie die anderen nationalen Aufsichtsbehörden auch – der EBA unterordnen.[195] Problematisch daran ist, dass sich eine primärrechtliche Institution einer sekundärrechtlich geschaffenen Einrichtung unterordnet, was Bedenken hinsichtlich des institutionellen Gleichgewichts und der Unabhängigkeit der EZB hervorruft.[196] Die EZB forderte in ihrer Stellungnahme im Rahmen des Gesetzgebungsverfahrens, dass die Governance-Struktur der EBA entsprechend angepasst werden müsse.[197] Die Verordnung zur Änderung der EBA-Verordnung änderte schließlich die Abstimmungsregeln innerhalb der EBA, um zwischen Mitgliedern und Nichtmitglie-

---

[193] *A. L. Nazareth*, Reflections on Systemic Risk Regulation in Response to Karmel's Paper, Brooklyn Journal of International Law 35 (2010), S. 845, 847; *G. Baur/M. Boegl*, Die neue europäische Finanzmarktaufsicht – Der Grundstein ist gelegt, Zeitschrift für Bank- und Kapitalmarktrecht 2011, S. 177, 180; zu einer ersten Bewertung siehe *IWF*, EBA Technical Note, Financial Sector Assessment Program European Union, IMF Country Report No. 13/74, 2013, http://www.imf.org/external/pubs/ft/scr/2013/cr1374.pdf, S. 17 (15.09.2015).

[194] Siehe Verordnung (EU) Nr. 1024/2013 des Rates zur Übertragung besonderer Aufgaben im Zusammenhang mit der Aufsicht über Kreditinstitute auf die Europäische Zentralbank, ABl. 2013 L 287, S. 63; Verordnung (EU) Nr. 1022/2013 des Parlaments und des Rates zur Änderung der Verordnung (EU) Nr. 1093/2010 zur Errichtung einer Europäischen Aufsichtsbehörde (Europäische Bankenaufsichtsbehörde), ABl. 2013 L 287, S. 5. Der EBA traute man eine Bankenaufsicht nicht zu, denn ihr Ansehen hat durch den Stresstest 2011 gelitten, zur Kritik Merkels siehe z.B. German minister rejects plans to pool eurozone debt, BBC News v. 14.06.2012, http://www.bbc.co.uk/news/business-18438402 (15.09.2015).

[195] Siehe u.a. 12. Erwägungsgrund der Verordnung (EU) Nr. 1022/2013; *S. Dinov*, Europäische Bankenaufsicht im Wandel, EuR 2013, S. 593, 605.

[196] *M. Herdegen*, Europäische Bankenunion: Wege zu einer einheitlichen Bankenaufsicht, WM 2012, S. 1889, 1893 ff.

[197] Nr. 1.10 der Stellungnahme der Europäischen Zentralbank vom 27.11.2012, ABl. 2013 C 30, S. 6.

dern der Eurozone ein Gleichgewicht herzustellen.[198] Die grundsätzliche Problematik einer Unterordnung bleibt aber ungelöst.

3. Internationale Ebene

Die Bedeutung von internationalen Standards nimmt im Finanzsektor aufgrund der Globalisierung stark zu, so dass eine Vernetzung der Europäischen Aufsichtsbehörden auf internationaler Ebene notwendig ist. Die G20 fordern seit 2008, im Finanzsektor stärker international zu kooperieren, die (makroprudentielle) Aufsicht zu stärken und komplexe Finanzprodukte wie Derivate stärker zu regulieren, um so künftigen Finanzkrisen vorzubeugen und Regulierungsarbitrage zu verhindern.[199] Diese G20-Ziele beeinflussen die EU-Reformagenda, was sich u.a. daran zeigt, dass ECOFIN und Europäischer Rat die Bedeutung der G20 Agenda regelmäßig betont haben.[200]

Die stärkere internationale Koordinierung hat auch Eingang in die Gründungsverordnungen der ESAs gefunden. Eines der Ziele der ESAs ist es, die internationale Koordinierung der Aufsicht auszubauen.[201] Sie sollen Kontakte zu Aufsichtsbehörden, internationalen Organisationen und Verwaltungen von Drittländern knüpfen und Verwaltungsvereinbarungen mit diesen schließen.[202] Letztere sind z.B. als *Memoranda of Understanding* für die Union jedoch nicht rechtlich bindend.[203]

---

198 Es ist eine doppelte Mehrheit erforderlich: Mehrheit der an der EZB-Bankenaufsicht beteiligten Mitgliedstaaten und Mehrheit der nicht beteiligten, siehe dazu Art. 44 Abs. 1 der EBA-Verordnung.

199 *S. Kern*, US-Finanzmarktreform, Deutsche Bank Research, EU-Monitor 77, 6.12.2010, S. 20; *J. Dickschen*, International Regulation of Financial Derivatives, in: *R. Wolfrum* (Hrsg.), MPEPIL, 2013, online-edition, http://www.mpepil.com (15.09.2015).

200 Zum Beispiel Schlussfolgerungen des Europäischen Rates vom 17.06.2010, in denen die EU ihre Zusage bestätigt, Lücken in der Finanzmarktaufsicht auf Ebene der EU und der G20 zu schließen; *N. Moloney*, EU Financial Market Regulation after the Global Financial Crisis: "More Europe" or more Risks?, CML Rev. 47 (2010), S. 1317, 1362.

201 Art. 1 Abs. 5 lit. c der Gründungsverordnungen.

202 44. Erwägungsgrund, Art. 33 der Gründungsverordnungen. CESR hatte bereits 2007 eine direktere Rolle in internationalen Verhandlungen gefordert, vgl. *CESR*, A proposed evolution of EU securities supervision beyond 2007, CESR/07-783, 6, zitiert nach *N. Moloney*, The Committee of European Securities Regulators and level 3 of the Lamfalussy Process, in: *M. Tison/H. De*

ESMAs Vorläufer CESR war bereits – auch ohne eine ausdrückliche Kompetenz dazu zu besitzen – als Akteur auf internationaler Ebene unabhängig aufgetreten.[204] Beispielsweise übte CESR Einfluss aus hinsichtlich der Nichtregulierung von Ratingagenturen im Rahmen der IOSCO.[205] Ferner bestanden bereits Kontakte und Vereinbarungen mit der amerikanischen *Securities Exchange Commission* (SEC).[206] ESMA scheint diese aktive Rolle fortzuführen. So organisierte sie bereits im ersten Jahr ihres Bestehens ein Treffen weltweiter Aufseher, um die Umsetzung der *International Financial Reporting Standards* (IFRS) zu diskutieren, dabei waren auch das *International Accounting Standards Board* (IASB) und IOSCO anwesend.[207] Laut Arbeitsprogramm 2011 wollte ESMA Treffen des *OTC Derivatives Regulators' Forum* (ODRF) beobachten, sich halbjährlich mit Schweizerischen Behörden

---

Wulf/C. Van der Elst/R. Steennot (Hrsg.), Perspectives in company law and financial regulation, 2009, S. 449, 463.

[203] Art. 33 Abs, 1 S. 2 der Gründungsverordnungen. Kritisch *E. Fahey*, Does the Emperor Have Financial Crisis Clothes? Reflection on the Legal Basis of the European Banking Authority, Modern Law Review 74 (2011), S. 581, 585 f., 592; *H. Hofmann/A. Morini*, Constitutional aspects of the pluralisation of the EU executive through "agencification", ELRev. 37 (2012), S. 419, 440 f., vermuten eine Umgehung des Art. 218 AEUV.

[204] *E. Čulinović Herc/M. Braut Filipović*, The Role of CESR in EU Securities Market Law – From technical advisor to sectoral supervisor, in: *N. Bodiroga-Vukobrat/G. G. Sander/S. Barić* (Hrsg.), Die Offene Methode der Koordinierung in der Europäischen Union, 2010, S. 263, 271; *E. Posner*, The Lamfalussy Process: Polyarchic Origins of Networked Financial Rule-Making in the EU, in: *C. F. Sabel/J. Zeitlin* (Hrsg.), Experimentalist Governance in the European Union, 2010, S. 43, 53 f.

[205] *E. Posner*, The Lamfalussy Process: Polyarchic Origins of Networked Financial Rule-Making in the EU, in: *C. F. Sabel/J. Zeitlin* (Hrsg.), Experimentalist Governance in the European Union, 2010, S. 43, 53 f.; *N. Dorn*, Render Unto Caesar: EU Financial Market Regulation Meets Political Accountability, Journal of European Integration 2011, S. 205, 213; Verweis auf *CESR*, CESR's Report to the European Commission on the compliance of credit rating agencies with the IOSCO Code, CESR/06-545, 7, in: *N. Moloney*, EC Securities Regulation, 2008, S. 1135.

[206] *N. Moloney*, EC Securities Regulation, 2008, S. 1135.

[207] *ESMA*, Pressemitteilung v. 2.12.2011, ESMA gathers worldwide supervisors to discuss enforcement of IFRS, ESMA/2011/414, http://www.esma.europa.eu/system/files/2011_414.pdf (15.09.2015).

treffen und Kontakte mit Russland und der IOSCO pflegen.[208] Der Jahresbericht lässt leider keine Rückschlüsse darauf zu, inwieweit ESMA dies umgesetzt hat. Im Jahr 2012 hat ESMA mit Behörden aus fünf Drittstaaten *Memoranda of Understanding* unterzeichnet, die die Aufsicht über Ratingagenturen betreffen und in der relevanten IOSCO-Arbeitsgruppe mitgearbeitet.[209] Der Fokus lag 2013 darauf, als assoziiertes Mitglied der IOSCO in den für ESMA relevanten Arbeitsgruppen mitzuarbeiten und die Dialoge mit den USA, China und Japan weiterzuentwickeln.[210]

Im Rahmen der EBA zeigt sich der Einfluss der G20 und des *Financial Stability Boards* (FSB)[211] z.B. darin, dass für das Krisenmanagement und die Krisenbewältigung von Banken die Linie durch die G20 vorgegeben ist. Dies prägte dann die Stellungnahme der EBA zum Kommissionsvorschlag für eine Harmonisierung des Krisenmanagements und der Krisenbewältigung.[212] Mit dem Basler Ausschuss für Bankenaufsicht ist die EBA dadurch verknüpft, dass sie – wie auch die EU-Kommission und die EZB – einen Beobachter entsendet.[213] Unklar ist,

---

[208] *ESMA*, ESMA Work Programme for 2011 and implementation of CESR Work Programme for 2010, 3.01.2011, Nr. 106, 150.

[209] *ESMA*, 2012 work programme, ESMA/2011/330, S. 17; *ESMA*, Annual Report 2012, S. 33.

[210] *ESMA*, 2013 work programme, ESMA/2012/631, S. 16, 29.

[211] Das FSB soll globale Standards im Finanzsektor koordinieren und deren Umsetzung überwachen. Seine Mitglieder sind Vertreter von Finanzministerien und Zentralbanken aus 24 Ländern sowie internationale Organisationen und internationale Standardsetzer. Die EU vertreten die EZB und die Europäische Kommission, siehe http://www.financialstabilityboard.org/about/overview.htm (15.09.2015). EBA hätte gerne einen Beobachterstatus, konnte sich damit allerdings bislang nicht durchsetzen, siehe *EBA*, Minutes of the sixth EBA Board of Supervisors meeting, 7.-8.12.2011, EBA BS 2011 210, S. 4.

[212] *A. Enria*, Rede am 5.12.2011 beim Belgian Financial Forum, Banking supervision: towards an EU Single Rulebook, https://www.eba.europa.eu/documents/10180/27032/Belgian-Financial-Forum-Banking-Supervision---Towards-an-EU-Single-Rulebook---Brussels-5-Dec-2011.pdf, S. 15; siehe auch: Vorschlag für eine Richtlinie des Europäischen Parlaments und des Rates zur Festlegung eines Rahmens für die Sanierung und Abwicklung von Kreditinstituten und Wertpapierfirmen, KOM(2012) 280 (15.09.2015).

[213] *Bank for International Settlements*, Pressemitteilung v. 4.11.2011, The Basel Committee issues final rules for global systemically important banks, http://www.bis.org/press/p111104.htm (15.09.2015).

ob und wie diese drei Einrichtungen der Union ihre Tätigkeit aufeinander abstimmen und voneinander abgrenzen. Eine Begrenzung der Tätigkeit der EBA könnte sich daraus ergeben, dass die EBA unionsintern ein technisches Profil hat und nicht politisch agieren soll, d.h. sie ist vor allem für eine einheitliche Anwendung des Unionsrechts zuständig.[214] Neun Mitgliedstaaten der Union sind auch im Basler Ausschuss vertreten, so dass insoweit dieselben Personen im Rat der Aufseher der EBA und im Basler Ausschuss für Bankenaufsicht anwesend sind. Falls es bei der Übernahme der Basler Standards ins Unionsrecht auf Level 1 und 2 zu Abweichungen kommt, könnte es sein, dass technische Standards der EBA durch die Personenidentität der Mitglieder dann wieder wie die Regelungen des Basler Ausschusses ausfallen.[215] Dies verdeutlicht die Problematik, dass Experten aus nationalen Behörden technische Regelungen treffen, die nicht unbedingt mit dem demokratisch legitimierten, politischen Willen des Gesetzgebers auf Level 1 und 2 übereinstimmen.[216]

EIOPA schließlich ist seit 2011 bzw. 2012 Mitglied der *International Association of Insurance Supervisors* (IAIS) und der *International Organisation of Pension Supervisors* (IOPS).[217] Sie unterhält Kontakte mit den Behörden aus fünf Drittländern oder Regionen.[218]

---

[214] *E. L. Camilli*, Basel-Brussels One Way? The EU in the Legalization Process of Basel Soft Law, in: *E. Chiti/B. G. Mattarella* (Hrsg.), Global Administrative Law and EU Administrative Law, 2011, S. 323, 354 f.

[215] Vergleiche *Basler Ausschuss für Bankenregulierung*, Basel III regulatory consistency assessment (Level 2), Preliminary report: European Union, 2012, http://www.bis.org/bcbs/implementation/l2_eu.pdf, S. 11 (15.09.2015): „In many cases, the CRR [Capital Requirement Regulation] has provided safeguards or the EBA will develop legally binding technical standards to limit the impact of the gaps or deficiencies"; *M. M. Darnaculleta/L. Bohórquez*, The Reinforcement of the Basel Committee's Authoritativeness on the Global level by the European Union: The Case of the European Banking Authority, conference paper, Debt and Financial Regulation in Reaction to the Crisis, MPI Heidelberg, 29.11.2012, 27 ff.

[216] Zur fehlenden demokratischen Legitimität von Standards des Basler Ausschusses für Bankenregulierung *C. Möllers*, Die drei Gewalten, 2008, S. 218 ff.; *J. Köndgen*, Privatisierung des Rechts, AcP 206 (2006), S. 477, 493 f. Kritisch zu Expertengruppen auch *J. Habermas*, Faktizität und Geltung, 1992, S. 426.

[217] *EIOPA*, Annual Report 2011, S. 103.

[218] *EIOPA*, Annual Report 2011, S. 101: USA, China, Japan, Lateinamerika, Brasilien.

Zusammenfassend lässt sich festhalten, dass die ESAs auf internationaler Ebene in den jeweiligen Organisationen und Standardsetzern gut vertreten sind.[219] Die Selbstdarstellung der internationalen Beziehungen der ESAs in ihren Arbeitsprogrammen und Jahresberichten ist jedoch oft lückenhaft. Deshalb fordert die Kommission zu Recht in ihrem Ordnungsrahmen für dezentralisierte Agenturen der EU, dass die Agenturen eine klare Strategie hinsichtlich ihrer internationalen Beziehungen in ihrem Arbeitsprogramm darlegen.[220]

---

219 Für einen Überblick über die internationalen Standardsetzer *A. Arora*, The Global Financial Crisis: A New Global Regulatory Order?, Journal of Business Law 8 (2010), S. 670, 673 ff.; zur Rolle und Vertretung der EU *G. Bertezzolo*, The European Union facing the global arena: standard-setting bodies and financial regulation, ELRev. 34 (2009), S. 257, 274.

220 Common approach on agencies, 2012, http://ec.europa.eu/ commission_2 010-2014/sefcovic/headlines/news/2012/07/2012_07_17_joint_agreement_agen cies_en.htm (15.09.2015), Nr. 25; eine klarere Rollenverteilung fordert auch der deutsche Vertreter in ESMA's Rat der Aufseher, siehe dazu *ESMA*, Summary of Conclusions BoS meeting 14.02.2012, ESMA/2012/BS/29, S. 2.

Kapitel 2: Bestandsaufnahme

Die Bestandsaufnahme widmet sich nach einem Überblick über den Stand der Forschung und Literatur (A.) der Rechtspraxis der ESAs und ihrer Vorläuferausschüsse: Beispielhaft werden wichtige Empfehlungen und Leitlinien vorgestellt (B.). Abschließend erfolgt ein Exkurs zu Empfehlungen und Leitlinien anderer Agenturen und Einrichtungen wie z.B. den Empfehlungen des ESRB (C.).

A. Stand der Forschung

Literatur, die sich ausführlich mit Empfehlungen und Leitlinien des Unionsrechts befasst, ist nur spärlich vorhanden. Die bisherige Literatur definiert eine *Empfehlung* als eine Einladung zu einem bestimmten Verhalten[221] oder als eine Rechtshandlung, die einen Wunsch zum Ausdruck bringt, aber nicht verbindlich ist.[222] Vielfach definiert sie den Begriff einer Empfehlung jedoch gar nicht, sondern setzt ihn voraus.[223] Oft spricht die Literatur auch nur die Frage der Rechtsnatur oder der Bindungswirkung an: Empfehlungen seien unverbindlich, aber nicht rechtlich bedeutungslos.[224] Es werden „rechtliche Wirkungen",[225] „in-

---

221 *C.-A. Morand*, Les recommandations, les résolutions et les avis du droit communautaire, Cahiers de droit européen 6 (1970), S. 623, 628; *N. Blokker*, Decisions of international organizations: the case of the European Union, Netherlands Yearbook of International Law 30 (2000), S. 3, 8.

222 *M. Zahlbruckner*, Die Empfehlung im EWG-Vertrag – Rechtswirkung und Kontrolle durch den EuGH, Juristische Blätter 1993, S. 345, 348 m.w.N.

223 So z.B. *I. Härtel*, Handbuch Europäische Rechtsetzung, 2006, § 12, Rn. 1 ff.; *T. Oppermann/C. D. Classen/M. Nettesheim*, Europarecht, 2009, § 10, Rn. 134 ff.; *W. Schroeder*, in: *R. Streinz* (Hrsg.), EUV/AEUV-Kommentar, 2012, Art. 288 AEUV, Rn. 144 ff.

224 *H. P. Ipsen*, Europäisches Gemeinschaftsrecht, 1972, Kap. 21, Rn. 36; *M. Ruffert*, in: *C. Calliess/M. Ruffert* (Hrsg.), EUV/AEUV, Kommentar, 2011, Art. 288 AEUV, Rn. 95 ff.

J.E. Dickschen, *Empfehlungen und Leitlinien als Handlungsform der Europäischen Finanzaufsichtsbehörden,* Beiträge zum ausländischen öffentlichen Recht und Völkerrecht, DOI 10.1007/978-3-662-54361-0_3

direkte Wirkungen"[226] und „indirekte Rechtswirkungen" konstatiert,[227] außerdem eine faktische Bindungswirkung.[228] Einige verneinen, dass es sich bei Empfehlungen überhaupt um Rechtsakte handelt, entweder weil nur die Handlungen der Gemeinschaft, die mit der Nichtigkeitsklage angefochten werden können, Rechtsakte darstellen oder weil sie die (rechtliche) Bindungskraft als konstitutiv für einen Rechtsakt ansehen.[229]

Obwohl die Frage der Rechtsnatur und der Rechtswirkungen von Empfehlungen wichtig ist, ist auffallend, dass nur wenige Autoren andere relevante Fragen erörtern, wie z.B. wer Adressat ist, welche Funktionen Empfehlungen erfüllen und welches Verfahren die Organe anwenden. Einer dieser Autoren ist *Morand*, der bereits 1970 Empfehlungen anhand ihrer Adressaten analysiert und systematisiert. Er hinterfragt auch die Gründe, warum Empfehlungen anstelle von Richtlinien oder Verordnungen ergehen, und prognostiziert, dass Empfehlungen zunehmen werden.[230] *Soldatos* und *Vandersanden* hingegen gehen in ihrer Analyse vom Ziel der Empfehlungen aus, indem sie eine indirekte Harmonisierung durch Empfehlungen annehmen.[231] Die Rechtsschutz-

---

225 *M. Nettesheim*, in: *E. Grabitz/M. Hilf/M. Nettesheim*, Das Recht der EU (Stand Sept. 2013), Art. 288 AEUV, Rn. 206.

226 *P. Soldatos/G. Vandersanden*, La recommandation, source indirecte du rapprochement des législations nationales dans le cadre de la Communauté économique européenne, in: *D. de Ripainsel-Landy/A. Gerard/A. Limpens-Meinertzhagen/J.-V. Louis/P. Soldatos/R. Vander Elst/G. Vandersanden* (Hrsg.), Les instruments du rapprochement des législations dans la Communauté économique européenne, 1976, S. 95, 99.

227 *L. Senden*, Soft Law in European Community Law, 2004, S. 160 m.w.N.

228 *M. U. Brohm*, Die „Mitteilungen" der Kommission im Europäischen Verwaltungs- und Wirtschaftsraum, 2012, S. 83.

229 Siehe die Wiedergabe der Ansichten von *Pescatore* und *Houben* in *P. Soldatos/G. Vandersanden*, La recommandation, source indirecte du rapprochement des législations nationales dans le cadre de la Communauté économique européenne, in: *D. de Ripainsel-Landy/A. Gerard/A. Limpens-Meinertzhagen/J.-V. Louis/P. Soldatos/R. Vander Elst/G. Vandersanden* (Hrsg.), Les instruments du rapprochement des législations dans la Communauté économique européenne, 1976, S. 95, 98; dazu s.u. Kapitel 4, A. I.

230 *C.-A. Morand*, Les recommandations, les résolutions et les avis du droit communautaire, Cahiers de droit européen 6 (1970), S. 623, 624, 628 ff.

231 Wie sich schon aus ihrem Titel ergibt: *P. Soldatos/G. Vandersanden*, La recommandation, source indirecte du rapprochement des législations nationales

perspektive beleuchten *Arnull* und *Zahlbruckner*, die eine Justiziabilität im Rahmen des Vorabentscheidungsverfahrens bejahen.[232] *Von Bogdandy* u.a. schließlich deuten Empfehlungen – auf einer empirischen Studie aufbauend – als unverbindliche Richtlinien.[233]

In der Praxis sind *Leitlinien* vor allem im Wettbewerbsrecht immens wichtig,[234] weswegen auch eine stärkere Berücksichtigung ihrer „mittelbaren Bindungswirkung" durch den Europäischen Gerichtshof gefordert wird.[235] Beispielsweise werfen Literaturstimmen der Kronzeugenregelung[236] und den Bußgeldleitlinien[237] vor, gegen das Demokratieprinzip und Art. 290 AEUV zu verstoßen, da der Gesetzgeber Wesentliches nicht geregelt habe.[238] Als problematisch sieht *Lecheler* auch die Zunahme von Leitlinien als Durchführungsmaßnahmen im Energie-

---

dans le cadre de la Communauté économique européenne, in: *D. de Ripainsel-Landy/A. Gerard/A. Limpens-Meinertzhagen/J.-V. Louis/P. Soldatos/R. Vander Elst/G. Vandersanden* (Hrsg.), Les instruments du rapprochement des législations dans la Communauté économique européenne, 1976, S. 95.

[232] *A. Arnull*, The legal status of recommendations, ELRev. 15 (1990), S. 318; *M. Zahlbruckner*, Die Empfehlung im EWG-Vertrag – Rechtswirkung und Kontrolle durch den EuGH, Juristische Blätter 1993, S. 345, 350 ff.

[233] *A. von Bogdandy/J. Bast/F. Arndt*, Handlungsformen im Unionsrecht, ZaöRV 62 (2002), S. 77, 115 f.; a.A. *C. Bumke*, Rechtsetzung in der Europäischen Gemeinschaft: Bausteine einer gemeinschaftsrechtlichen Handlungsformenlehre, in: *G. F. Schuppert/I. Pernice/U. Haltern* (Hrsg.), Europawissenschaft, 2005, S. 643, 679 f., der u.a. darauf verweist, dass eine Harmonisierung nicht das einzige Ziel einer Empfehlung sei.

[234] Dazu *G. Pampel*, Rechtsnatur und Rechtswirkungen horizontaler und vertikaler Leitlinien im reformierten europäischen Wettbewerbsrecht, 2005.

[235] *W. Frenz*, Mitteilungen, Bekanntmachungen und Leitlinien nach dem Vertrag von Lissabon, Wettbewerb in Recht und Praxis 2010, S. 224, 232. Ausführlich zu Bindungswirkungen im Wettbewerbsrecht siehe *D. K. Walzel*, Bindungswirkungen ungeregelter Vollzugsinstrumente der EU-Kommission, 2008.

[236] Mitteilung der Kommission über den Erlass und die Ermäßigung von Geldbußen in Kartellsachen, ABl. 2006 C 298, S. 17.

[237] Leitlinien der Kommission für das Verfahren zur Festsetzung von Geldbußen gemäß Art. 23 Abs. 2 lit. a der VO 1/2003, ABl. 2006 C 210, S. 2.

[238] *W. Weiß*, Das Leitlinien(un)wesen der Kommission verletzt den Vertrag von Lissabon, Europäisches Wirtschafts- und Steuerrecht 2010, S. 257.

sektor, weil dadurch die Kommission eine Art Mit- oder Ersatzgesetzgeber werde, was rechtsstaatlich bedenklich sei.[239]

Außerdem ordnet die Literatur Empfehlungen und Leitlinien des Öfteren als *„soft law"* ein.[240] In einer umfassenden neueren Darstellung dazu teilt *Senden* die Empfehlungen nach Autoren ein.[241] Dabei werden jedoch nur Kommission und Rat als Autoren betrachtet, nicht jedoch Agenturen wie in dieser Arbeit. Sie untersucht die Rechtsnatur, Funktionen, Rechtsgrundlagen und Erlassverfahren und ordnet dabei Leitlinien als Empfehlungen ein.[242] In einer Studie für das Europäische Parlament wird die starke Zunahme des *soft regulatory and administrative rule-making* untersucht und eine stärkere Prozeduralisierung gefordert, um Bedenken hinsichtlich der demokratischen Legitimität zu begegnen.[243] Andere konzentrieren sich auf Mitteilungen der Kommission,

---

[239] *H. Lecheler*, Ungereimtheiten bei den Handlungsformen des Gemeinschaftsrechts – dargestellt anhand der Einordnung von „Leitlinien", DVBl. 2008, S. 873, 879; a.A. *M. Ludwigs*, Das veränderte Machtgefüge der Institutionen nach dem Dritten EU-Binnenmarktpaket, DVBl. 2011, S. 61, 67.

[240] *D. Chalmers*, European Union Public Law, 2010, S. 101; *L. Senden*, Soft Law in European Community Law, 2004; *G. F. Schuppert*, Der Rechtsstaat unter den Bedingungen informaler Staatlichkeit, 2011, S. 61, 64. *Soft law* umfasst verschiedenste Instrumente mit sehr unterschiedlichen Wirkungen. Diese Arbeit bevorzugt hingegen den Begriff „Handlungsform", weil dadurch weniger die allgemeine Unterscheidung „Recht" und *„soft law"* im Mittelpunkt steht, sondern die konkrete Einordnung als eine Handlungsform mit ihren formspezifischen Merkmalen. Kritisch auch *J. Bast*, Handlungsformen und Rechtsschutz, in: *A. von Bogdandy/J. Bast* (Hrsg.), Europäisches Verfassungsrecht, 2009, S. 489, 515; *A. Peters*, Typology, Utility and Legitimacy of European Soft Law, in: *A. Epiney/M. Haag/A. Heinemann* (Hrsg.), Die Herausforderung von Grenzen/Le défi des frontières/Challenging boundaries: Festschrift für Roland Bieber, 2007, S. 405, 426 ff.

[241] *L. Senden*, Soft Law in European Community Law, 2004, S. 162 ff.

[242] *L. Senden*, Soft Law in European Community Law, 2004, S. 162.

[243] *L. Senden/T. van den Brink*, Study for the European Parliament, Policy Department C: Citizen's Rights and Constitutional Affairs, Checks and Balances of Soft EU Rule-Making, PE 462/433, 2012.

worunter u.a. auch Leitlinien fallen,[244] die *Adam* mit Verwaltungsvorschriften vergleicht.[245]

Hinsichtlich der Leitlinien und Empfehlungen der ESAs und ihrer Vorläufer gibt es kaum Literatur. *Moloney* streift in ihrer Darstellung zum Kapitalmarktrecht immer wieder einzelne Leitlinien und Empfehlungen von CESR, ohne jedoch deren Charakter, Funktion oder Verfahren genauer zu untersuchen.[246] *Hupka* betont, dass Standards und Empfehlungen von CESR keine Bindungswirkung gegenüber Marktteilnehmern und nationalen Behörden haben[247] und sich im deutschen Kapitalmarktrecht nur schwach auswirken,[248] gleichzeitig wird eine stärkere Berücksichtigung von CESR-Standards (die Empfehlungen und Leitlinien umfassen) durch deutsche Gerichte gefordert.[249] Die Dissertation zur EBA von *Kohtamäki* beschreibt im Wesentlichen kurz das in Art. 16 der Gründungsverordnungen vorgesehene Verfahren, ohne auf konkrete Leitlinien oder Empfehlungen Bezug zu nehmen.[250] Ähnlich streift *Hänle* Empfehlungen und Leitlinien, der seinen Fokus auf die neue Europäische Finanzaufsicht im Allgemeinen legt.[251] *Frank* widmet sich den Rechtswirkungen von Leitlinien und Empfehlungen der ESMA,[252] allerdings ohne den Untersuchungsgegenstand zu identifizieren

---

244 Zu einer Typologie siehe *M. U. Brohm*, Die „Mitteilungen" der Kommission im Europäischen Verwaltungs- und Wirtschaftsraum, 2012.

245 *H. Adam*, Die Mitteilungen der Kommission: Verwaltungsvorschriften des Europäischen Gemeinschaftsrechts?, 1999.

246 *N. Moloney*, EC Securities Regulation, 2008.

247 *J. Hupka*, Die Integration der europäischen Finanzmärkte: Zur Rolle des Commitee of European Securities Regulators (CESR) und der Bindungswirkung von Standards, Zeitschrift für Gemeinschaftsprivatrecht 2008, S. 286.

248 Insbesondere im Haftungsrecht *J. Hupka*, Kapitalmarktaufsicht im Wandel – Rechtswirkungen der Empfehlungen des Committee of European Securities Regulators (CESR) im deutschen Kapitalmarktrecht, WM 2009, S. 1351.

249 *G. Spindler/J. Hupka*, Bindungswirkung von Standards im Kapitalmarktrecht, in: *T. M. J. Möllers* (Hrsg.), Geltung und Faktizität von Standards, 2009, S. 117.

250 *N. Kohtamäki*, Die Reform der Bankenaufsicht in der Europäischen Union, 2012, S. 182 f.

251 *F. Hänle*, Die neue Europäische Finanzaufsicht, 2012.

252 *A. Frank*, Die Rechtswirkungen der Leitlinien und Empfehlungen der Europäischen Wertpapier- und Marktaufsichtsbehörde, 2012.

und ohne umfassend auf das Rechtsregime (inklusive Verfahren und Rechtsschutz) einzugehen. Weiterhin vertritt *Sasserath-Alberti*, dass ein zurückhaltender Gebrauch von Leitlinien der EIOPA wünschenswert sei, da diese unter demokratischen Legitimations- und Kontrollgesichtspunkten zu kritisieren seien.[253]

B. Leitlinien und Empfehlungen in der Rechtspraxis der Level-3-Ausschüsse und der Europäischen Aufsichtsbehörden

Seit 2003 prägen Leitlinien und Empfehlungen die Rechtspraxis der Level-3-Ausschüsse und seit 2011 nun auch die der ESAs. Der folgende Überblick verdeutlicht, wer Empfehlungen oder Leitlinien erlassen hat sowie in welchen thematischen Bereichen. Ziel ist keine umfassende und repräsentative Darstellung, sondern es soll ein Einblick in die Vielgestaltigkeit von Empfehlungen und Leitlinien und ihre Funktionen sein, d.h. die ausgewählten Leitlinien und Empfehlungen haben eine nicht unerhebliche praktische Bedeutung und ermöglichen einen Überblick über den Gebrauch der Rechtsakte. Bis einschließlich 2011 liegen die Rechtsakte nur in Englisch vor, seitdem übersetzen die ESAs sie auch in andere Amtssprachen der EU,[254] so dass dann die deutsche Bezeichnung zitiert wird.

Die Darstellung unterscheidet in zeitlicher Hinsicht zwischen Rechtsakten der Level-3-Ausschüsse (I.) und denen der ESAs (II.). Innerhalb dieser dann zwischen Rechtsakten mit der Bezeichnung „Leitlinien“ und solchen mit der Bezeichnung „Empfehlungen“. Diese Unterscheidung anhand der Bezeichnung erfolgt allerdings nur zur besseren Darstellung und bedeutet nicht, dass es sich dabei um verschiedene Handlungsformen handelt.[255]

---

[253] *N. Sasserath-Alberti*, Single Rulebook – Theorie und Praxis, EuZW 2012, S. 641, 642.

[254] Dazu s.u. Kapitel 4, B. II. 4.

[255] Dies wird erst später untersucht, s.u. Kapitel 3, B. IV.

I. Rechtsakte der Level-3-Ausschüsse

1. Leitlinien

Bei den Rechtsakten der Level-3-Ausschüsse überwiegen rein zahlenmäßig die Leitlinien gegenüber Empfehlungen bei Weitem, denn CEBS und CESR haben jeweils gut 30 Leitlinien erlassen, wohingegen es insgesamt keine zehn Empfehlungen gibt. Überwiegend haben die Leitlinien die Funktion einer Auslegungshilfe, d.h. sie bezwecken die einheitliche Auslegung des Unionsrechts,[256] was einerseits im Interesse der Verwaltung an einer einheitlichen Verwaltungspraxis liegt, andererseits aber aus Sicht der Finanzmarktteilnehmer spiegelbildlich auch der Umsetzung des Gleichbehandlungsgrundsatzes dient,[257] denn bei einer einheitlichen Verwaltungspraxis werden im Grundsatz auch alle vergleichbaren Fälle gleich behandelt.

Die CEBS-Leitlinien (seit 2004) konkretisieren thematisch vor allem die Regelungen der Eigenkapitalrichtlinie (*Capital Requirements Directive*, CRD).[258] Diese mehrfach überarbeitete Richtlinie setzt die Vorgaben des Basler Ausschusses für Bankenaufsicht für die Eigenkapitalvorschriften in Unionsrecht um. Die *Guidelines on the Application of the Supervisory Review Process under Pillar 2 (CP03 revised)* dienen beispielsweise dazu, die Anwendung des aufsichtlichen Überprüfungsprozesses unter der zweiten Säule von Basel II zu vereinheitlichen.[259] Darunter fällt u.a. die Aufsicht über das interne Kapitaladäquanzverfahren, d.h. die Strategie der Banken, um sicherzustellen, dass ihre Eigenkapitalausstattung im angemessenen Verhältnis zum Risikoprofil steht. Auch enthalten die Leitlinien Vorgaben zur internen Governance der Banken.

---

256 Dazu *R. Veil*, Europäisches Kapitalmarktrecht, 2011, S. 30 f.; *N. Kohtamäki*, Die Reform der Bankenaufsicht in der Europäischen Union, 2012, S. 75 f.

257 Ähnlich zu Mitteilungen *H. Adam*, Die Mitteilungen der Kommission: Verwaltungsvorschriften des Europäischen Gemeinschaftsrechts?, 1999, S. 71 f.

258 Richtlinie 2006/48/EG des Parlaments und des Rates geändert durch die Richtlinie 2010/76/EU (Eigenkapitalrichtlinie, CRD III), ABl. 2010 L 329, S. 3, aufgehoben durch die Richtlinie 2013/36/EU, ABl. 2013 L 176, S. 338.

259 *CEBS*, Guidelines on the Application of the Supervisory Review Process under Pillar 2 (CP03 revised), 25.01.2006.

CEIOPS hat insgesamt vier Leitlinien erlassen. Thematisch behandeln diese die übergreifende Koordination in *Colleges of Supervisors*,[260] Krisenmanagement[261] und die Solvency II-Richtlinie, d.h. die Vorbereitung der neuen Solvabilitätsvorschriften für die Eigenmittelausstattung von Versicherungen.[262]

Vier im Lamfalussy-Verfahren ergangene Richtlinien stecken den thematischen Rahmen für CESR ab: die Marktmissbrauchsrichtlinie, die Richtlinie über Märkte für Finanzinstrumente, die Transparenzrichtlinie und die Prospektrichtlinie,[263] außerdem die OGAW-Richtlinie (UCITS).[264]

Vielbeachtete Leitlinien sind die Leitlinien zur Marktmissbrauchsrichtlinie (*Market Abuse Directive*, MAD), die das Verbot von Marktmanipulationen und Insidergeschäften enthält.[265] Diese Richtlinie wird auf Level 2 durch eine Durchführungsverordnung und drei Durchführungsrichtlinien konkretisiert.[266] Auf Level 3 hat CESR dreimal Leitlinien erarbeitet (2005, 2007 und 2009), die Hinweise zu verschiedenen Punkten der MAD geben. Das *First set of CESR guidance* enthält zulässige Marktpraktiken, Beispiele für Marktmanipulationen und ein ein-

---

[260] *CEIOPS*, Guidelines for Coordination Committees in the Context of Supplementary Supervision as Defined by the Insurance Groups Directive (98/78/EC), CEIOPS-DOC-02/05; *CEIOPS*, Guidelines on Information Exchange between Lead Supervisors and Other Competent Authorities, CEIOPS-DOC-16/07.

[261] *CEIOPS*, Guidelines on preparation for and management of a financial crisis, CEIOPS-DOC-15/09.

[262] *CEIOPS*, Level 3 Guidance on Solvency II: Pre-application process for Internal Models, CEIOPS-DOC-76/10; Richtlinie 2009/138/EG des Parlaments und des Rates betreffend die Aufnahme und Ausübung der Versicherungs- und der Rückversicherungstätigkeit (Solvabilität II), ABl. 2009 L 335, S. 1, geändert durch Richtlinie 2012/23/EU des Parlaments und des Rates, ABl. 2012 L 249, S. 1.

[263] Siehe unter http://ec.europa.eu/internal_market/securities/lamfalussy/transposition/index_en.htm (15.09.2015).

[264] Dazu sogleich.

[265] Richtlinie 2003/6/EG des Parlaments und des Rates über Insider-Geschäfte und Marktmanipulation (Marktmissbrauch), ABl. 2003 L 96, S. 16.

[266] Siehe die Nachweise bei *M. Lutter/W. Bayer/J. Schmidt*, Europäisches Unternehmens- und Kapitalmarktrecht, 2012, S. 1238.

heitliches Formular, um verdächtige Geschäfte zu melden.[267] Letzteres verdeutlicht eine weitere Funktion von Leitlinien: Neben der einheitlichen Auslegung verfolgen sie auch verwaltungspraktische Ziele, denn z.B. erleichtern einheitliche Formulare die Verwaltungspraxis erheblich. Die zweiten und dritten Leitlinien behandeln vor allem die Themen „Insiderinformation" und „Insiderlisten".[268]

Investmentfonds, die in der OGAW-Richtlinie geregelt sind, sind „Organismen für gemeinsame Anlagen in Wertpapieren" (OGAW, gebräuchlicher in der englischen Bezeichnung *Undertakings for Collective Investment in Transferable Securities*, UCITS).[269] CESR hat mehrere Leitlinien zur Konkretisierung der OGAW-Richtlinie erlassen, von denen hier nur eine kurz dargestellt sei. Ein in einem Mitgliedstaat zugelassener Fonds muss seine Tätigkeit in anderen Mitgliedstaaten theoretisch nur anzeigen (*notification*) und nicht genehmigen lassen. Diese Notifizierung wirkte jedoch *de facto* wie ein umständliches Genehmigungsverfahren, weil teilweise Dokumente nur in der Landessprache vorgelegt werden konnten und Beglaubigungen gefordert wurden. Deshalb strebten die *CESR's guidelines to simplify the notification procedure of UCITS* eine Vereinheitlichung an, z.B. welche Dokumente eingereicht werden müssen, in welcher Sprache oder in welcher Form (mit oder ohne Beglaubigung).[270] Allerdings befolgten nur fünf Mitgliedstaaten diese Leitlinien vollständig, 20 Mitgliedstaaten befolgten mindestens eine der Hauptleitlinien nicht. Die Umsetzung war problematisch, da in einigen Mitgliedstaaten dazu erst entgegenstehende Gesetze geändert werden mussten.[271]

---

[267] *CESR*, Market Abuse Directive – Level 3 – first set of CESR guidance and information on the common operation of the Directive, CESR/04-505b.

[268] *CESR*, Market Abuse Directive – Level 3 – second set of CESR guidance and information on the common operation of the Directive to the market, CESR/06-562b; *CESR*, Guidelines – MAD Level 3 – Third set of CESR guidance and information on the common operation of the Directive to the market, CESR/09-219.

[269] Richtlinie 2009/65/EG des Parlaments und des Rates zur Koordinierung der Rechts- und Verwaltungsvorschriften betreffend bestimmte Organismen für gemeinsame Anlagen in Wertpapieren (OGAW), ABl. 2009 L 302, S. 32.

[270] *CESR*, CESR's guidelines to simplify the notification procedure of UCITS, CESR/06-120b.

[271] *CESR*, Peer Review of the Implementation of CESR's Guidelines to simplify the notification procedure of UCITS, CESR/09-1034, S. 8, dazu s.u. Kapitel 4, A. II.

Ebenfalls Probleme bereitete die Umsetzung der CESR-Leitlinien für Geldmarktfonds.[272] Geldmarktfonds[273] waren als Teil des Schattenbankenwesens auf europäischer Ebene vor den CESR-Leitlinien nicht geregelt. Ihre Bedeutung nahm aber in den Jahren vor der Finanzkrise erheblich zu und mit 1,3 Billionen Euro an Wert waren die Fonds vor allem in Frankreich, Luxemburg und Irland verbreitet.[274] CESR ergriff mit den Leitlinien 2010 die Initiative, diesen Bereich des Schattenbankenwesens zu regeln, worin sich eine weitere Funktion von Leitlinien zeigt: Sie dienen als Kompensationsinstrument für eine schwerfälligere Legislative[275] und als Wegbereitung für zukünftige „harte" Integrationsmaßnahmen.[276] Die Kommission hat dann im Herbst 2013 einen Verordnungsvorschlag für Geldmarktfonds präsentiert.[277]

2. *Empfehlungen*

CEBS und CEIOPS haben so gut wie keine Empfehlungen erlassen.[278] CESR demgegenüber hat seit 2003 regelmäßig auch von Empfehlungen Gebrauch gemacht.[279]

---

[272] *CESR*, CESR's Guidelines on a common definition of European money market funds CESR/10-049, dazu s.u. Kapitel 4, A. II.

[273] Eine kurzfristige Anlageform mit Laufzeiten von bis zu einem Jahr, siehe Erläuterung der Bundesbank unter http://www.bundesbank.de/Navigation/DE/Service/Glossar/_functions/glossar.html?lv2=32032&lv3=62228#62228 (15.09.2015).

[274] *E. Bengtsson*, Shadow banking and financial stability: European money market funds in the global financial crisis, Journal of International Money and Finance 32 (2013), S. 579, 580; zum Hintergrund auch CESR bans enhanced money market funds, Financial Times v. 23.05.2010, http://www.ft.com/intl/cms/s/0/e121ee74-6503-11df-b648-00144feab49a.html#axzz2xq9muVGM (15.09.2015).

[275] *W. Kahl*, Der Europäische Verwaltungsverbund: Strukturen – Typen – Phänomene, Der Staat 2011, S. 353, 372.

[276] *A. von Bogdandy/J. Bast/F. Arndt*, Handlungsformen im Unionsrecht, ZaöRV 62 (2002), S. 77, 117; *W. Schroeder*, in: *R. Streinz* (Hrsg.), EUV/AEUV-Kommentar, 2012, Art. 288 AEUV, Rn. 145.

[277] Vorschlag für eine Verordnung des Europäischen Parlaments und des Rates über Geldmarktfonds, KOM(2013) 615.

[278] *CEBS/CEIOPS*, Recommendations on the supplementary requirements of the Financial Conglomerates Directive for supervisory colleges of financial conglomerates, 21.12.2010; für den Übergang auf die internationalen Rech-

Ein Schwerpunkt des CESR waren vier Empfehlungen zur Richtlinie über Märkte für Finanzinstrumente (*Markets in Financial Instruments Directive*, MiFID).[280] Diese Level-1-Richtlinie wird auch als europäisches „Grundgesetz" des Wertpapierhandels bezeichnet.[281] Ziele sind ein verbesserter Anlegerschutz, eine Harmonisierung des Finanzmarktes und ein verstärkter Wettbewerb. Sie regelt, dass nach der Zulassung im Herkunftsmitgliedstaat ein Wertpapierunternehmen in allen Mitgliedstaaten seine Dienstleistungen anbieten kann (Europäischer Pass). Konkretisiert wird die MiFID auf Level 2 durch eine Durchführungsverordnung (MiFID-DVO betreffend die Markttransparenz)[282] und eine Durchführungsrichtlinie (MiFID-DRL betreffend organisatorische Anforderungen)[283] der Kommission. Die Empfehlungen des CESR betreffen u.a. die Konkretisierung des Notifizierungsverfahrens für den Europäischen Pass, die Wohlverhaltenspflichten von Wertpapierfirmen und die Markttransparenzregeln.[284]

Die Empfehlung zu finanziellen Anreizen (*Inducements under MiFID*) betrifft Wohlverhaltenspflichten von Wertpapierfirmen, insbesondere

---

nungslegungsstandards IFRS im Versicherungsbereich siehe *CEIOPS*, Recommendations regarding the Implications of the IAS/IFRS Introduction for the Prudential Supervision of Insurance Undertakings, CEIOPS-DOC-05/05.

279 Insgesamt gibt es acht CESR-Empfehlungen. Zwei beschäftigen sich thematisch ebenfalls mit den internationalen Rechnungslegungsstandards IFRS: *CESR*, European Regulation on the Application of IFRS in 2005, Recommendation for additional guidance regarding the transition to IFRS, CESR/03-323e; *CESR*, CESR Recommendation on Alternative Performance Measures, CESR/05-178b.

280 Richtlinie 2004/39/EG des Parlaments und des Rates über Märkte für Finanzinstrumente (MiFID), ABl. 2004 L 145, S. 1.

281 *M. Lutter/W. Bayer/J. Schmidt*, Europäisches Unternehmens- und Kapitalmarktrecht, 2012, S. 1129.

282 Verordnung (EG) Nr. 1287/2006 der Kommission, ABl. 2006 L 241, S. 1.

283 Richtlinie 2006/73/EG der Kommission, ABl. 2006 L 241, S. 26.

284 *CESR*, CESR Level 3 Recommendations on the List of minimum records in article 51 (3) of the MiFID implementing Directive, CESR/06-552c; *CESR*, Publication and Consolidation of MiFID Market Transparency Data, Level 3 CESR's guidelines and recommendations for the consistent implementation of the Directive 2004/39/EC and the European Commission's Regulation n°1287/2006, CESR/07-043; *CESR*, Inducements under MiFID, Recommendations, CESR/07-228b; *CESR*, The passport under MiFID, Recommendations for the implementation of the Directive 2004/39/EC, CESR/07-337.

Provisionen und Gebühren, aber auch andere nicht-finanzielle Anreize.[285] Ob die Rechtsgrundlage in Level 1 dafür ausreicht, auch Provisionen zu umfassen, war während der Konsultation umstritten.[286] Hieran zeigt sich die Funktion von Empfehlungen, Rechtsakte von Level 1 und 2 im Detail zu ergänzen,[287] aber nicht über sie hinauszugehen. Dies kann im Einzelfall strittig sein und ist Auslegungsfrage. Die Frage des Umgangs mit Provisionen war auch im Rahmen der MiFID II-Verhandlungen umstritten, d.h. während der Überarbeitung der MiFID.[288]

II. Rechtsakte der Europäischen Aufsichtsbehörden

1. Leitlinien

In den Jahren 2011 bis 2013 haben die ESAs regen Gebrauch von Leitlinien gemacht. EIOPA hat einige Leitlinien zur Vorbereitung der Solvency II-Richtlinie erlassen,[289] außerdem Leitlinien im Bereich des Verbraucherschutzes, der seit 2011 ein neues Ziel der ESAs ist: Die „Leitlinien zur Beschwerdebearbeitung durch Versicherungsunternehmen" beschreiben Verfahren, über die Versicherungen zur Bearbeitung von Beschwerden verfügen sollten.[290] Diese Leitlinien nach Art. 16 der EIOPA-Verordnung werden ergänzt durch einen *Report on Best Prac-*

---

[285] *CESR*, Inducements under MiFID, Recommendations, CESR/07-228b.

[286] S.u. Kapitel 4, B. II. 2.

[287] Zur Funktion von *soft law* als Auslegungshilfe bei Normenmangel allgemein *U. Ehricke*, „Soft law" – Aspekte einer neuen Rechtsquelle, NJW 1989, S. 1906, 1907 f.

[288] Über Provisionen wurde nicht verhandelt, Wallstreet-Online v. 15.01.2014, http://www.wallstreet-online.de/nachricht/6510737-mifid-ii-ueber-provisionen-verhandelt (15.09.2015).

[289] *EIOPA*, Leitlinien zur vorausschauenden Beurteilung der eigenen Risiken (basierend auf den ORSA Grundsätzen), EIOPA-CP-13/09; *EIOPA*, Leitlinien zum Vorantragsverfahren für interne Modelle, EIOPA-CP-13/011 DE; *EIOPA*, Leitlinien für die Informationsübermittlung an die zuständigen nationalen Behörden, EIOPA-CP-13/010 DE; *EIOPA*, Leitlinien zum Governance System, EIOPA-CP-13/08 DE.

[290] *EIOPA*, Leitlinien zur Beschwerdebearbeitung durch Versicherungsunternehmen, EIOPA-BoS-12/069; ähnlich die *EIOPA*, Leitlinien für die Beschwerdebearbeitung durch Versicherungsvermittler, EIOPA-BoS-13/164 DE.

tices.[291] Der Bericht, der sich auf die Kompetenz zur Entwicklung neuer Hilfsmittel für eine gemeinsame Aufsichtskultur nach Art. 29 Abs. 2 der EIOPA-Verordnung stützt, liefert Beispiele, wie ein gutes Beschwerdemanagement aussehen könnte. Das Ziel des Verbraucherschutzes könnten die ESAs jedoch in ihren Aktivitäten noch stärker verfolgen.[292]

Leitlinien der ESMA und EBA spiegeln stärker als diejenigen der EIOPA den „Kampf" um die Regulierung der Finanzmärkte wider. ESMA hat ein gutes Dutzend Leitlinien erlassen, wobei Schwerpunkte weiterhin Erläuterungen zur MiFID und OGAW-Richtlinie sind.[293] Auf eigene Initiative hin erließ sie Leitlinien, die den Hochfrequenzhandel betreffen.[294] Der Hochfrequenzhandel beträgt inzwischen mehr als ein Drittel des Aktienhandels in Europa[295] und war im MiFID II-Gesetzgebungsprozess hoch umstritten.[296] Es zeigt sich, dass die Leitlinien in diesem Bereich als Kompensation dafür dienen, dass legislative Vorhaben auf Unionsebene bis zur Verabschiedung länger dauern, Leitlinien sind quasi „Lückenfüller", bis eine gesetzliche Regelung in Kraft tritt. Durch Eigeninitiative konnte ESMA so allerdings auch die Agenda der Union mitbestimmen.[297] Weiterhin ist die Aufsicht über Rating-

---

291 *EIOPA*, Report on Best Practices by Insurance Undertakings in handling complaints, 14.06.2012, EIOPA-BoS-12/070.

292 Dazu im Rahmen des ESFS-*Review* s.u. Kapitel 4, B. II. 3. b.

293 Z.B. *ESMA*, Leitlinien zu einigen Aspekten der MiFID-Anforderungen an die Compliance-Funktion, ESMA/2012/388 DE.

294 *ESMA*, Leitlinien – Systeme und Kontrollen für Handelsplattformen, Wertpapierfirmen und zuständige Behörden in einem automatisierten Handelsumfeld, ESMA/2012/122 de.

295 Millionen in Millisekunden, FAZ v. 16.02.2014, http://www.faz.net/aktuell/finanzen/fonds-mehr/hochfrequenzhandel-millionen-in-millisekunden-12803798.html (15.09.2015).

296 *G. Ford/T. Philipponnat*, The Role of Civil Society in Holding Financial Powers Accountable, Journal of Civil Society 9 (2013), S. 178, 182; *ESMA*, Leitlinien zu börsengehandelten Indexfonds (Exchange-Traded Funds, ETF) und anderen OGAW-Themen, ESMA/2012/832 DE; allgemein zu Vor- und Nachteilen des Hochfrequenzhandels *B. Bréhier*, High frequency trading: should technological developments be considered a potential threat to financial markets and be subject to specific regulation?, ERA Forum 2013, S. 69.

297 Dazu *N. Moloney*, The European Securities and Markets Authority: a perspective from one year on, Zeitschrift für Öffentliches Recht 2013, S. 59, 73 ff.

agenturen neu hinzugekommen. In diesem Bereich hat ESMA Leitlinien erarbeitet, die die Übernahme von Ratings aus Drittstaaten konkretisieren,[298] und Leitlinien, die den Geltungsbereich der Verordnung erläutern, z.B. wer der Registrierungspflicht unterliegt.[299]

Eine Variante von Leitlinien findet sich auch im Zusammenhang der Kooperation mit Drittstaaten: ESMA und die nationalen Behörden schließen unverbindliche Verwaltungsvereinbarungen, sogenannte *Memoranda of Understanding*, mit Behörden aus Drittstaaten ab. Diese erlässt ESMA in Form von Leitlinien nach Art. 16 der ESMA-Verordnung, damit der *comply or explain*-Mechanismus anwendbar ist und möglichst eine einheitliche Umsetzung in den Mitgliedstaaten erfolgt.[300]

EBA erließ seit 2011 einige Leitlinien, die alle im Umfeld der Eigenkapitalrichtlinie CRD anzusiedeln sind. Die EBA-Leitlinien zur Internen Governance fassen z.B. verschiedene vorangegangene CEBS-Dokumente zusammen und enthalten Regelungen zum Risikomanagement und zur Organisationsstruktur in Finanzinstituten.[301] Außerdem regeln CRD-Bestimmungen Grenzen für variable Vergütungen in Finanzinstituten („Banker-Boni"), weil exzessive Vergütungen als Mitursache für eine zu hohe Risikobereitschaft und somit als mitursächlich für die Finanzkrise gelten.[302] Die EBA erarbeitete zum einen verbindliche technische Standards, die z.B. den konkret betroffenen Personenkreis festlegen,[303] zum anderen erließ sie auch Leitlinien: Für Personen, die bei

---

[298] Final report – Guidelines on the application of the endorsement regime under Article 4 (3) of the Credit Rating Agencies Regulation No 1060/2009, ESMA/2011/139.

[299] *ESMA*, Leitlinien und Empfehlungen zum Geltungsbereich der CRA-Verordnung, ESMA/2013/720 .

[300] *ESMA*, Leitlinien für das Muster-MoU über Konsultation und Kooperation sowie den Austausch von Informationen im Zusammenhang mit der Beaufsichtigung von AIFMD-Unternehmen, ESMA/2013/998; zur Diskussion, in der Deutschland sich skeptisch zeigte, siehe *ESMA*, Summary of Conclusions BoS meeting 6.11.2012, ESMA/2012/BS/143, S. 6.

[301] *EBA*, EBA-Leitlinien zur Internen Governance, GL 44, EBA BS 2011 116.

[302] Wie viel Bonus bekomme ich noch?, FAZ v. 10.02.2014, http://www.faz.net/aktuell/beruf-chance/mein-urteil/kolumne-mein-urteil-wie-viel-bonus-bekomme-ich-noch-12777784.html (15.09.2015).

[303] *EBA*, Final draft regulatory technical standards on criteria to identify categories of staff whose professional activities have a material impact on an

Finanzinstituten mehr als 1 Mio. € verdienen, müssen die nationalen Behörden nach der CRD Daten an die EBA übermitteln. Dies regeln im Detail die „EBA-Leitlinien zur Datenerfassung im Hinblick auf Personen mit hohem Einkommen".[304] Ob und wie die Regelungen zur Begrenzung der variablen Vergütungen wirksam sein werden, bleibt noch abzuwarten.[305]

2. *Empfehlungen*

Empfehlungen gibt es seit 2011 erst wenige, die vor allem die EBA erlassen hat. ESMA alleine hat bislang lediglich ein Update einer CESR-Empfehlung erlassen: Die Empfehlung bezieht sich auf die Durchführungsverordnung der Kommission zur Prospektrichtlinie. Diese Richtlinie regelt auf Level 1 des Lamfalussyverfahrens die Erstellung von Wertpapierprospekten, die wesentliche Informationen über die Art, den Gegenstand und Risiken des Wertpapiers enthalten. *CESR's recommendations for the consistent implementation of the European Commission's Regulation on Prospectuses n° 809/2004*[306] enthalten Angaben, wie die Richtlinie in diversen Zweifelsfällen auszulegen ist. Die praktische Bedeutung ist enorm.[307] Für diese Empfehlung zur Prospektverordnung hat ESMA 2011 und 2013 ein Update herausgegeben. Ausdrücklich verwendet sie dabei nicht Art. 16 der Gründungsverordnungen als Rechtsgrundlage (*comply or explain*-Mechanismus), sondern sieht sich

---

institution's risk profile under Article 94(2) of Directive 2013/36/EU, EBA/RTS/2013/11; zur Umgehung durch die Banken siehe Wir umgehen den Bonusdeckel einfach, FAZ v. 6.02.2014, http://www.faz.net/aktuell/wirtschaft/wirtschaftspolitik/finanzplatz-london-banken-lobby-wir-umgehen-den-bonus deckel-einfach-12786843.html (15.09.2015).

304 EBA-Leitlinien zur Datenerfassung im Hinblick auf Personen mit hohem Einkommen, EBA/GL/2012/5.

305 Sie gelten für Boni, die für das Jahr 2014 im Jahr 2015 ausbezahlt werden, siehe: Wir umgehen den Bonusdeckel einfach, FAZ v. 6.02.2014, http://www.faz.net/aktuell/wirtschaft/wirtschaftspolitik/finanzplatz-london-banken-lobby-wir-umgehen-den-bonusdeckel-einfach-12786843.html (15.09.2015).

306 CESR's recommendations for the consistent implementation of the European Commission's Regulation on Prospectuses n° 809/2004, CESR/05-054b.

307 *F. Walla*, Die Konzeption der Kapitalmarktaufsicht in Deutschland, 2012, S. 268.

als Rechtsnachfolgerin von CESR.[308] Neu hinzugekommen sind Abschnitte zu Rohstoffunternehmen (§§ 131-133) und Anhänge, ansonsten hat sie den CESR-Text unverändert übernommen.[309]

Im Jahr 2013 hat ESMA außerdem Rechtsakte erlassen, die den Titel „Leitlinien und Empfehlungen" tragen,[310] zusätzlich zu Rechtsakten, die weiterhin nur „Leitlinien" heißen.[311] Ob aus dieser unterschiedlichen Bezeichnung rechtliche Folgen erwachsen, soll später beantwortet werden.[312]

EBA hat verschiedene Empfehlungen erlassen, die zum Großteil eine Lücke füllen sollen, bis verbindliche Unionsgesetzgebung in Kraft ist. Zum einen die „EBA-Empfehlungen zur Beaufsichtigung von Tätigkeiten im Zusammenhang mit der Teilnahme von Banken am Euribor-Panel", die die EBA zusammen mit ESMA erlassen hat.[313] Darin fordern sie Reformen des Interbankenzinssatzes Euribor, um das durch den Manipulationsskandal erschütterte Vertrauen wieder herzustellen.[314] Zum anderen die „Empfehlung zur Entwicklung von Sanie-

---

[308] Dazu s.u. Kapitel 3, B. I.

[309] *ESMA*, ESMA update of the CESR recommendations on the consistent implementation of Commission Regulation (EC) No 809/2004 implementing the Prospectus Directive, ESMA/2011/81; *ESMA*, ESMA update of the CESR recommendations on the consistent implementation of Commission Regulation (EC) No 809/2004 implementing the Prospectus Directive, ESMA/2013/319.

[310] *ESMA*, Leitlinien und Empfehlungen für die Erstellung kohärenter, effizienter und wirksamer Bewertungen von Interoperabilitätsvereinbarungen, ESMA/2013/322 DE; *ESMA*, Leitlinien und Empfehlungen zu schriftlichen Vereinbarungen zwischen Mitgliedern von CCP-Kollegien, ESMA/2013/1390.

[311] So z.B. *ESMA*, Leitlinien zu Schlüsselbegriffen der Richtlinie über die Verwalter alternativer Investmentfonds (AIFMD), ESMA/2013/611.

[312] S.u. Kapitel 3, B. IV.

[313] *EBA*, EBA-Empfehlungen zur Beaufsichtigung von Tätigkeiten im Zusammenhang mit der Teilnahme von Banken am Euribor-Panel, EBA/REC/2013/01.

[314] Siehe z.B. Bankenaufsicht plant Sofortmaßnahmen für Euribor, Handelsblatt v. 11.01.2013, http://www.handelsblatt.com/unternehmen/banken/reform-des-zinssatzes-bankenaufsicht-plant-sofortmassnahmen-fuer-euribor/7620578.html (15.09.2015).

rungsplänen", die Sanierungspläne von Banken solange betrifft, bis die Richtlinie zum Krisenmanagement in Kraft ist.[315]

Weitere Empfehlungen betreffen die Eigenkapitalausstattung der Banken: Die erste Empfehlung der EBA erfolgte im Juli 2011 im Rahmen des Bankenstresstests.[316] Nationale Behörden sollten Banken, deren harte Kernkapitalquote (Core-Tier-1-Quote) unter 5% lag, anweisen, diese zu erhöhen. Als weitere Empfehlung im Rahmen der *EBA capital exercise* (Rekapitalisierung der Banken) empfahl die EBA, die harte Kernkapitalquote auf 9% anzuheben,[317] was für die Banken Belastungen in Milliardenhöhe bedeutete. Diese Empfehlung hielt sie schließlich 2013 weiterhin aufrecht.[318] Die Empfehlungen zur Bankenrekapitalisierung dürften von allen bisherigen Rechtsakten der ESAs die weitreichendsten ökonomischen Konsequenzen haben. Ihre Funktion ist teilweise in der Kompensation von noch nicht vorhandenen strengeren Eigenkapitalregelungen, teilweise auch im unmittelbaren Krisenmanagement zu sehen.

III. Zusammenfassung

Der Überblick über verschiedene Leitlinien und Empfehlungen der Level-3-Ausschüsse und der ESAs verdeutlicht zum einen die thematische Bandbreite der Rechtsakte. Zum anderen zeigt sich, dass die Funktionen zunehmen: Während zu Beginn vor allem die Auslegungs- und Konkretisierungsfunktion im Vordergrund steht, tritt seit 2010 die

---

[315] *EBA*, Empfehlung zur Entwicklung von Sanierungsplänen, EBA/REC/2013/02, S. 3; Vorschlag für eine Richtlinie des Europäischen Parlaments und des Rates zur Festlegung eines Rahmens für die Sanierung und Abwicklung von Kreditinstituten und Wertpapierfirmen, KOM(2012) 280.

[316] *EBA*, EBA 2011 EU-wide stress test aggregate report, Annex 3: Recommendation in accordance with Article 21(2) (b) of the EBA Regulation, 15.07.2011; allgemein zu Stresstests siehe *M. Goldmann*, Stress Testing Stress Tests: Challenging the Authority of Indicators (13.06.2012), erhältlich unter SSRN, http://ssrn.com/abstract=2083594 (15.09.2015).

[317] *EBA*, EBA Recommendation on the creation and supervisory oversight of temporary capital buffers to restore market confidence, EBA/REC/2011/1, dazu s.o. in der Einleitung.

[318] *EBA*, Empfehlung zur Kapitalerhaltung (Core-Tier-1) während des Übergangs zu dem aus Eigenkapitalrichtlinie und Eigenkapitalverordnung bestehenden Rechtsrahmen, EBA/REC/2013/03.

Kompensationsfunktion hinzu: Im Rahmen der Finanzkrise existieren noch keine gesetzlichen Regelungen für die Problemkreise und die E-SAs erlassen Leitlinien und Empfehlungen quasi als „Lückenfüller" bis zu einer gesetzlichen Regelung. Dies erhöht die Bedeutung der untersuchten Rechtsakte.[319]

C. Leitlinien und Empfehlungen anderer Agenturen und des Europäischen Ausschusses für Systemrisiken

Auch andere Agenturen und Einrichtungen der Union erlassen Empfehlungen und Leitlinien. *Empfehlungen* sind dabei im Regelfall an die Kommission gerichtet und betreffen die Überarbeitung von verbindlichen Rechtsakten. Eine Reihe von Agenturen erlässt Empfehlungen für die Weiterentwicklung von Rechtsakten im jeweiligen Kompetenzbereich.[320] Eine Gruppe weiterer Agenturen kann Empfehlungen an die Kommission nur bei der Überarbeitung der jeweiligen Gründungsverordnung aussprechen, im Übrigen sollen sie die Kommission bei der Weiterentwicklung der Unionsrechtsvorschriften des jeweiligen Bereichs unterstützen.[321] Diese Empfehlungen haben großes Gewicht,

---

[319] Die erhöhte Bedeutung spiegelt sich auch in einer zunehmenden Berichterstattung in den Medien wider, siehe dazu die obigen Nachweise.

[320] Europäische Agentur für Flugsicherheit: Art. 18 lit. b und Art. 62 Abs. 3 der Verordnung (EG) Nr. 216/2008 des Parlaments und des Rates (EASA), ABl. 2010 L 79, S. 1; Europäische Eisenbahnagentur (ERA): Art. 2 der konsolidierten Fassung der Verordnung (EG) Nr. 881/2004 des Parlaments und des Rates zur Errichtung einer Europäischen Eisenbahnagentur, ABl. 2004 L 164, S. 1; Europäische Chemikalienagentur (ECHA): Art. 58 der Verordnung (EG) Nr. 1907/2006 des Parlaments und des Rates (REACH), ABl. 2006 L 396, S. 1; *E. Chiti*, European Agencies' Rulemaking: Powers, Procedures and Assessment, ELJ 19 (2013), S. 93, 96; Agentur für die Zusammenarbeit der Energieregulierungsbehörden (ACER): Art. 6 der Verordnung (EG) Nr. 713/2009 des Parlaments und des Rates zur Gründung einer Agentur für die Zusammenarbeit der Energieregulierungsbehörden, ABl. 2009 L 211, S. 1.

[321] Art. 2 lit. a und Art. 22 Abs. 3 der konsolidierten Fassung der Verordnung (EG) Nr. 1406/2002 des Parlaments und des Rates vom 27. Juni 2002 zur Errichtung einer Europäischen Agentur für die Sicherheit des Seeverkehrs (EMSA), ABl. 2002 L 208, S. 1; Art. 2 Abs. 4 und Art. 25 Abs. 3 der Verordnung (EG) Nr. 460/2004 des Parlaments und des Rates zur Errichtung der Europäischen Agentur für Netz- und Informationssicherheit (ENISA), ABl. 2004 L 77, S. 1; Art. 34 Abs. 2 der Verordnung (EG) Nr. 713/2009 des

weil sich die Agenturen täglich mit den technischen und wissenschaftlichen Fragestellungen beschäftigen.[322] All diesen Empfehlungen ist gemeinsam, dass sie ausschließlich an die Kommission gerichtet sind und ein Gesetzgebungsverfahren vorbereiten. Dadurch unterscheiden sie sich von den Empfehlungen der ESAs.

Soweit ersichtlich kann vor allem die Agentur für die Zusammenarbeit der Energieregulierungsbehörden (*European Agency for the Cooperation of Energy Regulators*, ACER), 2009 gegründet, Empfehlungen auch an nationale Behörden und Marktteilnehmer richten: Sie erlässt Empfehlungen, die an Netzbetreiber und andere Marktteilnehmer, nationale Regulierungsbehörden oder Unionsorgane gerichtet sind.[323] In der Praxis hat sie bis Ende 2013 die weit überwiegende Zahl der Empfehlungen an die Kommission gerichtet. Nur in einem Fall sind nationale Regulierungsbehörden Adressat einer Empfehlung, Marktteilnehmer dagegen bislang noch in keinem Fall.[324]

Verschiedene Agenturen erlassen *Leitlinien*, zu denen ihre Gründungsverordnungen sie teilweise ausdrücklich ermächtigen.[325] So legt beispielsweise die Europäische Agentur für Flugsicherheit (*European Aviation Safety Agency*, EASA) im Benehmen mit der Kommission Leitlinien für die Übertragung von Zulassungsaufgaben an nationale Luftfahrtbehörden und qualifizierte Stellen fest.[326] Außerdem erarbeitet sie

---

Parlaments und des Rates zur Gründung einer Agentur für die Zusammenarbeit der Energieregulierungsbehörden, ABl. 2009 L 211, S. 1.

322 *P. Craig*, EU Administrative Law, 2012, S. 151, zu Empfehlungen von EMA, EFSA und EMSA; diese Agenturen ordnet er als *quasi-regulatory* ein.

323 Art. 4 lit. a - c, Art. 5 ff., Art. 7 Abs. 2 der Verordnung (EG) Nr. 713/2009 des Parlaments und des Rates zur Gründung einer Agentur für die Zusammenarbeit der Energieregulierungsbehörden, ABl. 2009 L 211, S. 1.

324 Die Empfehlung Nr. 7/2013 ist an nationale Behörden gerichtet, *ACER*, Recommendation regarding the cross-border cost allocation requests submitted in the framework of the first union list of Electricity and Gas Projects of Common Interest, 07/2013. Siehe im Übrigen die Übersicht der Empfehlungen unter http://www.acer.europa.eu/Official_documents/Acts_of_the_Agency/Recommendations/Forms/AllItems.aspx (15.09.2015).

325 *K. Heußner*, Informationssysteme im Europäischen Verwaltungsverbund, 2007, S. 276 f.

326 Art. 33 Abs. 2 lit. d der Verordnung (EG) Nr. 216/2008 des Parlaments und des Rates (EASA), ABl. 2010 L 79, S. 1.

Zulassungsspezifikationen,[327] die die herrschende Ansicht als abstrakte Sachverständigengutachten einordnet, d.h. nicht als verbindliche Rechtsnormen.[328] Bereits die EASA-Gründungsverordnung legt grundlegende Regeln zur Ausarbeitung der Spezifikationen fest, die dann in einer Entscheidung des Verwaltungsrates konkretisiert sind.[329]

Auch die Europäische Chemikalienagentur (*European Chemicals Agency*, ECHA) und die Europäische Agentur für Netz- und Informationssicherheit (*European Network and Information Security Agency*, ENISA) erlassen Leitlinien zu Fragen zur Anwendung der Gründungsverordnung oder innerhalb ihrer Zuständigkeiten.[330] Als interne Regelung in ihrem Tätigkeitsbereich kann auch die Europäische Behörde für Lebensmittelsicherheit (*European Food Safety Authority*, EFSA) Leitlinien erlassen.[331]

Die Europäische Arzneimittel-Agentur (*European Medicines Agency*, EMA) ist zwar in ihrer Gründungsverordnung nicht ausdrücklich zu Leitlinien (*guidance*) ermächtigt.[332] Trotzdem erlässt sie Leitlinien, de-

---

[327] Art. 18, 19 der Verordnung (EG) Nr. 216/2008 des Parlaments und des Rates (EASA), ABl. 2010 L 79, S. 1.

[328] *D. Riedel*, Die Gemeinschaftszulassung für Luftfahrtgerät: Europäisches Verwalten durch Agenturen am Beispiel der EASA, 2006, S. 122 ff.; *A. Orator*, Möglichkeiten und Grenzen der Einrichtung von Unionsagenturen (Manuskript der Dissertation), 2011, S. 145.

[329] Art. 52 der Verordnung (EG) Nr. 216/2008 des Parlaments und des Rates (EASA), ABl. 2010 L 79, S. 1; EASA Decision of the Management Board, amending and replacing Decision 08-2007 concerning the procedure to be applied by the Agency for issuing of opinions, certification specifications and guidance material ('rulemaking procedure'), 01-2012, dazu *E. Chiti*, European Agencies' Rulemaking: Powers, Procedures and Assessment, ELJ 19 (2013), S. 93, 102, s.u. Kapitel 4, B. II. 3. c.

[330] Art. 77 Abs. 2 der Verordnung (EG) Nr. 1907/2006 des Parlaments und des Rates (REACH), ABl. 2006 L 396, S. 1; Art. 3 lit. k und Art. 6 Abs. 7 der Verordnung (EG) Nr. 460/2004 des Parlaments und des Rates zur Errichtung der Europäischen Agentur für Netz- und Informationssicherheit (ENISA), ABl. 2004 L 77, S. 1.

[331] Art. 23 lit. k der Verordnung (EG) Nr. 178/2002 des Parlaments und des Rates, ABl. 2002 L 31, S. 1. Zudem erstellt sie wissenschaftliche Gutachten, dazu *A. Orator*, Möglichkeiten und Grenzen der Einrichtung von Unionsagenturen (Manuskript der Dissertation), 2011, S. 112 f.

[332] Verordnung (EWG) Nr. 2309/93 des Rates (EMA), ABl. 1993 L 214, S. 1; Verordnung (EG) Nr. 726/2004 des Parlaments und des Rates zur Festlegung

ren Funktion es ist, Antragsteller, zuständige Behörden und andere interessierte Kreise zu beraten, wie sie die Anforderungen der Unionsrechtsakte am besten erfüllen können.[333] Bemerkenswert im Vergleich mit anderen Agenturen ist, dass die EMA – wie auch die EASA – ihre Verfahrensregeln veröffentlicht hat. Darin findet sich folgende Definition von Leitlinien: Leitlinien seien „'soft law' non-legally binding but quasi-binding character that can derive from the legal basis when the guideline intends to specify how to fulfil a legal obligation". Außerdem seien Leitlinien eine „harmonized Community position".[334] Die Verfahrensregeln betreffen dabei unterschiedslos Leitlinien der Kommission und Leitlinien der EMA.

Im Rahmen der europäischen Finanzaufsicht erlässt auch der ESRB Empfehlungen.[335] Diese sind – wie auch seine Warnungen – unverbindlich, aber mit dem *comply or explain*-Mechanismus ausgestattet: Die Mitgliedstaaten, nationalen Behörden oder Institutionen als Adressaten müssen erklären, ob sie den Empfehlungen nachkommen, oder begründen, warum sie dies nicht tun, allerdings ist ihnen dafür in der ESRB-Verordnung keine Frist gesetzt.[336] Über eine Veröffentlichung der Empfehlungen entscheidet der Verwaltungsrat – nach Information des

---

von Gemeinschaftsverfahren für die Genehmigung und Überwachung von Human- und Tierarzneimitteln und zur Errichtung einer Europäischen Arzneimittel-Agentur, ABl. 2004 L 136, S. 1, zuletzt geändert durch Verordnung (EU) Nr. 1027/2012 des Parlaments und des Rates, ABL. 2012 L 316, S. 38, dazu auch *E. Chiti*, European Agencies' Rulemaking: Powers, Procedures and Assessment, ELJ 19 (2013), S. 93, 97 f., 102.

[333] *Europäische Arzneimittel-Agentur*, Procedure for European Union guidelines and related documents within the pharmaceutical legislative framework, 18.03.2009, EMEA/P/24143/2004 Rev. 1 corr, S. 4.

[334] *Europäische Arzneimittel-Agentur*, Procedure for European Union guidelines and related documents within the pharmaceutical legislative framework, 18.03.2009, EMEA/P/24143/2004 Rev. 1 corr, S. 4, dazu auch *E. Chiti*, European Agencies' Rulemaking: Powers, Procedures and Assessment, ELJ 19 (2013), S. 93, 98.

[335] Siehe zum Gesetzgebungsverfahren *J.-V. Louis*, The Implementation of the Larosière Report: A Progress Report, in: *M. Giovanoli/D. Devos* (Hrsg.), International Monetary and Financial Law: The Global Crisis, 2010, S. 146; für einen Überblick siehe auch *M. Merlin*, Le nouveau système européen de supervision financière, Revue du Droit de l'Union Européenne 2011, S. 17, 20 ff.

[336] Art. 17 Abs. 1 der ESRB-Verordnung.

Rates – von Fall zu Fall.[337] In den Jahren 2011 bis 2013 hat der ERSB sechs veröffentlichte Empfehlungen und eine unveröffentlichte Empfehlung erlassen.[338] Als Herausforderung sieht die Literatur die Einhaltung der Empfehlungen.[339] Bislang hat der ESRB nur ein Dokument zur Einhaltung seiner Empfehlungen veröffentlicht, woraus sich ergibt, dass die nationalen Behörden die erste Empfehlung zu Fremdwährungskrediten ganz überwiegend einhalten.[340] Einer Studie für das Europäische Parlament zufolge waren die zwei Empfehlungen des Jahres 2011[341] verspätet, weil sich die Risiken schon konkretisiert hatten. Die weiteren Empfehlungen aus 2012[342] behandelten dagegen Risiken, die sich noch nicht konkretisiert hatten, so dass diese zielführender wa-

---

[337] Art. 18 der ESRB-Verordnung.

[338] Siehe die Übersicht unter http://www.esrb.europa.eu/pub/html/index.en.html (15.09.2015); die nicht veröffentlichte Empfehlung betraf die Finanzierung durch US Dollar, siehe *IWF*, Technical Note on Macroprudential Oversight and the Role of the ESRB, Financial Sector Assessment Program European Union, IMF Country Report No. 13/70, 2013, http://www.imf.org/external/pubs/ft/scr/2013/cr1370.pdf, S. 10 (15.09.2015).

[339] *S. Ingves*, Experiences with the ESRB – The View from within and Relation to Other Policy Areas, in: *S. Gerlach/E. Gnan/J. Ulbrich* (Hrsg.), The ESRB at 1, SUERF Studies: 2012/4, S. 33, 39; *G. Baber*, The European Systemic Risk Board, Company Lawyer 32 (2011), S. 225, 226; eher optimistisch dagegen *E. Ferran/K. Alexander*, Can Soft Law Bodies be Effective? The Special Case of the European Systemic Risk Board, ELRev. 35 (2010), S. 751, 775 f.

[340] *ESRB*, Recommendation on lending in foreign currencies (ESRB/2011/1) Follow-up Report – Overall assessment, 2013, http://www.esrb.europa.eu/pub/pdf/recommendations/2013/ESRB_2013_2.en.pdf?4bac12810f69d29a4af7ee91b680de8d (5.04.2014). Außerdem hat er ein Handbuch veröffentlicht, das das Verfahren zur Überprüfung der Einhaltung von Empfehlungen beschreibt, siehe *ESRB*, Handbook on the follow-up to ESRB recommendations, http://www.esrb.europa.eu/pub/pdf/other/130708_handbook.pdf?92e7a61afcf86efbcb0b0e905ef5fcd7 (15.09.2015).

[341] *ESRB*, Empfehlung des ESRB vom 21.09.2011 zu Fremdwährungskrediten, ESRB/2011/1, ABl. 2011 C 342, S. 1; *ESRB*, Empfehlung des ESRB vom 22.12.2011 zu der Finanzierung der Kreditinstitute in US-Dollar, ESRB/2011/2, ABl. 2012 C 72, S. 1.

[342] *ESRB*, Empfehlung des ESRB vom 20.12.2012 zu Geldmarktfonds, ESRB/2012/1, ABl. 2013 C 146, S. 1; *ESRB*, Empfehlung des ESRB zur Finanzierung von Kreditinstituten, ESRB/2012/2, ABl. 2013 C 119, S. 1.

ren.[343] Mangels weiterer Berichte über die Einhaltung der anderen Empfehlungen, kann die Wirksamkeit des *comply or explain*-Mechanismus noch nicht abschließend beurteilt werden. Dies gilt auch für die Frage, ob bindende Befugnisse notwendig wären.[344]

Hinsichtlich der Zusammenarbeit mit den ESAs können die Empfehlungen des ESRB auch Leitlinien der ESAs erfordern. Beispielsweise forderte die Empfehlung zu Fremdwährungskrediten die EBA auf, bis Dezember 2013 Leitlinien zu erlassen.[345]

Die Übersicht zeigt, dass auch verschiedene andere Agenturen und Einrichtungen Leitlinien und Empfehlungen erlassen. Soweit sich die Empfehlungen – wie im Regelfall – an die Kommission richten und Änderungen an Verordnungen anregen, erfüllen sie andere Funktionen als die Leitlinien und Empfehlungen der ESAs. Leitlinien anderer Agenturen hingegen dienen – wie auch die Leitlinien und Empfehlungen der ESAs – der Konkretisierung der zugrunde liegenden Rechtsakte und Tätigkeitsbereiche. Die Empfehlungen des ESRB sind über den *comply or explain*-Mechanismus den Empfehlungen und Leitlinien des ESAs am Ähnlichsten.

---

[343] *S. McPhilemy/J. Roche*, Study for the European Parliament, Policy Department A: Economic and Scientific Policy, Review of the New European System of Financial Supervision (ESFS), Part 2, PE 507.490, 2013, S. 40 ff.

[344] Dagegen *S. McPhilemy/J. Roche*, Study for the European Parliament, Policy Department A: Economic and Scientific Policy, Review of the New European System of Financial Supervision (ESFS), Part 2, PE 507.490, 2013, S. 44; zweifelnd, ggf. bejahend *IWF*, Technical Note on Macroprudential Oversight and the Role of the ESRB, Financial Sector Assessment Program European Union, IMF Country Report No. 13/70, 2013, http://www.imf.org/external/pubs/ft/scr/2013/cr1370.pdf, S. 23 (15.09.2015).

[345] *ESRB*, Empfehlung des ESRB vom 21.09.2011 zu Fremdwährungskrediten, ESRB/2011/1, ABl. 2011 C 342, S. 1, Empfehlung E Abs. 2; Diskussion im Rat der Aufseher der EBA, siehe *EBA*, Minutes of the sixth EBA Board of Supervisors meeting, 7.-8.12.2011, EBA BS 2011 210, S. 6. Auch eine weitere Empfehlung forderte die EBA auf, Leitlinien zu erlassen, siehe *ESRB*, Empfehlung des ESRB zur Finanzierung von Kreditinstituten, ESRB/2012/2, ABl. 2013 C 119, S. 1. Der ESRB verlängerte die Frist für die Empfehlung zur Finanzierung von Kreditinstituten bis 2014, siehe *ESRB*, Extension of reporting deadlines for ESRB Recommendation 2012/2 on bank funding, 15.01.2014, http://www.esrb.europa.eu/pub/pdf/recommendations/2014/ESRB_2012_2ext.en.pdf?f305ca58f3d84a63aa8ff3fffd556f16 (15.09.2015).

Kapitel 3: Identifikation des Untersuchungsgegenstandes

Das folgende Kapitel identifiziert den Untersuchungsgegenstand „Leitlinien" und „Empfehlungen" der ESAs. Eine Handlungsform prägen verschiedene Elemente: Zunächst muss man Erkennungsmerkmale festlegen, anhand derer sich erkennen lässt, dass Empfehlungen und Leitlinien der ESAs vorliegen. Wenn ein Rechtsakt dieser Handlungsform zugeordnet ist, stellt sich in einem weiteren Schritt die Frage, welche rechtlichen Regeln auf diese Handlungsform Anwendung finden. Diese beiden Schritte ähneln Tatbestand und Rechtsfolge einer Norm und lassen sich auch als *rule of identification* und *legal regime* (Rechtsregime) bezeichnen.[346] Das dritte Kapitel dient dazu, formidentifizierende Merkmale, d.h. die *rule of identification*, zu bestimmen, während das anschließende Kapitel das Rechtsregime untersucht.

Zunächst erfolgt eine Rekonstruktion der Praxis anhand formidentifizierender Merkmale (A.), die anschließend unter Einbezug von Zweifelsfällen und der Frage der Abgrenzung der Empfehlungen von Leitlinien evaluiert wird (B.). Das Kapitel schließt mit einer zusammenfassenden Stellungnahme (C.) und einem Vorschlag, welche Identifikationsmerkmale sich für „Leitlinien" und „Empfehlungen" eignen (D.).

A. Formidentifizierende Merkmale – Rekonstruktion der Praxis

Dieser Abschnitt erarbeitet, welche Merkmale für Empfehlungen und Leitlinien formidentifizierend sein können, d.h. welche Voraussetzungen vorliegen müssen, damit das später dargestellte Rechtsregime Anwendung findet. Es ist umstritten, ob für die Zuordnung zu einer

---

[346] Zur Unterscheidung von *rule of identification* und *legal regime* im Völkerrecht siehe *M. Goldmann*, Inside Relative Normativity: From Sources to Standard Instruments for the Exercise of International Public Authority, German Law Journal 9 (2009), S. 1865, 1879 ff.; dazu auch *J. Bast*, Grundbegriffe der Handlungsformen der EU, 2006, S. 20 f.

J.E. Dickschen, *Empfehlungen und Leitlinien als Handlungsform der Europäischen Finanzaufsichtsbehörden,* Beiträge zum ausländischen öffentlichen Recht und Völkerrecht, DOI 10.1007/978-3-662-54361-0_4

Handlungsform formale oder materielle (inhaltliche) Kriterien maßgeblich sind. Dieser Streit entspricht der Frage der Gewaltenteilung zwischen Exekutive und Judikative:[347] Im Grundsatz besteht Wahlfreiheit, welche Handlungsform die Exekutive wählt.[348] Fraglich ist nun, ob die Gerichte dies korrigieren können oder ob letztinstanzlich die rechtsetzenden Organe die formale Identität festlegen, d.h. ist die äußere, gewählte Form maßgeblich (formale Kriterien wie z.B. die Bezeichnung) oder bestimmt der Gerichtshof anhand materieller (inhaltlicher) Kriterien, welche Handlungsform vorliegt. Der überwiegende Teil der Literatur bevorzugt einen materiellen Ansatz und nimmt an, dass der EuGH ebenfalls materielle Kriterien anwendet.[349] Als Argument führen diese Autoren an, dass die Exekutive ansonsten Gültigkeits- und Kontrollanforderungen umgehen könnte, indem die Kommission z.B. eine Richtlinie als unverbindliche Mitteilung erlasse und so Rechtsschutz verhindere. Deshalb könne die formale Bezeichnung nicht maßgeblich sein und der EuGH entscheide *ex post* anhand des materiellen Regelungsgehalts, welche Handlungsform vorliege, ggf. nehme er eine Umdeutung in die „richtige" Handlungsform vor.[350]

Diese Ansicht birgt jedoch Probleme.[351] Methodisch ist es fraglich, wie man ohne Kenntnis der Handlungsform Rechtswirkungen dieser erkennen kann. Auch ist unklar, wie die materiell-inhaltlichen Kriterien aussehen und abgegrenzt werden sollen. Nachteilig ist zudem, dass die Transparenz der Handlungsform und damit die Rechtssicherheit leiden. Es ist nicht anhand leicht erkennbarer Merkmale, wie z.B. der Bezeichnung, ablesbar, welche Handlungsform vorliegt, sondern dies entscheidet letztendlich erst der Gerichtshof nach komplexen juristischen Überlegungen. Vorzugswürdig scheint es auf formale Kriterien abzustellen,

---

[347] *J. Bast*, Grundbegriffe der Handlungsformen der EU, 2006, S. 67.

[348] Art. 296 Abs. 1 AEUV; s.u. Kapitel 4, B. III.

[349] Dafür *M. Nettesheim*, in: *E. Grabitz/M. Hilf/M. Nettesheim*, Das Recht der EU (Stand Sept. 2013), Art. 288 AEUV, Rn. 79; *H. P. Ipsen*, Europäisches Gemeinschaftsrecht, 1972, Kap. 21, Rn. 4; *E. Grabitz*, Rechtshandlungen der Gemeinschaftsorgane, in: *Europäische Kommission* (Hrsg.), Dreißig Jahre Gemeinschaftsrecht, 1983, S. 91, 96; *H.-J. Rabe*, Das Verordnungsrecht der Europäischen Wirtschaftsgemeinschaft, 1963, S. 38.

[350] Stellvertretend für viele *A. Scherzberg*, Mittelbare Rechtssetzung durch Gemeinschaftsrecht, Jura 1992, S. 572, 573.

[351] Zum Folgenden *J. Bast*, Grundbegriffe der Handlungsformen der EU, 2006, S. 70 ff.

weil die Adressaten den Rechtsakt so in einer *ex ante*-Betrachtung einordnen und beurteilen können, um zu wissen, anhand welcher Kriterien dessen Rechtmäßigkeit zu beurteilen ist (Rechtsregime).[352] Aus der Perspektive des Adressaten ist dies enorm wichtig: Sowohl Finanzmarktteilnehmer als auch nationale Behörden müssen (an äußeren Merkmalen) erkennen können, um was für eine Handlungsform es sich handelt, da davon die Verhaltenserwartungen des Rechtssystems abhängen und sich für sie Handlungsaufträge ergeben können.[353] Beispielsweise war beim vorgeschlagenen *CESR's guide to clear language and layout for the Key Investor Information document* unklar, welchen Status der Akt hatte und ob er verbindlich sein sollte. In der Konsultation wiesen betroffene Unternehmen darauf hin und im Feedbackstatement, d.h. dem zusammengefassten Ergebnis der Konsultation, erklärte CESR, dass *not binding guidance* vorliege.[354]

Die oben genannte Umgehungsgefahr lässt sich auch auf andere Weise als durch einen materiellen Formenbegriff bannen. Aus rechtsstaatlicher Sicht gilt ein Adäquanzgebot: Die Elemente des Rechtsregimes müssen in adäquatem Verhältnis zueinander stehen, d.h. dass Rechtswirkungen und Gültigkeitsanforderungen und Kontrollregime (mit Rechtsschutzmöglichkeiten) sich im Gleichgewicht befinden und angemessen sind.[355] Der EuGH schließlich hat als Strategie die Entkopplung von Handlungsformen und Rechtsschutz entwickelt: Klagen sind zulässig gegen Handlungen mit Rechtswirkungen, unabhängig von der konkreten Handlungsform.[356] Eine Umdeutung, die über die Frage der Anfechtbarkeit einer Handlung hinausgeht, findet hingegen nicht statt.[357] Aus den genannten Gründen konzentriert sich diese Arbeit auf formale Identifikationskriterien.

---

[352] *M. Goldmann*, Inside Relative Normativity: From Sources to Standard Instruments for the Exercise of International Public Authority, German Law Journal 9 (2009), S. 1865, 1879.

[353] Siehe *J. Bast*, Grundbegriffe der Handlungsformen der EU, 2006, S. 146 f., der die Kommunikationsleistung der Handlungsformen betont.

[354] *CESR*, Feedback statement – A guide to clear language and layout for the Key Investor Information document (KII), CESR/10-1398, S. 3.

[355] *J. Bast*, Grundbegriffe der Handlungsformen der EU, 2006, S. 72 ff.

[356] Art. 263 Abs. 1 AEUV; *J. Bast*, Grundbegriffe der Handlungsformen der EU, 2006, S. 81 ff.

[357] *J. Bast*, Grundbegriffe der Handlungsformen der EU, 2006, S. 89 f. m.w.N.

Um die Merkmale zu ermitteln, die formidentifizierend sind, ist eine Vielzahl von Akten miteinander zu vergleichen. Methodisch besteht dabei allerdings die Gefahr eines Zirkelschlusses: Eine Untersuchung der vorhandenen „Empfehlungen“ und „Leitlinien“ setzt voraus, dass man weiß, woran sie zu erkennen sind. Mindestens *ein* Merkmal muss vorausgesetzt werden, nach dem sich der Untersuchungsgegenstand bestimmt.[358] Dies ist hier die Bezeichnung im Titel (I.).

Weitere untersuchte Merkmale sind die Hinweise auf die Rechtsgrundlage und die rechtliche Stellung (II.), die Adressaten (III.), der Aufbau (IV.) und die Einleitungs-, Abschluss- und Unterzeichnungsformel (V.).

I. Bezeichnung im Titel der Rechtsakte

Als Identifikationsmerkmal soll zunächst einmal die Bezeichnung im Titel dienen. Dies ist ein intuitives Auswahlkriterium, das auch in der Rechtswissenschaft zulässig ist und dessen Berechtigung sich *ex post* anhand der erzielten Ergebnisse erweist.[359]

Empfehlungen tragen die Bezeichnung „Empfehlung“ oder „Empfehlungen“ (engl. *recommendation(s)*, frz. *recommandation(s)*), wobei sowohl Singular als auch Plural verwendet werden. Nachdem in der Anfangsphase seit 2003 zwei Empfehlungen im Singular ergingen, die sich auf das Rechnungswesen IFRS bezogen, herrschte danach bis 2011 der

---

[358] *J. Bast*, Grundbegriffe der Handlungsformen der EU, 2006, S. 151 f.

[359] *J. Bast*, Grundbegriffe der Handlungsformen der EU, 2006, S. 152. Befriedigender wäre es, wenn auch ein normatives Kriterium diese Auswahl stützen würde. Bei den Unionsorganen z.B. regelt teilweise die Geschäftsordnung ausdrücklich, dass Rechtsakte die Bezeichnung „Verordnung“, „Richtlinie“, „Empfehlung“ etc. tragen sollen, so z.B. die Geschäftsordnung des Rates, ausführlich dazu *J. Bast*, Grundbegriffe der Handlungsformen der EU, 2006, S. 152 f. Dies ist bei Leitlinien und Empfehlungen der ESAs allerdings nicht der Fall. Art. 16 der Gründungsverordnungen regelt „Leitlinien und Empfehlungen“ nur allgemein und enthält keine Vorgaben zur Bezeichnung. Ebenso enthalten die *Rules of procedure* der ESAs sowie die Decision of the European Banking Authority adopting a Procedure for developing and adopting Draft Technical Standards and Guidelines and Recommendations, 25.09.2012, EBA DC 030 keine Regelungen. Somit lässt sich kein normatives Argument für die Auswahl der „Bezeichnung“ finden. Da dies jedoch nur eine zusätzliche argumentative Stütze gewesen wäre, stellt es das Auswahlkriterium insgesamt nicht in Frage.

Plural vor. Die EBA-Empfehlungen seit 2011 verwenden weiterhin Singular und Plural, so dass sich keine chronologische Entwicklung oder Vereinheitlichung feststellen lässt. Diese Arbeit geht davon aus, dass hinsichtlich des Rechtsregimes und des Inhalts der Empfehlungen keine Unterschiede zwischen einer Bezeichnung im Singular und einer Bezeichnung im Plural bestehen, weil es eher als Zufall erscheint, welche Bezeichnung gewählt wurde, und es bei „unverbindlichen" Level-3-Maßnahmen auf die genaue Bezeichnung nicht so genau anzukommen schien.

Leitlinien bezeichneten die Level-3-Ausschüsse vor 2011 weit überwiegend als *guidelines*. Einige Dokumente tragen die Bezeichnung *guidance*.[360] Es sind jedoch keine Unterschiede zwischen *guidelines* und *guidance* erkennbar. Im Fall der Marktmissbrauchsrichtlinie beispielsweise sind das erste und zweite Set als *guidance* bezeichnet, das dritte Set enthält beide Bezeichnungen als *Guidelines – MAD Level 3 – Third set of CESR guidance and information on the common operation of the Directive to the market*.[361] Daraus ergibt sich, dass CESR keinen Unterschied zwischen *guidelines* und *guidance* machte. Da außerdem im Deutschen *guidance* und *guidelines* als „Leitlinien" zu übersetzen sind, untersucht die vorliegende Arbeit Rechtsakte mit diesen Bezeichnungen.

Seit 2011 bezeichnen die ESAs ihre Dokumente durchgängig als „Leitlinien" (engl. *guidelines*, frz. *orientations*). Ob eine Abgrenzung zwischen Leitlinien und Empfehlungen möglich ist und falls ja, anhand welches Kriteriums, wird später untersucht.[362] Zunächst einmal interessiert, welche weiteren Merkmale als Identifikationskriterien in Betracht kommen.

---

360 Sechs CESR-Dokumente und ein Dokument von CEIOPS. Übersetzungen der Dokumente liegen nicht vor, so dass nur die englische Bezeichnung maßgebend ist.

361 *CESR*, Guidelines – MAD Level 3 – Third set of CESR guidance and information on the common operation of the Directive to the market, CESR/09-219.

362 S.u. Kapitel 3, B. IV.

II. Hinweis auf Art. 16 der Gründungsverordnungen und Hinweise zur rechtlichen Stellung

In vielen CESR-Leitlinien und Empfehlungen finden sich Ausführungen zur rechtlichen Stellung (*status*). Unter diesem Stichwort wird klargestellt, dass die Empfehlungen und Leitlinien keine Gesetzgebung darstellen und die Umsetzung auf freiwilliger Basis geschieht. Bei CEBS und CEIOPS fehlen noch entsprechende Hinweise auf die rechtliche Stellung.

Seit 2011 findet sich grundsätzlich in Empfehlungen und Leitlinien aller drei ESAs die Überschrift „rechtliche Stellung" oder „Status".[363] Die Leitlinien verweisen auf Art. 16 der Gründungsverordnungen und darauf, dass zuständige Behörden und Finanzmarktteilnehmer[364] alle erforderlichen Anstrengungen unternehmen, um diesen Leitlinien nachzukommen (Art. 16 Abs. 3 der Gründungsverordnungen). Weiterhin sollten die Behörden die Leitlinien in ihre Aufsichtspraxis übernehmen. Außerdem weisen die Leitlinien und Empfehlungen auf die *Mitteilungspflichten* (*comply or explain*-Mechanismus) hin. Diese Hinweise finden sich – je nachdem, wer die Maßnahme erlässt – zu Beginn, Mitte oder Ende des Dokuments und unterscheiden Leitlinien und Empfehlungen seit 2011 von anderen Dokumenten der ESAs. Beispielsweise erlassen die ESAs Investorenwarnungen (nach Art. 9 der Gründungsverordnungen) oder Stellungnahmen (Art. 29 und 34 der Gründungsverordnungen), die unverbindlich sind und keine Hinweise zur rechtlichen Stellung enthalten. Für Leitlinien und Empfehlungen seit 2011 könnten der Hinweis auf die Rechtsgrundlage in Art. 16 der Gründungsverordnungen und die Hinweise zur rechtlichen Stellung mithin ein Identifikationsmerkmal sein.

---

[363] Ausnahmen: erste EBA-Empfehlung in Briefform, *EBA*, EBA 2011 EU-wide stress test aggregate report, Annex 3: Recommendation in accordance with Article 21(2) (b) of the EBA Regulation, 15.07.2011; *ESMA*, ESMA update of the CESR recommendations on the consistent implementation of Commission Regulation (EC) No 809/2004 implementing the Prospectus Directive, ESMA/2011/81; Leitlinien und Empfehlungen zur Zusammenarbeit einschließlich Delegation zwischen der ESMA, den zuständigen Behörden und den sektoralen zuständigen Behörden gemäß Verordnung (EU) Nr. 513/2011 über Ratingagenturen, ESMA/2011/188 DE.

[364] Die ESMA-Verordnung spricht von Finanzmarktteilnehmern, die EBA- und EIOPA-Verordnung dagegen von Finanzinstituten, die gesondert definiert sind. Diese Arbeit verwendet den umfassenderen Begriff „Finanzmarktteilnehmer", wenn von allen drei ESAs die Rede ist.

III. Adressaten der Rechtsakte

Die Adressaten eines Rechtsakts können als Identifikationsmerkmal einer Handlungsform dienen,[365] so dass sich die Frage stellt, wer die Adressaten von Leitlinien und Empfehlungen der ESAs sind. Mit Adressat ist hier der formelle Adressat gemeint, also derjenige, der im Rechtsakt als Empfänger bezeichnet wird. Ihm gegenüber treten die Wirkungen ein. Nicht gemeint ist der Adressat im materiellen Sinne, der inhaltlich von der Regelung potenziell oder aktuell betroffen ist.[366]

Die Rechtsakte der Level-3-Ausschüsse benennen teilweise ihre Adressaten sehr eindeutig, teilweise erschließen sich die Adressaten allerdings auch nur aus dem Kontext.[367] Demgegenüber bezeichnen die ESAs die jeweiligen Adressaten ausdrücklich zu Beginn der Leitlinien oder Empfehlungen.[368]

Bei den Adressaten ist zu unterscheiden zwischen Rechtsakten, die an die ESAs selbst gerichtet sind und solchen, die sich an die nationalen Aufsichtsbehörden und/oder Finanzmarktteilnehmer richten. An sich selbst adressierte, innengerichtete Leitlinien sind sehr selten. Die Level-3-Ausschüsse erließen zusammen *Impact assessment guidelines for EU Lamfalussy level 3 committees*.[369] ESMA hat „Leitlinien und Empfeh-

---

365 *M. Goldmann*, Inside Relative Normativity: From Sources to Standard Instruments for the Exercise of International Public Authority, German Law Journal 9 (2009), S. 1865, 1886.

366 *J. Bast*, Grundbegriffe der Handlungsformen der EU, 2006, S. 196.

367 Für ersteres z.B. *CEBS*, Guidelines on the Application of the Supervisory Review Process under Pillar 2 (CP03 revised), 25.01.2006; *CESR*, Publication and Consolidation of MiFID Market Transparency Data, Level 3 CESR's guidelines and recommendations for the consistent implementation of the Directive 2004/39/EC and the European Commission's Regulation n° 1287/2006, CESR/07-043; für letzteres *CESR*, Market Abuse Directive – Level 3 – second set of CESR guidance and information on the common operation of the Directive to the market, CESR/06-562b; *CESR*, Guidelines – Methodology for the calculation of the synthetic risk and reward indicator in the Key Investor Information Document, CESR/10-673.

368 Einige ESMA-Leitlinien bezeichnen ihren Geltungsbereich ausdrücklich unter der Überschrift „Für wen?“, so z.B. *ESMA*, Leitlinien und Empfehlungen zu schriftlichen Vereinbarungen zwischen Mitgliedern von CCP-Kollegien, ESMA/2013/1390, Nr. 1.

369 *CESR/CEBS/CEIOPS*, Impact assessment guidelines for EU Lamfalussy level 3 committees, CESR/07-089b, CEBS 2007 58, CEIOPS-3L3-08/06.

lungen zur Zusammenarbeit einschließlich Delegation zwischen der ESMA, den zuständigen Behörden und den sektoralen zuständigen Behörden gemäß Verordnung (EU) Nr. 513/2011 über Ratingagenturen" erlassen, die an sich selbst und an die nationalen Behörden gerichtet sind. Während es für die Level-3-Ausschüsse noch keine Vorgaben gab, bestimmt Art. 16 Abs. 1 der Gründungsverordnungen, dass die ESAs Empfehlungen und Leitlinien „für die zuständigen Behörden und die Finanzmarktteilnehmer" herausgeben. Also können nationale Behörden und Finanzmarktteilnehmer Adressaten sein, aber eine Selbstadressierung ist nicht mehr möglich. Die 2011 erlassenen Leitlinien der ESMA zur Zusammenarbeit erklären sich daraus, dass Art. 21 Abs. 2 der CRA-Verordnung ESMA ausdrücklich beauftragt, die Leitlinien zur Zusammenarbeit zu erarbeiten, und sind somit eine Ausnahme. Im Grundsatz sollen Leitlinien und Empfehlungen hingegen nur an nationale Aufsichtsbehörden und Finanzmarktteilnehmer gerichtet sein und lassen sich durch diese Adressaten identifizieren. Dadurch unterscheiden sie sich z.B. von Mitteilungen der Kommission oder deutschen Verwaltungsvorschriften, die häufig an die Kommission oder Verwaltung selbst gerichtet sind.[370]

In der Praxis ergeben sich drei Gruppen von Leitlinien und Empfehlungen: nur an Finanzmarktteilnehmer gerichtet, nur an nationale Aufsichtsbehörden gerichtet sowie an beide gleichzeitig gerichtet. Leitlinien und Empfehlungen, die sich nur an Finanzmarktteilnehmer richten, sind sehr selten. Eine CESR-Empfehlung war beispielsweise an *European listed companies* gerichtet.[371] Die ESAs haben von 2011 bis 2013 soweit ersichtlich keine Leitlinien oder Empfehlungen erlassen, die nur an Finanzmarktteilnehmer gerichtet waren.

---

[370] Zu Mitteilungen *H. Adam*, Die Mitteilungen der Kommission: Verwaltungsvorschriften des Europäischen Gemeinschaftsrechts?, 1999, S. 18 f., 36 f.; zu Verwaltungsvorschriften *H. Maurer*, Allgemeines Verwaltungsrecht, 2011, § 24, Rn. 24, 30. Anders wiederum der Emittentenleitfaden der BaFin, der sich ausdrücklich an „Emittenten" richtet und nicht an die Beamten der BaFin selbst, siehe *BaFin*, Emittentenleitfaden, 2013, I, S. 27; *D. Bedkowski*, Der neue Emittentenleitfaden der BaFin – nunmehr veröffentlicht, Betriebs-Berater 2009, S. 1482. Die herrschende Meinung ordnet ihn trotzdem als norminterpretierende Verwaltungsvorschrift ein, siehe *C. P. Claussen/U. Florian*, Der Emittentenleitfaden, Aktiengesellschaft 2005, S. 745, 747; dazu kritisch *D. Bedkowski*, Der neue Emittentenleitfaden der BaFin – nunmehr veröffentlicht, Betriebs-Berater 2009, S. 1482.

[371] *CESR*, CESR Recommendation on Alternative Performance Measures, CESR/05-178b, S. 2.

Die weit überwiegende Anzahl von Leitlinien und Empfehlungen richtet sich an nationale Aufsichtsbehörden und Finanzmarktteilnehmer gleichermaßen.[372] CEBS hat dabei anfänglich innerhalb von Leitlinien zwei separate Teile veröffentlicht: ein Teil an die Behörden gerichtet und ein weiterer Teil an die Finanzmarktteilnehmer.[373] Diese klare Trennung hat jedoch bei CESR und CEIOPS im Regelfall nicht stattgefunden.[374] Auch die drei ESAs trennen nicht zwischen verschiedenen Teilen, sondern richten alle Leitlinien und Empfehlungen dieser Gruppe gleichermaßen an Behörden und Private. Der Kreis der Adressaten seitens der Finanzmarktteilnehmer ist häufig eingegrenzt auf eine bestimmte Gruppe, z.B. UCITS-Fonds oder Kreditinstitute.[375] Probleme könnten sich in dieser Gruppe dann ergeben, wenn eine nationale Behörde die Leitlinien nicht befolgt, ein Finanzmarktteilnehmer aus diesem Mitgliedstaat hingegen die Leitlinien befolgen will. Dem könnte man abhelfen, indem sich Leitlinien und Empfehlungen entweder an Aufsichtsbehörden oder an Finanzmarktteilnehmer richten, nicht aber an beide zugleich. Gegen diese Überlegung spricht allerdings, dass grenzüberschreitend tätige Finanzmarktteilnehmer eine einheitliche Vorgehensweise innerhalb der Union wollen. Wenn die Leitlinien und Empfehlungen strengere Vorgaben machen, als die nationale Aufsichtsbehörde es fordert, so kann ein Finanzmarktteilnehmer sich einheitlich

---

[372] So z.B. Publication and Consolidation of MiFID Market Transparency Data, Level 3 CESR's guidelines and recommendations for the consistent implementation of the Directive 2004/39/EC and the European Commission's Regulation n° 1287/2006, CESR/07-043, Ziff. 1.14; *ESMA*, Leitlinien zu einigen Aspekten der MiFID-Anforderungen an die Eignung, ESMA/2012/387 DE; *EBA*, EBA-Leitlinien zur Datenerfassung im Hinblick auf Personen mit hohem Einkommen, EBA/GL/2012/5; zu den Problemen bzgl. der *CESR/EZB*, Recommendations for securities settlement systems and recommendations for central counterparties in the European Union, CESR/09-446 s.u. Kapitel 4, B. II. 2.

[373] So z.B. *CEBS*, Guidelines on the Application of the Supervisory Review Process under Pillar 2 (CP03 revised), 25.01.2006.

[374] Ausnahme *CESR*, Publication and Consolidation of MiFID Market Transparency Data, Level 3 CESR's guidelines and recommendations for the consistent implementation of the Directive 2004/39/EC and the European Commission's Regulation n° 1287/2006, CESR/07-043.

[375] *ESMA*, Leitlinien zu börsengehandelten Indexfonds (Exchange-Traded Funds, ETF) und anderen OGAW-Themen, ESMA/2012/832 DE; *EBA*, Leitlinien zur Beurteilung der Eignung von Mitgliedern des Leitungsorgans und von Inhabern von Schlüsselfunktionen, EBA/GL/2012/06.

für die gesamte Union an die Leitlinien halten, obwohl „seine“ Aufsichtsbehörde dies nicht tut. Deshalb können sich Leitlinien und Empfehlungen auch weiterhin an nationale Behörden und Finanzmarktteilnehmer richten.

Eine dritte Gruppe von Leitlinien und Empfehlungen ist ausschließlich an Behörden gerichtet.[376] Teilweise stimmt die formale Adressierung auch mit der inhaltlichen überein, z.B. wenn ESMA Leitlinien zur Zusammenarbeit mit den nationalen Behörden erlässt.[377] In anderen Fällen jedoch fallen formaler und materieller Adressat auseinander: Formal sind die Rechtsakte nur an nationale Behörden gerichtet, inhaltlich sind auch Finanzmarktteilnehmer betroffen.[378] Anders als bei Leitlinien und Empfehlungen der zweiten Gruppe sind allerdings die Finanzmarktteilnehmer nicht ausdrücklich als Adressaten genannt.[379] Weil für diese Arbeit nur die formalen Adressaten zählen, fallen diese Leitlinien und Empfehlungen unter die dritte Gruppe.

Bislang sind in der Praxis nur Leitlinien und Empfehlungen abstrakt-genereller Art ergangen, die an eine Vielzahl von Adressaten gerichtet waren. Es fragt sich allerdings, ob die Leitlinien und Empfehlungen auch an Einzelne – Behörden oder Finanzmarktteilnehmer – gerichtet

---

[376] So z.B. *CESR*, Inducements under MiFID, Recommendations, CESR/07-228b; *CESR/EZB*, Recommendations for securities settlement systems and recommendations for central counterparties in the European Union, CESR/09-446; *CESR*, CESR's guidelines for supervisors regarding the transitional provisions of the amending UCITS Directives (2001/107/EC and 2001/108/EC), CESR/04-434b; *EBA*, EBA Recommendation on the creation and supervisory oversight of temporary capital buffers to restore market confidence, EBA/REC/2011/1; *ESMA*, Leitlinien und Empfehlungen zu schriftlichen Vereinbarungen zwischen Mitgliedern von CCP-Kollegien, ESMA/2013/1390, Nr. 1.

[377] *ESMA*, Leitlinien und Empfehlungen zur Zusammenarbeit einschließlich Delegation zwischen der ESMA, den zuständigen Behörden und den sektoralen zuständigen Behörden gemäß Verordnung (EU) Nr. 513/2011 über Ratingagenturen, ESMA/2011/188 DE.

[378] So z.B. in *ESMA*, ESMA update of the CESR recommendations on the consistent implementation of Commission Regulation (EC) No 809/2004 implementing the Prospectus Directive, ESMA/2011/81; *EBA*, EBA-Leitlinien zum Vergütungsvergleich, EBA/GL/2012/4.

[379] Deshalb lässt sich von ihnen auch nicht als Adressaten erster und zweiter Ebene sprechen, zu dieser Unterscheidung siehe *M. Goldmann*, Inside Relative Normativity: From Sources to Standard Instruments for the Exercise of International Public Authority, German Law Journal 9 (2009), S. 1865, 1886 f.

sein können, also individuelle Leitlinien und Empfehlungen. Der Wortlaut des Art. 16 der Gründungsverordnungen ist insoweit offen und schließt diese Möglichkeit nicht aus. Systematisch lässt sich aus Art. 22 Abs. 4 der Gründungsverordnungen ableiten, dass Empfehlungen an einzelne Behörden gerichtet sein können: Die ESAs können bestimmte Produkte untersuchen, um die davon ausgehende Bedrohung der Stabilität der Finanzmärkte zu beurteilen und um den *betreffenden* zuständigen Behörden (also nicht allen!) Empfehlungen geben zu können. Art. 22 Abs. 4 UAbs. 2 verweist dann auf die Befugnisse, die den ESAs an anderen Stellen der Gründungsverordnungen übertragen sind. Darunter fällt sicherlich auch die Befugnis für Empfehlungen gemäß Art. 16 der Gründungsverordnungen. Außerdem sind die konstituierten Interessengruppen bei Leitlinien und Empfehlungen anzuhören, „soweit sie [d.h. die Leitlinien und Empfehlungen] nicht einzelne Finanzmarktteilnehmer betreffen".[380] Deshalb könnten Leitlinien und Empfehlungen auch an einzelne Behörden oder Finanzmarktteilnehmer gerichtet sein, auch wenn die ESAs davon in der Praxis noch keinen Gebrauch gemacht haben.[381] Anhand dieser Unterscheidung lassen sich somit zwei Untertypen von Empfehlungen und Leitlinien festmachen: generelle sowie individuelle Leitlinien und Empfehlungen.[382] Ob daraus rechtliche Folgen resultieren, erörtert das Kapitel zum Rechtsregime.

Wenn man die Adressaten der Leitlinien und Empfehlungen der ESAs mit denen von anderen Einrichtungen und Institutionen der Union vergleicht, ist der große Anteil von (auch) an Finanzmarktteilnehmer gerichteten Rechtsakten auffällig. Empfehlungen anderer Agenturen sind im Regelfall an die Kommission gerichtet (z.B. ENISA, ECHA, s.o.). Einzig ACER könnte Empfehlungen an Marktteilnehmer richten, was sie aber bislang noch nicht getan hat.[383] Empfehlungen des ESRB sind an Mitgliedstaaten, nationale Behörden oder Institutionen wie die

---

[380] Art. 37 Abs. 1 der Gründungsverordnungen.

[381] EIOPA geht in ihren Verfahrensregeln auch davon aus, dass es *individual recommendations* gebe; siehe Art. 6 Nr. 6 der Rules of Procedure of EIOPA, EIOPA BoS 11/003.

[382] Im Regelfall werden die Leitlinien und Empfehlungen entweder abstrakt-generell oder konkret-individuell sein, d.h. für eine Vielzahl an Sachverhalten und viele Adressaten oder in einem konkreten Sachverhalt und einzelnen Adressaten. Es ist aber nicht ausgeschlossen, dass auch abstrakt-individuelle und konkret-generelle Leitlinien und Empfehlungen vorkommen können.

[383] Dazu s.o. Kapitel 2, C.

Kommission gerichtet.[384] Empfehlungen von Kommission und Rat sind überwiegend an die Mitgliedstaaten gerichtet und nur in einzelnen Fällen auch an Einzelpersonen oder Unternehmen.[385] Am ehesten ähneln die Adressaten von Leitlinien und Empfehlungen der ESAs den Adressaten von Leitlinien der Kommission. Diese richten sich (außer an die Kommission selbst) an Mitgliedstaaten und ihre Behörden, aber auch an Private (insbesondere im Beihilferecht und Kartellrecht).[386]

Zusammenfassend lässt sich festhalten, dass nationale Aufsichtsbehörden und Finanzmarktteilnehmer Adressaten der Leitlinien und Empfehlungen sind, was als Identifikationsmerkmal dient. Eine Selbstadressierung der ESAs ist demnach nicht mehr von Leitlinien und Empfehlungen erfasst. Es sind zwei Typen von Leitlinien und Empfehlungen möglich: generell und individuell, wobei die ESAs in der Praxis bislang nur abstrakt-generelle Leitlinien und Empfehlungen veröffentlicht haben.

IV. Aufbau der Rechtsakte

Möglicherweise lassen sich weitere gemeinsame Merkmale beobachten, die Leitlinien und Empfehlungen von anderen Akten der ESAs und ihrer Vorläuferausschüsse abheben. Rechtsakte zeichnen sich durch einen charakteristischen Aufbau aus, der bei verbindlichen Akten wie folgt lautet: Auf den Titel folgen eine Einleitung (mit Begründung), ein verfügender Teil und ggf. Anhänge.[387] Empfehlungen der Unionsorgane orientieren sich an diesem Aufbau, auch wenn die Praxis nach weniger strengen Vorgaben verfährt und z.B. die Trennung zwischen Begrün-

---

[384] S.o. Kapitel 2, C.

[385] *T. von Danwitz*, Europäisches Verwaltungsrecht, 2008, S. 246; *M. Nettesheim*, in: *E. Grabitz/M. Hilf/M. Nettesheim*, Das Recht der EU (Stand Sept. 2013), Art. 288 AEUV, Rn. 204; *L. Senden*, Soft Law in European Community Law, 2004, S. 163, 174; ähnlich auch schon früh *C.-A. Morand*, Les recommandations, les résolutions et les avis du droit communautaire, Cahiers de droit européen 6 (1970), S. 623, 628 ff.

[386] *H. Adam*, Die Mitteilungen der Kommission: Verwaltungsvorschriften des Europäischen Gemeinschaftsrechts?, 1999, S. 26, 36 f., 46 f.

[387] Dazu im Einzelnen *F. von Alemann*, Die Handlungsform der interinstitutionellen Vereinbarung, 2006, S. 107 ff.; *J. Bast*, Grundbegriffe der Handlungsformen der EU, 2006, S. 154.

dung und „verfügendem" Teil oft nicht so deutlich ist. Dieser Aufbau findet sich im Großen und Ganzen auch bei den Handlungen der ESAs. Jedoch ist die äußere Form im Detail wenig standardisiert. Im Folgenden sollen Unterschiede und Gemeinsamkeiten anhand des typischen Aufbaus herausgearbeitet werden. Der *Titel* von Empfehlungen und Leitlinien der ESAs umfasst neben dem Logo der erlassenden Institution im Regelfall eine Referenznummer,[388] den eigentlichen Titel (und ggf. Untertitel) oder den Gegenstand sowie das Datum des Erlasses.

1. Nummerierung

Eine Gemeinsamkeit von Empfehlungen und Leitlinien der ESAs mit anderen unverbindlichen Rechtsakten ist die Nummerierung. Während der verfügende Teil bei verbindlichen Rechtsakten nach Artikeln gegliedert ist, sind bei unverbindlichen Rechtsakten arabische oder römische Ziffern üblich.[389] Dabei gibt es bei Leitlinien und Empfehlungen über die Zeit hinweg unterschiedliche Nummerierungen, teilweise durchgängig für das gesamte Dokument, teilweise auch für jeden Abschnitt neubeginnend.[390] Nach Artikeln ist nur eine Leitlinie gegliedert: die erste EBA-Leitlinie.[391] Bei einer weiteren Leitlinie war das *Consultation Paper* noch nach Artikeln gegliedert, die später erlassene Leitlinie jedoch nicht mehr.[392] Vermutlich hatte die Nummerierung nach Arti-

---

[388] Ausnahmen: *CEBS/CEIOPS*, Recommendations on the supplementary requirements of the Financial Conglomerates Directive for supervisory colleges of financial conglomerates, 21.12.2010 (erste und bislang einzige gemeinsame Empfehlung der beiden Ausschüsse) und erste EBA-Empfehlung (Annex und Briefform), *EBA*, EBA 2011 EU-wide stress test aggregate report, Annex 3: Recommendation in accordance with Article 21(2) (b) of the EBA Regulation, 15.07.2011, sowie CEBS-Leitlinien, die überwiegend keine Referenz beinhalten.

[389] *J. Bast*, Grundbegriffe der Handlungsformen der EU, 2006, S. 154 m.w.N.

[390] Für ersteres z.B. *ESMA*, Leitlinien und Empfehlungen zur Zusammenarbeit einschließlich Delegation zwischen der ESMA, den zuständigen Behörden und den sektoralen zuständigen Behörden gemäß Verordnung (EU) Nr. 513/2011 über Ratingagenturen, ESMA/2011/188 DE; für letzeres z.B. *CESR*, CESR's guidelines to simplify the notification procedure of UCITS, CESR/06-120b.

[391] *EBA*, EBA-Leitlinien zu Fortgeschrittenen Messansätzen (AMA) – Erweiterungen und Änderungen, EBA/GL/2012/1.

[392] *EBA*, Consultation Paper on draft Guidelines for assessing the suitability of members of the management body and key function holders of a credit

keln den Anschein der Verbindlichkeit erweckt und die ESAs haben sie deshalb bei den folgenden Leitlinien nicht wiederholt. Somit gibt es zwar keine einheitliche Nummerierung von Leitlinien und Empfehlungen, aber sie lassen sich von verbindlichen Rechtsakten abgrenzen, da sie grundsätzlich *nicht* nach Artikeln gegliedert sind.

2. *Einleitung und Begründung*

Empfehlungen der Unionsorgane unterscheiden in der Regel zwischen der Begründung in Form von Erwägungsgründen und dem regelnden Teil, d.h. dem eigentlichen Inhalt.[393] Der regelnde Teil bei den Level-3-Ausschüssen war zwar vor 2011 als neuer Gliederungspunkt erkennbar von der Einleitung abgesetzt, jedoch entsprach dies nicht der klaren Trennung bei verbindlichen Rechtsakten zwischen Erwägungsgründen und verfügendem Teil. Bei Leitlinien ist dies auch nach 2011 so geblieben: EBA und EIOPA verwenden einen durchgängigen, nicht abgestuften Text. ESMA unterscheidet teilweise zwischen allgemeinen Leitlinien, die dann durch flankierende Leitlinien ergänzt werden, Erwägungsgründe gibt es jedoch nicht.[394]

Anders ist dies bei Empfehlungen. Von 2011 bis 2013 hat die EBA sechs Empfehlungen erlassen, in denen sie nach einer angemessenen Form für Empfehlungen sucht. Die erste Empfehlung hatte die Form eines Briefes. Als Annex des Stresstestergebnisses 2011 schrieb der Vorsitzende der EBA „*Dear* ...“ und beendete die Empfehlung mit „*Yours sincerely*“.[395] Drei weitere Empfehlungen der EBA orientieren sich deutlich stärker am Modell der verbindlichen Rechtsakte oder auch den Empfehlungen des ESRB.[396] Sie trennen zwischen Erwägungsgründen und

---

institution, EBA/CP/2013/03; *EBA*, Leitlinien zur Beurteilung der Eignung von Mitgliedern des Leitungsorgans und von Inhabern von Schlüsselfunktionen, EBA/GL/2012/06.

[393] *D. K. Walzel*, Bindungswirkungen ungeregelter Vollzugsinstrumente der EU-Kommission, 2008, S. 31 m.w.N.

[394] So z.B. *ESMA*, Leitlinien zu einigen Aspekten der MiFID-Anforderungen an die Eignung, ESMA/2012/387 DE.

[395] *EBA*, EBA 2011 EU-wide stress test aggregate report, Annex 3: Recommendation in accordance with Article 21(2) (b) of the EBA Regulation, 15.07.2011.

[396] *EBA*, EBA Recommendation on the creation and supervisory oversight of temporary capital buffers to restore market confidence, EBA/REC/2011/1;

regelndem Teil, was auf eine stärkere Verrechtlichung hindeutet. Zwei weitere Empfehlungen jedoch lassen diese Unterscheidung wieder vermissen, so dass sich noch keine einheitliche Form herausgebildet hat.[397] Da weder ESMA noch EIOPA seit 2011 Empfehlungen erlassen haben, bleibt abzuwarten, ob sich die Unterscheidung zwischen Erwägungsgründen und regelndem Teil durchsetzen wird. Bei den weiteren Handlungen der ESAs unterscheiden die verbindlichen technischen Standards zwischen Erwägungsgründen und verfügendem Teil, denn sie ergehen in Form einer delegierten Verordnung der Kommission.[398] Die anderen unverbindlichen Handlungen der ESAs wie z.B. Investorenwarnungen und Stellungnahmen kennen die Unterscheidung in Erwägungsgründe und regelnden Teil nicht und ähneln damit Leitlinien, so dass diese Unterscheidung letztlich kein Abgrenzungskriterium sein kann.

3. Gliederung des regelnden Teils

Verbindliche Rechtsakte sind in ihrem verfügenden Teil in der Regel wie folgt gegliedert: vom Allgemeinen zum Speziellen und vom Inhaltlichen zu den Verfahrensregeln. Das bedeutet, dass zunächst Gegenstand, Anwendungsbereich und Definitionen, dann die Festlegung von Rechten und Pflichten und abschließend die Durchführung geregelt werden.[399] Diese Reihenfolge ergibt sich schon aus rechtssystematischen Erwägungen.[400] Im Rahmen der ESAs (seit 2011) sind vor allem

---

EBA, Empfehlung zur Entwicklung von Sanierungsplänen, EBA/REC/2013/02; *EBA*, Empfehlung zur Kapitalerhaltung (Core-Tier-1) während des Übergangs zu dem aus Eigenkapitalrichtlinie und Eigenkapitalverordnung bestehenden Rechtsrahmen, EBA/REC/2013/03. Empfehlungen des ESRB ähneln äußerlich einer Verordnung (Erwägungsgründe, Einleitungsformel) und werden im Amtsblatt der EU (Abteilung C) veröffentlicht.

[397] *EBA*, EBA-Empfehlungen zur Beaufsichtigung von Tätigkeiten im Zusammenhang mit der Teilnahme von Banken am Euribor-Panel, EBA/REC/2013/01; *EBA*, Recommendations on asset quality reviews, EBA/REC/2013/04.

[398] Von der Möglichkeit eines Beschlusses haben die ESAs und die Kommission bislang keinen Gebrauch gemacht.

[399] *F. von Alemann*, Die Handlungsform der interinstitutionellen Vereinbarung, 2006, S. 111 m.w.N.

[400] *F. von Alemann*, Die Handlungsform der interinstitutionellen Vereinbarung, 2006, S. 111.

die Leitlinien der EBA in dieser Weise gegliedert.[401] ESMA beginnt zwar auch mit dem Anwendungsbereich, schließt dann jedoch die Durchführungsregeln an (Mitteilungspflichten) und endet mit der Festlegung von Rechten und Pflichten. EIOPA teilt die Durchführungsvorschriften auf den Anfang und das Ende der Leitlinien auf. Eine einheitliche Gliederung hat sich damit noch nicht durchgesetzt.

4. Begleitdokumente

Als abschließende Begleitdokumente finden sich in EBA-Leitlinien (seit 2011) und in einigen Empfehlungen (seit 2013) eine Erläuterung der Kosten-Nutzen-Analyse, soweit durchgeführt, sowie die zusammengefassten Ergebnisse der öffentlichen Konsultation und der Stellungnahme der „Interessengruppe Bankensektor". ESMA und EIOPA veröffentlichen diese Informationen jeweils in einem gesonderten Dokument (*Final Report*) bzw. auf ihrer Homepage unter Konsultationen, d.h. auch insoweit hat sich noch keine einheitliche Praxis durchgesetzt. Die letzte Seite der EBA-Leitlinien und Empfehlungen (seit Ende 2011) ist ein Formular für die nationalen Behörden, mit dem diese bestätigen können, dass sie die Maßnahmen einhalten (*comply or explain*-Mechanismus). In mehr als der Hälfte ist bei diesen Formularen bereits die Antwort „ja" angekreuzt, was Rückschlüsse auf die „Freiwilligkeit" der Befolgung zulässt.[402] ESMA und EIOPA haben ein ähnliches Formular (unangekreuzt) jeweils auf ihrer Homepage veröffentlicht.[403] Auch daran zeigt sich die uneinheitliche Praxis zwischen den drei ESAs.

---

[401] Und die EBA-Empfehlungen zur Beaufsichtigung von Tätigkeiten im Zusammenhang mit der Teilnahme von Banken am Euribor-Panel, EBA/REC/2013/01.

[402] Bei fünf von sechs Empfehlungen und bei sechs von acht Leitlinien (Stand 31.12.2013), dazu s.u. Kapitel 4, A. III. 2. a.

[403] *ESMA*, Confirmation of compliance with guidelines, ESMA/2013/811; EIOPA hat eine excel-Tabelle online gestellt, bei der eine Antwortmöglichkeit für jede einzelne Leitlinie (mit Link zu Umsetzungsmaßnahmen) besteht, siehe https://eiopa.europa.eu/fileadmin/tx_dam/files/publications/guidelines/complaints_handling/Compliance-Table_for_Guidelines_on_Complaints-Handling_01.xls (15.09.2015).

5. *Zusammenfassung*

Der Aufbau der Empfehlungen und Leitlinien ist somit zwischen den ESAs und ihren Vorläuferausschüssen in Vielem uneinheitlich. In einigen Merkmalen ähneln sie anderen unverbindlichen Instrumenten der ESAs wie z.B. der Nummerierung oder den oft fehlenden Erwägungsgründen. Bei den Erwägungsgründen ist allenfalls bei den Empfehlungen eine Entwicklung hin zu einer Verrechtlichung zu beobachten, nicht jedoch bei den Leitlinien. Weder Empfehlungen noch Leitlinien lassen sich anhand ihres Aufbaus von anderen Akten der ESAs abgrenzen, folglich ergibt sich daraus kein Identifikationsmerkmal.

V. Einleitungs-, Abschluss- und Unterzeichnungsformel

Verbindliche Handlungsformen der Union unterscheiden sich anhand ihrer Einleitungsformel, d.h. die Formel, die – im Anschluss an die Erwägungsgründe – den verfügenden Teil einleitet. Bei einer Verordnung beispielsweise lautet sie: [Organ]... „hat folgende Verordnung erlassen".[404] Einleitungsformeln von Empfehlungen der Unionsorgane sind nicht einheitlich. Es finden sich folgende Formulierungen: „empfiehlt", „hat folgende Empfehlung abgegeben" und „hat die folgende Empfehlung angenommen" (letztere beide im Englischen: *„has adopted this recommendation"*).[405] Der ESRB beginnt seine Empfehlungen mit „Der Verwaltungsrat" ... „hat folgende Empfehlung erlassen". Eine Handlungsform kann sich, wie die Beispiele belegen, durch eine vorhandene Einleitungsformel auszeichnen, ebenso möglich ist aber auch, dass eine solche konsequent fehlt.

Bei Leitlinien der Level-3-Ausschüsse und der ESAs gibt es keine Einleitungsformel, ebenso bei Empfehlungen vor 2011. Seit 2011 hat die

---

[404] Siehe zu einer Auflistung der üblichen Einleitungsformeln *J. Bast*, Grundbegriffe der Handlungsformen der EU, 2006, S. 155.

[405] Siehe z.B. die Empfehlung des Rates über die Entlastung der Kommission zur Ausführung der Rechnungsvorgänge des Europäischen Entwicklungsfonds (10. EEF) für das Haushaltsjahr 2011, ABl. 2013 C 88, S. 3; Empfehlung 2013/165/EU der Kommission über das Vorhandensein der Toxine T-2 und HT-2 in Getreiden und Getreideerzeugnissen, ABl. 2013 L 91, S. 12; Empfehlung 2013/172/EU der Kommission über einen gemeinsamen Rahmen für ein System einmaliger Produktkennzeichnung für Medizinprodukte in der Union, ABl. 2013 L 99, S. 17.

EBA eine Empfehlung zunächst mit „*EBA recommends*" eingeleitet,[406] und weitere dann mit „Der Rat der Aufseher" ... „hat folgende Empfehlung verabschiedet" („*The Board of Supervisors*" ... „*has adopted this recommendation*").[407] Die letztere Formulierung findet sich in den drei Empfehlungen, die auch nach Erwägungsgründen und regelndem Teil trennen. Jedoch gibt es auch zwei Empfehlungen ohne Einleitungsformel, die im Aufbau eher Leitlinien bzw. früheren Empfehlungen ähneln.[408] Somit ergibt sich ein gemischtes Bild: Empfehlungen haben teilweise eine Einleitungsformel, Leitlinien bislang nicht. Auch eine chronologische Betrachtung hilft nur teilweise weiter, weil sich bei Empfehlungen seit 2011 keine einheitliche Praxis durchgesetzt hat. Wenn die Einleitungsformel „hat folgende Empfehlung verabschiedet" verwendet wird, dann folgt dies nach Erwägungsgründen, so dass die Empfehlung äußerlich einem verbindlichen Rechtsakt ähnelt. Aufgrund der uneinheitlichen Praxis kann allerdings eine (fehlende) Einleitungsformel nicht als Identifikationsmerkmal dienen.

Eine Abschlussklausel wie bei Verordnungen z.B. „Diese Verordnung ist in allen ihren Teilen verbindlich und gilt unmittelbar in jedem Mitgliedstaat" findet sich nicht. Dies ist typisch für unverbindliche Handlungsformen, aber z.B. auch Beschlüsse, die keinen Adressaten nennen.[409] Da sich Empfehlungen und Leitlinien darin nicht von anderen Veröffentlichungen der ESAs und ihrer Vorläuferausschüsse unterscheiden, dient eine fehlende Abschlussklausel nicht als Identifikationsmerkmal.

---

[406] *EBA*, EBA 2011 EU-wide stress test aggregate report, Annex 3: Recommendation in accordance with Article 21(2) (b) of the EBA Regulation, 15.07.2011.

[407] *EBA*, EBA Recommendation on the creation and supervisory oversight of temporary capital buffers to restore market confidence, EBA/REC/2011/1; *EBA*, Empfehlung zur Entwicklung von Sanierungsplänen, EBA/REC/2013/02; *EBA*, Empfehlung zur Kapitalerhaltung (Core-Tier-1) während des Übergangs zu dem aus Eigenkapitalrichtlinie und Eigenkapitalverordnung bestehenden Rechtsrahmen, EBA/REC/2013/03.

[408] *EBA*, EBA-Empfehlungen zur Beaufsichtigung von Tätigkeiten im Zusammenhang mit der Teilnahme von Banken am Euribor-Panel, EBA/REC/2013/01; *EBA*, Recommendations on asset quality reviews, EBA/REC/2013/04.

[409] Zur Rechtslage vor Inkrafttreten des Vertrages von Lissabon siehe *J. Bast*, Grundbegriffe der Handlungsformen der EU, 2006, S. 159.

Unionsorgane und Einrichtungen beenden ihre Empfehlungen mit der Unterzeichnungsformel („Geschehen zu [Ort] am“ ..., Unterschrift des Vorsitzenden), so beispielsweise Empfehlungen der Kommission oder des ESRB. Leitlinien der ESAs und drei der sechs Empfehlungen enthalten keine Unterzeichnungsformel. Lediglich die drei EBA-Empfehlungen, die stärker formalisiert sind, enden mit der Unterzeichnungsformel und Unterschrift des Vorsitzenden.[410] Die Verfahrensregeln von EBA und ESMA sehen zwar vor, dass der Vorsitzende die vom Rat der Aufseher angenommenen Texte unterschreibt,[411] jedoch scheint sich diese Praxis noch nicht durchgesetzt zu haben. Zumindest enthalten die meisten veröffentlichten Rechtsakte keine Unterschrift. Insgesamt scheint die Unterzeichnungsklausel deshalb eher die Ausnahme zu sein und eignet sich nicht als Identifikationsmerkmal.

B. Evaluierung der Praxis

Die bisherige Untersuchung zeigt, dass sich nur die Bezeichnung, die Adressaten und seit 2011 die Hinweise auf Art. 16 der Gründungsverordnung und die rechtliche Stellung als Identifikationskriterien eignen. Weder existiert ein einheitlicher Aufbau noch gibt es durchgängig eine Einleitungs- oder Abschlussformel. Vielmehr ist die formale Gestaltung zwischen den ESAs uneinheitlich. Die Kriterien der Bezeichnung, der Adressaten und der Hinweise auf Art. 16 der Gründungsverordnungen und die rechtliche Stellung sollen nun anhand von Zweifelsfällen aus der Praxis überprüft werden: zum einen Zweifelsfälle von Rechtsakten mit der Bezeichnung „Leitlinien“ oder „Empfehlungen“ (I.), zum anderen Zweifelsfälle von Rechtsakten mit anderer Bezeichnung (II.). Nach einer Zusammenfassung (III.) untersucht der abschließende Abschnitt, ob sich Leitlinien und Empfehlungen voneinander abgrenzen lassen (IV).

---

[410] *EBA*, EBA Recommendation on the creation and supervisory oversight of temporary capital buffers to restore market confidence, EBA/REC/2011/1; *EBA*, Empfehlung zur Entwicklung von Sanierungsplänen, EBA/REC/2013/02; *EBA*, Empfehlung zur Kapitalerhaltung (Core-Tier-1) während des Übergangs zu dem aus Eigenkapitalrichtlinie und Eigenkapitalverordnung bestehenden Rechtsrahmen, EBA/REC/2013/03.

[411] Art. 14.2. der Rules of Procedure of the European Banking Authority Board of Supervisors, EBA DC 001 (Rev1), und Art. 4 Abs. 17 der Rules of Procedure of ESMA, ESMA/2012/BS/88 (rev 1).

I. Zweifelsfälle von Rechtsakten derselben Bezeichnung

Die ESAs und ihre Vorläuferausschüsse haben Rechtsakte veröffentlicht, die als „Leitlinie" oder „Empfehlungen" bezeichnet sind, bei denen trotzdem fraglich ist, ob Leitlinien und Empfehlungen vorliegen. Vier solcher Rechtsakte und zwei weitere möglicherweise in Zukunft zu erwartende Rechtsakte werden im Folgenden dargestellt.

Zwei Dokumente sind im Englischen als *guide* bezeichnet, wovon das zweite in der deutschen Übersetzung „Leitlinie" heißt. Erstens sieht sich *CESR's guide to clear language and layout for the Key Investor Information document* von 2010 als Stilfibel für die Formulierung von wesentlichen Anlegerinformationen.[412] Im Text bzw. in einer Unterüberschrift taucht die Bezeichnung *guidance* auf und das Feedbackstatement spricht von *guidelines*. Der Status des Dokuments wird als *not binding guidance* angegeben.[413] Adressaten sind Finanzmarktteilnehmer, die die wesentlichen Anlegerinformationen formulieren. Die Bezeichnung *guide* im Titel scheint sich aus einer Anlehnung an *style guide* oder *Oxford Guide to Plain English* zu ergeben, denn letzterer wird auch ausdrücklich zitiert. Somit scheinen „Leitlinien" vorzuliegen.

Zweitens hat ESMA 2012 einen *„Guide to investing"* („Leitlinien für Anleger", frz. *„Guide pour les investisseurs"*) herausgegeben, der für Anleger als Adressaten erläutert, worauf sie beim Investieren achten sollten.[414] Anders als *„guidelines"*/„Leitlinien" (seit 2011) enthält er keine Aussage zur rechtlichen Stellung und nimmt keinen Bezug auf Art. 16 der Gründungsverordnungen. Es gibt keine spezifische Rechtsgrundlage, die den Erlass von Leitlinien nach Art. 16 vorsieht, und der *comply or explain*-Mechanismus ist nicht anwendbar. Somit handelt es sich nicht um eine Leitlinie im Sinne von Art. 16 der Gründungsverordnungen. Für die deutsche Übersetzung sollte in ähnlichen Fällen eher die Bezeichnung „Leitfaden" gewählt werden, damit wie auch im

---

[412] Das *Key investor document* entspricht im Deutschen den wesentlichen Anlegerinformationen, eine Art „Packungsbeilage" für Fonds. Einer Studie zufolge sind die wesentlichen Anlegerinformationen für Laien oft kaum verständlich, siehe KIIDS fail on use of plain language, Financial Times v. 18.12.2011, http://www.ft.com/cms/s/0/83d57c8e-27d2-11e1-9433-00144feabdc0.html#axzz2xq9muVGM (15.09.2015).

[413] Eingefügt aufgrund von Nachfragen während der Konsultation, siehe *CESR*, Feedback statement – A guide to clear language and layout for the Key Investor Information document (KII), CESR/10-1398, S. 3.

[414] *ESMA*, Leitlinien für Anleger, 19.10.2012, ESMA/2012/682 de.

Englischen und Französischen eine Verwechslung mit *„guidelines“* / „Leitlinien“ / *„orientations“* ausgeschlossen ist.[415]

ESMA hat Anfang 2011 und 2013 die Empfehlungen zur Prospektverordnung aus dem Jahr 2005 in überarbeiteter Fassung neu erlassen als *ESMA update of the CESR recommendations on the consistent implementation of Commission Regulation (EC) No 809/2004 implementing the Prospectus Directive*. Ausdrücklich hob sie dabei hervor, dass die Empfehlungen *nicht* als Empfehlungen nach Art. 16 der ESMA-Verordnung verabschiedet worden seien und dass deshalb der *comply or explain*-Mechanismus nicht anwendbar sei. Sie sieht sich als Nachfolgerin von CESR, der noch die erste Konsultation durchgeführt hatte,[416] und nimmt nur wenige Änderungen vor. Das zweite Update Anfang 2013 wiederholt diese Begründung;[417] das Konsultationspapier hob jedoch hervor, dass ESMA die Konsultation nach Art. 16 Abs. 2 der Gründungsverordnungen durchführt.[418] Dieser Widerspruch erschwert die Einordnung: Einerseits verwendet ESMA Art. 16 ausdrücklich nicht als Rechtsgrundlage, andererseits soll die Konsultation doch auf Art. 16 beruhen. Vermutlich handelt es sich bei diesem Vorgehen um ein Übergangsphänomen: ESMA wollte die Empfehlungen möglichst schnell und einfach aktualisieren und war sich unsicher, wie sie mit CESR-Materialien umgehen sollte. Es bleibt unklar, was die Rechtsgrundlage für „Empfehlungen“ sein soll, wenn ESMA Art. 16 der Gründungsverordnungen ausdrücklich ablehnt. Letztlich bleibt damit auch unklar, wie diese Updates einzuordnen sind.

---

415 So auch die deutsche Übersetzung von *„guide“* in Art. 6 Abs. 4, Art. 26 der Verordnung (EG) Nr. 726/2004 des Parlaments und des Rates zur Festlegung von Gemeinschaftsverfahren für die Genehmigung und Überwachung von Human und Tierarzneimitteln und zur Errichtung einer Europäischen Arzneimittel-Agentur, ABl. 2004 L 136, S. 1, zuletzt geändert durch Verordnung (EU) Nr. 1027/2012 des Parlaments und des Rates, ABL. 2012 L 316, S. 38.

416 *ESMA*, ESMA update of the CESR recommendations on the consistent implementation of Commission Regulation (EC) No 809/2004 implementing the Prospectus Directive, ESMA/2011/81, S. 4.

417 *ESMA*, ESMA update of the CESR recommendations on the consistent implementation of Commission Regulation (EC) No 809/2004 implementing the Prospectus Directive, ESMA/2013/319, S. 4.

418 *ESMA*, Consultation Paper: Further amendments to ESMA's Recommendations for the consistent implementation of the Prospectus Regulation regarding mineral companies, ESMA/2012/607, S. 6.

Ein weiterer Zweifelsfall sind die „Leitlinien und Empfehlungen zur Zusammenarbeit einschließlich Delegation zwischen der ESMA, den zuständigen Behörden und den sektoralen zuständigen Behörden gemäß Verordnung (EU) Nr. 513/2011 über Ratingagenturen“, die ESMA 2011 erlassen hat.[419] Diese enthalten zwar keinen Hinweis auf die rechtliche Stellung oder Art. 16 der ESMA-Verordnung. Rechtsgrundlage ist aber Art. 21 Abs. 2 der CRA-VO,[420] der ausdrücklich auf Art. 16 der ESMA-Verordnung verweist. Somit dürften Leitlinien und Empfehlungen vorliegen.

Bislang war von Empfehlungen nach Art. 16 der Gründungsverordnungen die Rede. Die Verordnungen sehen jedoch in zwei Fällen weitere „Empfehlungen“ vor, so dass die Bezeichnung alleine nicht eindeutig ist. Erstens können die ESAs nach Art. 8 Abs. 2 lit. d i.V.m. Art. 17 Abs. 3 der Gründungsverordnungen Empfehlungen an eine betroffene nationale Behörde richten. Dies geschieht im Rahmen eines sogenannten Drei-Stufen-Mechanismus: Nachdem die ESAs auf der ersten Stufe Nachforschungen über eine vermutete Verletzung des Unionsrechts angestellt haben, können sie diese mit einer *Empfehlung* an die zuständige nationale Behörde abschließen. Wenn die nationale Behörde dem nicht nachkommt, dann erlässt die Kommission auf der zweiten Stufe eine förmliche Stellungnahme. Um Ausnahmesituationen vorzubeugen, in denen die nationale Behörde weiterhin nicht reagiert, kann die ESA auf der dritten Stufe Beschlüsse im Einzelfall erlassen, die direkt an einen Finanzmarktteilnehmer gerichtet sind.[421] Im Fall der Verletzung von Unionsrecht sind Empfehlungen also nur ein erster Schritt, der dazu dient, die Verletzung des Unionsrechts abzustellen. Bislang haben die ESAs keine Empfehlungen nach Art. 17 der Gründungsverordnungen veröffentlicht. Die Bezeichnung („Empfehlung“) ist mit Empfehlungen nach Art. 16 der Gründungsverordnungen identisch. Der Adressatenkreis ist jedoch eingeschränkter, da sie sich nur an nationale Behörden und nicht an Finanzmarktteilnehmer richten dür-

---

419 *ESMA*, Leitlinien und Empfehlungen zur Zusammenarbeit einschließlich Delegation zwischen der ESMA, den zuständigen Behörden und den sektoralen zuständigen Behörden gemäß Verordnung (EU) Nr. 513/2011 über Ratingagenturen, ESMA/2011/188 DE.

420 Verordnung (EG) Nr. 1060/2009 des Parlaments und des Rates über Ratingagenturen, ABl. 2009 L 302, S. 1, zuletzt geändert durch die Verordnung (EU) Nr. 462/2013, ABl. 2013 L 146, S. 1.

421 Siehe 29. Erwägungsgrund und Art. 17 Abs. 6 UAbs. 1 der Gründungsverordnungen.

fen.[422] Außerdem dürften sie – wenn sie in der Praxis auftreten – keinen Hinweis auf die rechtliche Stellung nach Art. 16 der Gründungsverordnungen enthalten. Daran und anhand der Adressaten unterscheiden sie sich also von Empfehlungen nach Art. 16. Die Art von Empfehlung nach Art. 17 unterliegt zudem einem anderen Rechtsregime als Empfehlungen nach Art. 16: Zum einen ist der *comply or explain*-Mechanismus nicht anwendbar, sondern Art. 17 regelt selbst die Rechtsfolgen dieser Empfehlung. Zum anderen hat die nationale Behörde vor Abgabe der Empfehlung nach Art. 39 Abs. 1 S. 2 der Gründungsverordnungen die Möglichkeit einer Stellungnahme. Diese Regelungen zeigen, dass die Empfehlung nach Art. 17 einen anderen Zweck verfolgt: Sie soll im Einzelfall eine Behörde auf ihr vermeintlich unionsrechtswidriges Verhalten aufmerksam machen, während die Empfehlungen nach Art. 16 im Regelfall eher abstrakt-genereller Art sind.[423]

Zweitens können die ESAs in Krisensituationen eine „vertrauliche Empfehlung“ nach Art. 18 Abs. 2 UAbs. 2 der Gründungsverordnungen abgeben. Diese Empfehlung ist jedoch ausdrücklich nur an den Rat gerichtet und hat deshalb einen anderen Adressaten als die an nationale Behörden und/oder Finanzmarktteilnehmer gerichteten Empfehlungen nach Art. 16 der Gründungsverordnungen. Anhand des Adressaten lassen sich Empfehlungen nach Art. 18 und nach Art. 16 der Gründungsverordnungen somit voneinander abgrenzen.

Zusammenfassend lässt sich festhalten, dass es einige Zweifelsfälle gibt, in denen die Kriterien Bezeichnung, Adressaten und Hinweise auf Art. 16 der Gründungsverordnungen nicht weiterführen. Außerdem sind Empfehlungen nach Art. 17 und Art. 18 der Gründungsverordnungen nicht mit Empfehlungen nach Art. 16 der Gründungsverordnungen identisch. Aus Platzgründen beschränkt sich diese Arbeit auf

---

422 Das Merkmal der „Adressaten“ meint dabei jeweils eine formbedingte „Leistungsobergrenze“ der Handlungsform, d.h. nicht die Adressaten im konkreten Fall, sondern die potentiell möglichen, dazu *J. Bast*, Grundbegriffe der Handlungsformen der EU, 2006, S. 198.

423 Deshalb sprechen die Verfahrensregeln von EIOPA auch von *individual recommendations* (auch in Bezug auf Art. 21 Abs. 2 b und 22 Abs. 4 der Gründungsverordnungen), siehe Art. 6 Nr. 7 der Rules of Procedure of EIOPA, EIOPA BoS 11/003. Anders wohl ohne Differenzierung *M. Lehmann/ C. Manger-Nestler*, Das neue Europäische Finanzaufsichtssystem, Zeitschrift für Bankrecht und Bankwirtschaft 2011, S. 2, 13, die die rechtlichen Vorwirkungen von Empfehlungen nach Art. 17 der Gründungsverordnungen beschreiben.

Empfehlungen und Leitlinien nach Art. 16 der Gründungsverordnungen.

II. Abgrenzung zu Rechtsakten anderer Bezeichnung

Die ESAs und ihre Vorläuferausschüsse haben in einigen Fällen Level-3-Dokumente herausgegeben, bei denen ggf. – trotz einer anderen Bezeichnung – nicht klar ist, ob Leitlinien oder Empfehlungen vorliegen, oder die von solchen abzugrenzen sind.

1. (Technische) Standards

Der Lamfalussy-Bericht sah vor, dass die Level-3-Ausschüsse Leitlinien und Standards für Bereiche veröffentlichen, die nicht durch EU-Recht abgedeckt sind.[424] Dies haben die Ausschüsse jedoch nicht befolgt, denn ihre Publikationen bezogen sich grundsätzlich nur auf Bereiche, die vom Unionsrecht erfasst werden.[425] Ihre jeweilige Charta (als satzungsähnliches Dokument) sah vor, dass sie Leitlinien, Empfehlungen und Standards herausgeben, die die Mitgliedstaaten in ihre Regulierungspraxis auf einer freiwilligen Basis übernehmen.[426] CESR zum Beispiel hat seine Rolle auf Level 3 in drei Stufen eingeteilt: *coordinated implementation* des Unionsrechts, *regulatory convergence* sowie *supervisory convergence*. Empfehlungen sind Teil der *regulatory convergence*: Als gemeinsame Ansätze nennt CESR „indicative guidance", „regulato-

---

[424] Schlussbericht des Ausschusses der Weisen über die Regulierung der Europäischen Wertpapiermärkte, 25.02.2001, http://ec.europa.eu/internal_market/securities/docs/lamfalussy/wisemen/final-report-wise-men_de.pdf, S. 10, 46 (15.09.2015).

[425] *N. Moloney*, The Committee of European Securities Regulators and level 3 of the Lamfalussy Process, in: *M. Tison/H. De Wulf/C. Van der Elst/R. Steennot* (Hrsg.), Perspectives in company law and financial regulation, 2009, S. 449, 451 zu CESR; vgl. aber auch die CESR-ESCB Recommendations und die damit verbundenen Schwierigkeiten: *CESR/EZB*, Recommendations for securities settlement systems and recommendations for central counterparties in the European Union, CESR/09-446, s.u. Kapitel 4, B. II. 2.

[426] Art. 4.3 der CESR Charter, CESR/08-375d: „issue guidelines, recommendations and standards that the members will introduce in their regulatory practices on a voluntary basis"; ebenso Art. 4.3 der CEBS Charter und Art. 1 Abs. 3 der CEIOPS Charter.

ry recommendations providing a benchmark" und „more strongly [...] standards that carry commitment of the CESR members".[427] Empfehlungen werden also an zweiter Stelle zwischen *guidance* (vor allem Leitlinien) und Standards genannt und Standards werden als „verbindlicher" angesehen, da sie ein *commitment*, also eine Art Verpflichtungsgefühl der Mitglieder, hervorrufen sollen.[428]

Im aktuell gültigen Rechtsrahmen erlassen die ESAs die Standards als „Technische Standards". Zwar verfolgen technische Regulierungs- und Durchführungsstandards nach Art. 10 ff. der Gründungsverordnungen wie auch Leitlinien mit einer Harmonisierung und Sicherstellung der einheitlichen Durchführung von Unionsrecht dasselbe Ziel. Technische Standards sind jedoch – anders als ihre Vorgänger-„Standards" – verbindlich, weil sie die Kommission als Durchführungsverordnungen oder Beschlüsse erlässt.[429] In Bereichen, die nicht durch technische Standards abgedeckt sind, können die ESAs Leitlinien und Empfehlungen erlassen.[430] Anhand der Bezeichnung als „Standard" und „Verordnung der Kommission" und des Hinweises auf die andere Rechtsgrundlage ist eine Abgrenzung zu Leitlinien und Empfehlungen möglich.

2. *Stellungnahmen*

Stellungnahmen (*opinions*) können die ESAs in drei verschiedenen Situationen abgeben. Erstens erlassen sie eine förmliche Stellungnahme als Antwort auf eine Zurückweisung der von ihnen vorgeschlagenen technischen Standards durch die Kommission.[431] Zweitens können sie eine Stellungnahme zur Vorbereitung eines Gesetzgebungsverfahrens abgeben, die an das Europäische Parlament, den Rat oder die Kommission

---

[427] *CESR*, The role of CESR at "level 3" under the Lamfalussy Process, CESR/04-104b, S. 8.

[428] Dazu auch *N. Moloney*, EC Securities Regulation, 2008, S. 890, Rn. 164; *CESR/EZB*, Standards for securities clearing and settlement in the European Union, CESR/04-561, S. 4.

[429] Art. 10 Abs. 4, Art. 15 Abs. 4 der Gründungsverordnungen.

[430] 26. Erwägungsgrund der EBA- und ESMA-Verordnung bzw. 25. Erwägungsgrund der EIOPA-Verordnung.

[431] Art. 10 der Gründungsverordnungen, z.B. *ESMA*, Opinion: Draft regulatory technical standards on types of AIFMs under Article 4(4) of Directive 2011/61/EU, ESMA/2013/1119.

gerichtet ist.[432] Drittens schließlich erlassen sie Stellungnahmen nach Art. 29 Abs. 1 lit. a der Gründungsverordnungen, um eine gemeinsame Aufsichtskultur zu fördern. Anders als Leitlinien und Empfehlungen können diese Stellungnahmen nur an nationale Aufsichtsbehörden gerichtet sein und nicht an Finanzmarktteilnehmer. Die EBA hat beispielsweise zwei Stellungnahmen im Bereich des Verbraucherschutzes erlassen, die gute Aufsichtspraktiken im Bereich Hypotheken und bei der Behandlung von Schuldnern in Schwierigkeiten zusammenstellen.[433] ESMA hat Stellungnahmen erlassen z.B. für Notfallmaßnahmen der nationalen Behörden im Bereich der Leerverkäufe[434] oder als Übergangsbestimmungen, wenn die Mitgliedstaaten Richtlinien zu spät umgesetzt haben.[435] Außerdem hat ESMA die Praxis entwickelt, als Vorstufe vor einem Sanktionsverfahren nach Art. 17 der Gründungsverordnungen eine Stellungnahme abzugeben, so z.B. im Prospektrecht.[436] In einem weiteren Fall ist unklar, warum ESMA eine Stellungnahme und keine Leitlinien erlassen hat, als sie eine Bestimmung der OGAW-Richtlinie interpretierte.[437]

Ob und wie Empfehlungen von Stellungnahmen der Unionsorgane im Bereich des Art. 288 AEUV abzugrenzen sind, ist umstritten. Ein Vorschlag der Literatur lautet, dass Empfehlungen auf einer eigenen Initiative basierten, Stellungnahmen dagegen als Reaktion auf eine fremde Initiative ergehen würden.[438] Andere bestreiten, dass es einen Unter-

---

[432] Art. 34 der Gründungsverordnungen; zuvor haben die Level-3-Ausschüsse *level 2 advice* erteilt, der nun der Stellungnahme entspricht.

[433] *EBA*, Opinion of the European Banking Authority on Good Practices for Responsible Mortgage Lending, EBA-Op-2013-02; *EBA*, Opinion of the European Banking Authority on Good Practices for the Treatment of Borrowers in Mortgage Payment Difficulties, EBA-Op-2013-03.

[434] *ESMA*, Opinion: Emergency measure by the Greek HCMC under Section 1 of Chapter V of Regulation No 236/2012 on short selling and certain aspects of credit default swaps, ESMA/2013/542.

[435] *ESMA*, Opinion: Practical arrangements for the late transposition of the AIFMD, ESMA/2013/1072.

[436] *ESMA*, Opinion: Format of the base prospectus and consistent application of Article 26(4) of the Prospectus Regulation, ESMA/2013/1944, S. 2; dazu s.u. Kapitel 4, A. III. 2. b. aa.

[437] *ESMA*, Opinion on Article 50(2) (a) of Directive 2009/65/EC, ESMA/2012/721.

[438] *M. Nettesheim*, in: *E. Grabitz/M. Hilf/M. Nettesheim*, Das Recht der EU (Stand Sept. 2013), Art. 288 AEUV, Rn. 201.

schied gebe.[439] Für Stellungnahmen der ESAs gilt, dass diese durchaus auf eigene Initiative der ESAs ergehen können, so dass die im allgemeinen Unionsrecht vorgeschlagene Unterscheidung hier nicht passt. Außerdem haben sie einen eingeschränkteren Adressatenkreis als Empfehlungen.[440] Eine Abgrenzung von Leitlinien und Empfehlungen zu Stellungnahmen erfolgt somit anhand der Bezeichnung, der Adressaten und des Hinweises auf die Rechtsgrundlage in der Gründungsverordnung oder auf die rechtliche Stellung.

3. *Question and Answer-Dokumente*

Weiterhin sind Leitlinien und Empfehlungen von sogenannten *Question and Answer*-Dokumenten abzugrenzen (Q&A-Dokumente). Letztere beziehen in Form eines Frage-und-Antwort-Kataloges (FAQ) Stellung zu konkreten Auslegungsfragen, die die Praxis an nationale Behörden und ESAs heranträgt. Die Level-3-Ausschüsse und nun die ESAs aktualisieren sie regelmäßig. Gegenüber Empfehlungen und Leitlinien sind sie ein milderes Mittel um zu intervenieren. Beispielsweise hat CESR im Rahmen der Prospektrichtlinie ein Q&A-Dokument entwickelt, das vielfach aktualisiert und gut aufgenommen wurde,[441] und inzwischen machen CESR und nun ESMA regen Gebrauch von Q&A-Dokumenten zu allen einschlägigen Richtlinien des Kapitalmarktrechts.[442] Teilweise hat CESR auch von formalen Empfehlungen und Leitlinien abgesehen und ist stattdessen auf ein Q&A-Dokument ausgewichen, wenn es sich wie z.B. im Rahmen des *MiFID best execution*

---

[439] *A. Glaser*, Die Entwicklung des europäischen Verwaltungsrechts aus der Perspektive der Handlungsformenlehre, 2013, S. 375 m.w.N.; *L. Senden*, Soft Law in European Community Law, 2004, S. 162 *et passim*; siehe auch die Nachweise in Fn. 90.

[440] Die „Leistungsobergrenze" ist bei Empfehlungen und Leitlinien mit nationalen Behörden und Finanzmarktteilnehmern eine andere als bei Stellungnahmen, die sich nur an nationale Behörden richten können.

[441] *CESR*, Frequently asked questions regarding Prospectuses: Common positions agreed by CESR Members, CESR/06-296d; *N. Moloney*, EC Securities Regulation, 2008, S. 1125.

[442] So z.B. zur Marktmissbrauchsrichtlinie, zur MiFID oder zur Prospektrichtlinie.

Regime[443] um sehr kontroverse Fragen handelte.[444] Nach und nach kamen bei Marktteilnehmern Bedenken hinsichtlich des rechtlichen Status von Q&A-Dokumenten auf, teilweise forderten sie Konsultationen.[445] Dies haben CESR und nun ESMA zurückgewiesen mit dem Verweis darauf, dass dies unnötig sei.[446] ESMA sieht Q&A-Dokumente als „praktische Hilfsmittel" nach Art. 29 Abs. 2 der Gründungsverordnungen, die sie entwickeln kann, um eine gemeinsame Aufsichtspraxis zu fördern.[447] Vorteile von Q&A-Dokumenten sind, dass sie praktikabel sind und schneller erstellt werden können als Leitlinien und Empfehlungen, da kein Konsens oder keine qualifizierte Mehrheit erforderlich ist. Nachteilig ist jedoch, dass sie das schon dichte Regelungsfeld verkomplizieren und die Grenze zwischen bindenden und nichtbindenden Maßnahmen verwischen.[448]

EBA entwickelt – in Zusammenarbeit mit der Kommission – ein *Single Rulebook Q&A*, in dem sie Fragen zur Eigenkapitalrichtlinie und den Durchführungsverordnungen und EBA-Leitlinien beantwortet,[449] und auch EIOPA beantwortet Fragen zu ihren Leitlinien.[450] Anders als ESMA, die Q&A in einem gesondertem Dokument veröffentlicht, beantworten EBA und EIOPA einzelne Fragen, die man über eine Suchmaschine aufrufen kann. Kritisch zu Q&A äußerte sich die Kommissi-

[443] Die Verpflichtung zur *best execution* bedeutet, dass ein Wertpapierunternehmen den Auftrag eines Kunden zu den bestmöglichen Bedingungen ausführen muss.

[444] *N. Moloney*, EC Securities Regulation, 2008, S. 1141; *CESR*, Best Execution under MiFID: Questions & Answers, CESR/07-320.

[445] *N. Moloney*, EC Securities Regulation, 2008, S. 1125, Fn. 136; *CESR*, CESR MiFID Level 3 Expert Group Workplan for Q4/2007-2008, CESR/07-704c, 2 f.

[446] Siehe z.B. *ESMA*, Questions and Answers: Key Investor Information Document (KIID) for UCITS, ESMA/2012/592, Ziff. 8.

[447] *ESMA*, Questions and Answers: Key Investor Information Document (KIID) for UCITS, ESMA/2012/592, Ziff. 7. Bei Bedarf behält sie sich vor, die Inhalte in Leitlinien nach Art. 16 der Gründungsverordnungen umzuwandeln, dazu z.B. *ESMA*, Questions and Answers: Key Investor Information Document (KIID) for UCITS, ESMA/2012/592, Ziff. 9.

[448] *N. Moloney*, EC Securities Regulation, 2008, S. 1125.

[449] Siehe http://www.eba.europa.eu/single-rule-book-qa# (15.09.2015).

[450] Siehe https://eiopa.europa.eu/regulation-supervision/q-a-on-regulation (15.09.2015).

on, die darauf verweist, dass die ESAs Recht anzuwenden haben, dieses jedoch nicht interpretieren sollen.[451]

Die Abgrenzungsfrage zu Leitlinien und Empfehlungen stellt sich vor allem für die Q&A-Dokumente von ESMA. Hier erfolgt die Abgrenzung eindeutig über die Bezeichnung und die Hinweise auf Art. 16 der Gründungsverordnungen, die bei Q&A-Dokumenten fehlen.

4. Prinzipien

In der Rubrik *Guidelines* der Homepages der ESAs finden sich auch *Principles*, also Prinzipien. CEBS hat z.B. vor 2011 viermal Prinzipien herausgegeben. Die *High Level Principles for Remuneration Policies* und *High Level Principles for Risk Management* bezeichnete CEBS im laufenden Text als *guideline*.[452] Die „EBA-Leitlinien zur Internen Governance" 2011 haben diese *Principles* dann ausdrücklich aufgehoben.[453] Die *Principles for disclosures in times of stress (Lessons learnt from the financial crisis)* waren für die Konsultation zunächst als Leitlinien veröffentlicht worden.[454] Weiterhin haben CEBS und CEIOPS gemeinsam Prinzipien herausgegeben, namentlich *Colleges of Supervisors – 10 Common Principles*.[455] Die Bezeichnung „*Principles*" wird damit erläutert, dass diese eine übergeordnete, abstraktere Ebene darstellen.[456]

---

[451] Zu Q&A für Leerverkäufe siehe *ESMA*, Summary of Conclusions BoS meeting 29.01.2013, ESMA/2013/BS/30, S. 3; zur EBA: *EBA*, Minutes of the EBA BoS meeting 25.-26.09.2012, EBA BS 2012 207, Nr. 24.

[452] *CEBS*, High-level principles for Remuneration Policies, 20.04.2009; *CEBS*, High Level Principles for Risk Management, 16.02.2010.

[453] *EBA*, EBA-Leitlinien zur Internen Governance, GL 44, EBA BS 2011 116, Ziff. 34.

[454] *CEBS*, Disclosure guidelines: Lessons learnt from the financial crisis, 9.10.2009, CP 30.

[455] *CEBS/CEIOPS*, Colleges of Supervisors – 10 Common Principles, CEIOPS-SEC-54/08.

[456] *CEBS*, Feedback to the consultation on CEBS's High level principles for risk management (CP 24), 16.02.2010, S. 1. Entsprechend auch die Differenzierung des FSB: Prinzipien schreiben fundamentale Grundsätze eines Regelungsgebietes fest und sind abstrakt formuliert, siehe *A. van Aaken*, Transnationales Kooperationsrecht nationaler Aufsichtsbehörden als Antwort auf die Heraus-

EBA und ESMA haben 2013 gemeinsame Prinzipien für die Ermittlung von Referenzgrößen erlassen, die der Libor-/Euribor-Skandal angestoßen hat.[457] Ziel ist es, zukünftige Skandale wie die Manipulationen von Libor (und Euribor) zu verhindern, wobei die Prinzipien eine Interimslösung sind, bis Unionsgesetzgebung in Kraft tritt.[458] Während des Ausarbeitungsprozesses schwankte die Bezeichnung zwischen Leitlinien und Prinzipien.[459] Die Rechtsnatur der Prinzipien bleibt unklar. Der Text sagt, dass sie unverbindlich seien,[460] und „by their nature ‚principles'", so dass Übergangsregelungen nicht erforderlich seien.[461] Die Bezeichnung als Prinzipien dürfte auf die Adressaten zurückzuführen sein. Diese sind zwar nicht ausdrücklich benannt, erschließen sich aber aus dem Kontext: Nicht nur Finanzinstitute wie Banken, sondern auch Börsen, Nutzer der Benchmarks, Benchmark-Ersteller und Veröffentlicher weltweit sind angesprochen.[462] Das geht über die Adressaten

---

forderung globalisierter Finanzmärkte, in: *C. Möllers/A. Voßkuhle/ C. Walter* (Hrsg.), Internationales Verwaltungsrecht, 2007, S. 219, 230 f.

457 *ESMA/EBA*, ESMA-EBA Principles for Benchmark-Setting Processes in the EU, ESMA/2013/658. Ein Benchmark ist ein Index, der anhand eines repräsentativen Datensatzes ermittelt und als Referenzkurs für ein Finanzinstrument oder einen Finanzkontrakt oder zur Messung der Wertentwicklung eines Investmentfonds herangezogen wird, siehe *Europäische Kommission*, Pressemitteilung v. 18.09.2013, Neue Maßnahmen sollen Vertrauen in Benchmarks nach LIBOR- und EURIBOR-Skandal wiederherstellen, IP/13/841, http://europa.eu/rapid/press-release_IP-13-841_de.htm (15.09.2015).

458 *ESMA/EBA*, Final Report – ESMA-EBA Principles for Benchmark-Setting Processes in the EU, ESMA/2013/658, S. 4; Vorschlag für eine Verordnung des Europäischen Parlaments und des Rates über Indizes, die bei Finanzinstrumenten und Finanzkontrakten als Benchmark verwendet werden, KOM(2013) 641.

459 *ESMA*, Summary of Conclusions BoS meeting 11.09.2012, ESMA/2012/BS/124, S. 3; *ESMA*, Summary of Conclusions BoS meeting 6.11.2012, ESMA/2012/BS/143, S. 8.

460 *ESMA/EBA*, Final Report – ESMA-EBA Principles for Benchmark-Setting Processes in the EU, ESMA/2013/658, S. 4.

461 *ESMA/EBA*, Final Report – ESMA-EBA Principles for Benchmark-Setting Processes in the EU, ESMA/2013/658, S. 22.

462 Siehe die Definitionen in *ESMA/EBA*, ESMA-EBA Principles for Benchmark-Setting Processes in the EU, ESMA/2013/658 S. 4; siehe zur Problematik auch das Interview mit der Präsidentin der BaFin, *E. König*, Interview vom 3.07.2013, http://www.bafin.de/SharedDocs/Veroeffentlichungen/DE/Fachartikel/2013/fa_bj_2013_07_referenzzinssaetze.html (15.09.2015).

von Leitlinien hinaus. Aufgrund der anderen Bezeichnung und eines fehlenden Hinweises auf Art. 16 der Gründungsverordnungen handelt es sich bei den Prinzipien nicht um Leitlinien oder Empfehlungen der ESAs.

5. *Framework*

Die EBA hat 2011 eine *Revision of its framework on Common Reporting (COREP rev3)* veröffentlicht, die auf der Homepage – wie auch die Vorläuferversionen von 2006, 2008 und 2010 – unter der Rubrik *Guidelines* eingeordnet ist. Einerseits forderte Art. 74 der CRD II[463] CEBS auf, Leitlinien zur Einführung eines einheitlichen Meldeformats für Eigenkapitalberechnungen herauszugeben. Die EBA bezeichnet das „Framework" auch in ihrem Jahresbericht 2011 als „guideline", d.h. sie scheint von Leitlinien auszugehen.[464] Andererseits sind die Bezeichnungen *guideline* oder *guidance* weder im Titel noch im sonstigen Text enthalten. Auch die Konsultationsdokumente sprechen nicht von Leitlinien und das *Framework on Common Reporting* besteht aus mehreren Dokumenten und Excel-Tabellen. Es findet sich kein Hinweis auf die rechtliche Stellung oder Art. 16 der Gründungsverordnungen. All dies spricht eher gegen eine Einordnung als „Leitlinie". Das *Framework* haben EBA und die Kommission inzwischen in verbindliche technische Standards überführt, so dass die Frage der Einordnung entfallen ist.[465]

---

463 Art. 74 Abs. 2 der Richtlinie 2006/48/EG des Parlaments und des Rates geändert durch die Richtlinie 2009/111/EG (CRD II), ABl. 2009 L 302, S. 97, aufgehoben durch die Richtlinie 2013/36/EU, ABl. 2013 L 176, S. 338.

464 Im Glossar wird COREP als *Guidelines on Common Reporting* erläutert, siehe *EBA*, Annual Report 2011, S. 44.

465 Auf der Grundlage von Art. 74 Abs. 2 der Richtlinie 2006/48/EG des Parlaments und des Rates geändert durch die Richtlinie 2010/78/EU (Omnibus I), ABl. 2010 L 331, S. 120, aufgehoben durch die Richtlinie 2013/36/EU, ABl. 2013 L 176, S. 338 bzw. Art. 99 der Verordnung (EU) Nr. 575/2013 des Parlaments und des Rates über Aufsichtsanforderungen an Kreditinstitute und Wertpapierfirmen (CRR), ABl. 2013 L 176, S. 1: Entwurf des technischen Durchführungsstandards für die aufsichtlichen Meldungen der Institute gemäß der Verordnung (EU) Nr. 575/2013, http://ec.europa.eu/internal_market/bank/docs/regcapital/implementing/140108_act_de.pdf (15.09.2015).

III. Zusammenfassung

Die aufgeführten Zweifelsfälle zeigen, dass die Praxis uneinheitlich verfährt: Auch die Bezeichnung, Adressaten und die Hinweise auf die rechtliche Stellung sind keine eindeutigen Identifikationskriterien. Als vorausgesetztes Identifikationsmerkmal tragen die untersuchten Rechtsakte im Regelfall die Bezeichnung „Empfehlung(en)“ oder „Leitlinien“ (*guidelines* oder *guidance*). Außerdem enthalten die Rechtsakte seit 2011 grundsätzlich Hinweise zur rechtlichen Stellung (nach Art. 16 der Gründungsverordnungen), was als Abgrenzungsmerkmal zu anderen unverbindlichen Handlungen der ESAs dient. Allerdings bestätigen Ausnahmen die Regel: Denn vereinzelt fehlen diese Hinweise, obwohl der Rechtsgrundlage nach Leitlinien nach Art. 16 der Gründungsverordnungen vorliegen.

IV. Abgrenzung von Empfehlungen und Leitlinien der Europäischen Aufsichtsbehörden

Empfehlungen und Leitlinien der ESAs sind bislang gemeinsam erörtert worden. Nun fragt sich, ob sie sich voneinander abgrenzen lassen. Von den formalen Identifikationsmerkmalen her tragen sie eine unterschiedliche Bezeichnung (s.o.), was zunächst einmal für zwei verschiedene Handlungsformen spräche. Die weiteren formalen Merkmale wie der Hinweis auf die rechtliche Stellung (mit der Rechtsgrundlage Art. 16) und der Aufbau lassen jedoch eine Differenzierung nicht zu. Allenfalls wenn sich bei Empfehlungen der Aufbau mit Erwägungsgründen und Einleitungsformel durchsetzt, ließen sie sich formal abgrenzen von Leitlinien. Dafür ist jedoch nach den EBA-Empfehlungen 2013 zum Euribor-Panel[466] und zu *asset quality reviews*,[467] die äußerlich den Leitlinien ähneln, nichts ersichtlich. Es ist nicht ausgeschlossen, dass dieselbe Handlungsform unter verschiedenen Bezeichnungen auftritt, wenn sie hinsichtlich aller formdeterminierten rechtlichen Eigenschaften übereinstimmt. Die Rechtsakte mit unterschiedlichen Bezeichnungen sind dann als Unterfälle derselben Handlungsform einzuordnen.[468] Bei-

---

[466] EBA-Empfehlungen zur Beaufsichtigung von Tätigkeiten im Zusammenhang mit der Teilnahme von Banken am Euribor-Panel, EBA/REC/2013/01.

[467] *EBA*, Recommendations on asset quality reviews, EBA/REC/2013/04.

[468] *J. Bast*, Grundbegriffe der Handlungsformen der EU, 2006, S. 161 f.

spielsweise ist anerkannt, dass staatengerichtete Empfehlungen nach dem EGKS-Vertrag und EG-Richtlinien derselben Handlungsform angehören.[469] Allein die unterschiedliche Bezeichnung als „Empfehlungen" oder „Leitlinien" bedeutet noch nicht, dass es sich um zwei Handlungsformen handelt, wenn die Unterscheidung letztlich folgenlos bleibt.

Der Lamfalussy-Bericht hatte ursprünglich eine Differenzierung zwischen Empfehlungen und Leitlinien vorgesehen. Empfehlungen sollten zu Auslegungsfragen ergehen, d.h. zu bestehendem Unionsrecht, Leitlinien und Standards sollten demgegenüber in nicht vom Unionsrecht erfassten Bereichen erlassen werden.[470] Dies hat sich in der Praxis allerdings nicht durchgesetzt, denn die Level-3-Ausschüsse erließen Leitlinien auch in solchen Bereichen, die vom Unionsrecht abgedeckt waren.[471] In mindestens einem Fall hat die Bezeichnung von einer geplanten „Leitlinie" hin zu „Empfehlungen" gewechselt.[472] Dies verdeutlicht, dass die Bezeichnung nicht von Anfang an festgelegt ist und inhaltlich keine großen Unterschiede bestehen können.

Andere inhaltliche Abgrenzungsversuche können nicht überzeugen. Manche schreiben Empfehlungen eine stärkere Ratschlagfunktion zu oder einen moralischen Appellcharakter,[473] wohingegen Leitlinien anders als Empfehlungen eine Gestaltungsfunktion hätten, um bestimmte

---

[469] *EuGH*, Rs. 221/88, Busseni, Slg. 1990, I-0495, Rn. 21.

[470] Schlussbericht des Ausschusses der Weisen über die Regulierung der Europäischen Wertpapiermärkte, 25.02.2001, http://ec.europa.eu/internal_market/securities/docs/lamfalussy/wisemen/final-report-wise-men_de.pdf, S. 10 (15.09.2015).

[471] *N. Moloney*, The Committee of European Securities Regulators and level 3 of the Lamfalussy Process, in: *M. Tison/H. De Wulf/C. Van der Elst/R. Steennot* (Hrsg.), Perspectives in company law and financial regulation, 2009, S. 449, 451 zu CESR; vgl. auch die CESR-ESCB Recommendations und die damit verbundenen Schwierigkeiten: *CESR/EZB*, Recommendations for securities settlement systems and recommendations for central counterparties in the European Union, CESR/09-446, s.u. Kapitel 4, B. II. 2.

[472] Die Empfehlungen zur Prospektverordnung (*CESR*, CESR's recommendations for the consistent implementation of the European Commission's Regulation on Prospectuses n° 809/2004, CESR/05-054b) waren im ursprünglichen *call for evidence* (CESR/04-057) als Leitlinie gedacht.

[473] *L. Martino Levi*, The European Banking Authority: Legal Framework, Operations and Challenges Ahead, Tulane European and Civil Law Forum 28 (2013), S. 51, 69.

Auslegungsinhalte festzustellen.[474] Dies widerspricht dem Lamfalussy-Bericht, der gerade Empfehlungen als Auslegungshilfen konzipiert hatte, und der Praxis, die Empfehlungen und Leitlinien als Auslegungshilfen einsetzt. Vor allem aber kann nur eine an formalen Kriterien orientierte Abgrenzung weiterführen, weil nur dadurch die Adressaten in einer *ex ante*-Betrachtung wissen können, welche rechtlichen Erwartungen sie an die Rechtsakte stellen können.[475]

Ein Vorschlag der Literatur unterscheidet anhand des Adressaten: Leitlinien seien im Regelfall an die nationale Behörde gerichtet, Empfehlungen demgegenüber direkt an die Marktteilnehmer.[476] Diese Ansicht stützt sich auf ein CESR-Dokument, das – in einem einheitlichen Dokument – Leitlinien und Empfehlungen enthält und die Differenzierung anhand des Adressaten ausdrücklich festhält.[477] Zwar mag diese Ansicht für einige Empfehlungen der Anfangszeit zutreffen,[478] jedoch gab es auch Empfehlungen, die an die nationalen Behörden gerichtet waren.[479] Diese scheinen in den letzten Jahren zuzunehmen, wie z.B. die

---

[474] *S. Thomas*, Die Bindungswirkung von Mitteilungen, Bekanntmachungen und Leitlinien der EG-Kommission, EuR 2009, S. 423, 424.

[475] Dazu bereits oben Kapitel 3, A.

[476] *T. M. J. Möllers*, Europäische Methoden- und Gesetzgebungslehre im Kapitalmarktrecht – Vollharmonisierung, Generalklauseln und soft law im Rahmen des Lamfalussy-Verfahrens als Mittel zur Etablierung von Standards, Zeitschrift für europäisches Privatrecht 2008, S. 480, 491; etwas anders *Hupka* mit der Schlussfolgerung, es finde keine klare Trennung zwischen Leitlinien und Empfehlungen statt: *J. Hupka*, Die Integration der europäischen Finanzmärkte: Zur Rolle des Commitee of European Securities Regulators (CESR) und der Bindungswirkung von Standards, Zeitschrift für Gemeinschaftsprivatrecht 2008, S. 286, 289.

[477] Publication and Consolidation of MiFID Market Transparency Data, Level 3 CESR's guidelines and recommendations for the consistent implementation of the Directive 2004/39/EC and the European Commission's Regulation n° 1287/2006, CESR/07-043, Ziff. 1.14.

[478] So ist z.B. die CESR Recommendation on Alternative Performance Measures, CESR/05-178b an die *issuer* (Emittenten) gerichtet. Andere Empfehlungen richten sich formal an die nationalen Behörden, inhaltlich aber an die Marktteilnehmer (z.B. die erste Empfehlung von CESR: *CESR*, European Regulation on the Application of IFRS in 2005, Recommendation for additional guidance regarding the transition to IFRS, CESR/03-323e).

[479] *CESR*, Inducements under MiFID, Recommendations, CESR/07-228b; *CESR/EZB*, Recommendations for securities settlement systems and

Empfehlungen der EBA zur Bankenrekapitalisierung.[480] Art. 16 der Gründungsverordnungen setzt voraus, dass sich Leitlinien und Empfehlungen an nationale Behörden *und* Finanzmarktteilnehmer richten können. Dies ergibt sich ausdrücklich aus Art. 16 Abs. 3 UAbs. 4, wonach Finanzmarktteilnehmer Bericht erstatten, ob sie der Leitlinie oder Empfehlung nachkommen.[481] Deshalb lassen sich Leitlinien und Empfehlungen nicht anhand des Adressaten abgrenzen.

Vielmehr differenziert Art. 16 der Gründungsverordnungen nicht zwischen Leitlinien und Empfehlungen, sondern es scheint dasselbe Rechtsregime (z.B. hinsichtlich des *comply or explain*-Mechanismus) zu gelten. Dies spiegelt sich auch in der EBA-Entscheidung des Rates der Aufseher über das Verfahren bei technischen Standards sowie Leitlinien und Empfehlungen wieder. Dort wird zu Beginn definiert, dass unter *„guidelines"* *„guidelines and recommendations"* zu verstehen sind.[482] Dies bedeutet, dass Leitlinien und Empfehlungen gleich behandelt werden. Ebenso hat ESMA im Jahr 2013 zwei Rechtsakte erlassen, die als „Leitlinien und Empfehlungen" bezeichnet sind und durchgängig beide Begriffe gebrauchen ohne zu differenzieren.[483] Die Praxis unterscheidet demnach nicht zwischen Leitlinien und Empfehlungen. Aus den aufgezeigten Gründen geht deshalb auch diese Arbeit vorerst davon aus, dass eine Abgrenzung von Leitlinien und Empfehlungen nicht möglich ist.

---

recommendations for central counterparties in the European Union, CESR/09-446.

480 *EBA*, EBA Recommendation on the creation and supervisory oversight of temporary capital buffers to restore market confidence, EBA/REC/2011/1; s.o. Kapitel 2, B. II. 2.

481 Dabei ist der deutsche Wortlaut hinsichtlich der „Erforderlichkeit" der Berichterstattung unklar. Gemeint ist, dass eine Berichterstattung in der Publikation vorgesehen ist, keine materielle Wertung der „Erforderlichkeit". Dies ergibt sich auch aus der englischen Fassung: „required by that guideline or recommendation", siehe *G. Baur/M. Boegl*, Die neue europäische Finanzmarktaufsicht – Der Grundstein ist gelegt, Zeitschrift für Bank- und Kapitalmarktrecht 2011, S. 177, 183, Fn. 88.

482 Art. 2 lit. a der Decision of the European Banking Authority adopting a Procedure for developing and adopting Draft Technical Standards and Guidelines and Recommendations, 25.09.2012, EBA DC 030.

483 *ESMA*, Leitlinien und Empfehlungen für die Erstellung kohärenter, effizienter und wirksamer Bewertungen von Interoperabilitätsvereinbarungen, ESMA/2013/322 DE; *ESMA*, Leitlinien und Empfehlungen zu schriftlichen Vereinbarungen zwischen Mitgliedern von CCP-Kollegien, ESMA/2013/1390.

Ob dies tatsächlich der Fall ist und dasselbe Rechtsregime anwendbar ist, wird im Laufe der Untersuchung zu zeigen sein.

C. Zusammenfassung und Stellungnahme

Die Evaluierung der Praxis hat ergeben, dass diese – insbesondere vor 2011 – uneinheitlich verfahren ist und dass es bislang keine eindeutigen Abgrenzungskriterien gibt. Die verschiedenen erörterten Zweifelsfälle zeigen, dass bei den unverbindlichen Level-3-Maßnahmen (vor 2011) eine genaue Definition und abschließende Identifikationskriterien nicht wichtig waren: Ob *principles* oder *framework* oder *guide* hatte im Ergebnis keine Bedeutung. Zwar wollten die Level-3-Ausschüsse 2006 gemeinsame Definitionen erarbeiten, dies wurde jedoch – soweit ersichtlich – nicht umgesetzt.[484] Anders als bei verbindlichen Handlungsformen war eine trennscharfe Abgrenzung aus Sicht der Betroffenen aber auch nicht erforderlich. Dies änderte sich erst seit der *comply or explain*-Mechanismus eingeführt wurde. Seitdem ist die Bezeichnung als „Empfehlung(en)“ oder „Leitlinien“ durchgängig und als Identifikationsmerkmal geeignet.

Die Bezeichnung im Titel als „Leitlinien“ oder „Empfehlung(en)“ ist dabei das wichtigste Merkmal. Die Überschrift ist Teil des Rechtsakts[485] und mit dieser Selbstbeschreibung an exponierter Stelle ordnen sich die Rechtsakte einer Gruppe von bestehenden Akten zu. Bei Empfehlungen wird auf Empfehlungen nach Art. 288 AEUV Bezug genommen. Außerdem wird bei Empfehlungen und Leitlinien auf die Gattung von vorher erlassenen Empfehlungen und Leitlinien Bezug genommen.[486] Somit ordnen sich neue Empfehlungen und Leitlinien in eine bereits bestehende Gruppe ein und es entsteht die Erwartung, dass sie dann auch dieselben rechtlichen Eigenschaften teilen.

Die Bezeichnung alleine ist jedoch als Identifikationsmerkmal nicht ausreichend. Wie bei den Zweifelsfällen erörtert, gibt es auch andere „Empfehlungen“ der ESAs nach Art. 17 und 18 der Gründungsverord-

---

[484] *CESR*, 2006 report on Supervisory Convergence in the field of Securities Markets, CESR/06-259b, S. 10.

[485] *EuGH*, Rs. C-255/99, Humer, Slg. 2002, I-1205, Rn. 48; dazu auch *J. Bast*, Grundbegriffe der Handlungsformen der EU, 2006, S. 160.

[486] Ähnlich für den Beschluss *J. Bast*, Grundbegriffe der Handlungsformen der EU, 2006, S. 160 ff.

nungen. Deshalb sind weitere Kriterien notwendig. Bei Empfehlungen innerhalb des Sanktionsverfahrens des Art. 17 der Gründungsverordnungen können nur die nationalen Aufsichtsbehörden Adressaten sein, anders als bei Empfehlungen nach Art. 16 der Gründungsverordnungen. Über die Adressaten lassen sich auch die vertraulichen Empfehlungen im Krisenfall nach Art. 18 der Gründungsverordnungen von solchen nach Art. 16 unterscheiden, da erstere an den Rat gerichtet sind. Hinsichtlich der genannten Adressaten (nationale Aufsichtsbehörden und Finanzmarktteilnehmer) bleibt zudem festzuhalten, dass Leitlinien und Empfehlungen der ESAs zwei Untertypen bilden: zum einen generelle Rechtsakte, zum anderen individuelle. Als weiteres Kriterium dienen schließlich die Hinweise auf die rechtliche Stellung (nach Art. 16 der Gründungsverordnungen). Wie gezeigt, existieren diese Hinweise jedoch erst seit 2011 und sind auch nicht bei allen Leitlinien vorhanden, so dass die Praxis dieses Kriterium noch nicht durchgängig verwendet.

D. Vorschlag: Identifizierung von Leitlinien und Empfehlungen der Europäischen Aufsichtsbehörden anhand dreier Kriterien

Die Praxis hat jedoch – insbesondere bei Empfehlungen der EBA – auch gezeigt, dass die ESAs derzeit auf der Suche nach einer passenden Form für Leitlinien und Empfehlungen sind und dass Abgrenzungskriterien dabei hilfreich sein können. Vor allem Empfehlungen scheinen einen Verrechtlichungsprozess zu durchlaufen, da sie teilweise mit Erwägungsgründen und einer Einleitungsformel Empfehlungen der anderen Unionsorgane und verbindlichen Rechtsakten wie Verordnungen ähneln.[487] Diesen Prozess der formalen Konsolidierung[488] will die Arbeit mit einem Vorschlag unterstützen.

---

[487] Es ist verwunderlich, dass die Empfehlungen von der Form her so unterschiedlich ausfallen, obwohl die EBA intern *quality criteria for drafting guidelines* verwendet, die als ein *style guide* für eine einheitliche Form sorgen sollen, siehe dazu Art. 4 lit. e und Art. 13.1 der Decision of the European Banking Authority adopting a Procedure for developing and adopting Draft Technical Standards and Guidelines and Recommendations, 25.09.2012, EBA DC 030. Ein Verweis auf eine formale Umstrukturierung findet sich auch in *EBA*, EBA-Leitlinien zu Fortgeschrittenen Messansätzen (AMA) – Erweiterungen und Änderungen, EBA/GL/2012/1, S. 20 (englische Fassung). Ebenso verwendet EIOPA einen *style guide*: „EIOPA 11/151 Guidelines and Recommendations –

Ich schlage deshalb vor, dass sich Leitlinien und Empfehlungen anhand dreier Kriterien bestimmen lassen sollten: Erstens tragen sie die Bezeichnung „Leitlinien" (*guidelines*) oder „Empfehlungen" (*recommendations*). Zweitens sind Leitlinien und Empfehlungen an nationale Aufsichtsbehörden und/oder Finanzmarktteilnehmer als Adressaten gerichtet. Drittens enthalten sie Hinweise auf die rechtliche Stellung verbunden mit einer ausdrücklichen Bezugnahme auf Art. 16 der Gründungsverordnungen als Rechtsgrundlage. Dies erleichtert es den Rechtsanwendern erheblich, Leitlinien und Empfehlungen als solche zu erkennen und dient damit der Rechtsklarheit im Sinne des Rechtsstaatsprinzips.

Mit diesen Kriterien sollten die vor 2011 von den Vorläuferausschüssen verwendeten Bezeichnungen *principles*, *framework*, *guide* etc. in Zukunft nicht mehr verwendet werden. Auch sollte es – anders als noch die ESMA-Leitlinien zur Delegation[489] – keine weiteren Leitlinien und Empfehlungen geben, die keine Hinweise auf die rechtliche Stellung enthalten. Schließlich geht diese Arbeit vorerst davon aus, dass sich Leitlinien und Empfehlungen nicht voneinander abgrenzen lassen, sondern eine Handlungsform bilden.

Framework, process and style guide", *EIOPA*, EIOPA Board of Supervisors Meeting 14.-15.06.2012, Approved Minutes, EIOPA-BoS-12/068, S. 2 f.

[488] So ähnlich für interinstitutionelle Vereinbarungen *F. von Alemann*, Die Handlungsform der interinstitutionellen Vereinbarung, 2006, S. 124 f.

[489] *ESMA*, Leitlinien und Empfehlungen zur Zusammenarbeit einschließlich Delegation zwischen der ESMA, den zuständigen Behörden und den sektoralen zuständigen Behörden gemäß Verordnung (EU) Nr. 513/2011 über Ratingagenturen, ESMA/2011/188 DE.

Kapitel 4: Rechtsregime

Das folgende Kapitel widmet sich dem Rechtsregime von Leitlinien und Empfehlungen. Nachdem die Kriterien feststehen, anhand derer sich die untersuchten Leitlinien und Empfehlungen ermitteln lassen, stehen nun die auf diese Rechtsakte anwendbaren rechtlichen Regelungen im Mittelpunkt, d.h. die Regeln, die an die Qualifizierung als „Leitlinie" oder „Empfehlung" anknüpfen und so durch die Wahl dieser Handlungsform aktiviert werden. Dabei stellt sich auch die Frage, ob die ESAs durch ihre Leitlinien und Empfehlungen zur Zähmung und Stabilisierung der Finanzmärkte beitragen können.

Das Rechtsregime einer Handlungsform besteht aus drei Elementen:[490] Erstens entfalten Leitlinien und Empfehlungen rechtliche Wirkungen, wobei Rechtswirkungen ein komplexes Bündel verschiedener rechtlicher Potentiale meint, zusammengefasst als Wirkungsmodus (A.). Zweitens legt die Handlungsform verschiedene Gültigkeitsanforderungen fest, die die Wirksamkeit und Rechtmäßigkeit der Rechtsakte betreffen, zusammengefasst als Gültigkeitsregime (B.). Schließlich hat die Handlungsform Auswirkungen auf die Haftung und den Rechtsschutz, d.h. das Kontrollregime (C.).

A. Wirkungsmodus

Die Einschätzung der Wirkungen von Leitlinien und Empfehlungen reicht von einer absoluten Unverbindlichkeit[491] bis hin zur faktischen

---

[490] Zum Folgenden *J. Bast*, Grundbegriffe der Handlungsformen der EU, 2006, S. 20.

[491] *G. Baur/M. Boegl*, Die neue europäische Finanzmarktaufsicht – Der Grundstein ist gelegt, Zeitschrift für Bank- und Kapitalmarktrecht 2011, S. 177, 183; *C. Duve/M. Keller*, MiFID: Die neue Welt des Wertpapiergeschäfts, Betriebs-Berater 2006, S. 2425 ff.; *W. Groß*, Kapitalmarktrecht, Kommentar, 2012, § 4 WpPG, Rn. 21; *H. Zülch/S. Hoffmann/D. Detzen*, ESMA – Die neue europäische Wertpapier- und Kapitalmarktaufsicht, Europäisches Wirtschafts- und Steuerrecht 2011, S. 167, 170.

J.E. Dickschen, *Empfehlungen und Leitlinien als Handlungsform der Europäischen Finanzaufsichtsbehörden,* Beiträge zum ausländischen öffentlichen Recht und Völkerrecht, DOI 10.1007/978-3-662-54361-0_5

Bindungswirkung[492] oder einer faktisch rechtsetzenden Leitfunktion.[493] Vereinzelt werden die Maßnahmen zwar als sinnvoll erachtet, aber nicht als sehr einschneidend.[494] Die Präsidentin der BaFin, *Dr. Elke König*, betont hingegen, dass die Leitlinien „de jure nicht verbindlich sind, de facto aber doch".[495] Dem entspricht, dass auch die Bundesbank die EBA-Empfehlung zur Bankenrekapitalisierung als Verpflichtung der Banken darstellt.[496]

Der Wirkungsmodus einer Handlungsform ist zentral, weil sich dieser je nach Handlungsform unterscheidet und so die Rechtsakte ausdifferenziert. Nach einem Blick auf die faktischen Wirkungen der Leitlinien und Empfehlungen (I.) erfolgt ein Rückblick auf die Rechtsakte der Level-3-Ausschüsse (II.). Schließlich stellt dieses Unterkapitel die einzelnen Wirkungen der Leitlinien und Empfehlungen der ESAs vor (III.)

I. Faktische und rechtliche Wirkungen

Die Literatur weist oft auf erhebliche faktische Wirkungen von Empfehlungen und Leitlinien hin, wie beispielsweise den CESR-Empfehlungen zur Prospektverordnung, die eine Interpretationshilfe zu ausgewählten Bestimmungen der Anhänge der Prospektverordnung im Wertpapierrecht enthalten.[497] Nationale Behörden, in Deutschland die

---

[492] *M. U. Brohm*, Die „Mitteilungen" der Kommission im Europäischen Verwaltungs- und Wirtschaftsraum, 2012, S. 83.

[493] *S. Kalss/M. Oppitz/J. Zollner*, Kapitalmarktrecht, Bd. I – System, 2005, S. 80.

[494] *R. H. Weber/L. Lezzi*, Neues Europäisches Finanzmarktaufsichtssystem, in: *A. Epiney/ T. Fasnacht* (Hrsg.), Schweizerisches Jahrbuch für Europarecht, 2011, S. 251, 259.

[495] *E. König*, Rede zum Neujahrsempfang der BaFin am 2.02.2012, http://www.bafin.de/SharedDocs/Reden/DE/re_120202_neujahrspresseempfang_p.html (15.09.2015).

[496] *Deutsche Bundesbank*, Finanzstabilitätsbericht 2012, http://www.bundesbank.de/Redaktion/DE/Downloads/Veroeffentlichungen/Finanzstabilitaetsberichte/2012_finanzstabilitaetsbericht.pdf?__blob=publicationFile, S. 27 (15.09.2015).

[497] *CESR*, CESR's recommendations for the consistent implementation of the European Commission's Regulation on Prospectuses n° 809/2004, CESR/05-054b.

BaFin, folgen diesen Empfehlungen und so billigt die BaFin Prospekte (im Rahmen des Verfahrens nach § 13 WpPG), die nicht den Empfehlungen entsprechen, grundsätzlich nicht. Damit sind die Empfehlungen aus Emittentensicht nahezu gesetzesgleich und entfalten enorme faktische Wirkungen.[498]

Aus Sicht der Finanzmarktteilnehmer ist es verständlich, den Empfehlungen und Leitlinien eine solche Bedeutung beizumessen, um Risiken zu vermindern:[499] Jeder Anwalt wird seinen Mandanten empfehlen, die Empfehlungen und Leitlinien einzuhalten, um ein mögliches Einschreiten der nationalen Finanzaufsichtsbehörden auf der Grundlage des nationalen Rechts zu vermeiden.

Empfehlungen der Unionsinstitutionen entfalten psychologisch-politische Wirkungen kraft der Autorität der EU.[500] Dasselbe kann für Empfehlungen und Leitlinien der ESAs gelten, die den gesammelten Sachverstand von 28 nationalen Aufsichtsbehörden vereinen und somit eine Autorität ausstrahlen.[501] Die faktischen Wirkungen bedeuten, dass die Empfehlungen und Leitlinien der ESAs eine Steuerungswirkung entfalten[502] und eine Einhegung durch das öffentliche Recht notwendig wird, weil die Aufsichtsbehörden durch die Empfehlungen und Leitlinien supranationale öffentliche Gewalt ausüben.[503]

Ausgehend von den faktischen Wirkungen stellt sich die Frage, welche rechtlichen Wirkungen von Empfehlungen und Leitlinien ausgehen. Ei-

---

[498] *G. Spindler/J. Hupka*, Bindungswirkung von Standards im Kapitalmarktrecht, in: *T. M. J. Möllers* (Hrsg.), Geltung und Faktizität von Standards, 2009, S. 117, 129 f.; *N. Moloney*, The Committee of European Securities Regulators and level 3 of the Lamfalussy Process, in: *M. Tison/H. De Wulf/C. Van der Elst/R. Steennot* (Hrsg.), Perspectives in company law and financial regulation, 2009, S. 449, 455; *R. Veil*, Europäisches Kapitalmarktrecht, 2011, S. 55.

[499] *N. Moloney*, EC Securities Regulation, 2008, S. 1142.

[500] *M. Schweitzer/W. Hummer/W. Obwexer*, Europarecht, 2007, Rn. 314 f.; *M. Ruffert*, in: *C. Calliess/M. Ruffert* (Hrsg.), EUV/AEUV, Kommentar, 2011, Art. 288 AEUV, Rn. 95.

[501] Ähnlich für die EBA *K. Michel*, Die neue Europäische Bankenaufsichtsbehörde, Die Öffentliche Verwaltung 2011, S. 728, 732 m.w.N.

[502] Zu Mitteilungen der Kommission siehe *M. U. Brohm*, Die „Mitteilungen" der Kommission im Europäischen Verwaltungs- und Wirtschaftsraum, 2012, S. 83 f.

[503] Dazu s.o. Kapitel 1, A. II.

ner früher vertretenen Ansicht nach können Empfehlungen keine rechtlichen Wirkungen entfalten, weil sie keine Rechtsakte seien. Dies gelte entweder, weil nur die Handlungen der Gemeinschaft, die mit der Nichtigkeitsklage angefochten werden können, Rechtsakte darstellen, oder weil die (rechtliche) Bindungskraft als konstitutiv für einen Rechtsakt angesehen wird.[504] Dem ist jedoch nicht zu folgen.[505] Denn zum einen ist – wie bereits erläutert – durch Art. 288 AEUV klargestellt, dass Empfehlungen Rechtsakte sind und dem Unionsrecht ein weiter Rechtsbegriff zugrunde liegt.[506] Dies verstärkt auch der Wortlaut der Gründungsverordnungen, der Empfehlungen und Leitlinien als Rechtsakte bezeichnet.[507] Zum anderen hat der EuGH in seiner Rechtsprechung ausdrücklich anerkannt, dass Empfehlungen rechtlich nicht völlig bedeutungslos sind und als Rechtsakte – trotz ihrer Unverbindlichkeit – rechtliche Wirkungen entfalten können.[508] Unverbindlich kann demnach nicht mit „rechtlich irrelevant" gleichgesetzt werden.[509] Bei der Beschreibung der rechtlichen Wirkungen ist es deshalb nicht

---

[504] Siehe die Wiedergabe der Ansichten von *Pescatore* und *Houben* in *P. Soldatos/ G. Vandersanden*, La recommandation, source indirecte du rapprochement des législations nationales dans le cadre de la Communauté économique européenne, in: *D. de Ripainsel-Landy/A. Gerard/A. Limpens-Meinertzhagen/J.-V. Louis/P. Soldatos/R. Vander Elst/G. Vandersanden* (Hrsg.), Les instruments du rapprochement des législations dans la Communauté économique européenne, 1976, S. 95, 98.

[505] So auch die überwiegende Ansicht, siehe *C. Bumke*, Rechtsetzung in der Europäischen Gemeinschaft: Bausteine einer gemeinschaftsrechtlichen Handlungsformenlehre, in: *G. F. Schuppert/I. Pernice/U. Haltern* (Hrsg.), Europawissenschaft, 2005, S. 643, 660 f.; *C.-A. Morand*, Les recommandations, les résolutions et les avis du droit communautaire, Cahiers de droit européen 6 (1970), S. 623, 625 ff.; als Maßnahmen mit „normativem Charakter" eingeordnet von *N. Sonder*, Rechtsschutz gegen Maßnahmen der neuen europäischen Finanzaufsichtsagenturen, Zeitschrift für Bank- und Kapitalmarktrecht 2012, S. 8, 9.

[506] *J. Bast*, Grundbegriffe der Handlungsformen der EU, 2006, S. 181; s.o. Kapitel 1, A. I.

[507] Art. 44 Abs. 1 UAbs. 2 der Gründungsverordnungen, der u.a. auf die in Art. 16 genannten Rechtsakte, d.h. Leitlinien und Empfehlungen, verweist.

[508] *EuGH*, Rs. C-322/88, Grimaldi, Slg. 1989, 4407, dazu s.u. Kapitel 4, A. III. 4. a.; ausführlich zu diesen indirekten Wirkungen siehe *L. Senden*, Soft Law in European Community Law, 2004, S. 239 ff.

[509] *A. von Bogdandy/J. Bast/F. Arndt*, Handlungsformen im Unionsrecht, ZaöRV 62 (2002), S. 77, 115.

ausreichend, Rechtsakte als verbindlich oder unverbindlich zu klassifizieren.[510] Diese „Schwarz-Weiß-Logik" wäre zu einseitig und erfasste die Wirkungen der Empfehlungen und Leitlinien nicht ausreichend.[511] Vielmehr konzentriert sich die folgende Untersuchung auf die unterschiedlichen rechtlichen Wirkungen von Empfehlungen und Leitlinien der ESAs.

II. Rückblick: Rechtsakte der Level-3-Ausschüsse

Der Lamfalussy-Bericht sah vor, dass Leitlinien und Empfehlungen der Level-3-Ausschüsse unverbindlich sein sollten.[512] Die jeweilige Charta der Level-3-Ausschüsse hielt fest, dass die Mitglieder die Leitlinien und Empfehlungen auf freiwilliger Basis in die nationale Regulierungspraxis überführen.[513] In seiner Beschreibung der Rolle auf Level 3 erläutert CESR, dass Level-3-Rechtsakte zwar auf Unionsebene rechtlich nicht bindend seien. Aber „they are ‚binding' on national regulators vis-à-vis each other in order to respect their commitment under the CESR Charter on the one hand and to promote mutual confidence and to create ‚peer' pressure on the other hand".[514] In den Leitlinien heißt es dann „CESR Members will apply the guidelines in their day-to-day regulatory practices on a voluntary basis".[515] Diese Formulierungen sind unklar.

---

510 *M. U. Brohm*, Die „Mitteilungen" der Kommission im Europäischen Verwaltungs- und Wirtschaftsraum, 2012, S. 84. Auch skeptisch hinsichtlich der Bedeutung der Verbindlichkeit als Kriterium *M. Goldmann*, Inside Relative Normativity: From Sources to Standard Instruments for the Exercise of International Public Authority, German Law Journal 9 (2009), S. 1865, 1906 ff.

511 *M. U. Brohm*, Die „Mitteilungen" der Kommission im Europäischen Verwaltungs- und Wirtschaftsraum, 2012, S. 85; ähnlich *L. Senden*, Soft Law in European Community Law, 2004, S. 110.

512 Schlussbericht des Ausschusses der Weisen über die Regulierung der Europäischen Wertpapiermärkte, 25.02.2001, http://ec.europa.eu/internal_market/securities/docs/lamfalussy/wisemen/final-report-wise-men_de.pdf, S. 47 (15.09.2015).

513 „on a voluntary basis", Art. 4.3 lit. a der CESR Charter, CESR/08-375d; Art. 4.3 der CEBS Charter; Art. 1 Abs. 3 der CEIOPS Charter.

514 *CESR*, The role of CESR at "level 3" under the Lamfalussy Process, CESR/04-104b, S. 8.

515 *CESR*, Publication and Consolidation of MiFID Market Transparency Data, Level 3 CESR's guidelines and recommendations for the consistent

Die Literatur behauptete teilweise, dass sich die Mitgliedstaaten verbindlich verpflichtet hätten, die Level-3-Rechtsakte in der täglichen Arbeit anzuwenden.[516] Dagegen spricht jedoch der Wortlaut der Chartas, der ausdrücklich die freiwillige Anwendung betont. Daraus lässt sich kein entsprechender Bindungswille der nationalen Behörden ableiten. Zudem ist fraglich, ob nationale Aufsichtsbehörden einen Mitgliedstaat wirksam verpflichten können.[517] Die BaFin verneint ebenfalls eine Bindungswirkung.[518] Leitlinien und Empfehlungen der Level-3-Ausschüsse ließen sich eher mit norminterpretierenden Verwaltungsvorschriften vergleichen.[519] Die 2009 überarbeiteten Einsetzungsbeschlüsse der Level-3-Ausschüsse schließlich stellten ausdrücklich klar, dass die Leitlinien und Empfehlungen unverbindlich sind.[520]

Die Einhaltung der Leitlinien und Empfehlungen der Level-3-Ausschüsse war nicht immer unproblematisch. Allgemein scheint zwar

---

implementation of the Directive 2004/39/EC and the European Commission's Regulation n° 1287/2006, CESR/07-043, Ziff. 1.13.

516 *W. Groß*, Kapitalmarktrecht, Kommentar, 2012, § 4 WpPG, Rn. 21; *T. Buchmann*, Umsetzung vollharmonisierender Richtlinien, 2008, S. 160.

517 Ohne eine entsprechende Delegation dürfen nachgeordnete Behörden in Deutschland keine „auswärtigen Beziehungen" aufnehmen, weil dies durch Art. 59 GG Verfassungsorganen zugewiesen ist, siehe ausführlich *C. Möllers*, Transnationale Behördenkooperation, ZaöRV 65 (2005), S. 351, 372 ff.

518 *T. M. J. Möllers*, Der CESR – Stellung und Aufgaben im Europäischen Wertpapieraufsichtsrecht, in: *P. Braumüller/D. Ennöckl/M. Gruber/N. Raschauer* (Hrsg.), Von der MiFID zum WAG 2007, 2008, S. 55, 68, der auf eine Emailauskunft der BaFin verweist.

519 *T. M. J. Möllers*, Der CESR – Stellung und Aufgaben im Europäischen Wertpapieraufsichtsrecht, in: *P. Braumüller/D. Ennöckl/M. Gruber/N. Raschauer* (Hrsg.), Von der MiFID zum WAG 2007, 2008, S. 55, 68 m.w.N.

520 Art. 3 Beschluss 2009/78/EG der Kommission zur Einsetzung des Ausschusses der europäischen Bankaufsichtsbehörden, ABl. 2009 L 25, S. 23; Art. 3 Beschluss 2009/77/EG der Kommission zur Einsetzung des Ausschusses der europäischen Wertpapierregulierungsbehörden, ABl. 2009 L 25, S. 18; 10. Erwägungsgrund Beschluss 2009/79/EG der Kommission zur Einsetzung des Ausschusses der europäischen Aufsichtsbehörden für das Versicherungswesen und die betriebliche Altersversorgung, ABl. 2009 L 25, S. 28. Zur Ablehnung einer Bindungswirkung qua Handelsbrauch, da es keine allgemein praktizierte Übung gibt und die Empfehlungen auf regelmäßige Überarbeitung angelegt sind, siehe *G. Spindler/J. Hupka*, Bindungswirkung von Standards im Kapitalmarktrecht, in: *T. M. J. Möllers* (Hrsg.), Geltung und Faktizität von Standards, 2009, S. 117, 132 f.

völkerrechtliches *soft law* einen hohen Grad an Befolgung aufzuweisen.[521] Jedoch begegneten den Level-3-Ausschüssen Widerstände bei der Umsetzung und Einhaltung der Leitlinien und Empfehlungen. Dies zeigte sich vor allem bei den (vereinzelt) durchgeführten *peer reviews*. Im Rahmen der *peer review*-Methode bewerten die einzelnen nationalen Aufsichtsbehörden (*peers*) gegenseitig, ob und in welchem Umfang sie die entsprechenden Rechtsakte einhalten, d.h. es handelt sich um eine organisierte „vergleichende Analyse".[522] Für die zwei untersuchten CEBS-Leitlinien ergab sich eine überwiegende Einhaltung.[523] CESR schien größere Schwierigkeiten mit der Einhaltung zu haben. Beispielsweise befolgten die Leitlinien der UCITS Notifizierung nur fünf Mitgliedstaaten vollständig, 20 Mitgliedstaaten befolgten mindestens eine der Hauptleitlinien nicht.[524] Schwierigkeiten zeigten sich auch bei den CESR-Leitlinien für Geldmarktfonds. Der *peer review* ergab, dass hinsichtlich der Leitlinien zur einheitlichen Definition von Geldmarktfonds große Abweichungen bei der Umsetzung in das nationale Recht bestehen. Ein Drittel der Adressaten hatte die Leitlinien innerhalb der Frist nicht umgesetzt.[525] Auch andere Level-3-Empfehlungen und

---

521 *C. Möllers*, Methoden, in: *W. Hoffmann-Riem/E. Schmidt-Aßmann/A. Voßkuhle* (Hrsg.), Grundlagen des Verwaltungsrechts, Bd. I, 2012, § 3, Rn. 32 m.w.N.

522 So die Übersetzung von Art. 30 der Gründungsverordnungen. Siehe auch *L. Martino Levi*, The European Banking Authority: Legal Framework, Operations and Challenges Ahead, Tulane European and Civil Law Forum 28 (2013), S. 51, 80 ff. Allgemein zur Herkunft des *peer review* aus der Wissenschaft: *J. B. Ruhl/J. Salzman*, In Defense of Regulatory Peer Review, Environmental Law Reporter 38 (2008), S. 10553.

523 *CEBS*, Peer Review on CEBS's Guidelines on the implementation, validation and assessment of Advanced Measurement (AMA) and Internal Rating Based (IRB) approaches, 9.04.2009; *EBA*, Report on the peer review of the EBA Stress Testing Guidelines (GL 32), 12.11.2013.

524 *CESR*, Peer Review of the Implementation of CESR's Guidelines to simplify the notification procedure of UCITS, CESR/09-1034, S. 8; aus politikwissenschaftlicher Sicht zur Umsetzung der UCITS-Leitlinien und weiterer Standards, insbesondere zu *Standard No. 1 on financial information*: *M. Maggetti/F. Gilardi*, The policy-making structure of European regulatory networks and the domestic adoption of standards, Journal of European Public Policy 18 (2011), S. 830.

525 *ESMA*, Peer Review – Money Market Fund Guidelines, ESMA/2013/476, S. 6 f.; aufbauend auf *ESRB*, Empfehlung des ESRB vom 20.12.2012 zu Geldmarktfonds, ESRB/2012/1, ABl. 2013 C 146, S. 1, hat die Kommission im

Standards ignorierten einige Mitgliedstaaten, obwohl die Aufsichtsbehörden ihnen vorher zugestimmt hatten.[526]

Aus politikwissenschaftlicher Sicht stellt sich bei der uneinheitlichen Umsetzung folgendes Problem:[527] Mitglieder der Level-3-Ausschüsse haben zwar ein Interesse an einer einheitlichen Umsetzung, im Einzelfall wollen sie jedoch immer auch die Position ihrer nationalen Finanzdienstleister, Investoren und Verbraucher schützen, indem sie von den unverbindlichen Empfehlungen und Leitlinien abweichen. Dies könnte einer der Gründe für die Nichteinhaltung von Leitlinien und Empfehlungen der Level-3-Ausschüsse sein.

Die Financial Times schrieb bezüglich der Empfehlungen *Inducements under MiFID*, dass die britische Finanzaufsichtsbehörde bei Nichteinhaltung nur „eine gewisse Kälte bei Cocktailparties der Aufsichtsbehörden" hinnehmen müsse,[528] d.h. diese keine einschneidenden Wirkungen hätten. Der ehemalige CESR-Vorsitzende *Wymeersch* bezeichnete dementsprechend die Unverbindlichkeit als eine der entscheiden-

---

Herbst 2013 einen Verordnungsvorschlag präsentiert, der Geldmarktfonds regelt, siehe Vorschlag für eine Verordnung des Europäischen Parlaments und des Rates über Geldmarktfonds, KOM(2013) 615. Dabei war die Empfehlung des ESRB strikter als der Verordnungsvorschlag der Kommission, siehe *S. McPhilemy/J. Roche*, Study for the European Parliament, Policy Department A: Economic and Scientific Policy, Review of the New European System of Financial Supervision (ESFS), Part 2, PE 507.490, 2013, S. 53.

526 *P. Schammo*, EU Prospectus Law, 2011, S. 27 f. bzgl. *Standards No. 1 and 2 on financial information*. Allgemeiner *E. O. Wymeersch*, Rede vom 23.02.2009, Preparing for the Future, CESR/09-203, S. 1 f.: „market participants regularly draw attention to the fact that they are confronted with many local differences … and that even harmonized rules are interpreted differently and sometimes – what is even worse – that some national regulators do not seem to care much about the European harmonization, and apply their own views without further ado", zitiert nach *P. Schammo*, EU Prospectus Law, 2011, S. 28.

527 Als Gefangenendilemma bezeichnet bei *E. Ruffing*, Europäische Wertpapierregulierung zwischen Input- und Output-Legitimität, 2011, S. 155. Sie dürfte dies als Gefangenendilemma im weiteren Sinne verstanden haben: Entweder die nationalen Aufsichtsbehörden setzen die Leitlinien und Empfehlungen nicht um oder sie setzen sie um (Kooperation).

528 FSA „must clear up Mifid confusion", Financial Times v. 4.06.2007, die einen Partner der Kanzlei CMS Cameron McKenna folgendermaßen zitiert: „FSA would risk only ‚a certain froideur at regulators' cocktail parties' if it failed to pass on the requirements to the UK industry."

den Schwachstellen.[529] Die Probleme mit der Einhaltung der Leitlinien und Empfehlungen der Level-3-Ausschüsse führten schließlich dazu, dass die Wirkungen der Leitlinien und Empfehlungen im Rahmen der Reformen verstärkt werden sollten.

III. Wirkungen der Rechtsakte der Europäischen Aufsichtsbehörden

Leitlinien und Empfehlungen der ESAs entfalten vielfältige rechtliche Wirkungen, die je nach Adressat divergieren. Bei einigen Wirkungen unterscheiden Literatur und Rechtsprechung zwischen Leitlinien und Empfehlungen. Dies greift diese Arbeit auf und untersucht, ob diese Unterscheidung gerechtfertigt ist oder ob ein einheitliches Rechtsregime für Leitlinien und Empfehlungen der ESAs besteht, wie es oben als Hypothese angenommen wurde.[530]

Leitlinien und Empfehlungen der ESAs sind unverbindlich (1.). Eine Stärkung ihrer Steuerungskraft gegenüber den nationalen Aufsichtsbehörden und Finanzmarktteilnehmern erfolgt über den *comply or explain*-Mechanismus (2.), gegenüber den ESAs entfalten Leitlinien und Empfehlungen eine Selbstbindung, deren Reichweite und Grenzen dargelegt werden (3.). Mitgliedstaatliche Gerichte sind zur Berücksichtigung von Leitlinien und Empfehlungen angehalten (4.) und schließlich können sich Leitlinien und Empfehlungen auf die zivilrechtliche Haftung auswirken (5.).

1. Unverbindlichkeit

Eine starke rechtliche Wirkung hätten Leitlinien und Empfehlungen, wenn sie verbindlich wären. Verbindlichkeit bedeutet, dass ein Rechtsakt strikte Beachtung verlangen kann, unabhängig davon, an wen er sich richtet oder ob er Rechte und Pflichten begründen will.[531] Die ESA-Gründungsverordnungen enthalten keine Aussage dazu, ob Leitlinien und Empfehlungen verbindlich sind; aus dem Primärrecht folgt allerdings, dass zumindest Empfehlungen gemäß Art. 288 Abs. 5 AEUV

---

[529] *E. O. Wymeersch*, The Institutional Reforms of the European Financial Supervisory System, European Company and Financial Law Review 7 (2010), S. 240, 249.

[530] S.o. Kapitel 3, B. IV.

[531] *J. Bast*, Grundbegriffe der Handlungsformen der EU, 2006, S. 182 f.

unverbindlich sind. Bei einer der ersten EBA-Leitlinien war einigen Konsultationsteilnehmenden der Status der Leitlinien unklar: Die Leitlinien sollten *guidance* sein, aber die Wortwahl ähnele eher (verbindlicher) *rules-based regulation*; EBA antwortete darauf, dass der Stil bewusst so gewählt sei, um die Harmonisierung zu fördern, äußerte sich aber nicht direkt zur Frage der Verbindlichkeit.[532] Die weiteren Formulierungen der Leitlinien und Empfehlungen deuten nicht auf eine strikte Beachtungspflicht hin: Sie verwenden anstatt des Begriffs „müssen" oder „sollen" den Begriff „sollten", im Englischen drückt dies *„should"* anstelle von *„shall"* aus.[533] Auch der Beschwerdeausschuss der ESAs spricht den Leitlinien in seiner ersten Entscheidung die Verbindlichkeit ab: Sie seien nicht verbindlich, aber gäben eine praktische Perspektive und hälfen bei der Auslegung der entsprechenden Richtlinienvorschriften.[534] Deshalb sind Empfehlungen und Leitlinien der ESAs – wie schon die der Level-3-Ausschüsse – weiterhin unverbindlich, wodurch sie sich z.B. von den Leitlinien der EZB unterscheiden, für die das Primärrecht eine Verbindlichkeit anordnet.[535] Unverbindlichkeit schließt jedoch andere rechtliche Wirkungen nicht aus.[536]

2. *Der comply or explain-Mechanismus*

Der sogenannte *comply or explain*-Mechanismus („Handeln oder Rechtfertigen") ist für die Wirkungen die wichtigste Neuerung der letzten Jahre. Er besagt, dass die nationalen Aufsichtsbehörden und Fi-

---

[532] *EBA*, EBA Guidelines on Stressed Value At Risk (Stressed VaR), EBA/GL/2012/2, S. 19.

[533] So hat EBA in den *EBA*, Leitlinien zur Beurteilung der Eignung von Mitgliedern des Leitungsorgans und von Inhabern von Schlüsselfunktionen, EBA/GL/2012/06, alle „shall" durch „should" ersetzt, siehe *EBA*, Minutes of the EBA Board of Supervisors meeting 3.-4.04.2012, EBA BS 2012 075, S. 4. ESMA verwendet „muss" nur, wenn sie die entsprechende MiFID-Bestimmung zitiert, ansonsten verwendet ESMA ebenfalls „sollte", *ESMA*, Leitlinien zu einigen Aspekten der MiFID-Anforderungen an die Eignung, ESMA/2012/387 DE, Ziff. 6.

[534] *Gemeinsamer Beschwerdeausschuss der ESAs*, SV Capital OÜ/EBA, Entscheidung vom 24.06.2013, BoA 2013-008, Rn. 56.

[535] Art. 12.1 der ESZB-Satzung, s.o. Kapitel 1, B. I.; *H. Siekmann*, Neuorganisation der Finanzaufsicht, in: *S. Kadelbach* (Hrsg.), Nach der Finanzkrise, 2011, S. 131, 165 f.

[536] S.o. Kapitel 4, A. I.

nanzmarktteilnehmer die Empfehlungen und Leitlinien entweder befolgen (*comply*) oder rechtfertigen müssen, warum sie dies nicht tun (*explain*). Dies führt zu einer Stärkung der Steuerungskraft der Empfehlungen und Leitlinien.

a. Allgemeine Darstellung des Mechanismus

Ursprünglich führte das Vereinigte Königreich einen *comply or explain*-Mechanismus im Unternehmensrecht ein: Zentraler Ansatz des *Cadbury*-Berichts, auf den der *comply or explain*-Mechanismus zurückgeht, ist, dass freiwillige Mechanismen wirkungsvoller sind als verbindliche gesetzliche Vorgaben.[537] An der Londoner Wertpapierbörse (*London Stock Exchange*) gelistete Aktiengesellschaften müssen berichten, inwieweit sie einem Verhaltenskodex nachkommen und müssen Abweichungen begründen.[538] Dieses erfolgreiche englische Modell kopierte der deutsche Gesetzgeber, indem er 2002 den Deutschen Corporate Governance Kodex (DCGK) einführte und in § 161 AktG bestimmte, dass Unternehmen jährlich Bericht erstatten müssen, inwieweit sie die Vorgaben des DCGK einhalten oder warum sie dies nicht tun.[539]

Im Rahmen der Überprüfung des Lamfalussy-Verfahrens schlug die Evaluierungsgruppe[540] in ihrem Bericht 2007 erstmals einen *comply or explain*-Mechanismus für Entscheidungen vor, die die aufsichtsrechtliche Konvergenz betreffen.[541] Dabei ist unklar, ob sich das auch auf

---

[537] The Financial Aspects of Corporate Governance (Cadbury Report), 1.12.1992, http://www.ecgi.org/codes/documents/cadbury.pdf, S. 11 (15.09.2015).

[538] The Financial Aspects of Corporate Governance (Cadbury Report), 1.12.1992, http://www.ecgi.org/codes/documents/cadbury.pdf, S. 10 (15.09.2015).

[539] *U. Hüffer*, Aktiengesetz, Kommentar, 2012, § 161, Rn. 1; *A. von Werder*, in: *H. M. Ringleb/T. Kremer/M. Lutter/A. von Werder* (Hrsg.), Deutscher Corporate Governance Kodex, 2014, Rn. 1 ff.; *G. F. Schuppert*, Der Rechtsstaat unter den Bedingungen informaler Staatlichkeit, 2011, S. 103.

[540] Die Überprüfung des Lamfalussy-Verfahrens erfolgte durch eine Gruppe mit sechs Mitgliedern, je zwei von Kommission, Rat und Europäischem Parlament vorgeschlagen.

[541] Inter-institutional Monitoring Group: Final Report Monitoring the Lamfalussy Process, 15.10.2007, http://ec.europa.eu/internal_market/finances/docs/committees/071015_final_report_en.pdf, S. 18 (15.09.2015).

Leitlinien und Empfehlungen der Level-3-Ausschüsse beziehen sollte oder nur auf Entscheidungen wie z.B. Mediationsentscheidungen.[542] CESR favorisierte einen *comply or explain*-Mechanismus für Untersuchungen des *Review Panels* als Alternative zu bindenden Entscheidungsbefugnissen auf Level 3.[543] Letztendlich reformierte die Kommission auf Vorschlag des Europäischen Rates die Level-3-Ausschüsse Anfang 2009 und führte einen *comply or explain*-Mechanismus für Empfehlungen und Leitlinien ein: Wenn ein Ausschussmitglied die Leitlinien oder Empfehlungen nicht einhält, muss es dies begründen können.[544] Die Formulierung „muss (...) begründen können" signalisiert einen schwach ausgeprägten *comply or explain*-Mechanismus, denn es wird keine Frist gesetzt und keine Mitteilungspflicht begründet. Verfahren und (zulässige) Gründe für die Nichtanwendung regelten die Chartas der Level-3-Ausschüsse, die eine Veröffentlichung der Begründung der nationalen Behörden vorsahen.[545] In der Praxis haben die Level-3-Ausschüsse die Begründungspflicht bereits seit 2008 entsprechend gehandhabt.[546]

Seit 2011 gilt ein verschärfter *comply or explain*-Mechanismus, welcher im Gesetzgebungsverfahren auf den Einfluss des Europäischen Parla-

---

[542] *I. H.-Y. Chiu*, Regulatory Convergence in EU Securities Regulation, 2008, S. 178 f.

[543] *CESR*, A proposed evolution of EU securities supervision beyond 2007, CESR/07-783, S. 5, zitiert nach *N. Moloney*, The Committee of European Securities Regulators and level 3 of the Lamfalussy Process, in: *M. Tison/H. De Wulf/C. Van der Elst/R. Steennot* (Hrsg.), Perspectives in company law and financial regulation, 2009, S. 449, 473 f., die die Diskussion darstellt.

[544] Art. 14 der Beschlüsse 2009/77/EG bis 2009/79/EG: „Hält ein Ausschussmitglied die Leitlinien, Empfehlungen, Standards oder andere vom Ausschuss vereinbarte Maßnahmen nicht ein, muss es dies begründen können." Dadurch wurde die faktische Bedeutung erhöht, so auch *G. Spindler/J. Hupka*, Bindungswirkung von Standards im Kapitalmarktrecht, in: *T. M. J. Möllers* (Hrsg.), Geltung und Faktizität von Standards, 2009, S. 117, 135.

[545] Art. 6.4 der CESR Charter, CESR/08-375d; Art. 5.7 der CEBS Charter; Art. 8 Abs. 9 der CEIOPS Charter. Zu CESR siehe auch *J. Mendes*, Participation in EU Rule-Making, 2011, S. 277. Zu CEBS: *N. Kohtamäki*, Die Reform der Bankenaufsicht in der Europäischen Union, 2012, S. 182, Fn. 177.

[546] *CEP*, EU Beschlüsse zur Finanzmarktaufsicht, 30.04.2009, http://www.cep.eu/Analysen_KOM/EU-Finanzaufsicht/KA_Finanzmarktaufsicht.pdf, S. 2 (15.09.2015).

ments zurückzuführen ist.[547] Die nationalen Behörden bemühen sich, die Leitlinien und Empfehlungen der ESAs einzuhalten. Genauer heißt es: Sie „unternehmen alle Anstrengungen, um diesen Leitlinien und Empfehlungen nachzukommen".[548] Dies bedeutet, dass sich die nationalen Behörden mit den Rechtsakten inhaltlich befassen und auseinandersetzen müssen, also eine Befassungspflicht besteht.[549] Entweder sie halten die Leitlinien und Empfehlungen ein (Handeln/*comply*) oder sie müssen eine Abweichung gegenüber den ESAs *rechtfertigen* (*explain*). Teilweise wird der *comply or explain*-Mechanismus auch als *act or explain*-Mechanismus bezeichnet; allerdings ist dies inhaltlich kein Unterschied, denn wenn man sich an eine Vorgabe hält (*comply*), muss dem auch eine Tätigkeit folgen (*act*).[550] Für die Mitteilung, ob sie einer Leitlinie oder Empfehlung nachkommen, haben die nationalen Behörden dabei zwei Monate Zeit.[551] Wenn sie die Leitlinie oder Empfehlung nicht einhalten, so müssen sie dies gegenüber der ESA begründen.[552]

Die ESAs veröffentlichen, welche Behörden den Leitlinien und Empfehlungen nicht nachkommen. Weiterhin steht es in ihrem Ermessen, die Gründe für die Nichteinhaltung zu veröffentlichen, wobei die betroffene Behörde hierüber im Voraus zu informieren ist.[553] Zweck die-

---

[547] *Europäisches Parlament*, Geänderter Vorschlag für eine Verordnung des Europäischen Parlaments und des Rates zur Einrichtung einer Europäischen Wertpapieraufsichtsbehörde, (KOM(2009) 503 – C7-0167/2009 – 2009/0144(COD)), P7_TA(2010)0270.

[548] Art. 16 Abs. 3 UAbs. 1 der Gründungsverordnungen.

[549] *T. M. J. Möllers*, Auf dem Weg zu einer neuen europäischen Finanzmarktaufsichtsstruktur: Ein systematischer Vergleich der Rating-VO (EG) Nr. 1060/2009 mit der geplanten ESMA-VO, NZG 2010, S. 285, 286.

[550] *H. Hartig*, Abweichkultur und Befolgungsdruck bei Leitlinien der europäischen Aufsichtsbehörden im Finanzbereich vor dem Hintergrund des § 161 AktG und des DCGK, Betriebs-Berater 2012, S. 2959, 2960.

[551] Zum Fristbeginn und Inkrafttreten s.u. Kapitel 4, B. I. 1.

[552] Wenn in einem Mitgliedsstaat mehrere Behörden zuständig sind, so muss jede einzelne die Mitteilungspflicht und Begründungspflicht beachten, siehe dazu *ESMA*, Summary of Conclusions BoS meeting 20.12.2011, ESMA/2012/BS/4, S. 6 f.

[553] Art. 16 Abs. 3 UAbs. 3 der Gründungsverordnungen. Die Entscheidung über eine Veröffentlichung der Gründe trifft zumindest bei der EIOPA der Vorsitzende, siehe *EIOPA*, Compliance-Table for Guidelines on Complaints-Handling Template, https://eiopa.europa.eu/publications/eiopa-guidelines-

ser Veröffentlichung ist es, die Transparenz zu erhöhen und eine verstärkte Einhaltung der Leitlinien und Empfehlungen zu erreichen.[554]

Diese Regelungen des *comply or explain*-Mechanismus erhöhen den Druck auf die nationalen Behörden;[555] die Veröffentlichung der „Abweichler" übt sogar eine Art „Prangerwirkung" aus.[556] Der Druck auf die nationalen Behörden, die Leitlinien und Empfehlungen anzuwenden, wird dabei je nach Einzelfall unterschiedlich hoch sein, je nach Kontext und Wichtigkeit des Rechtsaktes. Die EBA-Empfehlungen zur Rekapitalisierung 2011 hatten enorme finanzielle Auswirkungen auf die Banken und der Druck – bedingt auch durch die allgemeine Krisensituation – dürfte erheblich gewesen sein, so dass es nicht verwundert, dass alle nationalen Behörden den Empfehlungen nachkamen.[557] Anders ist dies z.B. bei den Leitlinien für die Ausnahme von Market-Making-Tätigkeiten im Bereich der Leerverkäufe, die Großbritannien, Deutschland und Frankreich nur teilweise anwenden.[558] Auch die ESAs selbst

---

new/guidelines-on-complaints-handling-by-insurance-undertakings/index.html (15.09.2015).

[554] Siehe 26. Erwägungsgrund der EBA- und ESMA-Verordnung bzw. 25. Erwägungsgrund der EIOPA-Verordnung.

[555] Allgemein zu *peer pressure* durch das institutionelle Netzwerk *T. Tridimas*, Financial Supervision and Agency Power: Reflections on ESMA, in: *N. Nic Shuibhne/L. W. Gormley* (Hrsg.), From Single Market to Economic Union, 2012, S. 55, 71. In mehr als der Hälfte der EBA-Empfehlungen und Leitlinien ist in den Antwortformularen bereits die Antwort „ja" angekreuzt, was Rückschlüsse auf die „Freiwilligkeit" der Befolgung und den Druck auf die nationalen Behörden zulässt.

[556] *M. Lehmann/C. Manger-Nestler*, Das neue Europäische Finanzaufsichtssystem, Zeitschrift für Bankrecht und Bankwirtschaft 2011, S. 2, 12 bezeichnen dies auch als *naming und shaming*, was für das Kapitalmarktrecht typisch sei; *K. Michel*, Die neue Europäische Bankenaufsichtsbehörde, Die Öffentliche Verwaltung 2011, S. 728, 732; *N. Sasserath-Alberti/H. Hartig*, EIOPA-Verordnung: Rechtliche Herausforderungen für die Praxis, Versicherungsrecht 2012, S. 524, 530.

[557] *EBA*, Pressemitteilung vom 9.02.2012, The EBA Board of Supervisors makes its first aggregate assessment of banks' capital plans, http://www.eba.europa.eu/documents/10180/587401/Press-release-EBA-9-02-2012_1.pdf, S. 2 (15.09.2015).

[558] *ESMA*, Guidelines Compliance Table für die „Leitlinien: Ausnahme für Market-Making-Tätigkeiten und Primärmarkttätigkeiten gemäß der Verordnung (EU) Nr. 236/2012 des Europäischen Parlaments und des Rates über

stehen unter Druck, da sie dem Europäischen Parlament gegenüber in ihrem Jahresbericht rechenschaftspflichtig sind, welche Abweichungen von Leitlinien und Empfehlungen bestehen und wie sie sicherstellen, dass die nationalen Behörden den Rechtsakten in Zukunft nachkommen werden.[559]

Der *comply or explain*-Mechanismus gilt in abgeschwächter Form auch gegenüber Finanzmarktteilnehmern: Diese müssen den ESAs ebenfalls mitteilen, ob sie den Leitlinien und Empfehlungen nachkommen, wenn dies gemäß den Rechtsakten erforderlich ist.[560] Allerdings ist ihnen dafür keine Frist gesetzt und die Ergebnisse werden nicht veröffentlicht.[561] In der Praxis ist der *comply or explain*-Mechanismus für Finanzmarktteilnehmer bislang nicht angewendet worden, denn die entsprechenden Leitlinien und Empfehlungen der ESAs fordern diese nicht zur Mitteilung auf.[562]

Leerverkäufe und bestimmte Aspekte von Credit Default Swaps", ESMA/2013/765, S. 1 f., s.u. Kapitel 4, A. III. 2. e.

559 Art. 16 Abs. 4 der Gründungsverordnungen. Allerdings ist fraglich, wie die ESAs „sicherstellen" wollen, dass die nationalen Behörden den Rechtsakten in Zukunft nachkommen, denn dafür sind keine Maßnahmen bzw. Rechtsgrundlagen genannt, dazu *H. Hartig*, Abweichkultur und Befolgungsdruck bei Leitlinien der europäischen Aufsichtsbehörden im Finanzbereich vor dem Hintergrund des § 161 AktG und des DCGK, Betriebs-Berater 2012, S. 2959, 2960. Zur Praxis der Veröffentlichung in den Jahresberichten s.u. Kapitel 4, A. III. 2. e.

560 Art. 16 Abs. 3 UAbs. 4 der Gründungsverordnungen. Diese Begründungspflicht ist – nach deutschen Vorstellungen – ein faktischer Eingriff in die Grundrechte der Finanzmarktteilnehmer, weshalb der Gesetzesvorbehalt eingreift und eine ausreichende Rechtsgrundlage notwendig ist, siehe dazu *H. Siekmann*, Neuorganisation der Finanzaufsicht, in: *S. Kadelbach* (Hrsg.), Nach der Finanzkrise, 2011, S. 131, 199.

561 Siehe insgesamt Art. 16 Abs. 3 der Gründungsverordnungen. Auch *comply or disclose* genannt von *H. Hartig*, Abweichkultur und Befolgungsdruck bei Leitlinien der europäischen Aufsichtsbehörden im Finanzbereich vor dem Hintergrund des § 161 AktG und des DCGK, Betriebs-Berater 2012, S. 2959, 2960. Diese abgeschwächte Form ist gerechtfertigt durch den Wunsch, ungewollte Konsequenzen für Investoren und Verbraucher abzuwenden (z.B. einen Rückgang der Aktienpreise), siehe *L. Martino Levi*, The European Banking Authority: Legal Framework, Operations and Challenges Ahead, Tulane European and Civil Law Forum 28 (2013), S. 51, 71.

562 Stand Dezember 2013.

Im Vergleich mit dem *comply or explain*-Mechanismus für Empfehlungen des ESRB fällt auf, dass dieser deutlich schwächer ausgeprägt ist: Es gibt keine Befassungspflicht und keine in der Verordnung festgelegte Frist zu Beantwortung für die nationalen Behörden.[563] Mithin ist die Verrechtlichung bei Leitlinien und Empfehlungen der ESAs weiter fortgeschritten. Die Befassungs- und die nachfolgende Mitteilungs- und Rechenschaftspflicht stellen verfahrensrechtliche Regelungen dar, die verbindlich sind.[564] Das bedeutet, dass zwar die Leitlinien und Empfehlungen der ESAs selbst unverbindlich bleiben, aber der Umgang mit ihnen verbindlich festgelegt ist. Damit verschwimmen die Grenzen zwischen verbindlichen und unverbindlichen Handlungsformen.[565]

b. Sanktion: Verfahren nach Art. 17 der Gründungsverordnungen

Die ESAs können bei der Verletzung von Unionsrecht als Sanktion ein Verfahren nach Art. 17 der Gründungsverordnungen durchführen. Dies lässt die Möglichkeit der Kommission, ein Vertragsverletzungsverfahren nach Art. 258 AEUV einzuleiten, unberührt.[566] Der Drei-Stufen-Mechanismus des Art. 17, oben bereits erläutert, sieht auf der ersten Stufe eine Empfehlung der ESA an die zuständige nationale Behörde vor, auf der zweiten Stufe eine förmliche Stellungnahme der Kommission und auf der dritten Stufe ggf. einen verbindlichen Beschluss der ESA, der direkt an Finanzmarktteilnehmer gerichtet ist.[567] Es ist frag-

---

[563] Art. 16 der ESRB-Verordnung, s.o. Kapitel 2, C.

[564] Ähnlich *T. Tridimas*, Financial Supervision and Agency Power: Reflections on ESMA, in: *N. Nic Shuibhne/L. W. Gormley* (Hrsg.), From Single Market to Economic Union, 2012, S. 55, 71.

[565] *N. Sasserath-Alberti/H. Hartig*, EIOPA-Verordnung: Rechtliche Herausforderungen für die Praxis, Versicherungsrecht 2012, S. 524, 530.

[566] Art. 17 Abs. 6 der Gründungsverordnungen.

[567] S.o. Kapitel 3, B. I. Im Gesetzgebungsverfahren war insbesondere umstritten, ob die ESAs Beschlüsse im Einzelfall erlassen dürfen oder ob dies gegen die *Meroni*-Doktrin und das institutionelle Gleichgewicht verstößt, dazu *J.-V. Louis*, The Implementation of the Larosière Report: A Progress Report, in: *M. Giovanoli/D. Devos* (Hrsg.), International Monetary and Financial Law: The Global Crisis, 2010, S. 146, 159 f.; *M. Merlin*, Le nouveau système européen de supervision financière, Revue du Droit de l'Union Européenne 2011, S. 17, 30 ff.; *P. Schammo*, The European Securities and Markets Authority: Lifting the veil on the allocation of powers, CML Rev. 48 (2011), S. 1879, 1892 ff.

lich, ob und inwieweit Verstöße gegen den *comply or explain*-Mechanismus des Art. 16 ein Verfahren nach Art. 17 auslösen können,[568] wobei zwischen Verstößen durch nationale Aufsichtsbehörden und durch Finanzmarktteilnehmer zu unterscheiden ist.

aa. Verstoß durch nationale Aufsichtsbehörden

Im Regelfall ist der *comply or explain*-Mechanismus an die nationalen Aufsichtsbehörden gerichtet und diese müssen innerhalb von zwei Monaten die entsprechende Erklärung abgeben, ob sie die Leitlinien oder Empfehlungen einhalten werden. Ein Verstoß gegen den *comply or explain*-Mechanismus ist dabei auf verschiedene Arten denkbar.

Erstens ist es möglich, dass die nationale Behörde innerhalb der zweimonatigen Frist *keine* Erklärung abgibt, wodurch sie gegen Art. 16 Abs. 3 UAbs. 2 der Gründungsverordnungen verstößt, d.h. es liegt ein Verstoß gegen die (verbindlichen) Gründungsverordnungen vor. Voraussetzung für ein Verfahren wegen Verletzung von Unionsrecht ist, dass die zuständige Behörde die in Art. 1 Abs. 2 der Gründungsverordnungen genannten Rechtsakte nicht oder falsch angewendet hat. Der Verweis von Art. 17 Abs. 1 auf Art. 1 Abs. 2 der Gründungsverordnungen erfasst vor allem die Richtlinien und Verordnungen des Kapitalmarktrechts, die den Tätigkeitsbereich der jeweiligen ESA festlegen. Man könnte argumentieren, dass nur Verstöße gegen diese spezifisch aufgezählten Richtlinien und Verordnungen des Kapitalmarktrechts erfasst sind, nicht jedoch Verstöße gegen die Gründungsverordnungen selbst. Dafür spräche, dass Art. 17 Abs. 1 technische Regulierungs- und Durchführungsstandards ausdrücklich erwähnt, Leitlinien und Empfehlungen jedoch nicht. Dagegen spricht aber, dass Art. 1 Abs. 2 zusätzlich zur Aufzählung der Rechtsakte des Kapitalmarktrechts ausdrücklich auch die „durch diese Verordnung übertragenen Befugnisse", d.h. die Gründungsverordnung selbst, nennt. Die weiteren Regelungen zu Art. 17 lassen diese Frage offen: Nach den Erwägungsgründen der Gründungsverordnungen soll Art. 17 nur in Bereichen Anwendung finden, in denen das Unionsrecht klare und unbedingte Verpflichtungen vorsieht.[569] Die Verpflichtungen des Art. 16

---

[568] Diese Frage diskutierte auch ESMA's Rat der Aufseher, allerdings sind die Antworten nicht veröffentlicht, siehe *ESMA*, Summary of Conclusions BoS meeting 29.01.2013, ESMA/2013/BS/30, S. 8.

[569] 27. Erwägungsgrund der EBA- und ESMA-Verordnung bzw. 26. Erwägungsgrund der EIOPA-Verordnung.

hinsichtlich der Erklärungspflicht der Behörden sind als Verordnungsvorgaben klar und unbedingt. Zudem haben die ESAs einheitliche Durchführungsregeln für Verfahren nach Art. 17 erlassen. Diese wiederholen nur den Wortlaut des Art. 17 Abs. 1, sprechen jedoch Leitlinien und Empfehlungen und einen Verstoß gegen die Gründungsverordnungen nicht explizit an.[570] Da der Wortlaut des Art. 1 Abs. 2 somit auch die Gründungsverordnungen erfasst und andere Regelungen dem nicht entgegenstehen, ist ein Verfahren nach Art. 17 möglich, wenn die nationalen Behörden gegen die Gründungsverordnungen verstoßen, indem sie keine Erklärung zur Einhaltung oder Nichteinhaltung abgeben.[571]

Zweitens könnte die nationale Behörde erklären, dass sie die Leitlinien oder Empfehlungen nicht einhalten will, dafür aber (aus der Sicht der ESA) unzureichende Gründe angeben, z.B. dass die anderen Behörden die Leitlinien auch nicht einhalten würden.[572] Nach Art. 16 Abs. 3 der Gründungsverordnungen sind die nationalen Aufsichtsbehörden verpflichtet, „alle erforderlichen Anstrengungen" zu unternehmen, um den Leitlinien und Empfehlungen nachzukommen. Der Begriff der „erforderlichen" Anstrengungen ist ein unbestimmter Rechtsbegriff und es

---

[570] Art. 2 der *EBA*, Decision of the Board of Supervisors concerning the Internal Processing Rules on Investigation regarding Breach of Union Law, EBA DC 054; Art. 2 der *EIOPA*, Decision of the Board of Supervisors concerning the Internal Processing Rules on Investigation regarding Breach of Union Law, EIOPA-BOS-11-017 und Art. 2 der *ESMA*, Decision of the Board of Supervisors: Breach of Union law investigations, ESMA/2012/BS/87.

[571] Dies gilt nicht nur bei einem Verstoß gegen Art. 16 der Gründungsverordnungen, sondern auch gegen andere Bestimmungen wie z.B. die Auskunftspflichten zur Sammlung von Informationen nach Art. 35 der Gründungsverordnungen. Man könnte bei einem Verstoß gegen den *comply or explain*-Mechanismus auch an ein Verfahren zur Beilegung von Meinungsverschiedenheiten zwischen verschiedenen nationalen Behörden nach Art. 19 der Gründungsverordnungen denken, so auch *T. Tridimas*, Financial Supervision and Agency Power: Reflections on ESMA, in: *N. Nic Shuibhne*/*L. W. Gormley* (Hrsg.), From Single Market to Economic Union, 2012, S. 55, 71.

[572] In diese Richtung die französische *Autorité des marchés financiers*, siehe *ESMA*, Guidelines Compliance Table für die „Leitlinien: Ausnahme für Market-Making-Tätigkeiten und Primärmarkttätigkeiten gemäß der Verordnung (EU) Nr. 236/2012 des Europäischen Parlaments und des Rates über Leerverkäufe und bestimmte Aspekte von Credit Default Swaps", ESMA/2013/765, S. 6, dazu auch New UK watchdog snubs Brussels to adopt rules that favour bankers, Financial Times v. 27.08.2013, S. 1.

hängt im Einzelfall an den angegebenen Gründen und der Bewertung dieser, ob die nationale Behörde alle erforderlichen Anstrengungen unternommen hat. Wenn sie nur unzureichende, vorgeschobene Gründe präsentiert, so dürfte sie nicht alle erforderlichen Anstrengungen unternommen haben, um den Leitlinien und Empfehlungen nachzukommen. Somit läge dann ein Verstoß gegen diese Pflicht aus Art. 16 Abs. 3 der Gründungsverordnungen vor. Dann wäre wegen dieses Verstoßes gegen die Gründungsverordnungen ein Verfahren nach Art. 17 möglich.

Drittens ist die Situation möglich, dass die nationale Behörde erklärt hat, die Leitlinien oder Empfehlungen der ESAs einzuhalten, sich aber anschließend nicht daran hält und dadurch gegen die Leitlinien oder Empfehlungen verstößt. Art. 17 erwähnt ausdrücklich den Fall, dass die nationale Behörde gegen technische Standards nach den Art. 10-15 der Gründungsverordnungen verstößt, ein Verstoß gegen Leitlinien oder Empfehlungen nach Art. 16 ist hingegen nicht erwähnt. Deshalb ist allein wegen eines Verstoßes gegen Leitlinien oder Empfehlungen *kein* Verfahren nach Art. 17 möglich. Aber die Leitlinien oder Empfehlungen dienen i.d.R. dazu, die zugrunde liegenden Sekundärrechtsakte des Kapitalmarktrechts zu konkretisieren. Dementsprechend kann die ESA ein Verfahren nach Art. 17 wegen Verstoßes gegen das den Leitlinien oder Empfehlungen zugrunde liegende Sekundärrecht einleiten. Damit finden Leitlinien oder Empfehlungen als Gesetzeskonkretisierung „mittelbar Eingang in verbindliches Recht“,[573] ohne selbst verbindlich zu sein.

Obwohl verschiedentlich Vorermittlungen liefen, haben die ESAs noch keine Empfehlung in einem Art. 17-Verfahren erlassen.[574] Zeitungsberichten zufolge ermittelt z.B. ESMA gegen die luxemburgische Finanzaufsicht CSSR, weil diese Anleger nicht bei Entschädigungen unterstützt habe, nachdem ein Fonds gegen die geltenden Prospektregeln verstoßen hatte.[575] ESMA hat allerdings in anderen Fällen eine Stel-

---

[573] *A. Frank*, Die Rechtswirkungen der Leitlinien und Empfehlungen der Europäischen Wertpapier- und Marktaufsichtsbehörde, 2012, S. 170 m.w.N.

[574] *F. Demarigny/J. McMahon/N. Robert*, Study for the European Parliament, Policy Department A: Economic and Scientific Policy, Review of the New European European System of Financial Supervision (ESFS), Part 1, PE 507.446, 2013, S. 101, 123.

[575] Esma probes Luxembourg regulators, Financial Times v. 28.05.2013, http://www.ft.com/intl/cms/s/0/a1f3cda0-c78c-11e2-9c52-00144feab7de.html#axzz2xq9muVGM (15.09.2015); Lax Luxembourg fund rules attacked, Financial

lungnahme als eine Art Vorstufe eines Art. 17-Verfahrens veröffentlicht. Diese unverbindlichen Stellungnahmen – gestützt auf eine gemeinsame Aufsichtskultur nach Art. 29 Abs. 1 lit. a der ESMA-Verordnung – sind an (bestimmte) nationale Behörden gerichtet. Wenn diese der Stellungnahme nicht nachkommen, so will ESMA ein Art. 17-Verfahren einleiten.[576] Diese „Vorverfahren" und die fehlende Praxis von Art. 17-Verfahren zeigen, dass die ESAs sehr zurückhaltend sind, ein Sanktionsverfahren gegen die nationalen Aufsichtsbehörden einzuleiten, denn schließlich entscheiden die nationalen Behörden im Rat der Aufseher quasi über sich selbst.

bb. Verstoß durch Finanzmarktteilnehmer

Wenn Finanzmarktteilnehmer Leitlinien oder Empfehlungen der ESAs nicht beachten, ist seitens der ESAs keine direkte Sanktionsmöglichkeit vorgesehen. Entweder der *comply or explain*-Mechanismus ist im konkreten Fall für Finanzmarktteilnehmer nicht angeordnet – dann müssen die nationalen Aufsichtsbehörden darauf hinwirken, dass die Finanzmarktteilnehmer die Leitlinien oder Empfehlungen beachten, wenn jene selbst erklärt haben, die Leitlinien oder Empfehlungen anzuwenden – oder der *comply or explain*-Mechanismus ist auch für Finanzmarktteilnehmer vorgesehen: Wenn die Finanzmarktteilnehmer dann nicht Bericht erstatten, ob sie die Leitlinien oder Empfehlungen anwenden, verstoßen sie gegen Art. 16 Abs. 4 der Gründungsverordnungen. Allerdings ist Art. 17 explizit nur bei Verstößen der nationalen Behörden anwendbar, so dass die ESAs kein Verfahren nach Art. 17 gegen Finanzmarktteilnehmer einleiten können. Es bleibt Aufgabe der nationalen Behörden, für die Einhaltung der Leitlinien oder Empfehlungen der ESAs seitens der Finanzmarktteilnehmer zu sorgen. Sollte die nationale Behörde dies versäumen, kann die ESA ein Verfahren nach Art. 17 gegen die nationale Behörde einleiten, wenn eine der oben diskutierten Situationen vorliegt.

Es bleibt also festzuhalten, dass zwar gegen Finanzmarktteilnehmer kein Art. 17-Verfahren möglich ist, gegen nationale Aufsichtsbehörden

---

Times v. 19.05.2013, http://www.ft.com/intl/cms/s/0/4dbff57a-ae9a-11e2-bdfd-00144feabdc0.html#axzz2xq9muVGM (15.09.2015).

[576] Siehe z.B. *ESMA*, Opinion: Format of the base prospectus and consistent application of Article 26(4) of the Prospectus Regulation, ESMA/2013/1944, S. 2.

hingegen in verschiedenen Situationen schon. Ob Art. 17 der Gründungsverordnungen in der Praxis zu einer einheitlichen Durchführung des Unionsrechts führen wird, obwohl er „nur" eine Empfehlung der ESAs als Sanktion vorsieht, bleibt abzuwarten.[577]

c. Weitergehende sekundärrechtliche Verrechtlichung?

Über den *comply or explain*-Mechanismus hinaus könnten weitere Wirkungen von Leitlinien und Empfehlungen in Sekundärrechtsakten des Kapitalmarktrechts verankert sein. Diese weiteren Wirkungen von unverbindlichen Rechtsakten bezeichnet *Schöndorf-Haubold* als „sekundärrechtliche Verrechtlichung",[578] beispielsweise im Recht der Strukturfonds und im Telekommunikationsrecht. Die Strukturfondsverordnung sah vor, dass die Mitgliedstaaten die Leitlinien für die Programmplanung „berücksichtigen", was bedeutet, dass sie nicht ohne legitime Gründe von den Leitlinien abweichen durften.[579] Diese Berücksichtigungspflicht war dadurch gerechtfertigt, dass es für sie eine einstimmig beschlossene Rechtsgrundlage gab, dass die Kommission die Mitgliedstaaten vor Erlass der Leitlinien erneut konsultierte und dass die Veröffentlichung im Amtsblatt Transparenz schuf.[580] Die Telekommunikations-Rahmenrichtlinie ordnet eine „weitestgehende Berücksichtigung" der Empfehlung zur Marktdefinition und der Leitlinien zur Marktanalyse an.[581] Die daraus folgende verstärkte Bindungswirkung bedeutet,

---

[577] Allgemein zum Verfahren des Art. 17 der Gründungsverordnungen siehe *L. Martino Levi*, The European Banking Authority: Legal Framework, Operations and Challenges Ahead, Tulane European and Civil Law Forum 28 (2013), S. 51, 92.

[578] *B. Schöndorf-Haubold*, Die Strukturfonds der Europäischen Gemeinschaft, 2005, S. 400.

[579] Art. 16 der Verordnung (EG) Nr. 1260/1999 des Rates mit allgemeinen Bestimmungen über die Strukturfonds, ABl. 1999 L 161, S. 1, aufgehoben durch Verordnung (EG) Nr. 1083/2006; *B. Schöndorf-Haubold*, Die Strukturfonds der Europäischen Gemeinschaft, 2005, S. 97. Die spätere Fassung der Strukturfondsverordnung enthält diese Berücksichtigungspflicht so nicht mehr, siehe Verordnung (EU) Nr. 1303/2013 des Parlaments und des Rates, ABl. 2013 L 347, S. 320.

[580] *B. Schöndorf-Haubold*, Die Strukturfonds der Europäischen Gemeinschaft, 2005, S. 96 ff., 400.

[581] Art. 15 Abs. 3, 16 Abs. 1 der konsolidierten Fassung der Richtlinie 2002/21/EG des Parlaments und des Rates (Telekommunikationsrahmen-

dass die mitgliedstaatlichen Behörden von den genannten Rechtsakten nur abweichen können, wenn im Einzelfall ein rechtlicher Widerspruch zum Unionsrecht oder zum unionsrechtskonform ausgelegten nationalen Recht droht.[582]

Im Finanzsektor findet sich eine ähnliche sekundärrechtliche Verrechtlichung in der Solvency II-Richtlinie. Diese fordert eine „gebührende Berücksichtigung" von Leitlinien und Empfehlungen von CEIOPS,[583] also galt dies bereits vor der Umwandlung in EIOPA. Nach der Änderung durch die Omnibus II-Richtlinie sollen die Mitgliedstaaten dafür sorgen, dass „die Aufsichtsbehörden die Leitlinien und Empfehlungen der EIOPA befolgen, und falls sie dies nicht tun, die Gründe dafür angeben".[584] Die ursprüngliche Fassung ordnete – im Vergleich mit dem Einsetzungsbeschluss von CEIOPS und dessen Charta – eine verstärkte Bindungswirkung an, ähnlich der Strukturfondsverordnung, allerdings eine weniger weitreichende sekundärrechtliche Verrechtlichung als die „weitestgehende Berücksichtigung" der Telekommunikations-Rahmenrichtlinie. Die Aufnahme ins Sekundärrecht begründete eine explizite Pflicht der Mitgliedstaaten zur Berücksichtigung, d.h. nicht nur der nationalen Behörden, sondern aller Organe, einschließlich des Gesetzgebers und der Gerichte. Die Umformulierung durch die Omnibus II-Richtlinie wiederholt nun die Verpflichtungen des *comply or explain*-Mechanismus, inhaltlich begründet sie aber keine weitergehenden Pflichten, als schon in den Gründungsverordnungen geregelt. Indem sie explizit auf die Aufsichtsbehörden Bezug nimmt, bleibt fraglich, ob nun

---

richtlinie), ABl. 2002 L 108, S. 33; engl.: *utmost account*, frz.: *tient le plus grand compte*; dazu *M. U. Brohm*, Die „Mitteilungen" der Kommission im Europäischen Verwaltungs- und Wirtschaftsraum, 2012, S. 167; *G. Pampel*, Rechtsnatur und Rechtswirkungen horizontaler und vertikaler Leitlinien im reformierten europäischen Wettbewerbsrecht, 2005, S. 149 ff.

[582] *T. von Danwitz*, Europäisches Verwaltungsrecht, 2008, S. 251 m.w.N.

[583] Art. 71 Abs. 2 der Richtlinie 2009/138/EG des Parlaments und des Rates betreffend die Aufnahme und Ausübung der Versicherungs- und der Rückversicherungstätigkeit (Solvabilität II), ABl. 2009 L 335, S. 1, geändert durch Richtlinie 2012/23/EU des Parlaments und des Rates, ABl. 2012 L 249, S. 1; engl.: *take duly into account* bzw. frz.: *tiennent dûment compte*.

[584] Art. 71 Abs. 2 lit. b Vorschlag für eine Richtlinie des Europäischen Parlaments und des Rates zur Änderung der Richtlinien 2003/71/EG und 2009/138/EG im Hinblick auf die Befugnisse der Europäischen Aufsichtsbehörde für das Versicherungswesen und die betriebliche Altersversorgung und der Europäischen Wertpapieraufsichtsbehörde, KOM(2011) 8.

auch weiterhin die anderen mitgliedstaatlichen Organe zur Berücksichtigung angehalten sind. Gegenüber den Gründungsverordnungen neu ist, dass die Mitgliedstaaten ausdrücklich weiterer Adressat der Verpflichtung sind. Dadurch erhöht sich möglicherweise der Druck auf die Aufsichtsbehörden.

Zusammenfassend lässt sich festhalten, dass auch im Finanzsektor eine weitergehende sekundärrechtliche Verrechtlichung stattfindet. Diese ist jedoch – im Vergleich mit anderen Bereichen des Unionsrechts – weniger weitgehend, weil die Gründungsverordnungen mit dem *comply or explain*-Mechanismus schon konkrete Vorgaben machen.

d. Umsetzung in Deutschland

Wie wird der *comply or explain*-Mechanismus in den nationalen Rechtsordnungen implementiert? Diese Arbeit geht der Frage am Beispiel Deutschlands nach. Eine Umsetzung auf abstrakt-genereller Ebene erfolgt teilweise in Gesetzen und Verordnungen, teilweise auch in Verwaltungsvorschriften und Rundschreiben. § 7b Abs. 1 Kreditwesengesetz (KWG) verpflichtet die BaFin, die Leitlinien und Empfehlungen der EBA und ESMA bei Anwendung dieses Gesetzes anzuwenden oder Abweichungen zu begründen. Demnach ist der *comply or explain*-Mechanismus allgemein für alle Empfehlungen und Leitlinien im Bereich des KWG durch Gesetz umgesetzt. Für die Versicherungsaufsicht sah § 324 Abs. 1 S. 2 VAG-Regierungsentwurf in Umsetzung der Solvency II-Richtlinie vor, dass die BaFin Leitlinien und Empfehlungen berücksichtigen soll.[585]

Auf Verordnungsebene sollten Wirtschaftsprüfer in einem Fall nach dem Vorschlag der BaFin an Leitlinien und Empfehlungen der ESMA gebunden sein, soweit nicht ein Fall der Nicht-Anwendung durch die BaFin vorläge und die Rechtsakte noch nicht durch Rundschreiben,

---

[585] Entwurf eines Zehnten Gesetzes zur Änderung des Versicherungsaufsichtsgesetzes, BT-Drucks. 17/9342 v. 18.04.2012, http://dip21.bundestag.de/dip21/btd/17/093/1709342.pdf (15.09.2015), zur Umsetzung von Art. 71 der Solvency II-Richtlinie. Das Gesetzgebungsverfahren wurde gestoppt, weil die Verhandlungen über die Omnibus II-Richtlinie stockten, siehe: VAG-Reform vertagt: Versicherer warten weiter auf neue Regeln, Financial Times Deutschland v. 10.05.2012, http://www.ftd.de/unternehmen/versicherungen/:vag-reform-vertagt-versicherer-warten-weiter-auf-neue-regeln/70034886.html (31.12.2012); inzwischen hat sich der Entwurf durch Ablauf der Legislaturperiode erledigt.

Bekanntmachungen und ähnliches umgesetzt worden seien.[586] Wirtschaftsprüferverbände übten daran in der Konsultation erhebliche und überzeugende Kritik:[587] Dies führe zu Rechtsunsicherheit, weil nicht sicher sei, dass die BaFin die Leitlinien und Empfehlungen umsetze, aber die Prüfer bereits vor einer Umsetzung durch die BaFin an die Leitlinien und Empfehlungen gebunden sein sollten.[588] Auch sei es problematisch, wenn Leitlinien bei einem Verstoß gegen höherrangige Vorschriften rechtswidrig und trotzdem verbindlich seien.[589] Daraufhin strich die BaFin diesen Vorschlag und in der erlassenen Verordnung

---

[586] Art. 1 Nr. 2 des Entwurfs der Dritten Verordnung zur Änderung der Wertpapierdienstleistungs-Prüfungsverordnung (WpDPV), Geschäftszeichen WA 11-FR 4110-2012/0001, Konsultation 08/2012, http://www.bafin.de/SharedDocs/Downloads/DE/Konsultation/2012/dl_kon_0812_wpdpv_entwurf_wa.html?nn=2824884 (15.09.2015).

[587] *Wirtschaftsprüferkammer*, Stellungnahme vom 11.10.2012 zur Konsultation 8/2012 der BaFin zu einem Entwurf einer Dritten Verordnung zur Änderung der Wertpapierdienstleistungsverordnung (WpDPV), http://www.bafin.de/SharedDocs/Downloads/DE/Konsultation/2012/dl_kon_0812_stn_wpk_wa.pdf?__blob=publicationFile&v=2, S. 3 f. (15.09.2015); *Deutscher Sparkassen- und Giroverband*, Stellungnahme vom 10.10.2012, http://www.bafin.de/SharedDocs/Downloads/DE/Konsultation/2012/dl_kon_0812_stn_DSGV_wa.pdf;jsessionid=D915F54EC7DFCEF2F55BC3C4CF7E3805.1_cid363?__blob=publicationFile&v=2, S. 2 (15.09.2015); *Institut der Wirtschaftsprüfer*, Stellungnahme vom 11.10.2012, http://www.bafin.de/SharedDocs/Downloads/DE/Konsultation/2012/dl_kon_0812_stn_IdW_wa.pdf?__blob=publicationFile&v=2, S. 4 (15.09.2015).

[588] *Wirtschaftsprüferkammer*, Stellungnahme vom 11.10.2012 zur Konsultation 8/2012 der BaFin zu einem Entwurf einer Dritten Verordnung zur Änderung der Wertpapierdienstleistungsverordnung (WpDPV), http://www.bafin.de/SharedDocs/Downloads/DE/Konsultation/2012/dl_kon_0812_stn_wpk_wa.pdf?__blob=publicationFile&v=2, S. 3 f. (15.09.2015); *Deutscher Sparkassen- und Giroverband*, Stellungnahme vom 10.10.2012, http://www.bafin.de/SharedDocs/Downloads/DE/Konsultation/2012/dl_kon_0812_stn_DSGV_wa.pdf;jsessionid=D915F54EC7DFCEF2F55BC3C4CF7E3805.1_cid363?__blob=publicationFile&v=2, S. 2 (15.09.2015).

[589] Beispielsweise wäre ein Tätigkeitsverbot für Finanzportfolioverwalter, wenn Kunden die Eignungsinformationen verweigern, nicht durch die entsprechende gesetzliche Vorschrift gedeckt, siehe *Verband der Finanzdienstleistungsinstitute*, Stellungnahme vom 10.10.2012, http://www.bafin.de/SharedDocs/Downloads/DE/Konsultation/2012/dl_kon_0812_stn_VFI_wa.pdf;jsessionid=D915F54EC7DFCEF2F55BC3C4CF7E3805.1_cid363?__blob=publicationFile&v=2, S. 2 (15.09.2015).

sind Leitlinien und Empfehlungen der ESMA nicht mehr erwähnt.[590] Dies ist zu begrüßen, weil die Bindung der Wirtschaftsprüfer an die in Form von Rundschreiben o.ä. umgesetzten Leitlinien und Empfehlungen ausreicht. In anderen Fällen erfolgt die Umsetzung durch Änderung von Merkblättern oder Rundschreiben.[591]

Bei der Umsetzung im konkreten Einzelfall stehen den nationalen Behörden die allgemeinen Aufsichtsbefugnisse zur Verfügung.[592] Für das Beispiel der EBA-Empfehlung zur Bankenrekapitalisierung und der EBA-Empfehlung zur Kapitalerhaltung bedeutet dies, dass die BaFin per Verwaltungsakt eine Kapitalerhöhung oder die Festlegung eines Kapitalpuffers anordnen kann, wobei sie die Vorgaben der EBA berücksichtigt.[593] Die Commerzbank benötigte im Herbst 2011 aufgrund

---

590 Siehe die Wertpapierdienstleistungs-Prüfungsverordnung (WpDPV).

591 Siehe z.B. das Schreiben der Bundesanstalt für Finanzdienstleistungsaufsicht zur Anwendung der „Leitlinien für solide Vergütungspolitiken unter Berücksichtigung der AIFMD" von ESMA vom 22.07.2013, Geschäftszeichen WA 41-Wp 2137-2013/0037, http://www.bafin.de/SharedDocs/Veroeffentlichungen/DE/Auslegungsentscheidung/WA/ae_130722_Verguetung_ESMA_guidelines_anwendbarkeit.html (15.09.2015); Merkblatt – Anzeigen von Market-Making und Primärhändlertätigkeiten, http://www.bafin.de/DE/Aufsicht/BoersenMaerkte/Leerverkaeufe/Ausnahmen/ausnahmen_artikel.html (15.09.2015); Beschwerdebearbeitung durch Versicherer: BaFin konsultiert Rundschreiben und Sammelverfügung, http://www.bafin.de/SharedDocs/Veroeffentlichungen/DE/Meldung/2013/meldung_130710_konsultationen_beschwerdebearbeitung.html (15.09.2015).

592 *H. Hartig*, Abweichkultur und Befolgungsdruck bei Leitlinien der europäischen Aufsichtsbehörden im Finanzbereich vor dem Hintergrund des § 161 AktG und des DCGK, Betriebs-Berater 2012, S. 2959, 2962.

593 § 10 Abs. 4 KWG: „Zusätzliche Eigenmittel können insbesondere im Rahmen eines abgestimmten Vorgehens auf Ebene der Europäischen Union zur Stärkung des Vertrauens in die Widerstandsfähigkeit des europäischen Bankensektors und zur Abwehr einer drohenden Gefahr für die Finanzmarktstabilität in Europa verlangt werden. Bei der Festlegung von Höhe und maßgeblicher Zusammensetzung der zusätzlichen Eigenmittel und des maßgeblichen Zeitpunktes für die Einhaltung der erhöhten Eigenmittelanforderungen berücksichtigt die Bundesanstalt die Standards, auf deren Anwendung sich die zuständigen europäischen Stellen im Rahmen eines abgestimmten Vorgehens auf Unionsebene verständigt haben. In diesem Rahmen kann die Bundesanstalt verlangen, dass die Institute in einem Plan nachvollziehbar darlegen, durch welche Maßnahmen sie die erhöhten Eigenmittelanforderungen zu dem von der Bundesanstalt nach Satz 5 festgelegten Zeitpunkt einhalten werden" bzw. § 10f Abs. 4 KWG, der einen Kapitalpuffer für systemisch relevante Institute

der EBA-Empfehlung 5,3 Mrd. € an zusätzlichem Eigenkapital.[594] Die BaFin erklärte, die Empfehlung umzusetzen,[595] so dass die Commerzbank auch nach nationalem Recht mehr Eigenkapital benötigte. Dieses brachte sie auf, indem sie Gewinne einbehielt, ihre Risikoaktiva reduzierte, außertarifliche Mitarbeiter Vergütungen gegen Aktien tauschten und die Bank nachrangige Aktien zurückkaufte.[596] Im Mai 2012 hatte sie die vorgegebene Kapitalquote erreicht.[597]

Es zeigt sich, dass die Umsetzung der Leitlinien und Empfehlungen vom Einzelfall abhängt: Teilweise treffen der deutsche Gesetzgeber und

---

vorsieht. Das Vorgehen der BaFin durch Verwaltungsakt verdeutlicht auch folgendes Zitat: „Das Verwaltungsgericht hat dargelegt, dass die Bundesanstalt für Finanzdienstleistungsaufsicht (BaFin) in einem Schreiben vom 08.06.2012 an die Träger der LBBW mitgeteilt habe, die Wandlung stiller Einlagen in Kernkapital müsse bis zum 01.01.2013 vollzogen werden, um die von der europäischen Bankenaufsicht geforderte Kernkapitalquote von 9% fristgerecht zu erreichen“, *VGH Mannheim*, Beschl. v. 6.12.2012 – 1 S 2408/12, erhältlich in juris, Rn. 12. Im Bereich des Energierechts kann die nationale Behörde ebenfalls Empfehlungen der ACER verbindlich machen, dazu *J. Scherer*, Neue Entwicklungen im Recht der regulierten Netzinfrastrukturen, NVwZ 2010, S. 1321, 1326.

594 Commerzbank probt den Befreiungsschlag, Handelsblatt vom 19.01.2012, http://www.handelsblatt.com/unternehmen/banken/ausreichend-eigenkapital-commerzbank-probt-den-befreiungsschlag-seite-all/6084652-all.html (15.09.2015).

595 *EBA*, Pressemitteilung vom 9.02.2012, The EBA Board of Supervisors makes its first aggregate assessment of banks' capital plans, http://www.eba.europa.eu/documents/10180/587401/Press-release-EBA-9-02-2012_1.pdf, S. 2 (15.09.2015).

596 Commerzbank probt den Befreiungsschlag, Handelsblatt vom 19.01.2012, http://www.handelsblatt.com/unternehmen/banken/ausreichend-eigenkapital-commerzbank-probt-den-befreiungsschlag-seite-all/6084652-all.html (15.09.2015); *Commerzbank*, Pressemitteilung v. 9.05.2012, Commerzbank: EBA-Kapitalziel vorzeitig erreicht – Operatives Ergebnis im ersten Quartal 2012 bei 584 Mio. Euro, https://www.commerzbank.de/de/hauptnavigation/presse/pressemitteilungen/archiv1/2012/quartal_12_02/presse_archiv_detail_12_02_9363.html (15.09.2015).

597 *Commerzbank*, Pressemitteilung v. 9.05.2012, Commerzbank: EBA-Kapitalziel vorzeitig erreicht – Operatives Ergebnis im ersten Quartal 2012 bei 584 Mio. Euro, https://www.commerzbank.de/de/hauptnavigation/presse/pressemitteilungen/archiv1/2012/quartal_12_02/presse_archiv_detail_12_02_9363.html (15.09.2015).

die BaFin abstrakt-generelle Regelungen, teilweise findet das allgemeine verwaltungsrechtliche Instrumentarium Anwendung.

e. Einhaltung der Leitlinien und Empfehlungen seit 2011

Im Rahmen der Schaffung einer gemeinsamen Aufsichtskultur überprüfen die ESAs die Anwendung von Empfehlungen und Leitlinien.[598] Außerdem sind sie gegenüber dem Europäischen Parlament in ihren Jahresberichten verpflichtet, anzugeben, welche Behörden den Leitlinien und Empfehlungen nicht nachgekommen sind.[599] In der Praxis veröffentlichen die ESAs die Angaben der nationalen Behörden, ob diese die Leitlinien und Empfehlungen der ESAs befolgen, in Tabellenform oder durch Veröffentlichung der einzelnen Antworten.

Was genau unter einer Einhaltung der Leitlinien oder Empfehlungen und *compliance* zu verstehen ist, klären die Gründungsverordnungen nicht.[600] Für den Fall, dass es im nationalen Recht entgegenstehende Vorschriften gibt, sollten die nationalen Behörden darauf hinwirken, diese zu beseitigen. Wenn die Leitlinien oder Empfehlungen eine bestimmte Handlung von den nationalen Behörden verlangen, so müssen sie diese vornehmen, z.B. falls ein bestimmtes Muster/Formular vorgegeben ist, müssen sie dieses verwenden. Wenn die Empfehlungen und Leitlinien jedoch keine bestimmte Handlung vorgeben, so sollten die nationalen Behörden die angemessensten Mittel zur Erreichung der Ziele der Leitlinien und Empfehlungen wählen. Aus dem Wortlaut des Art. 16 Abs. 3 der Gründungsverordnungen ergibt sich auch die Unterscheidung zwischen der Einhaltung der Leitlinien und Empfehlungen und der Absicht, diese einzuhalten. Dementsprechend unterscheidet EIOPA zwischen diesen beiden Fällen, die sie jedoch beide als *compliance* einstuft.[601] Wo genau die Grenze zwischen der Absicht, den Leitlinien und Empfehlungen nachzukommen, und der Nichteinhaltung liegt, ist unklar. Wenn eine nationale Behörde z.B. erklärt, den Rechtsakten in einigen Monaten nachzukommen, dürfte dies noch unter die

---

598 Art. 29 Abs. 1 lit. d der Gründungsverordnungen.

599 Art. 16 Abs. 4 der Gründungsverordnungen, s.o. Kapitel 4, A. III. 2. a.

600 Nachfolgende Erwägungen beruhen u.a. auf Gesprächen mit ESMA-Mitarbeitern im Oktober 2013.

601 Siehe z.B. für die „Leitlinien zur Beschwerdebearbeitung durch Versicherungsunternehmen“: *EIOPA*, Overall results of the comply or explain On Guidelines, EIOPA-13/076.

Absicht, ihnen nachzukommen, fallen. Bei einer Verzögerung von mehreren Jahren dürfte jedoch eine Nichtbefolgung vorliegen.

Die Einhaltung der Leitlinien und Empfehlungen hat – soweit Ende 2013 veröffentlicht – insgesamt zugenommen. EIOPAs Leitlinien halten die nationalen Behörden ganz überwiegend ein.[602] Auch die EBA macht seit 2011 positive Erfahrungen mit der Einhaltung ihrer Empfehlungen und Leitlinien. Die Empfehlung zur Bankenrekapitalisierung 2011 und die EBA-Leitlinien zur internen Governance haben alle Behörden eingehalten.[603] Bei den sechs Leitlinien aus dem Jahr 2012 gab es keinen Fall der Nichteinhaltung. In sechs Fällen haben die nationalen Behörden eine teilweise Einhaltung angegeben, überwiegend, weil sich die Umsetzung der CRD IV in nationales Recht verzögerte.[604] ESMA hat bislang erst eine compliance-Tabelle für 2012 und eine für 2013 veröffentlicht. Die „Leitlinien – Systeme und Kontrollen für Handelsplattformen, Wertpapierfirmen und zuständige Behörden in einem automatisierten Handelsumfeld" (HFT-Leitlinien) aus 2012 beachten alle nationalen Behörden.[605] Anders ist dies bei den „Leitlinien: Ausnahme für Market-Making-Tätigkeiten und Primärmarkttätigkeiten gemäß der Verordnung (EU) Nr. 236/2012 des Europäischen Parlaments und des Rates über Leerverkäufe und bestimmte Aspekte von Credit Default Swaps" aus 2013.[606] Diese waren bereits während der Ausarbeitung im

---

[602] Für die „Leitlinien zur Beschwerdebearbeitung durch Versicherungsunternehmen" siehe *EIOPA*, Overall results of the comply or explain On Guidelines, EIOPA-13/076; für die anderen Leitlinien hat EIOPA jeweils eine Exceltabelle veröffentlicht. Diese findet sich bei den jeweiligen Leitlinien unter https://eiopa.europa.eu/regulation-supervision/guidelines (15.09.2015).

[603] *EBA*, Pressemitteilung vom 9.02.2012, The EBA Board of Supervisors makes its first aggregate assessment of banks' capital plans, http://www.eba.europa.eu/documents/10180/587401/Press-release-EBA-9-02-2012_1.pdf, S. 2 (15.09.2015); *EBA*, Compliance Table: Guidelines on Internal Governance (GL 44), 30.03.2012; *L. Martino Levi*, The European Banking Authority: Legal Framework, Operations and Challenges Ahead, Tulane European and Civil Law Forum 28 (2013), S. 51, 71.

[604] *EBA*, Annual Report 2012, S. 55.

[605] *ESMA*, Guidelines Compliance Table für die Leitlinien – Systeme und Kontrollen für Handelsplattformen, Wertpapierfirmen und zuständige Behörden in einem automatisierten Handelsumfeld, ESMA/2012/332, S. 1 f.

[606] *ESMA*, Leitlinien: Ausnahme für Market-Making-Tätigkeiten und Primärmarkttätigkeiten gemäß der Verordnung (EU) Nr. 236/2012 des Europäischen Parlaments und des Rates über Leerverkäufe und bestimmte Aspekte von Credit Default Swaps, ESMA/2013/74.

Rat der Aufseher umstritten.[607] Fünf nationale Behörden, darunter die britische, französische und deutsche Wertpapieraufsicht, erklärten, dass sie den Leitlinien nur teilweise nachkämen.[608]

Anders als bei den Leitlinien und Empfehlungen der Level-3-Ausschüsse kommen die nationalen Behörden den Leitlinien und Empfehlungen der ESAs somit in der Regel nach, d.h. es scheint weniger Probleme bei der Einhaltung zu geben. Dies gilt zumindest *on the books*, d.h. entsprechend den Angaben der nationalen Behörden. Ob dies in der Praxis auch tatsächlich so erfolgt, sollten die ESAs durch *peer reviews* erheben.[609] Während die *peer reviews* der Level-3-Ausschüsse eher ineffektiv waren,[610] zeigen sich nun Anzeichen dafür,

---

607 *ESMA*, Summary of Conclusions BoS meeting 18.12.2012, ESMA/2013/BS/4, S. 4; für Auslegungsfragen, die im Rahmen der Konsultation aufkamen, sicherte sich ESMA die Unterstützung der Kommission zu ihrer Auslegung, siehe *ESMA*, Final Report – Guidelines on the exemption for market making activities and primary market operations under Regulation (EU) 236/2012 of the European Parliament and the Council on short selling and certain aspects of Credit Default Swaps, ESMA/2013/158, S. 5.

608 *ESMA*, Guidelines Compliance Table für die „Leitlinien: Ausnahme für Market-Making-Tätigkeiten und Primärmarkttätigkeiten gemäß der Verordnung (EU) Nr. 236/2012 des Europäischen Parlaments und des Rates über Leerverkäufe und bestimmte Aspekte von Credit Default Swaps", ESMA/2013/765, S. 1 f.; New UK watchdog snubs Brussels to adopt rules that favour bankers, Financial Times v. 27.08.2013, S. 1. ESMA hat die Begründungen der abweichenden nationalen Behörden veröffentlicht. Die Kommission hat sich vorbehalten, weitere Maßnahmen zu treffen, siehe *ESMA*, Summary of Conclusions BoS meeting 24.09.2013, ESMA/2013/BS/155, S. 3.

609 Bislang haben sie noch keinen *peer review* zu eigenen Leitlinien oder Empfehlungen veröffentlicht. Für eine legitimitätssteigernde Wirkung von deliberativen Ansätzen wie z.B. *peer reviews* siehe *A. Orator*, Möglichkeiten und Grenzen der Einrichtung von Unionsagenturen (Manuskript der Dissertation), 2011, S. 290 f.

610 *N. Moloney*, EU Financial Market Regulation after the Global Financial Crisis: "More Europe" or more Risks?, CML Rev. 47 (2010), S. 1317, 1319, 1381. Auch CESR wollte 2007 den *peer review* stärken, dazu *N. Moloney*, The Committee of European Securities Regulators and level 3 of the Lamfalussy Process, in: *M. Tison/H. De Wulf/C. Van der Elst/R. Steennot* (Hrsg.), Perspectives in company law and financial regulation, 2009, S. 449, 473 ff.

dass die ESAs den *peer review*-Mechanismus stärken wollen, indem sie z.B. nicht nur vom Schreibtisch aus prüfen, sondern auch vor Ort.[611]

Die verstärkte Einhaltung über einen *comply or explain*-Mechanismus entspricht auch den Erfahrungen mit dem *comply or explain*-Prinzip im Bereich der *corporate governance*. Sowohl im Vereinigten Königreich, als auch im Rahmen des DCGK in Deutschland sind diese positiv.[612] Unterschiedlich ist jedoch der Umgang mit „Abweichlern": Während beim DCGK eine Kultur des Abweichens bei entsprechender Begründung durchaus möglich und nach der Präambel des DCGK auch erwünscht ist, ist dies bei den ESAs unwahrscheinlich, weil Ziel nach dem 25. Erwägungsgrund der Gründungsverordnungen ausdrücklich eine stärkere Einhaltung der Leitlinien und Empfehlungen ist.[613]

Es bleibt festzuhalten, dass die verfahrensrechtliche Verrechtlichung über den *comply or explain*-Mechanismus Erfolg zu haben scheint, eine genauere Steuerung zumindest der nationalen Behörden scheint möglich, so dass die Steuerungskraft der Leitlinien und Empfehlungen gestärkt wird.[614] Eine mögliche Begründung dafür ist, dass mit den bindenden technischen Standards, die ESAs anregen können, eine Alternative besteht. In einigen Fällen, in denen die Level-3-Ausschüsse zuvor Leitlinien und Empfehlungen oder andere Level-3-Rechtsakte erlassen hatten, erlässt die Kommission mit Hilfe der ESAs nun technische

---

[611] Dies fordert auch der IWF, siehe *IWF*, ESMA Technical Note, Financial Sector Assessment Program European Union, IMF Country Report No. 13/69, 2013, http://www.imf.org/external/pubs/ft/scr/2013/cr1369.pdf, S. 25 (15.09.2015); *N. Moloney*, The European Securities and Markets Authority: a perspective from one year on, Zeitschrift für Öffentliches Recht 2013, S. 59, 80; kritisch *L. Martino Levi*, The European Banking Authority: Legal Framework, Operations and Challenges Ahead, Tulane European and Civil Law Forum 28 (2013), S. 51, 80.

[612] *D. Seidl/P. Sanderson/J. Roberts*, Applying "comply-or-explain": Conformance with Codes of Corporate Governance in the UK and Germany, Centre for Business Research, University of Cambridge, Working Paper No. 389, 2009, S. 24; *J. Vetter*, Tagungsbericht Juristentag 2012, Abteilung Wirtschaftsrecht, JZ 2013, S. 404, 405.

[613] *H. Hartig*, Abweichkultur und Befolgungsdruck bei Leitlinien der europäischen Aufsichtsbehörden im Finanzbereich vor dem Hintergrund des § 161 AktG und des DCGK, Betriebs-Berater 2012, S. 2959, 2961 f.

[614] Daraus lässt sich allerdings noch nicht ableiten, ob über den *comply or explain*-Mechanismus eine Zähmung der Finanzmärkte, d.h. der einzelnen Finanzmarktteilnehmer möglich ist.

Standards, die die nationalen Behörden befolgen müssen.[615] Eine weitere Begründung ist, dass die unverbindlichen Leitlinien und Empfehlungen in einem formalen Umfeld von anderen (bindenden) Kompetenzen der ESAs stehen,[616] sozusagen im Schatten der bindenden Befugnisse, was ihre Wirkung verstärkt. [617] Andere und ergänzende Begründungen sind möglich, bedürfen jedoch einer umfassenden empirischen Auswertung, die jenseits dessen liegt, was diese Arbeit leistet.[618] Die Veröffentlichung in den Jahresberichten der ESAs läuft erst langsam an. Während

---

[615] So ersetzt z.B. die Delegierte Verordnung (EU) Nr. 447/2012 der Kommission zur Ergänzung der Verordnung (EG) Nr. 1060/2009 über Ratingagenturen durch Festlegung technischer Regulierungsstandards für die Bewertung der Normgerechtheit der Ratingmethode, ABl. 2012 L 140, S. 14 die *CESR*, CESR's Guidance on common standards for assessment of compliance of credit rating methodologies with the requirements set out in Article 8.3, CESR/10-945; die Delegierte Verordnung (EU) Nr. 448/2012 der Kommission zur Ergänzung der Verordnung (EG) Nr. 1060/2009 im Hinblick auf technische Regulierungsstandards für die Präsentation der Informationen, die Ratingagenturen in einem von der Europäischen Wertpapier- und Marktaufsichtsbehörde eingerichteten zentralen Datenspeicher zur Verfügung stellen, ABl. 2012 L 140, S. 17 ersetzt die *CESR*, Guidelines – Implementation of the Central Repository (CEREP), CESR/10-331; diskutiert auch für CESR standards on financial information, siehe *ESMA*, Summary of Conclusions BoS meeting 20.03.2012, ESMA/2012/BS/46, S. 7.

[616] *N. Moloney*, EU Financial Market Regulation after the Global Financial Crisis: "More Europe" or more Risks?, CML Rev. 47 (2010), S. 1317, 1346; *N. Moloney*, The European Securities and Markets Authority: a perspective from one year on, Zeitschrift für Öffentliches Recht 2013, S. 59, 65 und 70; dazu allgemein *D. Grimm*, Das Öffentliche Recht vor der Frage nach seiner Identität, 2012, S. 66.

[617] *M. Busuioc*, Rule-Making by the European Financial Supervisory Authorities: Walking a Tight Rope, ELJ 19 (2013), S. 111, 119; zum Zusammenwirken von verschiedenen Steuerungsinstrumenten und *compliance* siehe auch *E. Chiti*, The governance of compliance, in: *M. Cremona* (Hrsg.), Compliance and the enforcement of EU law, 2012, S. 31, 42.

[618] Einen Überblick über die verschiedenen politikwissenschaftlichen Perspektiven und Begründungsansätze für *compliance* bieten *L. Conant*, The governance of compliance, in: *M. Cremona* (Hrsg.), Compliance and What EU Member States Make of It, 2012, S. 1 und am Beispiel der Europäischen Eisenbahnagentur *E. Versluis/E. Tarr*, Improving Compliance with European Union Law via Agencies: The Case of the European Railway Agency, Journal of Common Market Studies 2013, S. 316, 325.

ESMA 2012 nur über die Einhaltung einer Leitlinie berichtet hat[619] – obwohl sie einige veröffentlicht hat – hat die EBA ausführlich die abweichenden nationalen Behörden aufgeführt und erläutert.[620] Es wäre zu wünschen, dass ESMA und EIOPA dem Vorbild der EBA folgen würden und so Art. 16 Abs. 4 der Gründungsverordnungen erfüllen.

3. Selbstbindung der ESAs und Vertrauensschutz

Weitere Rechtswirkungen ergeben sich aus dem Grundsatz der Selbstbindung der Verwaltung und Vertrauensschutzgesichtspunkten. Dabei ist grundsätzlich zwischen zwei Interessen abzuwägen: Einerseits müssen die Rechtswirkungen für die Betroffenen vorhersehbar sein, was für eine Selbstbindung der Verwaltung spricht. Andererseits ist aber auch das Interesse der Verwaltung an Flexibilität zu berücksichtigen, weil sie in ihren Entscheidungen nicht völlig durch Leitlinien und Empfehlungen gebunden sein kann. Das allgemeine Interesse an einer Zähmung der Finanzmärkte spricht in diesem Fall eher für die Flexibilität der Verwaltung, damit diese auf neue Entwicklungen schnell und angemessen reagieren und so das Verhalten von Finanzmarktteilnehmern in ihrem Sinne steuern kann.

Im Folgenden steht zunächst die Frage im Mittelpunkt, ob Leitlinien und Empfehlungen als *safe harbour* anzusehen sind (a.). Nach der Erörterung des Grundsatzes der Selbstbindung (b.) folgen dessen Grenzen (c.) und schließlich Vertrauensschutzerwägungen bei einer Änderung von Leitlinien und Empfehlungen (d.).

a. Leitlinien und Empfehlungen als *safe harbour*?

Das englische Finanzmarktaufsichtsrecht kennt sogenannte *safe harbour rules*, die als „sicherer Hafen“ wie Beweislastregeln wirken und die Finanzaufsichtsbehörde und unter bestimmten Umständen auch nationale Gerichte binden.[621] Wenn beispielsweise ein bestimmtes Verhalten in einem *code* der FCA als zulässig bezeichnet ist, stellt dieses kei-

---

[619] *ESMA*, Annual Report 2012, S. 44.

[620] *EBA*, Annual Report 2012, S. 55.

[621] *A. Schädle*, Exekutive Normsetzung in der Finanzmarktaufsicht, 2007, S. 76 f. m.w.N. Zum amerikanischen Recht siehe *P. Halfpap*, Kapitalmarktaufsicht in Europa und den USA, 2008, S. 129 m.w.N.

nen Marktmissbrauch dar.[622] Demgegenüber bindet *guidance*, d.h. allgemeine Leitlinien, nur die FCA über den allgemeinen Grundsatz der berechtigten Erwartungen: Die Aufsichtsbehörde wird kein Sanktionsverfahren einleiten, wenn sich die Finanzmarktteilnehmer an die Leitlinien halten. Gerichte binden die Leitlinien hingegen nicht.[623]

Stark durch das englische Recht geprägt, hat CESR im Kontext der Marktmissbrauchsrichtlinie vorgeschlagen, seine Leitlinien und Empfehlungen als „sicheren Hafen" zu verstehen: „They should also be understood as a safe harbour to ensure that investment firms, MTFs and regulated markets fulfil their respective obligations when following the proposed guidelines and recommendations".[624] Unklar bleibt, welche Wirkungen CESR damit umschreiben wollte. Sollte nur CESR gebunden sein oder auch die nationalen Aufsichtsbehörden und Gerichte? *Wymeersch*, ehemaliger Vorsitzender von CESR, erläutert: „Third parties are entitled to rely on these interpretations, both in their relationship with the supervisors, and one hopes also in their dealings with other instances, such as the national judiciary."[625] Diese Hoffnung auf weitgehende Bindung – auch der Gerichte – stößt in der Literatur auf Bedenken,[626] weil Leitlinien die Gerichte nicht binden könnten und eine Bindung nur über Vertrauensschutz oder den Gleichheitssatz erfol-

---

622 Section 122 FSMA (Financial Services and Markets Act); *safe harbor rules* sind im Handbuch der FCA mit einem „C" bezeichnet, siehe *R. Veil/M. Wundenberg*, Englisches Kapitalmarktrecht, 2010, S. 7.

623 *M. Threipland*, Rules and Guidance, in: *M. Blair* (Hrsg.), Blackstone's Guide to the Financial Services and Markets Act 2000, 2001, S. 135, 140 f.; zur Selbstverpflichtung der FSA siehe auch *P. Halfpap*, Kapitalmarktaufsicht in Europa und den USA, 2008, S. 85 f.

624 *CESR*, Publication and Consolidation of MiFID Market Transparency Data, Level 3 CESR's guidelines and recommendations for the consistent implementation of the Directive 2004/39/EC and the European Commission's Regulation n° 1287/2006, CESR/07-043, Ziff. 1.10.

625 *E. O. Wymeersch*, The Institutional Reforms of the European Financial Supervisory System, European Company and Financial Law Review 7 (2010), S. 240, 248.

626 *N. Moloney*, The Committee of European Securities Regulators and level 3 of the Lamfalussy Process, in: *M. Tison/H. De Wulf/C. Van der Elst/ R. Steennot* (Hrsg.), Perspectives in company law and financial regulation, 2009, S. 449, 455 bezeichnet es als Wunschdenken.

gen könne.[627] Außerdem setzt CESR seine Leitlinien mit den *codes* der FCA gleich, für die die *safe harbour rules* ausdrücklich im Gesetz angeordnet sind. Die CESR-Leitlinien sind jedoch viel eher mit *guidance* der FCA vergleichbar, für die keine *safe harbour rules* gelten und die nur die Verwaltung über den Grundsatz der berechtigten Erwartungen bzw. Vertrauensschutz binden. Schließlich hat CESR selbst in anderen Level-3-Veröffentlichungen einen Haftungsausschluss formuliert: So heißt es im Rahmen der Leitlinien zur Marktmissbrauchsrichtlinie, dass diese absichtlich in *nonlegal terms* formuliert seien und dass die Beschreibungen die Reichweite der Interpretation der Marktmissbrauchsrichtlinie nicht berühren.[628] Letztendlich bleibt sowohl bei CESR als auch in der Literatur unklar, welchen Inhalt der Begriff *safe harbour* auf europäischer Ebene haben soll und für welche Rechtsakte er gelten sollte.[629] Deshalb verwendet diese Arbeit anstelle von *safe harbour* im Folgenden die Grundsätze der Selbstbindung und des Vertrauensschutzes bzw. der berechtigten Erwartungen, die allgemein als Grundsätze des Unionsrechts anerkannt sind.

---

[627] *J. Hupka*, Kapitalmarktaufsicht im Wandel – Rechtswirkungen der Empfehlungen des Committee of European Securities Regulators (CESR) im deutschen Kapitalmarktrecht, WM 2009, S. 1351, 1354; *T. M. J. Möllers*, Europäische Methoden- und Gesetzgebungslehre im Kapitalmarktrecht – Vollharmonisierung, Generalklauseln und soft law im Rahmen des Lamfalussy-Verfahrens als Mittel zur Etablierung von Standards, Zeitschrift für europäisches Privatrecht 2008, S. 480, 492; a.A. *A. Frank*, Die Rechtswirkungen der Leitlinien und Empfehlungen der Europäischen Wertpapier- und Marktaufsichtsbehörde, 2012, S. 179 ff., der auch von einer Fortgeltung der *safe harbour*-Prinzipien für ESMA ausgeht.

[628] „The examples of types of practice set out in this paper are deliberately described in nonlegal terms and it is emphasised that the descriptions are not intended to affect the scope of interpretation of market abuse directives and regulations", *CESR*, Market Abuse Directive – Level 3 – first set of CESR guidance and information on the common operation of the Directive, CESR/04-505b, Ziff. 4.4.

[629] *Hupka* bezieht ihn auf die privatrechtliche Haftung, siehe *J. Hupka*, Kapitalmarktaufsicht im Wandel – Rechtswirkungen der Empfehlungen des Committee of European Securities Regulators (CESR) im deutschen Kapitalmarktrecht, WM 2009, S. 1351, 1354; unklar bei *A. Frank*, Die Rechtswirkungen der Leitlinien und Empfehlungen der Europäischen Wertpapier- und Marktaufsichtsbehörde, 2012, S. 179 ff.; *F. Hänle*, Die neue Europäische Finanzaufsicht, 2012, S. 132 ff.

b. Grundsatz der Selbstbindung

Der EuGH entwickelte die Selbstbindung der Verwaltung aufgrund allgemeiner Rechtsgrundsätze, wie insbesondere dem Gleichbehandlungsgrundsatz und dem Vertrauensschutz, zunächst für den Bereich des Dienstrechts.[630] Durch Übertragung auf andere Rechtsbereiche wie das Kartellrecht ist der Grundsatz der Selbstbindung der Verwaltung inzwischen als ständige Rechtsprechung anerkannt.[631] Der EuGH formuliert in der kartellrechtlichen Entscheidung *Dansk Rørindustri* wie folgt:

> „Das fragliche Organ hat dadurch, dass es [die Bußgeldleitlinien] erlassen und durch ihre Veröffentlichung angekündigt hat, dass es sie von nun an auf die von diesen Normen erfassten Fälle anwenden werde, die Ausübung seines Ermessens beschränkt und kann nicht von diesen Normen abweichen, ohne dass dies gegebenenfalls wegen eines Verstoßes gegen allgemeine Rechtsgrundsätze wie die der Gleichbehandlung oder des Vertrauensschutzes geahndet würde. Daher ist nicht auszuschließen, dass derartige Verhaltensnormen mit allgemeiner Geltung unter bestimmten Voraussetzungen und je nach ihrem Inhalt Rechtswirkungen entfalten können."[632]

Über die allgemeinen Rechtsgrundsätze und eine Ermessensbeschränkung konstruiert der EuGH also eine Selbstbindung der Verwaltung, die notwendigerweise einen Ermessensspielraum der Verwaltung voraussetzt. Eine solche Bindung kann durch Leitlinien erfolgen, aber auch durch Informationen und sonstige Auskünfte der Verwaltung.[633] Die Rechtsprechung bezieht sich, soweit ersichtlich, auf Handeln der Kommission als Verwaltung. Da die Agenturen jedoch auch verwaltend tätig werden, lässt sich die Rechtsprechung auf sie übertragen. Leitlinien und Empfehlungen der ESAs können deshalb als administratives Handeln eine Selbstbindung hervorrufen.

---

630 *EuGH*, Rs. 148/73, Louwage, Slg. 1974, 81 „für eine innerdienstliche Richtlinie"; *EuGH*, Rs. 80/81, Adam, Slg. 1984, 3411, Rn. 22.

631 *L. Senden*, Soft Law in European Community Law, 2004, S. 421; *O. Stefan*, Hybridity before the Court: a Hard Look at Soft Law in the EU Competition and State Aid Case Law, ELRev. 37 (2012), S. 49, 62 f., die auch auf die Bezüge zum Rechtsstaatsprinzip hinweist; *D. Riedel*, Die Gemeinschaftszulassung für Luftfahrtgerät: Europäisches Verwalten durch Agenturen am Beispiel der EASA, 2006, S. 125 f.

632 *EuGH*, Rs. C-189/02, Dansk Rørindustri, Slg. 2005, I-5425, Rn. 211.

633 *EuGH*, Rs. 162/84, Vlachou, Slg. 1986, 481, Rn. 6: mündliche rechtswidrige Zusage kann kein Vertrauen begründen.

In der Praxis der ESAs wird die Selbstbindung gegenüber Finanzmarktteilnehmern eine geringe Bedeutung spielen, weil der direkte Vollzug im Regelfall durch die nationalen Behörden erfolgt und die ESAs deshalb kaum Möglichkeiten haben, von ihren Leitlinien und Empfehlungen im Einzelfall abzuweichen. Eine Ausnahme bildet die ESMA, die für die Überwachung der Ratingagenturen und Transaktionsregister für Derivate (*Trade Repositories*) direkt zuständig ist. Eine größere Bedeutung dürfte die Selbstbindung der ESAs dagegen im Verhältnis zu den nationalen Aufsichtsbehörden erlangen. Soweit die Leitlinien und Empfehlungen an diese gerichtet sind, sind die ESAs dann an die Leitlinien und Empfehlungen gebunden und können z.B. grundsätzlich kein Sanktionsverfahren nach Art. 17 der Gründungsverordnungen einleiten (wegen Verstoßes gegen das zugrundeliegende Sekundärrecht), wenn die nationalen Aufsichtsbehörden die Leitlinien und Empfehlungen befolgen.[634]

Soweit die nationalen Behörden für den direkten Vollzug zuständig sind, ließe sich erwägen, ob sie an die Leitlinien und Empfehlungen durch eine Art Kollektivbindung gebunden sind.[635] Dann wären die nationalen Behörden gegenüber Finanzmarktteilnehmern an die Leitlinien und Empfehlungen gebunden. Dagegen spricht jedoch, dass die nationalen Behörden weiterhin Teil der jeweiligen nationalen Verwaltungen bleiben (Trennungsprinzip). Außerdem hat der EuGH im Bereich des Dienstrechts festgestellt, dass eine bestimmte Praxis eines Unionsorgans nicht die anderen Unionsorgane binden kann.[636] Deshalb besteht keine automatische Kollektivbindung der nationalen Aufsichtsbehörden. Allerdings können sich die nationalen Aufsichtsbehörden selbst binden, indem sie eine Befolgung der Leitlinien und Empfehlungen angeben (*comply*) und ihre Aufsichtspraxis daran ausrichten. Die Selbstbindung

---

[634] Siehe z.B. *ESMA*, Leitlinien und Empfehlungen zur Zusammenarbeit einschließlich Delegation zwischen der ESMA, den zuständigen Behörden und den sektoralen zuständigen Behörden gemäß Verordnung (EU) Nr. 513/2011 über Ratingagenturen, ESMA/2011/188 DE.

[635] Zur Kollektivbindung bei Rechtsakten der Kommission und zum Folgenden siehe *C. Crones*, Selbstbindungen der Verwaltung im europäischen Gemeinschaftsrecht, 1997, S. 83; *M. U. Brohm*, Die „Mitteilungen" der Kommission im Europäischen Verwaltungs- und Wirtschaftsraum, 2012, S. 98 f.

[636] *C. Crones*, Selbstbindungen der Verwaltung im europäischen Gemeinschaftsrecht, 1997, S. 83 f.

hängt dann jedoch von der jeweiligen Verwaltungspraxis im Einzelfall und dem nationalen Recht ab.[637]

c. Grenzen der Selbstbindung

Die Selbstbindung erfolgt nicht grenzenlos. Zum einen können sich aus dem Text der Leitlinien oder Empfehlungen Grenzen ergeben, zum anderen sind eine Abweichungsmöglichkeit im Einzelfall sowie eine Bindung an rechtswidrige Leitlinien und Empfehlungen zu erörtern.

aa. Begrenzung durch den Text

Aus dem Text der Leitlinien oder Empfehlungen der ESAs können sich Einschränkungen der Selbstbindung ergeben. Da die Selbstbindung auch im Vertrauensschutzgrundsatz gründet, kann sie nur eingreifen, soweit schützenswertes Vertrauen gebildet wurde. Dies kann durch Vorbehalte und Öffnungsklauseln in den Leitlinien oder Empfehlungen verhindert werden.[638] Wenn ein Sachverhalt nicht vom Text der Leitlinien oder Empfehlungen erfasst ist, dann können die ESAs auch nicht daran gebunden sein.

bb. Abweichung im Einzelfall

Die ESAs sind nicht in jedem Fall an ihre Leitlinien und Empfehlungen absolut gebunden, denn dann wären die entsprechenden Rechtsakte verbindlich. Sie können im Einzelfall davon abweichen, wenn sie dies begründen,[639] da bei einer entsprechenden Rechtfertigung auch kein

---

[637] *M. Herdegen*, Bankenaufsicht im Europäischen Verbund, 2010, S. 37; anders *A. Frank*, Die Rechtswirkungen der Leitlinien und Empfehlungen der Europäischen Wertpapier- und Marktaufsichtsbehörde, 2012, S. 182 f., der eine Vermutungswirkung gegenüber den nationalen Aufsichtsbehörden annimmt.

[638] *G. Pampel*, Rechtsnatur und Rechtswirkungen horizontaler und vertikaler Leitlinien im reformierten europäischen Wettbewerbsrecht, 2005, S. 59.

[639] Zu Mitteilungen der Kommission siehe *EuGH*, Rs. C-226/11, Expedia, Slg. 2012, I-0000, Rn. 28; *EuGH*, Rs. C-189/02, Dansk Rørindustri, Slg. 2005, I-5425, Rn. 211; siehe auch *EuGH*, Rs. 148/73, Louwage, Slg. 1974, 81, Rn. 11/18; *EuGH*, Rs. 80/81, Adam, Slg. 1984, 3411, Rn. 22. Mit sehr strengen Voraussetzungen für eine Rechtfertigung als absoluter Ausnahmefall *A. Frank*, Die Rechtswirkungen der Leitlinien und Empfehlungen der Europäischen

Verstoß gegen den Gleichheitssatz vorliegt. Dies lässt sich als Regelfallverbindlichkeit bezeichnen: Im Regelfall sind die ESAs gebunden, im Ausnahmefall können sie die Gründe für ein Abweichen angeben. Die Regelfallverbindlichkeit liegt damit zwischen unverbindlichen und verbindlichen Modi.[640]

cc. Rechtswidrige Leitlinien und Empfehlungen und Vertrauensschutz

Fraglich ist, was geschieht, wenn der EuGH die Auslegung von Unionsrecht durch Leitlinien oder Empfehlungen verwirft, weil diese rechtswidrig ist, und Finanzmarktteilnehmer oder nationale Behörden auf diese Leitlinien oder Empfehlungen vertraut haben sowie diese befolgt haben. Können die ESAs (z.B. gegen Ratingagenturen) Sanktionen verhängen oder gegen nationale Behörden ein Verfahren nach Art. 17 der Gründungsverordnungen einleiten?

Soweit die Leitlinien oder Empfehlungen rechtswidrig sind, kann die Verwaltung nach dem Grundsatz „keine Gleichheit im Unrecht"[641] nicht an sie gebunden sein.[642] Der Gleichheitssatz schließt in diesem Fall also eine Selbstbindung aus und es besteht kein Anspruch darauf, rechtswidriges Verwaltungshandeln fortzuführen.[643]

Möglicherweise beeinflussen jedoch Vertrauensschutzgesichtspunkte Sanktionen der ESAs. Der EuGH hat den Grundsatz des Vertrauensschutzes in seiner Rechtsprechung als allgemeinen Rechtsgrundsatz an-

---

Wertpapier- und Marktaufsichtsbehörde, 2012, S. 155 ff. Ausdrücklich war die Abweichung im Einzelfall im Kommissionsvorschlag in der EASA-Verordnung geregelt, dazu *D. Riedel*, Die Gemeinschaftszulassung für Luftfahrtgerät: Europäisches Verwalten durch Agenturen am Beispiel der EASA, 2006, S. 126, Fn. 464.

640 *J. Bast*, Grundbegriffe der Handlungsformen der EU, 2006, S. 182 ff.; zur Regelfallverbindlichkeit von Verwaltungsvorschriften *A. von Bogdandy*, Gubernative Rechtsetzung, 2000, S. 466 ff.

641 Schlussanträge GA *Jakobs*, zu *EuGH*, Rs. C-210/98 P, Salzgitter/Kommission, Slg. 2000, I-5845, Nr. 122; dazu zum deutschen Recht *H. Maurer*, Allgemeines Verwaltungsrecht, 2011, § 24, Rn. 30.

642 *EuGH*, Rs. 190/82, Blomefield, Slg. 1983, 3981, Rn. 21 für das Dienstrecht; *EuGH*, Rs. C-382/99, Niederlande/Kommission, Slg. 2002, I-5163, Rn. 24 für das Beihilferecht.

643 *C. Crones*, Selbstbindungen der Verwaltung im europäischen Gemeinschaftsrecht, 1997, S. 122 m.w.N. zur Rechtsprechung.

erkannt.[644] Voraussetzung ist, dass ein Unionsorgan durch sein Verhalten einen Vertrauenstatbestand schafft (objektives Element) und dass der Betroffene darauf vertraut und sein Vertrauen schutzwürdig ist (subjektives Element).[645] Allerdings ist umstritten, ob bei rechtswidrigen Maßnahmen überhaupt Vertrauensschutz bestehen kann.[646] Der EuGH hat dies in einigen Fällen bejaht. In *Suiker Unie* hatte die Kommission eine Bekanntmachung im Wettbewerbsrecht missverständlich formuliert. Das Vertrauen der betroffenen Unternehmen, die irrtümlich angenommen hatten, ihr Verhalten sei rechtmäßig, stufte der EuGH als schützenswert ein.[647] Wenn die Kommission ein rechtswidriges Verhalten fortlaufend duldet, so kann sie – ohne eine vorherige Ankündigung der Änderung ihres Verhaltens – keine Sanktion gegen die Betroffenen verhängen, weil deren Vertrauen schutzwürdig ist.[648] Die Vertrauensschutzerwägungen ergeben demnach keinen Anspruch auf ein fortgesetztes rechtswidriges Handeln der Verwaltung, vielmehr wird eine Sanktionierung von Handeln, das in der Vergangenheit liegt, ausgeschlossen. Wenn die ESAs Leitlinien und Empfehlungen erlassen, so kann das einen Vertrauenstatbestand schaffen. Ob ein schutzwürdiges Vertrauen vorliegt, dürfte davon abhängen, ob der Betroffene von der Rechtmäßigkeit der Leitlinien ausgehen durfte.[649]

---

644 *EuGH*, Rs. 13/61 Bosch, Slg. 1962, 99, 113; *EuGH*, Rs. C-313/90, CIRFS, Slg. 1993, I-1125, Rn. 45; allgemein zu Vertrauensschutz bei Empfehlungen *A. Bleckmann*, Europarecht, 1997, S. 179.

645 *C. Crones*, Selbstbindungen der Verwaltung im europäischen Gemeinschaftsrecht, 1997, S. 112 ff.

646 Dagegen zu CESR-Leitlinien *T. M. J. Möllers*, Europäische Methoden- und Gesetzgebungslehre im Kapitalmarktrecht – Vollharmonisierung, Generalklauseln und soft law im Rahmen des Lamfalussy-Verfahrens als Mittel zur Etablierung von Standards, Zeitschrift für europäisches Privatrecht 2008, S. 480, 492, der auf ähnliche Überlegungen im deutschen und englischen Recht verweist.

647 *EuGH*, Rs. 40/73, Suiker Unie, Slg. 1975, 1663, Rn. 556.

648 *EuGH*, Rs. 344/85, Ferriere San Carlo, Slg. 1987, 4447, Rn. 13; siehe auch *H.-J. Prieß/H. Spitzer*, in: *H. von der Groeben/J. Schwarze* (Hrsg.), Kommentar zum EU-/EG-Vertrag, 2004, Art. 280 EGV, Rn. 48 f. Allgemein zum Verbotsirrtum und Vertrauensschutz *H. Fleischer*, Verbotsirrtum und Vertrauen auf Rechtsrat im europäischen Wettbewerbsrecht, EuZW 2013, S. 326.

649 *C. Crones*, Selbstbindungen der Verwaltung im europäischen Gemeinschaftsrecht, 1997, S. 113 f. m.w.N.; *A. Frank*, Die Rechtswirkungen der Leitlinien und Empfehlungen der Europäischen Wertpapier- und Marktaufsichts-

Wenn im Einzelfall ein schützenswertes Vertrauen bejaht wird, ist fraglich, welche Rechtsfolge daraus folgt. Teilweise vertritt die Literatur, dass eine Vermutung bestehe, dass der Betroffene rechtmäßig gehandelt habe und deshalb eine Sanktion ausscheide.[650] Dagegen spricht jedoch, dass eine Vermutungswirkung gesetzlich angeordnet werden muss.[651] Dies ist zum Beispiel für die Standards des privaten Deutschen Rechnungslegungs Standards Committee (DRSC) ausdrücklich geschehen: Nachdem das Bundesjustizministerium die Empfehlungen bekannt gemacht hat, wird die „Beachtung der die Konzernrechnungslegung betreffenden Grundsätze ordnungsmäßiger Buchführung" nach § 342 Abs. 2 HGB vermutet, wenn die Empfehlungen eingehalten wurden. Für Empfehlungen und Leitlinien der ESAs hingegen besteht keine gesetzliche Vermutungswirkung, weder auf nationaler noch auf europäischer Ebene. Deshalb ist der Vertrauensschutz im Rahmen der Verhältnismäßigkeit zu berücksichtigen. Zum Beispiel sollten die ESAs eine angemessene Frist zur Beseitigung des rechtswidrigen Zustands setzen und erst nach erfolglosem Fristablauf sind Sanktionen zulässig.[652]

d. Vertrauensschutz bei Änderung von Leitlinien und Empfehlungen

Wie ist bei einer Änderung von Leitlinien und Empfehlungen zu verfahren? Beispielsweise veränderten sich für die Empfehlung der EBA

---

behörde, 2012, S. 175; *Thomas* geht davon aus, dass ein schutzwürdiges Vertrauen nur ausscheidet, wenn ein offenkundiger Verstoß gegen Primär- oder Sekundärrecht vorliegt und die Frage Gegenstand einer entsprechenden Rechtsprechung ist, siehe *S. Thomas*, Die Bindungswirkung von Mitteilungen, Bekanntmachungen und Leitlinien der EG-Kommission, EuR 2009, S. 423, 429. *Bechtold* vertritt, dass Bußgelder mangels Vorwerfbarkeit generell ausscheiden, siehe *R. Bechtold*, Faktische Rechtssätze aus Brüssel, in: *G. Müller/E. Osterloh/T. Stein* (Hrsg.), Festschrift für Günter Hirsch zum 65. Geburtstag, 2008, S. 223, 229.

[650] *A. Frank*, Die Rechtswirkungen der Leitlinien und Empfehlungen der Europäischen Wertpapier- und Marktaufsichtsbehörde, 2012, S. 181.

[651] *J. Hupka*, Neue Rechtsquellen im europäischen Kapitalmarktrecht und ihre Behandlung durch nationale Gerichte, in: *C. Busch/C. Kopp/M.-R. McGuire/M. Zimmermann* (Hrsg.), Europäische Methodik: Konvergenz und Diskrepanz europäischen und nationalen Privatrechts, 2010, S. 291, 311.

[652] *F. Hänle*, Die neue Europäische Finanzaufsicht, 2012, S. 138 f.; allgemein auch *S. Thomas*, Die Bindungswirkung von Mitteilungen, Bekanntmachungen und Leitlinien der EG-Kommission, EuR 2009, S. 423, 429.

zur Bankenrekapitalisierung die Umstände mit Inkrafttreten der CRD IV-Richtlinie, die die Basel III-Vorgaben umsetzt. Der Rat der Aufseher der EBA diskutierte intensiv, wie zu verfahren sei.[653]

Das Vertrauen darauf, dass Leitlinien und Empfehlungen immer unverändert bleiben, ist nicht geschützt:[654] Die ESAs können ihre Leitlinien und Empfehlungen überarbeiten und ändern. Allerdings stellt sich dabei die Frage, inwieweit der Grundsatz des Vertrauensschutzes Einschränkungen bewirkt.

Nach der *CIRFS*-Entscheidung des EuGH im Beihilferecht darf eine Handlung mit allgemeiner Tragweite nicht stillschweigend durch eine individuelle Entscheidung geändert werden,[655] d.h. eine implizite Änderung von Leitlinien durch eine abweichende Einzelentscheidung ist nicht zulässig. Auch wenn in dieser Entscheidung der Vertrauensschutz nicht ausdrücklich genannt wird, lassen sich die den Leitlinien zugemessenen Wirkungen doch darauf zurückführen.[656]

Eng mit Vertrauensschutz zusammen hängt das Rückwirkungsverbot. Der EuGH hatte sich damit vorwiegend in Fällen der Rückwirkungen von Strafvorschriften zu beschäftigen, die nach dem Grundsatz *nulla poena sine lege* nach Art. 49 Abs. 1 GR-Charta und Art. 7 EMRK ausgeschlossen sind.[657] Das Rückwirkungsverbot gilt nach der EuGH Rechtsprechung grundsätzlich auch für Leitlinien.[658]

Vertrauensschutz und Rückwirkungsverbot sind nur betroffen, wenn es eine bestehende Disposition oder Verhaltensweise gibt. Für zukünftige Fälle können die ESAs ihre Verwaltungspraxis und Leitlinien oder Empfehlungen ändern. Inwieweit die ESAs dabei aufgrund des Vertrau-

---

653 *EBA*, Minutes of the EBA Board of Supervisors Teleconference 22nd May 2012, EBA BS 2012 95; *EBA*, Minutes of the EBA BoS meeting 1.-2.07.2013, EBA BS 2013 220, 7 f.

654 *EuGH*, Rs. C-1/98 P, British Steel (Corus UK), Slg. 2000, I-10349, Rn. 52; *S. Thomas*, Die Bindungswirkung von Mitteilungen, Bekanntmachungen und Leitlinien der EG-Kommission, EuR 2009, S. 423, 429.

655 *EuGH*, Rs. C-313/90, CIRFS, Slg. 1993, I-1125, Rn. 44.

656 *C. Crones*, Selbstbindungen der Verwaltung im europäischen Gemeinschaftsrecht, 1997, S. 126.

657 *EuGH*, Rs. 63/83, Regina/Kirk, Slg. 1984, 2689, Rn. 22; *EuGH*, Rs. C-3/06 P, Danone/Kommission, Slg. 2007, I-1331, Rn. 87.

658 Zu kartellrechtlichen Bußgeldleitlinien *EuGH*, Rs. C-189/02, Dansk Rørindustri, Slg. 2005, I-5425, Rn. 214 ff.

ensschutzes und Verhältnismäßigkeitsprinzips Übergangsregelungen schaffen müssen, ist eine Frage des Einzelfalls und hängt vom Umfang der Änderung und der zumutbaren Umstellungsflexibilität ab.[659] Im Fall *Ferriere San Carlo* hatte der EuGH es für notwendig gehalten, dass die Kommission die Unternehmen auf die Änderung einer Verwaltungspraxis, die nicht in Leitlinien oder anderen schriftlichen Dokumenten niedergelegt war, hinwies.[660] Im Regelfall werden die ESAs die Betroffenen vor einer Änderung konsultieren,[661] so dass die Betroffenen über die geplanten Änderungen informiert sind und der Vertrauensschutzgrundsatz nicht verletzt wird.

Die Änderung von Leitlinien oder der erstmalige Erlass von Leitlinien kann zu Rückwirkungsproblemen führen, wenn sie sich auf ein Verhalten beziehen, dass die ESAs in den früheren Leitlinien oder der früheren Verwaltungspraxis anders bewertet haben. In der Rechtssache *Dansk Rørindustri* hat der EuGH entschieden, dass das Rückwirkungsverbot bei der Einführung von Leitlinien zu beachten ist, die von der vorherigen Verwaltungspraxis abweichen. Maßstab ist „ob die fragliche Änderung zum Zeitpunkt der Begehung der betreffenden Zuwiderhandlungen hinreichend vorhersehbar war".[662] Dies bejahte der EuGH, so dass das Rückwirkungsverbot nicht verletzt war.[663] Auch bei einer späteren Änderung von Leitlinien – im Gegensatz zur erstmaligen Veröffentlichung – dürfte es darauf ankommen, ob diese vorhersehbar war.[664] Der EuGH ist im Fall *Dansk Rørindustri* implizit davon ausge-

---

[659] Zur Kommission siehe *S. Thomas*, Die Bindungswirkung von Mitteilungen, Bekanntmachungen und Leitlinien der EG-Kommission, EuR 2009, S. 423, 430.

[660] Allerdings hat der EuGH dies im Fall *Dansk Rørindustri* nicht auf das Kartellrecht übertragen, siehe *EuGH*, Rs. C-189/02, Dansk Rørindustri, Slg. 2005, I-5425, Rn. 174 f., 196, 227 ff., dazu *P. Craig*, EU Administrative Law, 2012, S. 580.

[661] So z.B. das *ESMA*, Consultation paper: Revision of the provisions on diversification of collateral in ESMA's guidelines on ETFs and other UCITS issues, ESMA/2013/1974.

[662] *EuGH*, Rs. C-189/02, Dansk Rørindustri, Slg. 2005, I-5425, Rn. 224.

[663] *EuGH*, Rs. C-189/02, Dansk Rørindustri, Slg. 2005, I-5425, Rn. 231 f.; kritisch dazu *S. Hirsbrunner/A. Schädle*, Wirkungsloses Rückwirkungsverbot, Wirtschaft und Wettbewerb 2009, S. 12.

[664] *S. Hirsbrunner/A. Schädle*, Wirkungsloses Rückwirkungsverbot, Wirtschaft und Wettbewerb 2009, S. 12, 15; ausführlicher zu beiden Situationen

gangen, dass sich die Bußgeldleitlinien auf den Zeitpunkt der Kommissionsentscheidung beziehen, nicht auf den der Tatbegehung. Deshalb lag kein Verstoß gegen das Rückwirkungsverbot vor, wenn die Kommission die Leitlinien auch auf Altfälle angewendet hat.[665] Daraus folgt aber auch, dass eine rückwirkende Änderung vorliegt, wenn die Leitlinien sich nicht auf eine zukünftige Kommissionsentscheidung beziehen, sondern Dauerwirkung entfalten sollen. Verhaltensweisen, die früher zulässig waren, können nicht nachträglich als unzulässig angesehen werden. Denn insoweit haben die Betroffenen berechtigte Erwartungen darauf, dass ihr Verhalten nicht nachträglich nach anderen Grundsätzen beurteilt wird.[666]

Auch für Empfehlungen vertritt die Literatur, dass die Union aufgrund des Vertrauensschutzes ihre Rechtsauffassung grundsätzlich nicht ohne Grund ändern kann, wenn Mitgliedstaaten der Empfehlung gefolgt sind.[667]

Zusammenfassend lässt sich also festhalten, dass die ESAs ihre Leitlinien und Empfehlungen zwar ändern können, allerdings dabei Vertrauensschutz und Rückwirkungsverbot zu beachten haben und ggf. Übergangsregelungen schaffen müssen. Trotzdem bleibt die Flexibilität für die ESAs erhalten, die diese brauchen, um die Finanzmärkte steuern zu können. Die als Eingangsbeispiel genannte Empfehlung zur Bankenrekapitalisierung[668] hat die EBA durch eine neue Empfehlung zur Kapitalerhaltung ersetzt, die inhaltlich der ersten Empfehlung entspricht.[669] Für die Banken bestehen deshalb weiterhin hohe Hürden für die Ei-

---

D. K. Walzel, Bindungswirkungen ungeregelter Vollzugsinstrumente der EU-Kommission, 2008, S. 139 ff.

665 *S. Thomas*, Die Bindungswirkung von Mitteilungen, Bekanntmachungen und Leitlinien der EG-Kommission, EuR 2009, S. 423, 432.

666 *S. Thomas*, Die Bindungswirkung von Mitteilungen, Bekanntmachungen und Leitlinien der EG-Kommission, EuR 2009, S. 423, 432.

667 *A. Bleckmann*, Europarecht, 1997, S. 179; *M. Nettesheim*, in: *E. Grabitz/M. Hilf/M. Nettesheim*, Das Recht der EU (Stand Sept. 2013), Art. 288 AEUV, Rn. 206.

668 *EBA*, EBA Recommendation on the creation and supervisory oversight of temporary capital buffers to restore market confidence, EBA/REC/2011/1.

669 *EBA*, Empfehlung zur Kapitalerhaltung (Core-Tier-1) während des Übergangs zu dem aus Eigenkapitalrichtlinie und Eigenkapitalverordnung bestehenden Rechtsrahmen, EBA/REC/2013/03.

genkapitalausstattung.[670] Weil die Empfehlung jedoch keine strengeren Vorgaben als zuvor macht, sind Vertrauensschutz und Rückwirkungsgebot in diesem Fall nicht betroffen.

4. Berücksichtigungspflicht für mitgliedstaatliche Gerichte

Nachdem nationale Aufsichtsbehörden und ggf. Finanzmarktteilnehmer dem *comply or explain*-Mechanismus unterliegen und die ESAs einer Selbstbindung, fragt sich, ob Empfehlungen und Leitlinien auch für mitgliedstaatliche Gerichte Wirkungen entfalten.

a. Allgemeine Darstellung der Berücksichtigungspflicht

Nach der Rechtsprechung des EuGH sind Empfehlungen für nationale Gerichte nicht völlig wirkungslos, sondern diese müssen Empfehlungen berücksichtigen.[671] Diese Rechtsprechung geht zurück auf den Fall *Grimaldi*: Belgien hatte zwei Empfehlungen der Kommission über die staatliche Anerkennung von Berufskrankheiten aus dem Jahre 1962 nicht in nationales Recht umgesetzt. Das vorlegende Gericht wollte wissen, ob Empfehlungen unmittelbare Wirkungen (ähnlich den Richtlinien) entfalten können, wenn sie „klar, unbedingt, hinreichend genau und eindeutig" seien, und ob sich der Kläger auf die Empfehlungen berufen könne.[672] Der EuGH verneinte diese Frage unter Hinweis auf Art. 288 Abs. 5 AEUV. Anders als Richtlinien seien Empfehlungen nicht hinsichtlich des Ziels verbindlich. Deshalb können Empfehlungen keine Rechte begründen, auf die sich Einzelne vor nationalen Gerichten berufen können. Gleichzeitig betonte der EuGH jedoch, dass Empfehlungen nicht als rechtlich völlig wirkungslos anzusehen seien. Vielmehr seien innerstaatliche Gerichte „verpflichtet, bei der Entscheidung […] Empfehlungen zu berücksichtigen, insbesondere dann, wenn diese Aufschluss über die Auslegung des nationalen Durchführungsrechts geben oder wenn sie verbindliche gemeinschaftsrechtliche Vorschriften ergän-

---

670 Neue Kapital-Hürde aus London, Handelsblatt v. 16.07.2012, http://www.handelsblatt.com/unternehmen/banken/eba-vorgaben-neue-kapital-huerde-aus-london-seite-all/6882046-all.html (15.09.2015).

671 *EuGH*, Rs. C-322/88, Grimaldi, Slg. 1989, 4407.

672 *EuGH*, Rs. C-322/88, Grimaldi, Slg. 1989, 4407, Rn. 5.

zen sollen".[673] Diese Rechtsprechung hat der EuGH später in verschiedenen Urteilen bestätigt.[674] Die Literatur führte diese Rechtsprechungslinie auf den Grundsatz der loyalen Zusammenarbeit (Art. 4 Abs. 3 EUV) zurück.[675] *Von Bogdandy u.a.* leiten daraus eine Pflicht zur empfehlungskonformen Auslegung her, d.h. die Empfehlung entspräche einer unverbindlichen Richtlinie.[676]

Es fragt sich, ob die *Grimaldi*-Rechtsprechung nur für Empfehlungen der Organe der Union wie z.B. der Kommission gilt oder ob auch Empfehlungen anderer Einrichtungen und Agenturen erfasst werden. Die *Grimaldi*-Rechtsprechung setzte der EuGH in der Rechtssache *Shell AG* fort, in der er einen völkerrechtlichen Vertrag der EG mit den

---

673 *EuGH*, Rs. C-322/88, Grimaldi, Slg. 1989, 4407, Rn. 18. Der EuGH geht mit diesen zwei Alternativen über die Schlussanträge des GA *Mischo* hinaus, der Empfehlungen nur berücksichtigt wissen wollte, wenn ein innerstaatliches Gesetz ausdrücklich zur Durchführung einer Empfehlung erlassen wurde, siehe GA *Mischo*, zu *EuGH*, Rs. C-322/88, Grimaldi, Slg. 1989, 4407, Nr. 12.

674 *EuGH*, Rs. C-188/91, Deutsche Shell, Slg. 1993, I-363, Rn. 18; *EuGH*, Rs. C-207/01, Altair Chimica, Slg. 2003, I-8894, Rn. 41; *EuGH*, Rs. C-317/08, Alassini, Slg. 2010, I-2213, Rn. 40. Kritikern zufolge verwischt der EuGH die Grenzen zur richtlinienkonformen Auslegung und es handelt sich um „Rechtsfortbildung gegen den Vertragstext", so *M. Ruffert*, in: *C. Calliess/M. Ruffert* (Hrsg.), EUV/AEUV, Kommentar, 2011, Art. 288 AEUV, Rn. 95; sich anschließend *I. Härtel*, Handbuch Europäische Rechtsetzung, 2006, § 12, Rn. 11.

675 *M. U. Brohm*, Die „Mitteilungen" der Kommission im Europäischen Verwaltungs- und Wirtschaftsraum, 2012, S. 121; *L. Senden*, Soft Law in European Community Law, 2004; *G. Nicolaysen*, Europarecht I, Die europäische Integrationsverfassung, 2002, S. 342.

676 *A. von Bogdandy/J. Bast/F. Arndt*, Handlungsformen im Unionsrecht, ZaöRV 62 (2002), S. 77, 116. *Bumke* kritisiert dies als zu weitgehend, da nicht nur das Ziel der Harmonisierung mit der Empfehlung verfolgt wird und da auch nur Teile eines Musterentwurfs aufgegriffen werden dürfen, d.h. empfehlungskonforme Auslegung ist nicht so umfassend und ausgreifend wie richtlinienkonforme Auslegung, siehe *C. Bumke*, Rechtsetzung in der Europäischen Gemeinschaft: Bausteine einer gemeinschaftsrechtlichen Handlungsformenlehre, in: *G. F. Schuppert/I. Pernice/U. Haltern* (Hrsg.), Europawissenschaft, 2005, S. 643, 679 f. Auf eine „empfehlungsfreundliche Auslegung" bzw. „verpflichtende Interpretationshilfe" schließt *Brohm*, weil der EuGH „berücksichtigen" fordert, was zwischen einer freiwilligen Berücksichtigung und einer Pflicht zur empfehlungskonformen Auslegung liege, siehe *M. U. Brohm*, Die „Mitteilungen" der Kommission im Europäischen Verwaltungs- und Wirtschaftsraum, 2012, S. 120; ähnlich auch *L. Senden*, Soft Law in European Community Law, 2004, S. 391: *mandatory interpretation aid.*

EFTA-Staaten über ein gemeinsames zollrechtliches Versandverfahren auslegte.[677] Der völkerrechtliche Vertrag sah vor, dass ein gemischter Ausschuss Empfehlungen aussprechen kann.[678] Der EuGH ordnete die getroffenen „Absprachen" als Empfehlungen ein und verpflichtete die nationalen Gerichte zur Berücksichtigung der Empfehlungen, die verbindliche gemeinschaftsrechtliche Vorgaben im Sinne der *Grimaldi*-Rechtsprechung ergänzen sollen. Der gemischte Ausschuss ist kein Organ der Union, sondern eine sonstige Einrichtung, für dessen Empfehlungen die *Grimaldi*-Rechtsprechung gilt. Demnach ist diese nicht auf Organe der Union beschränkt und lässt sich auch auf Empfehlungen von Agenturen wie z.B. solche der ESAs übertragen.

Gilt die bislang für Empfehlungen untersuchte Berücksichtigungspflicht auch für *Leitlinien* der ESAs? Der EuGH hat sich bisher nicht explizit zu Leitlinien geäußert. In der Literatur ist umstritten, ob die Berücksichtigungspflicht auch für Bekanntmachungen, Mitteilungen und Leitlinien der Kommission gelten soll.[679] In der jüngeren Rechtsprechung hat der EuGH eine Berücksichtigungspflicht für Bekanntmachungen im Wettbewerbsrecht nicht thematisiert: Die Generalanwältin *Kokott* hatte in der Rechtssache *Expedia* unter Berufung auf die *Grimaldi*-Rechtsprechung vorgeschlagen, dass die kartellrechtliche De-minimis-Bekanntmachung zwar keine verbindlichen Rechtswirkungen erzeuge, aber aus der Pflicht zur loyalen Zusammenarbeit (Art. 4 Abs. 3 EUV) eine Berücksichtigungspflicht folge. Behörden und Gerichte müssten sich mit der Bekanntmachung auseinandersetzen und Gründe für etwaige Abweichungen angeben.[680] Dem ist der EuGH nicht gefolgt. Für ihn ist eine „Bekanntmachung der Kommission wie die De-minimis-Bekanntmachung" schlicht unverbindlich, eine Berück-

---

[677] *EuGH*, Rs. C-188/91, Deutsche Shell, Slg. 1993, I-363, Rn. 18.

[678] Jede Vertragspartei, d.h. die EFTA-Staaten und die Union, entsendet einen Vertreter in den Gemischten Ausschuss, vgl. Art. 14 Abs. 1 des Übereinkommens über ein gemeinsames Versandverfahren, ABl. 1987, L 226, S. 2.

[679] Dafür *A. Frank*, Die Rechtswirkungen der Leitlinien und Empfehlungen der Europäischen Wertpapier- und Marktaufsichtsbehörde, 2012, S. 166 ff.; *W. Weiß*, Der Europäische Verwaltungsverbund, 2010, S. 77; *M. U. Brohm*, Die „Mitteilungen" der Kommission im Europäischen Verwaltungs- und Wirtschaftsraum, 2012, S. 121 f.; eher skeptisch *L. Senden*, Soft Law in European Community Law, 2004, S. 393 f.; *G. Pampel*, Rechtsnatur und Rechtswirkungen horizontaler und vertikaler Leitlinien im reformierten europäischen Wettbewerbsrecht, 2005, S. 113.

[680] GA *Kokott*, zu *EuGH*, Rs. C-226/11, Expedia, Slg. 2012, I-0000, Nr. 39.

sichtigungspflicht spricht er nicht aus.[681] Überraschend ist die Allgemeinheit dieser Aussage, da er sich zuvor immer nur auf bestimmte Bekanntmachungen bezogen hatte.[682] Scheinbar liegt für ihn keine Bindung durch die Loyalitätspflichten bei Bekanntmachungen vor.[683] Dem Wortlaut des Urteils nach gilt diese neue Rechtsprechung für Bekanntmachungen, nicht jedoch für Leitlinien, so dass die Frage einer Übertragbarkeit der Berücksichtigungspflicht auf Leitlinien offen bleibt. Für eine Übertragbarkeit spricht, dass die Situation bei Leitlinien und Empfehlungen vergleichbar ist[684] und die Inhalte funktional austauschbar sind.[685] Es ist kein Grund ersichtlich, warum mitgliedstaatliche Gerichte Empfehlungen der ESAs berücksichtigen müssen, nicht hingegen Leitlinien. Für Leitlinien (wie Empfehlungen) der ESAs ist das, was Generalanwältin *Kokott* als Berücksichtigungspflicht beschreibt – Auseinandersetzen und Gründe für etwaige Abweichungen angeben – durch den *comply or explain*-Mechanismus bereits sekundärrechtlich für nationale Behörden festgelegt. Daraus ist es nur eine logische Folge, dass sich auch mitgliedstaatliche Gerichte, die das Verhalten der nationalen Behörden überprüfen, mit den ESA-Leitlinien auseinandersetzen und Auslegungsfragen an den EuGH vorlegen müssen.[686]

Zu beachten ist, dass die Berücksichtigungspflicht nur für mitgliedstaatliche Gerichte und Behörden gilt, nicht jedoch für den EuGH selbst. Weil Empfehlungen und Leitlinien unverbindlich sind, sind diese kein Maßstab für seine Rechtsprechung und er ist an sie nicht gebunden.[687]

---

681 *EuGH*, Rs. C-226/11, Expedia, Slg. 2012, I-0000, Rn. 29.

682 *N. Esken*, Das Expedia-Urteil des EuGH – Folgen für die kartellrechtliche Praxis, Wettbewerb in Recht und Praxis 2013, S. 443 f.; *J. K. Grune*, Anmerkung zu EuGH-Urteil „Expedia“, EuZW 2013, S. 116.

683 So auch *J. K. Grune*, Anmerkung zu EuGH-Urteil „Expedia“, EuZW 2013, S. 116 f.

684 *W. Weiß*, Der Europäische Verwaltungsverbund, 2010, S. 77.

685 *M. U. Brohm*, Die „Mitteilungen“ der Kommission im Europäischen Verwaltungs- und Wirtschaftsraum, 2012, S. 121 f.

686 Die Mitteilungspflichten an die ESAs gelten natürlich nur für die nationalen Behörden, zum Rechtsschutz s.u. Kapitel 4, C. I.

687 *O. Stefan*, Hybridity before the Court: a Hard Look at Soft Law in the EU Competition and State Aid Case Law, ELRev. 37 (2012), S. 49, 60 f. mit Analyse der Rechtsprechung.

b. Berücksichtigung in der Gerichtspraxis

Nachdem diese Arbeit die Berücksichtigungspflicht in der behördlichen Praxis bereits untersucht hat, stellt sich die Frage, wie die Gerichte mit der Berücksichtigungspflicht in der Praxis umgehen, wobei die deutschen Gerichte als Beispiel dienen. Der Literatur zufolge beeinflussen Leitlinien und Empfehlungen der ESAs und ihrer Vorgängerausschüsse die nationale Auslegung in großem Maße,[688] sie sollen eine hohe „Präjudizwirkung" haben,[689] wobei der Begriff Präjudiz vermutlich in einem weiteren Sinne gebraucht wird, so dass er sich nicht nur auf Urteile bezieht. Soweit ersichtlich zitieren die deutschen Gerichte nur in wenigen Urteilen Rechtsakte der ESAs oder ihrer Vorgängerausschüsse: Rechtsakte der ESAs sind bislang nicht zitiert,[690] was sich dadurch erklären lässt, dass gerichtliche Verfahren Zeit brauchen und die ESAs erst seit 2011 existieren. Ebenfalls nicht zitiert sind Rechtsakte von CEBS und CEIOPS.[691] Einzig die Rechtsakte des CESR, der am längsten bestehende Ausschuss, zitieren die Gerichte viermal.[692] Das VG Frankfurt verweist zunächst im Tatbestand eines Urteils auf das *CESR Memorandum of Understanding*.[693] In einer anderen Sache verweist es bei der Auslegung der Wohlverhaltensregeln des § 31 Wertpapierhandelsgesetzes (WpHG) auf einen Kommentar, der auf einen Level-2-Rechtsakt hinweist.[694] Das OLG Frankfurt zitiert den *CESR Standard No. 1 on Financial Information* im Rahmen der Auslegung von

---

688 *N. Kohtamäki*, Die Reform der Bankenaufsicht in der Europäischen Union, 2012, S. 75 f. m.w.N.

689 *S. Kalss/M. Oppitz/J. Zollner*, Kapitalmarktrecht, Bd. I – System, 2005, S. 80.

690 Juris-Recherche mit den Stichworten „EBA", „ESMA", „EIOPA" sowie „Europäische Bankenaufsichtsbehörde", „Europäische Marktaufsichtsbehörde", „Europäische Aufsichtsbehörde für das Versicherungswesen", Stand: 31.12.2013.

691 Juris-Recherche mit den Stichworten „CEBS" und „CEIOPS", Stand: 31.12.2013.

692 Juris-Recherche mit dem Stichwort „CESR", Stand: 31.12.2013.

693 *VG Frankfurt*, Urt. v. 12.03.2008 – 7 E 5426/06, ZIP 2008, S. 2138, Rn. 3.

694 *VG Frankfurt*, Beschl. v. 8.07.2009 – 1 L 1540/09.F, erhältlich in juris, Rn. 104.

§ 37q WpHG.[695] Dieser unverbindliche CESR Standard beeinflusste den Regierungsentwurf des Bilanzkontrollgesetzes. Das Gericht verweist dann im Rahmen der historischen Auslegung auf diese Gesetzesmaterialien und den CESR Standard als ein zusätzliches Argument. *Hupka* will diese Berücksichtigung von CESR Texten auf Level-2-Rechtsakte beschränken, weil später veröffentlichte Rechtsakte nicht mehr in den Willen des historischen Gesetzgebers einfließen könnten.[696] Der zitierte Beispielsfall zeigt jedoch, dass auch Level-3-Rechtsakte – wie der Standard – die Gesetzgebung beeinflussen können: zwar nicht mehr die Gesetzgebung auf europäischer Ebene, aber diejenige auf nationaler Ebene. Das Bundesverwaltungsgericht schließlich erkennt eine Richtigkeitsvermutung für ein CESR Q&A-Dokument an: Für einen Auskunftsanspruch nach dem Informationsfreiheitsgesetz kam es auf die Auslegung der Übergangsbestimmungen in § 31 WpPG an. Im Rahmen dieser Auslegung geht das Bundesverwaltungsgericht davon aus, dass das Q&A-Dokument als gemeinsame Rechtsauffassung der nationalen Behörden eine Vermutung dahingehend bewirke, dass es die richtige Auslegung enthalte.[697] CESR selbst hatte gehofft, dass Q&A-Dokumente für Gerichte bei der Interpretation von Level-1- und Level-2-Rechtsakten hilfreich sind.[698] Darüber geht das Bundesverwaltungsgericht nun mit der bislang einzigartigen Vermutungswirkung noch hinaus. Wenn schon Q&A-Dokumenten diese Vermutungswirkung zukommt, dann dürfte dies erst recht für Leitlinien und Empfehlungen der ESAs gelten. Allerdings bleibt abzuwarten, ob das zitierte Urteil einen Einzelfall betraf oder ob das Gericht diese Rechtsprechungslinie fortsetzt. Insgesamt ist festzuhalten, dass die deutschen Gerichte die Rechtsakte der Level-3-Ausschüsse und der ESAs bislang nur

---

[695] *OLG Frankfurt*, Beschl. v. 22.01.2009 – WpÜG 1/08, WpÜG 3/08, ZIP 2009, S. 368, Rn. 87 f.; *CESR*, Standard No. 1 on Financial Information, CESR/03-073.

[696] *J. Hupka*, Neue Rechtsquellen im europäischen Kapitalmarktrecht und ihre Behandlung durch nationale Gerichte, in: *C. Busch/C. Kopp/M.-R. McGuire/M. Zimmermann* (Hrsg.), Europäische Methodik: Konvergenz und Diskrepanz europäischen und nationalen Privatrechts, 2010, S. 291, 299.

[697] *BVerwG*, Urt. v. 24.5.2011 – 7 C 6/10, NVwZ 2011, S. 1012, Rn. 26.

[698] *CESR*, CESR MiFID Level 3 Expert Group Workplan for Q4/2007 - 2008, CESR/07-704c, S. 3.

sehr zurückhaltend zitieren. Dies gilt im Übrigen auch für die Gerichte im Vereinigten Königreich.[699]

Die Rechtsakte der Level-3-Ausschüsse und der ESAs scheinen also vor nationalen Gerichten kaum eine Rolle zu spielen oder die Gerichte legen dies zumindest nicht durch Zitate offen.[700] Insoweit lässt sich die von der Literatur behauptete große Bedeutung bei der Auslegung nicht bestätigen. Auch der Europäische Gerichtshof hat bislang noch in keinem Urteil Rechtsakte der ESAs oder ihrer Vorläuferausschüsse zitiert.[701] Zum einmaligen Zitat durch den Generalanwalt *Mengozzi* äußert sich der folgende Abschnitt zu zivilrechtlichen Haftungsfällen.

5. *Auswirkungen auf die zivilrechtliche Haftung*

Leitlinien und Empfehlungen könnten sich im Rahmen des Verschuldens auf die zivilrechtliche Haftung auswirken, wie ein Beispiel aus dem deutschen Wertpapierrecht veranschaulicht: Einen wichtigen Stellenwert hat es, Insiderhandel zu bekämpfen. Wenn Insiderinformationen kursrelevant sind, müssen die Unternehmen deshalb Ad-hoc-Mitteilungen veröffentlichen. Wann dies der Fall ist oder wann sie von der Veröffentlichungspflicht wegen des Schutzes von berechtigten Interessen noch befreit sind, müssen die Emittenten eines Wertpapiers nach § 15 WpHG selbst einschätzen. Falls sie eine Insiderinformation zu spät veröffentlichen, so haften die Emittenten (bei Verschulden) nach § 37b WpHG gegenüber dem Anleger, d.h. wenn sie die Insiderinfor-

---

[699] *J. Hupka*, Neue Rechtsquellen im europäischen Kapitalmarktrecht und ihre Behandlung durch nationale Gerichte, in: *C. Busch/C. Kopp/M.-R. McGuire/M. Zimmermann* (Hrsg.), Europäische Methodik: Konvergenz und Diskrepanz europäischen und nationalen Privatrechts, 2010, S. 291, 301 ff., der auch darauf hinweist, dass das nationale *soft law* in Form des Emittentenleitfadens in Deutschland deutlich weniger durch die Gerichte zitiert wird als dies mit vergleichbaren Regelungen in England der Fall ist.

[700] Inwieweit sie die Rechtsakte zu Rate ziehen und dann nicht zitieren, lässt sich nicht abschätzen, dazu auch *R. Wahl*, Verwaltungsvorschriften: Die ungesicherte dritte Kategorie des Rechts, in: *E. Schmidt-Aßmann/D. Sellner/ G. Hirsch/G.-H. Kemper/H. Lehmann-Grube* (Hrsg.), Festgabe 50 Jahre Bundesverwaltungsgericht, 2003, 585.

[701] Recherche mit den Stichworten „CESR", „CEBS", „CEIOPS", „ESMA", „EBA", „EIOPA", sowie „Europäische Bankenaufsichtsbehörde", „Europäische Marktaufsichtsbehörde", „Europäische Aufsichtsbehörde für das Versicherungswesen", Stand 31.12.2013.

mation zu spät veröffentlichen und der Anleger dadurch beispielsweise durch einen Anstieg des Aktienkurses, nachdem er seine Aktien verkauft hat, einen Schaden erlitten hat, haften die Emittenten für diesen Schaden.

Viel Aufsehen erregt hat der Fall *Daimler AG/Schrempp.*[702] Herr Schrempp, damaliger Vorstandsvorsitzender der Daimler AG, wollte zum Jahresende 2005 zurücktreten. Dies erörterte er Mitte Mai mit dem Aufsichtsratsvorsitzenden, an den folgenden Tagen dann mit weiteren Mitarbeitern. Am 28. Mai fasste der Aufsichtsrat einen entsprechenden Beschluss, woraufhin Daimler eine Ad-hoc-Mitteilung herausgab und der Kurs der Aktie von ca. 32 € auf ca. 43 € anstieg. Die Kläger, die ihre Aktien vor der Bekanntgabe der Mitteilung veräußert hatten, verlangten deshalb Schadensersatz. Der BGH legte Fragen zur Auslegung der Marktmissbrauchs-Richtlinie an den EuGH vor: Wann sei bei einem zeitlich gestreckten Vorgang mit Zwischenschritten von einer Insiderinformation auszugehen, die veröffentlichungsbedürftig sei?[703] CESR hat als Vorgänger von ESMA zur Marktmissbrauchsrichtlinie Leitlinien erlassen. Welche Auswirkungen haben diese im Fall *Schrempp*?

Um die Selbstbefreiung nach § 15 WpHG richtig einschätzen zu können, müssen die Emittenten viele unbestimmte Rechtsbegriffe auslegen wie beispielsweise „berechtigte Interessen". Dabei ist es gut möglich, dass sie sich irren, was die Frage aufwirft, wann der Rechtsirrtum vorwerfbar, d.h. verschuldet, ist. Nur ein grob fahrlässiger Rechtsirrtum löst die Haftung aus,[704] wobei es schwierig ist, die grobe von der einfachen Fahrlässigkeit abzugrenzen. Grobe Fahrlässigkeit bedeutet, dass die im Verkehr erforderliche Sorgfalt in ungewöhnlich hohem Maße verletzt ist.[705] Zur Abgrenzung zwischen einfacher und grober Fahrläs-

---

[702] Siehe dazu u.a. *H.-C. Ihrig/C. Kranz*, EuGH-Entscheidung Geltl/Daimler: „Selbstbefreiung" von der Ad-hoc-Publizitätspflicht, Betriebs-Berater 2013, S. 451; *L. Klöhn*, Der „gestreckte Geschehensablauf" vor dem EuGH – Zum DaimlerChrysler-Vorlagebeschluss des BGH, NZG 2011, S. 166; *T. M. J. Möllers*, Der BGH, die BaFin und der EuGH: Ad-hoc-Publizität beim einvernehmlichen vorzeitigen Ausscheiden des Vorstandsvorsitzenden Jürgen Schrempp, NZG 2008, S. 330.

[703] *BGH*, Beschl. v. 22.11.2010 – II ZB 7/09, NZG 2011, S. 109 ; *EuGH*, Rs. C-19/11, Geltl, Slg. 2012, I-0000; *BGH*, Beschl. v. 23.04.2013 – II ZB 7/09, erhältlich in juris.

[704] § 37b Abs. 2 WpHG: Verschulden nur bei Vorsatz oder grober Fahrlässigkeit.

[705] *BGH*, Urt. v. 17.10.2000 – XI ZR 42/00, NJW 2001, S. 286 f.

sigkeit bei Ad-hoc-Mitteilungen gibt es soweit ersichtlich noch keine Rechtsprechung.[706] Auch bei einfacher Fahrlässigkeit legt der BGH allerdings einen strengen Maßstab an die Unvermeidbarkeit von Rechtsirrtümern an, so dass diese nur beachtlich sind, wenn sie hohe Voraussetzungen erfüllen.[707] Es ist fraglich, ob Äußerungen der Aufsichtsbehörden, wie z.B. Leitlinien, haftungsverschärfend oder entlastend wirken können: haftungsverschärfend, wenn der Emittent die Leitlinien nicht eingehalten hat, oder entlastend, wenn er sich entsprechend der Äußerungen verhalten hat.

Weil die genauen Voraussetzungen der Selbstbefreiung noch wenig geklärt sind, ist es grob fahrlässig, bei eigener Unkenntnis keinen Rechtsrat einzuholen.[708] Weiterhin dürfte grobe Fahrlässigkeit vorliegen, wenn der Emittent eine entgegenstehende Meinung der Rechtsprechung, herrschenden Literatur oder Veröffentlichungen der Aufsichtsbehörden ignoriert. Beispielsweise wenn er eine Ad-hoc-Mitteilung unterlässt, obwohl die Situation in einem der Beispielkataloge von CESR beschrieben ist.[709] Wenn es keine entgegenstehende Rechtsprechung oder vorherrschende Literaturansicht gibt, ist ein Abweichen von Leitlinien oder Empfehlungen der ESAs im Regelfall grob fahrlässig und wirkt sich somit haftungsverschärfend aus.[710]

---

[706] *T. M. J. Möllers/F.-C. Leisch*, in: *H. Hirte/T. M. J. Möllers* (Hrsg.), Kölner Kommentar zum WpHG, 2014, §§ 37b, c, Rn. 199.

[707] So z.B. die Änderung einer feststehenden Rechtsprechung, *BGH*, Urt. v. 18.04.1974 – KZR 6/73, NJW 1974, S. 1903, 1904; *J. Hupka*, Kapitalmarktaufsicht im Wandel – Rechtswirkungen der Empfehlungen des Committee of European Securities Regulators (CESR) im deutschen Kapitalmarktrecht, WM 2009, S. 1351, 1355.

[708] *J. Hupka*, Kapitalmarktaufsicht im Wandel – Rechtswirkungen der Empfehlungen des Committee of European Securities Regulators (CESR) im deutschen Kapitalmarktrecht, WM 2009, S. 1351, 1355; *T. M. J. Möllers/ F.-C. Leisch*, in: *H. Hirte/T. M. J. Möllers* (Hrsg.), Kölner Kommentar zum WpHG, 2014, §§ 37b, c, Rn. 200.

[709] *CESR*, Market Abuse Directive – Level 3 – second set of CESR guidance and information on the common operation of the Directive to the market, CESR/06-562b.

[710] *A. Frank*, Die Rechtswirkungen der Leitlinien und Empfehlungen der Europäischen Wertpapier- und Marktaufsichtsbehörde, 2012, S. 185; *J. Hupka*, Kapitalmarktaufsicht im Wandel – Rechtswirkungen der Empfehlungen des Committee of European Securities Regulators (CESR) im deutschen Kapitalmarktrecht, WM 2009, S. 1351, 1355 m.w.N.; *G. Spindler/J. Hupka*,

Wenn sich die Ansicht des Emittenten in Leitlinien oder Empfehlungen der ESAs widerspiegelt und er im Einklang mit diesen gehandelt hat, lässt sich der Vorwurf der groben Fahrlässigkeit schwer aufrechterhalten. Den Leitlinien oder Empfehlungen könnte eine entlastende Wirkung zukommen.

Gegen eine solche Annahme sprechen jedoch Beispiele aus der Praxis der nationalen Aufsichtsbehörden. Im englischen Recht ist *guidance* der FCA nicht bindend und hat keine Wirkung auf die Beweislast im privatrechtlichen Rechtsstreit.[711] Im deutschen Recht hat das Landgericht Köln geurteilt, dass sich der Beklagte nicht unter Berufung auf eine Auskunft der BaFin entlasten konnte, und somit einen Rechtsirrtum abgelehnt.[712] Denn die Zivilgerichte seien an eine Auskunft der BaFin nicht gebunden und es sei zumutbar, Rechtsrat einzuholen.[713]

Dieses Urteil zu Auskünften der BaFin könnte auf Auskünfte der ESAs (in Form von Leitlinien und Empfehlungen) zu übertragen sein. Dem LG Köln ist darin zuzustimmen, dass das Vertrauen auf eine Rechtsauskunft der BaFin nicht immer zu einem unvermeidbaren Rechtsirrtum führt.[714] Wenn jedoch keine höchstrichterliche Rechtsprechung be-

---

Bindungswirkung von Standards im Kapitalmarktrecht, in: *T. M. J. Möllers* (Hrsg.), Geltung und Faktizität von Standards, 2009, S. 117, 139; ähnlich *R. Veil*, Europäisches Kapitalmarktrecht, 2011, S. 30 f.; a.A. zum Emittentenleitfaden *M. Nietsch*, Schadensersatzhaftung wegen Verstoßes gegen Ad-hoc-Publizitätspflichten nach dem Anlegerschutzverbesserungsgesetz, Betriebs-Berater 2005, S. 785, 787.

711 *M. Threipland*, Rules and Guidance, in: *M. Blair* (Hrsg.), Blackstone's Guide to the Financial Services and Markets Act 2000, 2001, S. 135, 140 f.; *T. M. J. Möllers*, Europäische Methoden- und Gesetzgebungslehre im Kapitalmarktrecht – Vollharmonisierung, Generalklauseln und soft law im Rahmen des Lamfalussy-Verfahrens als Mittel zur Etablierung von Standards, Zeitschrift für europäisches Privatrecht 2008, S. 480, 492.

712 *LG Köln*, Urt. v. 5.10.2007 – 82 O 114/06, AG 2008, S. 336, Rn. 84. Der Sachverhalt betraf eine Meldepflicht für eine Umfirmierung, die das LG Köln bejahte; a.A. sind die BaFin im Emittentenleitfaden und nachfolgend andere Gerichte, dazu *D. Bedkowski*, Der neue Emittentenleitfaden der BaFin, Betriebs-Berater 2009, S. 394, 395 m.w.N.; *M. G. Kremer/H. Oesterhaus*, in: *H. Hirte/T. M. J. Möllers* (Hrsg.), Kölner Kommentar zum WpHG, 2014, § 28, Rn. 39.

713 *LG Köln*, Urt. v. 5.10.2007 – 82 O 114/06, AG 2008, S. 336, Rn. 84.

714 *G. Spindler/J. Hupka*, Bindungswirkung von Standards im Kapitalmarktrecht, in: *T. M. J. Möllers* (Hrsg.), Geltung und Faktizität von Standards, 2009, S. 117, 138.

steht, bleibt Unternehmen kaum etwas übrig, als sich auf Auskünfte der Aufsichtsbehörden zu verlassen. Auch wenn sie Rechtsrat einholen, wird der Anwalt sich im Zweifelsfall an die Aufsichtsbehörde für eine Auskunft wenden.[715] Das Vertrauen sollte dann berücksichtigt werden, da anderenfalls die Voraussetzungen für einen unvermeidbaren Rechtsirrtum äußerst hoch wären.[716] Begründen lässt sich dies weiterhin durch einen Vergleich mit dem Grundsatz des Vertrauensschutzes bei Urteilen. Bei einer Rechtsprechungsänderung kann in bestimmten Situationen das Verschulden ausgeschlossen sein, falls Vertrauensschutzerwägungen ausnahmsweise überwiegen.[717] Wenn Leitlinien oder Empfehlungen direkt an Betroffene gerichtet sind und die Betroffenen im Rahmen einer Konsultation angehört werden, steigt das Vertrauen, das die Betroffenen in Leitlinien oder Empfehlungen haben. Es scheint schwierig, den Betroffenen grobe Fahrlässigkeit zu unterstellen, wenn sie die Leitlinien oder Empfehlungen befolgt haben und alles tun, um rechtmäßig zu handeln.[718] Schließlich ist auch zwischen einer Auskunft im Einzelfall – wie im Fall des LG Köln – und abstrakt-generellen Auskünften in Form von Leitlinien oder Empfehlungen zu unterscheiden. Abstrakt-generelle Auskünfte erwecken durch ihre Veröffentlichung

---

[715] *U. Segna*, Irrungen und Wirrungen im Umgang mit den §§ 21 ff. WpHG und § 244 AktG, Aktiengesellschaft 2008, S. 311, 315.

[716] *G. Spindler/J. Hupka*, Bindungswirkung von Standards im Kapitalmarktrecht, in: *T. M. J. Möllers* (Hrsg.), Geltung und Faktizität von Standards, 2009, S. 117, 138; *J. Hupka*, Kapitalmarktaufsicht im Wandel – Rechtswirkungen der Empfehlungen des Committee of European Securities Regulators (CESR) im deutschen Kapitalmarktrecht, WM 2009, S. 1351, 1355; zu schutzwürdigem Vertrauen des Emittentenleitfaden *A. Frank*, Die Rechtswirkungen der Leitlinien und Empfehlungen der Europäischen Wertpapier- und Marktaufsichtsbehörde, 2012, S. 184.

[717] *H. Buchner*, Vertrauensschutz bei Änderung der Rechtsprechung, in: *G. Hueck/R. Richardi* (Hrsg.), Gedächtnisschrift für Rolf Dietz, 1973, S. 175; *J. Hupka*, Neue Rechtsquellen im europäischen Kapitalmarktrecht und ihre Behandlung durch nationale Gerichte, in: *C. Busch/C. Kopp/M.-R. McGuire/M. Zimmermann* (Hrsg.), Europäische Methodik: Konvergenz und Diskrepanz europäischen und nationalen Privatrechts, 2010, S. 291, 312.

[718] *J. Hupka*, Neue Rechtsquellen im europäischen Kapitalmarktrecht und ihre Behandlung durch nationale Gerichte, in: *C. Busch/C. Kopp/M.-R. McGuire/M. Zimmermann* (Hrsg.), Europäische Methodik: Konvergenz und Diskrepanz europäischen und nationalen Privatrechts, 2010, S. 291, 312; in diese Richtung auch *D. Bedkowski*, Der neue Emittentenleitfaden der BaFin – nunmehr veröffentlicht, Betriebs-Berater 2009, S. 1482, 1483.

und Adressierung an die Allgemeinheit mehr Vertrauen als (telefonische) Auskünfte im Einzelfall. Deshalb ist das Urteil des LG Köln nicht auf Leitlinien und Empfehlungen der ESAs zu übertragen und Vertrauen ist im Rahmen des Verschuldens zu berücksichtigen, so dass eine entlastende Wirkung bestehen kann.[719] Letztendlich ist in jedem Einzelfall zu entscheiden, ob grobe Fahrlässigkeit vorliegt.

Welche Rolle spielen nun die CESR-Leitlinien im oben geschilderten Fall *Schrempp*? Zur Frage des BGH, wann bei einem zeitlich gestreckten Vorgang eine Insiderinformation vorliege, enthalten die CESR-Leitlinien in Ziffer 1.6 die Aussage, dass, wenn die Information einen Vorgang betrifft, der sich über mehrere Stufen erstreckt, jede einzelne Stufe des Vorgangs ebenso wie der Gesamtvorgang selbst eine präzise Information sein kann (*if the information concerns a process which occurs in stages, each stage of the process as well as the overall process could be information of a precise nature*), und in Ziffer 1.7, dass außerdem auch eine Information, die nicht vollständig ist, als präzise angesehen werden kann (*in addition, it is not necessary for a piece of information to be comprehensive to be considered precise*).[720] Demnach könnte im Fall *Schrempp* eine Insiderinformation vorgelegen haben, so dass sich die Leitlinien belastend und haftungsverschärfend auswirken könnten. Generalanwalt *Mengozzi* legt zunächst den Begriff der „Insiderinformation" anhand des Wortlauts, der Systematik und des Ziels der Marktmissbrauchsrichtlinie und vorangegangener Rechtsprechung des EuGH aus. Entscheidend ist die „präzise Natur der Information", nicht die zeitliche Stellung.[721] „Im Übrigen" verweist Generalanwalt *Mengozzi* auf die CESR-Leitlinien zur Anwendung der Marktmiss-

---

[719] Ähnlich *G. Spindler/J. Hupka*, Bindungswirkung von Standards im Kapitalmarktrecht, in: *T. M. J. Möllers* (Hrsg.), Geltung und Faktizität von Standards, 2009, S. 117, 138; eine Vermutungswirkung nimmt an *A. Frank*, Die Rechtswirkungen der Leitlinien und Empfehlungen der Europäischen Wertpapier- und Marktaufsichtsbehörde, 2012, S. 183 ff.; demgegenüber weniger weitgehend für eine Indizwirkung *D. E. Arndt*, Sinn und Unsinn von Soft Law, 2011, S. 168.

[720] *CESR*, Market Abuse Directive – Level 3 – second set of CESR guidance and information on the common operation of the Directive to the market, CESR/06-562b, Ziff. 1.6 f.

[721] GA *Mengozzi*, zu *EuGH*, Rs. C-19/11, Geltl, Slg. 2012, I-0000, Nr. 38; *L. Klöhn*, Der „gestreckte Geschehensablauf" vor dem EuGH – Zum DaimlerChrysler-Vorlagebeschluss des BGH, NZG 2011, S. 166.

brauchsrichtlinie, die sein Ergebnis stützen.[722] Die Leitlinien zieht der Generalanwalt also als zusätzliches Argument im Rahmen der Auslegung heran. Der EuGH folgt dem Generalanwalt in seinem Urteil, allerdings ohne die CESR-Leitlinien zu erwähnen,[723] der BGH wiederum folgt dem EuGH, ebenfalls ohne die CESR-Leitlinien ausdrücklich zu erwähnen.[724] Die Diskussion in der Rechtsprechung zeigt, dass es sich nicht um einen eindeutigen Fall handelte und Klärungsbedarf bestand. Somit ist unklar, ob sich die CESR-Leitlinien haftungsverschärfend auswirken und ob Herr Schrempp grob fahrlässig gehandelt hat. Es wäre zu wünschen, dass das OLG Stuttgart in seiner abschließenden Entscheidung auf die CESR-Leitlinien eingeht und zu ihren Wirkungen Stellung nimmt.

IV. Zusammenfassung und Stellungnahme

Leitlinien und Empfehlungen der ESAs haben vielfältige Wirkungen: Einerseits haben sie unbestrittene faktische Wirkungen, andererseits verschiedene rechtliche Wirkungen. Bei den unverbindlichen Leitlinien und Empfehlungen der Level-3-Ausschüsse ergaben sich bei der Einhaltung Probleme, wie sich anhand von *peer reviews* zeigte. Dies verbesserte sich seit den Reformen von 2011.

Den Wirkungsmodus kennzeichnet zunächst, dass Leitlinien und Empfehlungen unverbindlich sind. Dessen ungeachtet entfalten sie für Behörden, Finanzmarktteilnehmer und nationale Gerichte unterschiedliche Wirkungen.

Über den Grundsatz der Selbstbindung der Verwaltung binden sich die ESAs selbst und eine Abweichung von den Leitlinien oder Empfehlungen müssen sie im Einzelfall begründen. Damit kommt den Leitlinien und Empfehlungen für die ESAs eine Regelfallverbindlichkeit zu. Bei rechtswidrigen Leitlinien oder Empfehlungen oder bei einer Änderung dieser müssen die ESAs zudem Vertrauensschutzgesichtspunkte berücksichtigen.

Für nationale Aufsichtsbehörden und Finanzmarktteilnehmer führt der *comply or explain*-Mechanismus zu einer Stärkung der Steuerungskraft:

---

[722] GA *Mengozzi*, zu *EuGH*, Rs. C-19/11, Geltl, Slg. 2012, I-0000, Nr. 55.

[723] *EuGH*, Rs. C-19/11, Geltl, Slg. 2012, I-0000.

[724] *BGH*, Beschl. v. 23.04.2013 – II ZB 7/09, erhältlich in juris.

Der Umgang mit Leitlinien und Empfehlungen ist verbindlich festgelegt; diese verfahrensrechtliche Verrechtlichung führt dann zu einer verstärkten Einhaltung der Rechtsakte.[725]

Eine Berücksichtigungspflicht – ähnlich wie sie der *comply or explain*-Mechanismus für nationale Behörden festlegt – ergibt sich aus der Rechtsprechung des EuGH auch für nationale Gerichte, nicht allerdings für den EuGH selbst. In der Praxis ist eine Auseinandersetzung der nationalen Gerichte mit den Rechtsakten der ESAs kaum nachweisbar, denn nur wenige Urteile zitieren sie. Möglicherweise ist es dafür allerdings noch zu früh, da Gerichtsverfahren ihre Zeit brauchen. Schließlich können Leitlinien und Empfehlungen der ESAs im Einzelfall eine verschärfende oder entlastende Auswirkung auf die zivilrechtliche Haftung haben.

Ein Teil der Literatur ordnet Leitlinien und Empfehlungen der ESAs aufgrund der beschriebenen Rechtswirkungen als „sekundäre Rechtsquellen" ein.[726] Ausgehend von dem Gedanken, dass der deutsche Rechtsquellenbegriff[727] zu eng sei, vertritt vor allem *Möllers* eine Trichotomie der Rechtsquellenlehre: Zwischen bindende primäre Rechtsquellen und unverbindliches *soft law* treten „sekundäre Rechtsquellen", die Rechtswirkungen erzeugen können. Diese Rechtswirkungen können z.B. sein, dass sich Behörden mit sekundären Rechtsquellen befassen müssen und unter bestimmten Voraussetzungen eine Richtigkeitsvermutung vor Gerichten gilt.[728] Teilweise spricht *Möllers* auch von einer eingeschränkten Bindungswirkung.[729] Die Lehre von „sekundären"

---

[725] Dieser Befund deckt sich mit der Parallelentwicklung, dass auch im Rahmen der Wirtschafts- und Währungsunion wegen mangelnder Effektivität und Problemen mit der demokratischen Legitimität eine Verrechtlichung von *soft law* stattfindet, siehe *L. Senden/T. van den Brink*, Study for the European Parliament, Policy Department C: Citizen's Rights and Constitutional Affairs, Checks and Balances of Soft EU Rule-Making, PE 462/433, 2012, S. 71.

[726] *A. Frank*, Die Rechtswirkungen der Leitlinien und Empfehlungen der Europäischen Wertpapier- und Marktaufsichtsbehörde, 2012, S. 190 f.; *F. Hänle*, Die neue Europäische Finanzaufsicht, 2012, S. 127 ff.

[727] *B. Rüthers*, Rechtstheorie, 2013, Rn. 217 ff.

[728] *T. M. J. Möllers*, Sekundäre Rechtsquellen, Eine Skizze zur Vermutungswirkung und zum Vertrauensschutz bei Urteilen, Verwaltungsvorschriften und privater Normsetzung, in: *J.-H. Bauer/T. M. J. Möllers/M. Kort/B. Sandmann* (Hrsg.), Festschrift für Herbert Buchner zum 70. Geburtstag, 2009, S. 649.

[729] *T. M. J. Möllers*, Standards als sekundäre Rechtsquellen, in: *T. M. J. Möllers* (Hrsg.), Geltung und Faktizität von Standards, 2009, S. 143, 151.

Rechtsquellen hat sich jedoch zu Recht nicht durchgesetzt.[730] Zum Ersten ist bereits der Begriff „Rechtsquelle“ überholt, weil er entstehungsgeschichtlich auf die Trennung von Rechtserzeugung und Rechtsanwendung zurückgeht.[731] Der Begriff der Handlungsform ist übergreifender und erfasst sowohl Handlungen der Legislative als auch der Verwaltung.[732] Zweitens bleibt unklar, wie eine sekundäre Rechtsquelle von sonstigem unverbindlichem *soft law* abzugrenzen sein soll. Drittens bleiben die Konsequenzen der Einordnung als sekundäre Rechtsquelle unklar.[733] *Möllers* will in jedem Einzelfall bestimmen, wie weit eventuelle Bindungswirkungen und Vertrauensschutzgesichtspunkte reichen sollen und welche Rechtswirkungen eintreten.[734] Damit folgen allein aus der Einordnung als „sekundäre Rechtsquelle“ noch keine bestimmten Rechtsfolgen. Die Einordnung von Empfehlungen und Leitlinien der ESAs als eine Handlungsform hingegen entspricht der Einordnung des Unionsrechts auch von Empfehlungen als „Rechtsakt“.[735] Leitlinien und Empfehlungen sind „Rechtsakte“ des Unionsrechts und damit nicht „sekundäre Rechtsquelle“, sondern schon vom Unionsrecht selbst als Recht anerkannt. Damit geht noch keine Aussage über ihre genauen Rechtswirkungen einher. Wie in diesem Kapitel untersucht, führen die fortschreitende Verrechtlichung und die damit einhergehende Stärkung der Steuerungskraft dazu, dass die Grenzen zwischen verbindlichen und unverbindlichen Handlungsformen verschwimmen.[736] Diese Fusion zwischen *hard* und *soft law* führt bei *Tridimas* zu Bedenken der

---

[730] Ähnlich *J. Hupka*, Neue Rechtsquellen im europäischen Kapitalmarktrecht und ihre Behandlung durch nationale Gerichte, in: *C. Busch/C. Kopp/M.-R. McGuire/M. Zimmermann* (Hrsg.), Europäische Methodik: Konvergenz und Diskrepanz europäischen und nationalen Privatrechts, 2010, S. 291, 297.

[731] *A. von Bogdandy*, Gubernative Rechtsetzung, 2000, S. 156 ff.

[732] *A. von Bogdandy*, Gubernative Rechtsetzung, 2000, S. 156 f.

[733] *H. Siekmann*, Neuorganisation der Finanzaufsicht, in: *S. Kadelbach* (Hrsg.), Nach der Finanzkrise, 2011, S. 131, 199, Fn. 296.

[734] *T. M. J. Möllers*, Sekundäre Rechtsquellen, Eine Skizze zur Vermutungswirkung und zum Vertrauensschutz bei Urteilen, Verwaltungsvorschriften und privater Normsetzung, in: *J.-H. Bauer/T. M. J. Möllers/M. Kort/B. Sandmann* (Hrsg.), Festschrift für Herbert Buchner zum 70. Geburtstag, 2009, S. 649, 665.

[735] Dazu bereits oben Kapitel 4, A. I.

[736] *N. Sasserath-Alberti/H. Hartig*, EIOPA-Verordnung: Rechtliche Herausforderungen für die Praxis, Versicherungsrecht 2012, S. 524, 530.

Rechtssicherheit und *accountability*.[737] Es stimmt, dass dadurch weitere Regelungsebenen entstehen und das Rechtsgebiet komplexer wird. Allerdings ist die Rechtsunsicherheit nicht nachgewiesen. In der Wahrnehmung der Finanzmarktteilnehmer besteht kein Unterschied zwischen technischen Standards und Empfehlungen oder Leitlinien der ESAs. Sie werden als gleichermaßen „faktisch verbindlich" wahrgenommen. Die Verrechtlichung der Leitlinien und Empfehlungen und die Stärkung ihrer Steuerungskraft durch den *comply or explain*-Mechanismus stellen vielmehr eine Innovation dar: Ohne die Grenzen der *Meroni*-Doktrin zu verletzen,[738] können die ESAs wichtige Akzente setzen und so zur Zähmung der Finanzmärkte beitragen.

B. Gültigkeitsregime

Ein neuer Rechtsakt muss gewisse Voraussetzungen erfüllen, um gültig zu sein. Diese Voraussetzungen folgen zum Teil speziell aus seiner Handlungsform, d.h. diese dient als Speicher für gewisse Gültigkeitsanforderungen.[739] Erst wenn die entsprechende Handlungsform identifiziert ist, lassen sich Aussagen darüber treffen, ob das erlassende Organ rechtmäßig gehandelt hat und ob der Rechtsakt wirksam ist.[740] Das Gültigkeitsregime untersucht, welche Regeln es für die Gültigkeit von Leitlinien und Empfehlungen gibt und wie diese angewendet werden.

Bei einem Verstoß gegen Gültigkeitserfordernisse variieren die Rechtsfolgen je nach der Art und der Schwere des Fehlers: von der Unbeachtlichkeit des Fehlers bis zur Nichtexistenz des Rechtsaktes.[741] Fehlerhafte Rechtsakte sind im Unionsrecht nicht automatisch nichtig.[742] Aufgrund der institutionalisierten Mechanismen der Kontrolle der Legalität

---

737 *T. Tridimas*, Financial Supervision and Agency Power: Reflections on ESMA, in: *N. Nic Shuibhne*/*L. W. Gormley* (Hrsg.), From Single Market to Economic Union, 2012, S. 55, 72.

738 Dazu s.u. Kapitel 4, B. II. 5.

739 *J. Bast*, Grundbegriffe der Handlungsformen der EU, 2006, S. 329.

740 *G. Schmidt*, in: *H. von der Groeben*/*J. Schwarze* (Hrsg.), Kommentar zum EU-/EG-Vertrag, 2004, Art. 249 EGV, Rn. 25.

741 *J. Bast*, Grundbegriffe der Handlungsformen der EU, 2006, S. 329 f.

742 Ausführlich *C. Annacker*, Der fehlerhafte Rechtsakt im Gemeinschafts- und Unionsrecht, 1998, S. 239 ff.

von Rechtsakten durch den EuGH unterscheidet das Unionsrecht zwischen Rechtsakten, die wegen schwerwiegender Fehler nichtig sind, und solchen, die rechtswidrig und (vor dem EuGH) anfechtbar sind. Aus dem Klagesystem folgt, dass für Rechtsakte, die der Kontrolle durch den EuGH unterliegen, die Gültigkeit vermutet wird. Diese Vermutung wird erst durch die Nichtigerklärung durch den EuGH oder die Aufhebung beseitigt.[743] Ausdrücklich bezog sich die Gültigkeitsvermutung in der Rechtsprechung des EuGH zunächst auf verbindliche Rechtsakte.[744] Was gilt nun bei Rechtsakten wie den Leitlinien und Empfehlungen der ESAs? Unverbindliche Mitteilungen der Kommission hat der EuGH für nichtig erklärt[745] oder aufgehoben,[746] wenn sie rechtswidrig waren. Daraus lässt sich schließen, dass auch unverbindliche Maßnahmen der Kontrolle des EuGH unterliegen und somit auch für sie die Gültigkeitsvermutung eingreift.[747]

Dementsprechend unterscheidet diese Arbeit zwischen Fehlern, die die Unwirksamkeit des Rechtsaktes zur Folge haben (Wirksamkeitsregime, I.) und solchen, die zur Rechtswidrigkeit und Anfechtbarkeit des Rechtsaktes führen (Rechtmäßigkeitsregime, II.). Anschließend be-

---

[743] Die Gültigkeitsvermutung ist ständige Rechtsprechung, siehe *EuGH*, Rs. 7/56, Algera, Slg. 1957, 89 ff., 126; *EuGH*, Rs. 101/78, Granaria, Slg. 1979, 623 ff., Rn. 4 f.; siehe auch *C. Annacker*, Der fehlerhafte Rechtsakt im Gemeinschafts- und Unionsrecht, 1998, S. 80, Fn. 219. Zur Inexistenz von Rechtsakten bzw. Nichtakten bei besonders schweren und offenkundigen Fehlern, siehe ebenfalls *C. Annacker*, Der fehlerhafte Rechtsakt im Gemeinschafts- und Unionsrecht, 1998, S. 81 ff.

[744] So z.B. *EuGH*, Rs. 7/56, Algera, Slg. 1957, 89 ff.: begünstigender Verwaltungsakt; *EuGH*, Rs. 101/78, Granaria, Slg. 1979, 623 ff., Rn. 4 f.: Verordnung; *EuGH*, Rs. 15/85, Consorzio Cooperative d'Abruzzo/Kommission, Slg. 1987, 1005: begünstigender Verwaltungsakt.

[745] *EuGH*, Rs. C-325/91 Frankreich/Kommission, Slg. 1993, I-3303, 3313 für eine Mitteilung; *EuGH*, Rs. C-57/95, Frankreich/Kommission, Slg. 1997, I-1640, 1652 für eine Mitteilung; *EuGH*, Rs. C-303/90, Frankreich/Kommission, Slg. 1991, I-5340, 5349 für einen Verhaltenskodex.

[746] *EuGH*, Rs. C-366/88, Frankreich/Kommission, Slg. 1990, I-3595 für eine interne Dienstanweisung der Kommission.

[747] Zum Rechtsschutz im Einzelnen s.u. Kapitel 4, C. I. Hinsichtlich eines Auslegungsvermerks der Kommission hat der EuGH eine andere Auslegung der zugrunde liegenden Verordnung vorgenommen, allerdings sich nicht zur Nichtigkeit des Auslegungsvermerks geäußert, siehe *EuGH*, Rs. C-266/90, Soba, Slg. I-298; ähnlich für Erläuterungen des Brüsseler Zolltarifs *EuGH*, Rs. 149/73, Witt, Slg. 1973, 1587.

leuchtet die Arbeit das Ermessen der ESAs, die passende Handlungsform zu wählen (III.), sowie die Abwesenheit einer formspezifischen Fehlerfolgenlehre (IV.).

I. Wirksamkeitsregime

Bei allen Rechtsakten lassen sich drei Zeitpunkte unterscheiden: erstens der Erlass, zweitens die Bekanntgabe oder Veröffentlichung und drittens das Inkrafttreten. Mit dem Erlass beginnt die rechtliche Existenz des Aktes,[748] d.h. die Beschlussfassung und Annahme durch das zuständige Organ schließen den internen Willensbildungsprozess ab.[749] Dies geschieht unabhängig von der Handlungsform für alle Rechtsakte. Weitere Voraussetzungen für das Inkrafttreten – wie eine Veröffentlichung oder Bekanntgabe – hängen dagegen von der gewählten Handlungsform ab.

1. Inkrafttreten der Rechtsakte

Für verbindliche Rechtsakte der Union regelt das Primärrecht ihre Unterzeichnung, Veröffentlichung und das Inkrafttreten in Art. 297 AEUV. Inkrafttreten bedeutet dabei, dass der Rechtsakt Rechtswirkungen entfaltet, also der Beginn der Wirksamkeit.[750] Für verbindliche Beschlüsse der ESAs ist ebenfalls eine Veröffentlichung vorgesehen.[751] Für Rechtsakte wie die Empfehlungen und Leitlinien hingegen gibt es weder primär- noch sekundärrechtliche Regelungen über ihre Veröffentlichung und Wirksamkeit.

---

[748] *J. Bast*, Grundbegriffe der Handlungsformen der EU, 2006, S. 331 m.w.N. auch zur Rspr.

[749] Anschließend folgt die Unterzeichnung durch den Vorsitzenden des Rates der Aufseher, so Art. 14.2. der Rules of Procedure of the European Banking Authority Board of Supervisors, EBA DC 001(Rev1) und Art. 4 Abs. 17 der Rules of Procedure of ESMA, ESMA/2012/BS/88 (rev 1).

[750] *E. Grabitz*, Rechtshandlungen der Gemeinschaftsorgane, in: *Europäische Kommission* (Hrsg.), Dreißig Jahre Gemeinschaftsrecht, 1983, S. 91, 102. Das Inkrafttreten selbst kann mit der Veröffentlichung bzw. Bekanntgabe erfolgen oder zu einem anderen Zeitpunkt.

[751] Art. 39 Abs. 5 der Gründungsverordnungen.

Welche Aussagen treffen die Leitlinien und Empfehlungen der ESAs selbst? Die Formulierungen der ESAs für die zeitliche Anwendbarkeit, die sich in den einzelnen Leitlinien und Empfehlungen finden, sind unterschiedlich. ESMA spricht in der Regel von „gelten ab ...“ und einmal – wie auch EIOPA – vom „Inkrafttreten“. EBA formuliert, die „Behörden sollten bis spätestens ... durchführen“ oder „umsetzen“. Die Formulierung „Inkrafttreten“ deutet dabei auf einen verbindlichen Rechtsakt hin, während die EBA-Formulierungen deutlich zurückhaltender sind, was eher den unverbindlichen Charakter der Rechtsakte betont. Inhaltlich beschreiben allerdings alle diese Formulierungen den Beginn der Wirksamkeit, weshalb diese Arbeit den Begriff „Inkrafttreten“ gebraucht.

Einige – jedoch nicht alle – Empfehlungen und Leitlinien enthalten Bestimmungen über ihr Inkrafttreten. Für die Zeit vor 2011 bestimmen vereinzelt Leitlinien von CEBS und CESR einen Zeitpunkt, ab dem sie gelten sollen.[752] Seit 2011 enthält die weit überwiegende Zahl von Leitlinien eine Frist zwischen zwei und sechs Monaten nach der Veröffentlichung, vereinzelt sollen sie auch ab Veröffentlichung gelten. Bei den Empfehlungen seit 2011 bestimmt nur eine Empfehlung, dass sie ab sofort gelten sollte,[753] die anderen Empfehlungen äußern sich nicht, ab wann sie gelten. EBA lässt die Frist mit der Veröffentlichung der englischsprachigen Fassung beginnen, bei ESMA läuft sie in der Regel ab Veröffentlichung der übersetzten Fassungen.[754] Voraussetzung für die

---

[752] *CESR*, CESR's Guidelines on a common definition of European money market funds CESR/10-049; *CEBS*, Guidelines on stress testing, 26.08.2010, GL 32.

[753] *EBA*, Empfehlung zur Kapitalerhaltung (Core-Tier-1) während des Übergangs zu dem aus Eigenkapitalrichtlinie und Eigenkapitalverordnung bestehenden Rechtsrahmen, EBA/REC/2013/03, S. 7.

[754] Einmal begann die Frist einen Monat, nachdem die nationalen zuständigen Behörden die Leitlinien auf ihrer offiziellen Website in der betreffenden Landessprache veröffentlicht haben, siehe *ESMA*, Leitlinien – Systeme und Kontrollen für Handelsplattformen, Wertpapierfirmen und zuständige Behörden in einem automatisierten Handelsumfeld, ESMA/2012/122 de, S. 4. Die BaFin unterließ jedoch z.B. zunächst eine Veröffentlichung und setzte die Leitlinien erst Ende 2013 durch ein Rundschreiben um, siehe Rundschreiben 6/2013 (BA) – Anforderungen an Systeme und Kontrollen für den Algorithmushandel von Instituten, Geschäftszeichen BA 54-FR 2210-2013/0021, 18.12.2013, https://www.bafin.de/SharedDocs/Veroeffentlichungen/DE/Rundschreiben/rs_1306_ba_algorithmushandel.html (15.09.2015). Die Frist ab Veröffentlichung auf der jeweiligen nationalen Seite scheint sich somit nicht bewährt

Wirksamkeit ist also in vielen Fällen, dass eine Frist abgelaufen ist, die ab Veröffentlichung des Rechtsaktes läuft. Die Veröffentlichung ist in diesen Fällen Voraussetzung für die Wirksamkeit. Was jedoch gilt, wenn die einzelnen Rechtsakte keine Bestimmung zum Inkrafttreten enthalten, wie z.B. einige Empfehlungen der EBA?[755]

Unverbindliche Rechtsakte, die keinen bestimmten Adressaten haben, sind ab ihrem *Erlass* wirksam.[756] Nun sind zwar Leitlinien und Empfehlungen unverbindlich, allerdings haben sie Adressaten. Sind sie trotzdem ab Erlass wirksam? Oder ist eine Veröffentlichung oder individuelle Bekanntgabe notwendig, damit sie wirksam werden?

2. *Veröffentlichung oder individuelle Bekanntgabe der Rechtsakte*

Eine ausdrückliche Pflicht zur *Veröffentlichung* von Leitlinien und Empfehlungen findet sich weder im Primärrecht noch in den Gründungsverordnungen. Die primärrechtliche Veröffentlichung im Amtsblatt betrifft nach Art. 297 AEUV nur verbindliche Rechtsakte wie Verordnungen, Richtlinien und Beschlüsse, die an keinen bestimmten Adressaten gerichtet sind. Unverbindliche Empfehlungen und Stellungnahmen tauchen dort an keiner Stelle auf. Außerdem ist die Veröffentlichungspflicht auch für Richtlinien nicht durchgängig vorgesehen, sondern Art. 297 Abs. 2 AEUV differenziert danach, ob diese an alle Mitgliedstaaten gerichtet sind oder nur an einen oder eine Gruppe von Mitgliedstaaten. Wenn die Veröffentlichungspflicht noch nicht einmal für alle verbindlichen Rechtsakte vorgesehen ist, dann kann dies erst recht nicht für unverbindliche Rechtsakte gelten. Deshalb lässt sich

---

zu haben, weil so unterschiedliche Zeitpunkte maßgeblich sind bzw. unklar bleibt, wann die Leitlinien in Kraft treten.

[755] *EBA*, EBA 2011 EU-wide stress test aggregate report, Annex 3: Recommendation in accordance with Article 21(2) (b) of the EBA Regulation, 15.07.2011; *EBA*, EBA Recommendation on the creation and supervisory oversight of temporary capital buffers to restore market confidence, EBA/REC/2011/1; *EBA*, Recommendations on asset quality reviews, EBA/REC/2013/04.

[756] *J. Bast*, Grundbegriffe der Handlungsformen der EU, 2006, S. 346.

über Art. 297 AEUV keine Veröffentlichungspflicht für die Leitlinien und Empfehlungen der ESAs begründen.[757]

Die Veröffentlichung von Rechtsnormen ist jedoch ein rechtsstaatliches Gebot: Rechtsnormen, die für den Bürger von Bedeutung sind, sind zu veröffentlichen.[758] Denn nur, wenn der Bürger das Recht kennt, kann er sich daran halten. Leitlinien und Empfehlungen der ESAs richten sich an nationale Aufsichtsbehörden und/oder Finanzmarktteilnehmer. Während die nationalen Aufsichtsbehörden über den Rat der Aufseher am Erlass der Rechtsakte beteiligt sind und eine Veröffentlichung deshalb ggf. entbehrlich wäre, gilt dies nicht für private Finanzmarktteilnehmer als Adressaten der Rechtsakte. Für sie ist eine Veröffentlichung oder anderweitige Bekanntgabe notwendig.

In Betracht kommt hierfür eine Ermessensbindung der ESAs über den Grundsatz der Selbstbindung der Verwaltung.[759] Die *Public Statements of Consultation Practices*, Hinweise der ESAs zu ihrer Konsultationspraxis, sehen die Veröffentlichung der Leitlinien und Empfehlungen vor.[760] ESMA und EIOPA treffen keine Aussage, wie und wann die Veröffentlichung stattfinden soll. Nur die EBA bestimmt ausdrücklich, dass sie auf der Internetseite veröffentlicht werden sollen, wenn dies angemessen ist (*as appropriate*).[761] Letzteres bedeutet, dass eine Veröffentlichung aus Sicht der EBA nicht erfolgen soll, wenn eine Leitlinie oder Empfehlung einzelne Finanzinstitute betrifft.[762] In der Praxis veröffentlichen alle drei ESAs die Leitlinien und Empfehlungen auf ihrer Internetseite. Die Hinweise zusammen mit der Verwaltungspraxis be-

---

[757] Für eine teilweise Analogie der Vorläuferbestimmung Art. 254 EGV für Beschlüsse, weil diese ebenfalls verbindliche Rechtsakte sind, siehe *J. Bast*, Grundbegriffe der Handlungsformen der EU, 2006, S. 338 ff.

[758] Dazu im einzelnen m.w.N. *A. von Bogdandy*, Gubernative Rechtsetzung, 2000, S. 484 f.

[759] S.o. Kapitel 4, A. III. 3. b.

[760] *ESMA*, Public Statement of Consultation Practices, ESMA/2011/11, S. 3; *EBA*, Public Statement on Consultation Practices, EBA BS 2012 182 (II), S. 4; *EIOPA*, Public Statement of Consultation Practices, EIOPA-BOS-11-016, S. 3. Für Konsultationen bejaht eine Selbstbindung der EBA *E. Gurlit*, Handlungsformen der Finanzmarktaufsicht, ZHR 177 (2013), S. 862, 876, Fn. 75.

[761] Art. 14.2 der Rules of Procedure of the European Banking Authority Board of Supervisors, EBA DC 001(Rev1).

[762] Siehe Art. 8 und Anhang 2 der Decision of the Management Board On Access to Documents, EBA DC 036.

gründen eine Selbstbindung der ESAs: Im Regelfall – d.h. wenn sich die Empfehlungen und Leitlinien nicht an einzelne Adressaten richten – dürfen die ESAs nicht von ihrer Veröffentlichungspraxis abweichen. Dies unterscheidet Leitlinien und Empfehlungen der ESAs von Empfehlungen des ESRB. Es gibt auch nichtöffentliche ESRB-Empfehlungen und der Verwaltungsrat entscheidet gesondert über die Veröffentlichung von Empfehlungen.[763] Daraus lässt sich schließen, dass eine Veröffentlichung für ESRB-Empfehlungen keine Wirksamkeitsvoraussetzung ist.

Falls eine Empfehlung oder Leitlinie der ESAs nur an bestimmte, einzelne Adressaten gerichtet sein sollte, kommt – zumindest für EBA, die sich dies ausdrücklich vorbehalten hat – auch eine individuelle Bekanntgabe in Betracht. Eine individuelle Bekanntgabe sieht das Unionsrecht bei Richtlinien und Beschlüssen vor, die an einen bestimmten Adressaten gerichtet sind.[764] Diese werden dann durch die Bekanntgabe wirksam und nicht durch eine Veröffentlichung. Dieser Gedanke lässt sich auf individuelle Empfehlungen oder Leitlinien der ESAs übertragen.

Somit lässt sich festhalten, dass über den Grundsatz der Selbstbindung der Verwaltung die ESAs im Regelfall zu einer Veröffentlichung der Leitlinien und Empfehlungen verpflichtet sind und eine Veröffentlichung – oder ggf. eine Bekanntgabe an einzelne Adressaten – Wirksamkeitsvoraussetzung ist. Soweit die Rechtsakte keinen anderen Zeitpunkt bestimmen, gelten sie deshalb ab Veröffentlichung oder Bekanntgabe. Zusätzlich zur Veröffentlichung durch die EBA wollen zehn nationale Aufsichtsbehörden die Leitlinien und Empfehlungen der EBA zur Information der Finanzmarktteilnehmer auf ihren Internetseiten einstellen.[765] Dies hat jedoch nur informatorischen Charakter und ist nicht konstitutiv für die Wirksamkeit.

Für den Rechtsanwender ist es wünschenswert, die Praxis der ESAs hinsichtlich des Inkrafttretens zu vereinheitlichen: Alle Rechtsakte sollten eine Bestimmung über ihr Inkrafttreten enthalten und eine Frist sollte ggf. einheitlich ab Veröffentlichung der übersetzten Fassungen zu

---

[763] Art. 18 der ESRB-Verordnung, s.o. Kapitel 2, C.

[764] Art. 297 Abs. 2 UAbs. 3 AEUV.

[765] *F. Demarigny/J. McMahon/N. Robert*, Study for the European Parliament, Policy Department A: Economic and Scientific Policy, Review of the New European European System of Financial Supervision (ESFS), Part 1, PE 507.446, 2013, S. 58.

laufen beginnen. Als Beispiel können die Leitlinien der Europäischen Arzneimittel-Agentur EMA dienen: Diese gelten sechs Monate nach Annahme der Leitlinien, was in den Verfahrensregeln festgelegt ist. Eine andere Frist ist möglich, wenn dies vorher in der Konsultation angekündigt wurde.[766] Eine solche Regelung würde die unterschiedlichen Fristen der ESAs vereinheitlichen und die Anwendbarkeit vorhersehbarer machen. Für dringende Fälle, in denen auch keine Konsultation erfolgt, sollte eine Ausnahme möglich sein, die ein Inkrafttreten ab Veröffentlichung vorsieht. Diese Ausnahmesituation müssten die ESAs dann in den Leitlinien und Empfehlungen begründen.

3. Außerkrafttreten der Rechtsakte

Das Außerkrafttreten der Leitlinien und Empfehlungen ist nicht geregelt. Für die Dokumente der Level-3-Ausschüsse vertreten die ESAs die Ansicht, dass diese weitergelten bis sie aufgehoben werden.[767] EIOPA differenziert zwischen den nationalen Behörden, für die die Rechtsakte Ende des Jahres 2010 galten, und den Behörden, für die das nicht der Fall war. Für erstere gelten die Rechtsakte wie zuvor, für letztere soll der *comply or explain*-Mechanismus Anwendung finden.[768] In der Praxis dürften damit z.B. die nationalen Behörden von Kroatien gemeint sein, für die die Rechtsakte erst seit dem Unionsbeitritt 2013 Geltung erlangt haben. Die Empfehlungen und Leitlinien der ESAs sollen ebenfalls bis zu ihrer Aufhebung weitergelten. Diskutiert haben dies die Mitglieder des Rats der Aufseher der EBA am Beispiel der Empfehlung zur Anhebung des Eigenkapitals auf 9%. Zunächst war unklar, welche Regeln nach Inkrafttreten der CRD IV-Richtlinie gelten sollten.[769] Der

---

[766] *Europäische Arzneimittel-Agentur*, Procedure for European Union guidelines and related documents within the pharmaceutical legislative framework, 18.03.2009, EMEA/P/24143/2004 Rev. 1 corr, Punkt 4.10.

[767] Art. 14 der Rules of Procedure of EIOPA, EIOPA BoS 11/003; Art. 8 Abs. 2 der Rules of Procedure of ESMA, ESMA/2012/BS/88 (rev 1); *ESMA*, ESMA update of the CESR recommendations on the consistent implementation of Commission Regulation (EC) No 809/2004 implementing the Prospectus Directive, ESMA/2011/81, S. 4.

[768] Art. 14 der Rules of Procedure of EIOPA, EIOPA BoS 11/003.

[769] *EBA*, Minutes of the EBA Board of Supervisors Teleconference 22nd May 2012, EBA BS 2012 95.

Rat der Aufseher hat sich dann aber in einer neuen Empfehlung für eine Weitergeltung der 9%-Hürde ausgesprochen.[770]

4. Zusammenfassung

Im Regelfall enthalten die Leitlinien und Empfehlungen der ESAs Bestimmungen, die ihr Inkrafttreten regeln. Soweit dies nicht der Fall ist, hängt die Wirksamkeit von einer Veröffentlichung (generelle Rechtsakte) oder individuellen Bekanntgabe (individuelle Rechtsakte) ab, was aus dem Grundsatz der Selbstbindung der Verwaltung folgt. Ein Außerkrafttreten der Rechtsakte erfolgt über eine Aufhebung durch die ESAs.

Insgesamt spiegeln die unterschiedlichen Bestimmungen in den Leitlinien und Empfehlungen wider, dass die ESAs auf der Suche nach einer passenden Regelung für die zeitliche Geltung von Empfehlungen und Leitlinien sind. Dass überhaupt Regelungen für die zeitliche Geltung getroffen werden, verdeutlicht bereits, wie weit die Verrechtlichung fortgeschritten ist und dass Leitlinien und Empfehlungen sich insoweit nicht von verbindlichen Rechtsakten unterscheiden.

II. Rechtmäßigkeitsregime

Wann Leitlinien und Empfehlungen rechtswidrig sind, hängt von vielen Faktoren ab. Dabei ist das Rechtmäßigkeitsregime überwiegend formenneutral ausgestaltet, d.h. es hängt nicht von der spezifischen Handlungsform ab, sondern die Maßstäbe, ob ein Rechtsakt formell oder materiell rechtmäßig ist, beurteilen sich überwiegend anhand seiner Rechtsgrundlage. Somit kommen der Rechtsgrundlage und der Kompetenz für die Rechtmäßigkeit eine steuernde Wirkung zu, weniger der Wahl der Handlungsform.[771] Zusätzlich zur Rechtsgrundlage kommen

---

[770] *EBA*, Empfehlung zur Kapitalerhaltung (Core-Tier-1) während des Übergangs zu dem aus Eigenkapitalrichtlinie und Eigenkapitalverordnung bestehenden Rechtsrahmen, EBA/REC/2013/03; Neue Kapital-Hürde aus London, Handelsblatt v. 16.07.2012, http://www.handelsblatt.com/unternehmen/banken/eba-vorgaben-neue-kapital-huerde-aus-london-seite-all/6882046-all.html (15.09.2015).

[771] *J. Bast*, Grundbegriffe der Handlungsformen der EU, 2006, S. 351.

handlungsformübergreifende Maßstäbe hinzu, wie z.B. der Verhältnismäßigkeitsgrundsatz als ungeschriebener Rechtsgrundsatz.

Zentral sind die Begründungspflicht (1.) sowie die Rechtsgrundlage (2.) für Leitlinien und Empfehlungen der ESAs. Weitere Rechtmäßigkeitsanforderungen ergeben sich aus Verfahrensvorschriften (3.), den Regelungen zur Sprachenfrage und Übersetzungen (4.) sowie ggf. der *Meroni*-Doktrin (5.). Abschließend zeigt dieser Abschnitt weitere Grenzen wie z.B. den Verhältnismäßigkeitsgrundsatz auf (6.).

1. Begründungspflicht

Begründungspflichten sind Ausdruck des Transparenzprinzips und der Rechtsstaatlichkeit der Union.[772] Die Gründungsverordnungen statuieren in Bezug auf Leitlinien und Empfehlungen keine Begründungspflicht, anders als für Beschlüsse der ESAs im Einzelfall.[773] Allerdings lässt sich aus dem Primärrecht eine Begründungspflicht ableiten: Nach Art. 296 Abs. 2 AEUV sind alle Rechtsakte der Union zu begründen. Während der EG-Vertrag nur eine Begründungspflicht für Verordnungen, Richtlinien und Entscheidungen – also verbindliche Handlungsformen – vorsah,[774] sind seit dem Vertrag von Lissabon alle Rechtsakte erfasst, mithin auch unverbindliche Stellungnahmen und Empfehlungen.[775] Der EuGH hat auch bereits früher eine Mitteilung der Kommission für nichtig erklärt, weil sie nicht ausreichend begründet war.[776] Die Begründungspflicht gilt nicht nur für die Organe der Union, sondern

---

[772] *M. Krajewski/U. Rösslein*, in: *E. Grabitz/M. Hilf/M. Nettesheim*, Das Recht der EU (Stand Sept. 2013), Art. 296 AEUV, Rn. 9.

[773] Art. 39 Abs. 2 der Gründungsverordnungen.

[774] Ex-Art. 253 EGV.

[775] *M. Krajewski/U. Rösslein*, in: *E. Grabitz/M. Hilf/M. Nettesheim*, Das Recht der EU (Stand Sept. 2013), Art. 296 AEUV, Rn. 2; auch für Leitlinien *H. C. Röhl*, Ausgewählte Verwaltungsverfahren, in: *W. Hoffmann-Riem/E. Schmidt-Aßmann/A. Voßkuhle* (Hrsg.), Grundlagen des Verwaltungsrechts, Bd. II, 2012, § 30, Rn. 82; a.A. trotz des eindeutigen Wortlauts *C. Calliess*, in: *C. Calliess/M. Ruffert* (Hrsg.), EUV/AEUV, Kommentar, 2011, Art. 296 AEUV, Rn. 8.

[776] *EuGH*, Rs. C-325/91 Frankreich/Kommission, Slg. 1993, I-3303, Rn. 30.

auch für sonstige Einrichtungen, die Rechtsakte erlassen können, wie z.B. Agenturen.[777]

Der Inhalt und Umfang der Begründungspflicht muss der „Natur“ des betreffenden Rechtsaktes angepasst sein,[778] so dass sich schwerlich allgemeine Aussagen treffen lassen. Grundsätzlich ist zumindest die Rechtgrundlage anzugeben.[779] Außerdem sind Einzelmaßnahmen ausführlicher zu begründen als abstrakt-generelle Rechtsakte, weil erstere den Bürger in der Regel direkter betreffen.[780]

In der Praxis begründen die ESAs ihre Leitlinien und Empfehlungen, indem sie die Erwägungen im Einleitungs- und Hintergrundabschnitt erläutern. Zudem geben sie in der Regel die Rechtsgrundlage ausdrücklich an (dazu sogleich).

2. *Rechtsgrundlage*

Eine Rechtsgrundlage zu fordern, ist eines der wichtigsten Mittel des öffentlichen Rechts, um Legitimität zu sichern.[781] Für rechtsverbindliches Handeln benötigen die Unionsorgane und Agenturen nach dem Grundsatz der begrenzten Einzelermächtigung eine ausreichende

---

[777] Siehe *EuG*, Rs. T-74/00, Artegodan/Kommission, Slg. 2002, II-4945, Rn. 200: Das EuG überprüft die Begründung von vorbereitenden Gutachten der Europäischen Arzneimittel-Agentur, dazu *L. Senden/T. van den Brink*, Study for the European Parliament, Policy Department C: Citizen's Rights and Constitutional Affairs, Checks and Balances of Soft EU Rule-Making, PE 462/433, 2012, S. 48. Allgemein *M. Krajewski/U. Rösslein*, in: *E. Grabitz/M. Hilf/M. Nettesheim*, Das Recht der EU (Stand Sept. 2013), Art. 296 AEUV, Rn. 15.

[778] *EuGH*, Rs. C-110/97, Niederlande/Rat, Slg. 2001, I-8763, Rn. 163; *EuGH*, Rs. C-445/00, Österreich/Rat, Slg. 2003, I-8549, Rn. 49.

[779] *EuGH*, Rs. C-325/91 Frankreich/Kommission, Slg. 1993, I-3303, Rn. 26; *EuGH*, Rs. 45/86, Kommission/Rat, Slg. 1987, 1493, Rn. 9.

[780] *M. Krajewski/U. Rösslein*, in: *E. Grabitz/M. Hilf/M. Nettesheim*, Das Recht der EU (Stand Sept. 2013), Art. 296 AEUV, Rn. 22 ff.

[781] *A. von Bogdandy/M. Goldmann*, Die Ausübung internationaler öffentlicher Gewalt durch Politikbewertung – die PISA-Studie der OECD als Muster einer neuen völkerrechtlichen Handlungsform, ZaöRV 69 (2009), S. 51, 92; für eine rechtsvergleichende Untersuchung siehe *A. von Bogdandy*, Gubernative Rechtsetzung, 2000, S. 166 ff.

Rechtsgrundlage.[782] Welche Anforderungen sind jedoch an eine Rechtsgrundlage für unverbindliche Leitlinien und Empfehlungen der ESAs zu stellen? Wie sind die Anforderungen damit in Einklang zu bringen, dass die ESAs Flexibilität benötigen, um ihrer Aufgabe – der Stabilisierung und Zähmung der Finanzmärkte – nachzukommen? Wie sieht die Praxis aus und ist diese gerechtfertigt?

Die Vorgänger der ESAs haben in ihren Empfehlungen und Leitlinien keine Rechtsgrundlage benannt, denn abgesehen von einer allgemeinen Charta-Bestimmung gab es keine Rechtsgrundlage für Empfehlungen und Leitlinien.[783] Stattdessen haben CESR und CEIOPS in ihrer Beschreibung des Kontextes oder Hintergrundes der Empfehlungen auf die einschlägigen Richtlinien verwiesen. So stehen drei Empfehlungen im Kontext der Rechnungslegungsvorschriften und der IAS/IFRS Umstellung[784] und eine Empfehlung bezieht sich auf die Finanzkonglomerate-Richtlinie.[785] Weitere fünf sind im Rahmen des Lamfalussy-Verfahrens ergangen und verweisen auf die Prospekt- oder MiFID-Richtlinie (Level 1) und die entsprechenden Umsetzungsrichtlinien (Level 2).[786] Die Vorgänger der ESAs schienen demnach von 2003 bis

---

782 Art. 5 Abs. 1 EUV.

783 S.o. Kapitel 3, B. II. 1. Die Charta (Geschäftsordnung der Ausschüsse) ist auf Art. 7 der Kommissionbeschlüsse gestützt, die die Ausschüsse gegründet haben; siehe Beschluss 2001/527/EG der Kommission zur Einsetzung des Ausschusses der europäischen Wertpapierregulierungsbehörden, ABl. 2001 L 191, S. 43; Beschluss 2004/5/EG der Kommission zur Einsetzung des Ausschusses der europäischen Bankaufsichtsbehörden, ABl. 2004 L 3, S. 28; Beschluss 2004/6/EG der Kommission zur Einsetzung des Ausschusses der Europäischen Aufsichtsbehörden für das Versicherungswesen und die betriebliche Altersversorgung, ABl. 2004 L 3, S. 30.

784 *CESR*, European Regulation on the Application of IFRS in 2005, Recommendation for additional guidance regarding the transition to IFRS, CESR/03-323e, § 5; *CESR*, CESR Recommendation on Alternative Performance Measures, CESR/05-178b, S. 2; *CEIOPS*, Recommendations regarding the Implications of the IAS/IFRS Introduction for the Prudential Supervision of Insurance Undertakings, CEIOPS-DOC-05/05.

785 *CEBS/CEIOPS*, Recommendations on the supplementary requirements of the Financial Conglomerates Directive for supervisory colleges of financial conglomerates, 21.12.2010.

786 *CESR*, CESR's recommendations for the consistent implementation of the European Commission's Regulation on Prospectuses n° 809/2004, CESR/05-054b; *CESR*, CESR Level 3 Recommendations on the List of

2010 davon auszugehen, dass sie keine explizite Rechtsgrundlage für Empfehlungen und Leitlinien benötigten oder dass es ausreiche, sich auf die entsprechenden Richtlinien allgemein zu beziehen. In zwei Fällen wurde die Kompetenz von CESR jedoch angezweifelt.

Erstens bestritten einige Marktteilnehmer die Rechtsgrundlage für eine Empfehlung zur MiFID.[787] Die Empfehlung zu finanziellen Anreizen (*Inducements under MiFID*)[788] bezieht sich auf Art. 19 MiFID (Level 1),[789] der Wohlverhaltensregeln der Wertpapierfirmen regelt und sie zu einem ehrlichen und redlichen Handeln im besten Interesse der Kunden verpflichtet, und die dies konkretisierende Vorschrift der Durchführungsrichtlinie (Art. 26 RL 2006/73/EG (KOM), Level 2), die Vorgaben enthält, wann Provisionen und Gebühren zulässig sind. CESR ging in den Konsultationsdokumenten davon aus, dass unter den Anwendungsbereich des Art. 26 RL 2006/73/EG nicht nur spezielle Anreize, sondern auch „übliche Provisionen und Gebühren" fielen.[790] Stellungnahmen im Konsultationsverfahren brachten demgegenüber vor, dass sich in der MiFID auf Level 1 (Art. 19 MiFID) keine Grundlage dafür finde, übliche Provisionen zu regeln, die keine Anreize darstellen. Der Begriff *inducements* sei erst auf Level 2 eingeführt worden und Art. 26 könne deshalb nicht weiter ausgelegt werden als von Level 1 erfasst.[791] CESR blieb jedoch bei der weiten Auslegung, dass Art. 26 alle Provisi-

---

minimum records in article 51 (3) of the MiFID implementing Directive, CESR/06-552c; *CESR*, Publication and Consolidation of MiFID Market Transparency Data, Level 3 CESR's guidelines and recommendations for the consistent implementation of the Directive 2004/39/EC and the European Commission's Regulation n° 1287/2006, CESR/07-043; *CESR*, Inducements under MiFID, Recommendations, CESR/07-228b; *CESR*, The passport under MiFID, Recommendations for the implementation of the Directive 2004/39/EC, CESR/07-337.

787 Vgl. dazu hinsichtlich der Legitimität aus politikwissenschaftlicher Perspektive *E. Ruffing*, Europäische Wertpapierregulierung zwischen Input- und Output-Legitimität, 2011, S. 266 ff., 270.

788 *CESR*, Inducements under MiFID, Recommendations, CESR/07-228b.

789 Richtlinie 2004/39/EG des Parlaments und des Rates über Märkte für Finanzinstrumente (MiFID), ABl. 2004 L 145, S. 1.

790 *CESR*, Consultation Paper, Inducements under MiFID, CESR/06-687, S. 4.

791 Siehe z.B. die *Bloomberg*, Stellungnahme, RE: Public Consultation, "Inducements under MiFID" (December 2006), CESR/06-687 vom 9.02.2007, http://www.esma.europa.eu/system/files/3603018_2.pdf, S. 2 (15.09.2015).

onen und Gebühren, auch die üblichen, erfasse und Art. 19 der MiFID dafür als Rechtsgrundlage ausreiche.[792] Dies ergebe sich schon aus *normal, natural reading* der MiFID. Interessant ist, dass CESR für seine Auffassung darüber hinaus keine Argumente vorbringt, sondern stattdessen auf die Ansicht der Kommission verweist, die das Verfahren als Beobachterin begleitet hatte und mit CESR einer Ansicht war.[793] Das Autoritätsargument scheint also durchaus von Bedeutung zu sein.

Zweitens entzündete sich ein größerer Konflikt zwischen Europäischem Parlament und CESR im Hinblick auf die *Recommendations for securities settlement systems and Recommendations for Central Counterparties in the European Union.*[794] Diese haben CESR und das Europäische System der Zentralbanken (ESZB) 2009 als bislang einzige Empfehlungen gemeinsam erlassen. Das *settlement* (Abwicklung) von Wertpapiergeschäften bezieht sich dabei auf die Eigentumsübertragung und die Bezahlung des Preises nach Vertragsschluss.[795] Nachdem eine von CESR und ESZB eingerichtete Arbeitsgruppe Konsultationen durchgeführt hatte, veröffentlichten sie bereits 2004 vorläufige „Standards".[796] Die Bezeichnung als Standards anstelle von Empfehlungen begründeten CESR und ESZB folgendermaßen: „The transformation from recommendations to standards implies that they will be more bin-

---

[792] *CESR*, Inducements under MiFID, Recommendations, Feedback Statement, CESR/07-316, S. 3 f. Allgemein zu den unterschiedlichen Regelungstraditionen in den Mitgliedstaaten *J. Thieme*, Wertpapierdienstleistungen im Binnenmarkt, 2008, S. 409 ff.

[793] *CESR*, Inducements under MiFID, Recommendations, Feedback Statement, CESR/07-316, S. 3 f. Dazu *N. Moloney*, EC Securities Regulation, 2008, S. 1140; *N. Moloney*, Innovation and risk in EC financial market regulation: new instruments of financial market intervention and the Committee of European Securities Regulators, ELRev. 32 (2007), S. 627, 654.

[794] *CESR/EZB*, Recommendations for securities settlement systems and recommendations for central counterparties in the European Union, CESR/09-446, orientiert am Vorbild der CPSS-IOSCO Empfehlungen von 2001, *IOSCO*, Recommendations for securities settlement systems, November 2001.

[795] *T. Tridimas*, Community Agencies, Competition Law, and ECSB Initiatives on Securities Clearing and Settlement, Yearbook of European Law 2009, S. 216, 217, Fn. 1 m.w.N.

[796] *CESR/EZB*, Standards for securities clearing and settlement in the European Union, CESR/04-561.

ding in nature";[797] d.h. sie waren so formuliert, als ob sie verbindlich wären. Zwar ist die EZB nach Art. 134 AEUV befugt, verbindliche Maßnahmen zu treffen, dies galt jedoch nicht für CESR im Rahmen von Level 3. Grund für die Formulierung als Standards waren vermutlich Bedenken, dass sie ansonsten nicht ausreichend effektiv wären. Durch die Einbeziehung des ESZB versuchte CESR, seine erste Maßnahme auf Level 3 effektiver zu gestalten.[798] Allerdings kamen die Standards damit sehr nah an quasi-legislative Maßnahmen heran.[799] Das Europäische Parlament konnte den Anschein der Verbindlichkeit nicht akzeptieren und reagierte mit einer scharf formulierten Resolution:[800] CESR müsse seine Rechtsgrundlage klar benennen und primär sei die Legislative zuständig. Außerdem solle CESR mit dem Parlament eng zusammenarbeiten und es informieren. Daraufhin stoppte CESR seine Initiative und hat die Standards zunächst nicht verabschiedet.[801] Die Resolution des Parlaments zeigt zum einen die Bedenken hinsichtlich einer fehlenden Rechtsgrundlage auf. Zum anderen äußert sich darin aber auch ein Unbehagen über die wachsende Bedeutung von CESR und Legitimitätsbedenken. Nachdem die Kommission anfangs Bedenken hatte bzgl. der Effektivität von Standards, setzte sie ab 2006 selbst mit dem *Code of Conduct* auf private Selbstregulierung und war grundsätzlich positiv den Standards gegenüber eingestellt.[802] Der Rat schlug 2008 vor, an der Initiative weiterzuarbeiten. Jedoch gab er vor, dass nur eine unverbindliche Empfehlung anstelle der Standards erlassen werden solle. Außerdem solle diese – anders als der ursprüngliche Vorschlag – nicht an die Marktteilnehmer, sondern nur an die nationalen Behörden

---

[797] *CESR/EZB*, Standards for securities clearing and settlement in the European Union, CESR/04-561, S. 4.

[798] *N. Moloney*, EC Securities Regulation, 2008, S. 891.

[799] *N. Moloney*, EC Securities Regulation, 2008, S. 891.

[800] Entschließung des Europäischen Parlaments zu Clearing und Abwicklung in der Europäischen Union, P6_TA (2005)0301.

[801] Siehe *CESAME (European Commission's Clearing and Settlement Advisory and Monitoring Expert Group)*, Minutes 23.10.2006, http://ec.europa.eu/internal_market/financial-markets/docs/cesame/meetings/20061023-report_en.pdf, S. 6 f. (15.09.2015).

[802] *N. Moloney*, EC Securities Regulation, 2008, S. 893.

gerichtet sein.[803] Dem kamen CESR und ESZB nach, indem sie die Standards 2009 als Empfehlung erließen.

Diese beiden Fälle veranschaulichen, dass die Frage, ob die ESAs und ihre Vorgänger eine Rechtsgrundlage für Empfehlungen benötigen, durchaus relevant werden kann. Ob allgemein für Empfehlungen und Leitlinien eine Rechtsgrundlage notwendig ist, ist umstritten. Einige vertreten, dass der Grundsatz der begrenzten Einzelermächtigung nur für verbindliche Rechtsakte gelte und für unverbindliche Empfehlungen und Leitlinien (gleich ob von Organen der Union oder von Agenturen) keine ausdrückliche Rechtsgrundlage benötigt werde.[804] Für andere ist das Prinzip der begrenzten Einzelermächtigung anwendbar und eine Rechtsgrundlage für Empfehlungen und Leitlinien erforderlich. Dann wird aber in der Regel davon ausgegangen, dass im Rahmen der Sachkompetenzen die Abgabe von Empfehlungen und Leitlinien möglich ist („*implied powers*"-Doktrin).[805] Für die ESAs bedarf dieser Streit keiner Entscheidung; denn es gibt mit Art. 16 der Gründungsverordnungen im Sekundärrecht eine ausdrückliche Rechtsgrundlage für Empfehlungen und Leitlinien, die wiederum primärrechtlich auf Art. 114 AEUV be-

---

[803] *ECOFIN Rat*, Council Conclusions on clearing and settlement, 3.06.2008, http://www.eu2008.si/si/News_and_Documents/Council_Conclusions/June/0206_ECOFIN.pdf S. 3 f. (15.09.2015); als Verwässerung bezeichnet von *K. Lannoo/D. Valiante*, Integrating Europe's Back Office, ECMI Policy Brief, 2009, S. 5.

[804] *H.-P. Kraußer*, Das Prinzip begrenzter Ermächtigung im Gemeinschaftsrecht als Strukturprinzip des EWG-Vertrages, 1991, S. 88; *M. Eekhoff*, Die Verbundaufsicht, 2006, S. 176, Fn. 246; *N. Kohtamäki*, Die Reform der Bankenaufsicht in der Europäischen Union, 2012, S. 182; *C.-A. Morand*, Les recommandations, les résolutions et les avis du droit communautaire, Cahiers de droit européen 6 (1970), S. 623; *M. Zahlbruckner*, Die Empfehlung im EWG-Vertrag – Rechtswirkung und Kontrolle durch den EuGH, Juristische Blätter 1993, S. 345, 352; zum deutschen Recht siehe *J. Köndgen*, Privatisierung des Rechts, AcP 206 (2006), S. 477, 520, Fn. 201.

[805] *M. U. Brohm*, Die „Mitteilungen" der Kommission im Europäischen Verwaltungs- und Wirtschaftsraum, 2012, S. 123 ff.; *M. Nettesheim*, in: *E. Grabitz/M. Hilf/M. Nettesheim*, Das Recht der EU (Stand Sept. 2013), Art. 288 AEUV, Rn. 200; *M. Ruffert*, in: *C. Calliess/M. Ruffert* (Hrsg.), EUV/AEUV, Kommentar, 2011, Art. 288 AEUV, Rn. 97. Für ein Beispiel aus dem Wettbewerbsrecht siehe GA *Kokott*, zu *EuGH*, Rs. C-226/11, Expedia, Slg. 2012, I-0000, Nr. 29 f. Für Kommission und Rat *L. Senden*, Soft Law in European Community Law, 2004, S. 478 ff.

ruht.[806] Diese Regelung ist vermutlich auch auf die Erfahrungen mit CESR in den soeben geschilderten Fällen zurückzuführen. Primärrechtlich steht Art. 292 AEUV – wie schon geprüft – dem Erlass von Empfehlungen durch Agenturen nicht entgegen, weil er nicht abschließend ist.[807]

An die Frage, ob eine Rechtsgrundlage notwendig und vorhanden ist, schließt sich auf einer zweiten Ebene die Frage an, wie „dicht" und genau die Voraussetzungen geregelt werden müssen und durch wen? Das deutsche Recht thematisiert diesen Aspekt des Gesetzesvorbehalts unter dem Stichwort „Wesentlichkeitstheorie".[808] Wesentliche Entscheidungen, d.h. vor allem grundrechtswesentlich, müssen durch den parlamentarischen Gesetzgeber selbst getroffen werden und können nicht delegiert werden.[809] Blankoermächtigungen sind demnach in wesentlichen Dingen nicht zulässig.[810] Für die ESAs bedeutet dies: Ist die allgemeine Ermächtigung in Art. 16 der Gründungsverordnungen ausreichend oder ist im Einzelfall eine spezielle sekundärrechtliche Ermächtigung mit genaueren Voraussetzungen zu fordern?

Zur Beantwortung dieser Fragen sollen zunächst die Regelungen der Gründungsverordnungen und die bisherige Praxis der ESAs untersucht werden. Art. 8 Abs. 2 lit. c i.V.m. Art. 16 der Gründungsverordnungen ermächtigt die ESAs zur Herausgabe von Leitlinien und Empfehlungen, um kohärente Aufsichtspraktiken zu schaffen und eine einheitliche Anwendung des Unionsrechts sicherzustellen. Der Bezug zum Unionsrecht wird dadurch konkretisiert, dass die Tätigkeitsbereiche der ESAs in Art. 1 der Gründungsverordnungen auf bestimmte Richtlinien und Verordnungen im Finanzmarktbereich eingegrenzt sind. Wie sich aus Art. 8 Abs. 1 lit. a ergibt, sollen sich auch die Empfehlungen und Leitli-

---

[806] Zum Zusammenhang zwischen primärrechtlicher Grundlage für Agenturen und sekundärrechtlicher Rechtsgrundlage als Subdelegation siehe *T. Groß*, Exekutive Vollzugsprogrammierung durch tertiäres Gemeinschaftsrecht?, Die Öffentliche Verwaltung 2004, S. 20, 24; zu Agenturen allgemein *D. Fischer-Appelt*, Agenturen der Europäischen Gemeinschaft, 1999, S. 136 ff.

[807] S.o. Kapitel 1, B. III.

[808] Ausführlich, auch zu anderen Rechtsordnungen, *A. von Bogdandy*, Gubernative Rechtsetzung, 2000, S. 167 ff., 183 ff.

[809] Aus der Rechtsprechung des Bundesverfassungsgerichts siehe nur BVerfGE 33, 125, 157 ff. (Facharzt); BVerfGE 33, 303, 334 ff. (numerus clausus).

[810] *A. von Bogdandy*, Gubernative Rechtsetzung, 2000, S. 183 ff., 192.

nien grundsätzlich auf die in Art. 1 der Gründungsverordnungen genannten Rechtsakte beziehen. Darüber hinaus finden sich in den Gründungsverordnungen an verschiedenen Stellen spezielle Ermächtigungen für Empfehlungen und Leitlinien: für die Umsetzung von Ergebnissen aus Stresstests,[811] für Aufsichtskollegien,[812] für wichtige Finanzmarktteilnehmer im Zusammenhang mit dem Systemrisiko,[813] ausgehend von einer vergleichenden Analyse (*peer review*)[814] sowie für EBA und ESMA bezüglich Einlagensicherungssystemen.[815] In anderen Verordnungen und Richtlinien finden sich weitere spezielle Ermächtigungen für Leitlinien, so z.B. ermächtigt das CRD IV Paket die EBA insgesamt 21 Leitlinien zu erarbeiten.[816] Auch der Vorschlag zur MiFID II-Richtlinie sieht vor, dass ESMA in bestimmen Bereichen Leitlinien ausarbeiten soll.[817]

Die Regelungen in den Gründungsverordnungen und den weiteren Sekundärrechtsakten verweisen überwiegend ausdrücklich auf Art. 16 der Gründungsverordnungen. Es gibt allerdings auch Ausnahmen: Die Leitlinien und Empfehlungen im Rahmen des Verbraucherschutzes verweisen nicht auf Art. 16.[818] Es ist davon auszugehen, dass auch diese nach Art. 1 Abs. 2 und 3 einen Bezug zu den Richtlinien und Verordnungen im Finanzmarktbereich aufweisen müssen, weil jegliches Handeln der ESAs nur in diesem Bereich zulässig ist. Eine Klarstellung, dass Leitlinien und Empfehlungen nach Art. 9 denen nach Art. 16 entsprechen, wäre jedoch hilfreich.[819]

---

[811] Art. 21 Abs. 2 lit. b der Gründungsverordnungen, nur Empfehlungen, keine Leitlinien.

[812] Art. 21 Abs. 3 der Gründungsverordnungen.

[813] Art. 22 Abs. 3 der Gründungsverordnungen, nach Bedarf und unabhängig von Art. 1 Abs. 2.

[814] Art. 30 Abs. 3 der Gründungsverordnungen.

[815] Art. 26 Abs. 2 der EBA- und ESMA-Verordnung.

[816] *EBA*, Arbeitsprogramm 2013, EBA BS 2012 163, S. 4.

[817] Art. 24 Abs. 7 Vorschlag für eine Richtlinie des Europäischen Parlaments und des Rates über Märkte für Finanzinstrumente zur Aufhebung der Richtlinie 2004/39/EG des Europäischen Parlaments und des Rates, KOM(2011) 656.

[818] Art. 9 Abs. 2 der Gründungsverordnungen.

[819] Dies fordert auch der legislative Initiativbericht des Europäischen Parlaments, siehe Entschließung des Europäischen Parlaments mit Empfehlungen an

In der bisherigen Praxis von 2011 bis 2013 haben die ESAs Leitlinien und Empfehlungen im Regelfall ausschließlich auf Art. 16 gestützt.[820] In wenigen Fällen haben sie weitere Rechtsgrundlagen herangezogen. Beispielsweise stützen sich die „Leitlinien und Empfehlungen für die Erstellung kohärenter, effizienter und wirksamer Bewertungen von Interoperabilitätsvereinbarungen" der ESMA auf Art. 16 der ESMA-Verordnung und zusätzlich auf Art. 54 Abs. 4 der EMIR-Verordnung.[821] EBA erließ zwei Empfehlungen im Rahmen der Stresstests. Die erste dieser Empfehlungen stützt sich ausschließlich auf Art. 21 Abs. 2 lit. b der EBA-Verordnung, wonach die EBA zur Umsetzung von Stresstestergebnissen eine Empfehlung an die zuständigen Behörden aussprechen kann, Problempunkte zu beheben. Die zweite Empfehlung zitiert zusätzlich zu Art. 21 noch Art. 16 Abs. 1 und die Koordinatorfunktion nach Art. 31 der EBA-Verordnung. Trotz der vielfachen Kritik am Stresstest wurde die eigentliche Rechtsgrundlage nach Art. 21 und Art. 16 der EBA-Verordnung nicht angegriffen. ESMA hat in wichtigen Bereichen wie dem Hochfrequenzhandel oder ETF-Fonds Leitlinien aus eigener Initiative und ohne zusätzliche Rechtsgrundlage verabschiedet.[822] Weil es in diesen neuen Bereichen noch keine sekundärrechtlichen Regelungen der Union gab, konnte

---

die Kommission zur Überprüfung des Europäischen Systems der Finanzaufsicht (ESFS), 2013/2166(INL), P7_TA-PROV(2014)0202.

820 So z.B. *ESMA*, Leitlinien und Empfehlungen zu schriftlichen Vereinbarungen zwischen Mitgliedern von CCP-Kollegien, ESMA/2013/1390; *EBA*, EBA-Leitlinien zu Fortgeschrittenen Messansätzen (AMA) – Erweiterungen und Änderungen, EBA/GL/2012/1; *EIOPA*, Leitlinien zur Beschwerdebearbeitung durch Versicherungsunternehmen, EIOPA-BoS-12/069.

821 Verordnung (EU) Nr. 648/2012 des Parlaments und des Rates über OTC-Derivate, zentrale Gegenparteien und Transaktionsregister (EMIR), ABl. 2012 L 201, S. 1; *ESMA*, Leitlinien und Empfehlungen für die Erstellung kohärenter, effizienter und wirksamer Bewertungen von Interoperabilitätsvereinbarungen, ESMA/2013/322 DE.

822 *ESMA*, Leitlinien – Systeme und Kontrollen für Handelsplattformen, Wertpapierfirmen und zuständige Behörden in einem automatisierten Handelsumfeld, ESMA/2012/122 de, Hochfrequenzhandel war im MiFID II-Gesetzgebungsprozess hoch umstritten, dazu *G. Ford/ T. Philipponnat*, The Role of Civil Society in Holding Financial Powers Accountable, Journal of Civil Society 9 (2013), S. 178, 182; *ESMA*, Leitlinien zu börsengehandelten Indexfonds (Exchange-Traded Funds, ETF) und anderen OGAW-Themen, ESMA/2012/832 DE.

ESMA die Agenda der Union mitbestimmen[823] und das Ziel, das Finanzsystem zu stabilisieren und die Effektivität zu steigern,[824] flexibel weiterverfolgen.

Überzeugende Argumente sprechen dafür, dass die allgemeine Rechtsgrundlage in Art. 16 der Gründungsverordnungen ausreichend ist. Die Tatsache, dass spezielle Rechtsgrundlagen in einigen Fällen vorhanden sind, bedeutet nicht, dass dies notwendigerweise immer der Fall sein muss. Die Praxis der Vorgängerausschüsse verdeutlicht, dass eine allgemeine Rechtsgrundlage notwendig war. Eine spezielle Ermächtigung zu fordern, würde aber bedeuten, den ESAs die für sie notwendige Flexibilität zu nehmen. Um ihrer Aufgabe – der Stabilisierung und Zähmung der Finanzmärkte – nachzukommen, benötigen sie eine gewisse Flexibilität, vor allem, um auf neue Entwicklungen (wie im Bereich des Hochfrequenzhandels) reagieren zu können. Für Leitlinien und Empfehlungen ist deshalb die allgemeine Rechtsgrundlage in Art. 16 der Gründungsverordnungen ausreichend.[825]

3. Verfahrensregeln

Wie entstehen Leitlinien und Empfehlungen der ESAs und welche Verfahrensregeln müssen die ESAs beachten, damit ihre Leitlinien und Empfehlungen rechtmäßig sind? Eine Formalisierung und Verrechtlichung des Verfahrens dient dazu, die Macht der Behörden zu struktu-

---

[823] So konnte ESMA ihren Einfluss steigern. Dazu *N. Moloney*, The European Securities and Markets Authority: a perspective from one year on, Zeitschrift für Öffentliches Recht 2013, S. 59, 73 ff.

[824] Art. 1 Abs. 5 der ESMA-Verordnung.

[825] Ähnlich *L. Martino Levi*, The European Banking Authority: Legal Framework, Operations and Challenges Ahead, Tulane European and Civil Law Forum 28 (2013), S. 51, 70; *Europäisches Parlament*, Draft report with recommendations to the Commission on the European System of Financial Supervision (ESFS) Review, 2013/2166(INI), PE521.510v01-00, S. 10, anders in der angenommenen Empfehlung des Europäischen Parlaments, siehe Entschließung des Europäischen Parlaments mit Empfehlungen an die Kommission zur Überprüfung des Europäischen Systems der Finanzaufsicht (ESFS), 2013/2166(INL), P7_TA-PROV(2014)0202. Der Bericht der Kommission äußert sich zu dieser Frage nicht, siehe Bericht der Kommission an das Europäische Parlament und den Rat über die Tätigkeit der Europäischen Aufsichtsbehörden (ESA) und das Europäische System der Finanzaufsicht (ESFS), KOM(2014) 509.

rieren, einzuhegen und zu effektiven und effizienten Handlungsinstrumenten zu führen.[826] So können Verfahrensregeln auch zur Zähmung der Finanzmärkte beitragen: Agenturen, die einseitigem Lobbying ausgesetzt sind, droht die Gefahr der *agency capture*. Dies bedeutet, dass sie durch private Interessen quasi „gefangen genommen" werden und bestimmte private Interessen stärker verfolgen als das öffentliche Interesse, das sie eigentlich verfolgen sollten.[827] Im Finanzsektor war lange Zeit die Finanzindustrie tonangebend und Verbraucherinteressen konnten die Regulierung kaum beeinflussen. Nun ist fraglich, inwieweit die Verfahrensregeln der ESAs Verbraucherinteressen stärken, um so ein Gleichgewicht zur Finanzlobby herzustellen. Der folgende Abschnitt beleuchtet – nach einem Rückblick auf das Verfahren der Level-3-Ausschüsse (a.) – die Verfahrensregeln der ESAs (b.). Zum Abschluss steht ein Vergleich mit Verfahrensregeln anderer Unionseinrichtungen und Agenturen (c.).

a. Rückblick: Level-3-Ausschüsse

Die ehemaligen Level-3-Ausschüsse trafen sich mindestens drei bis viermal im Jahr im Plenum, um z.B. Leitlinien oder Empfehlungen zu erlassen.[828] Arbeitsgruppen, in denen Mitarbeiter der nationalen Behörden saßen, erarbeiteten zuvor die Vorschläge für die Rechtsakte wie auch für die Dokumente, zu denen Konsultationen durchgeführt wurden. Konsultationen der betroffenen Kreise waren dabei seit Beginn der Arbeit der Level-3-Ausschüsse ein entscheidender Bestandteil des Ver-

---

[826] Eine Einhegung im Sinne einer administrativen Konstitutionalisierung insbesondere für den Basler Ausschuss und IOSCO fordert *C. Möllers*, Transnationale Behördenkooperation, ZaöRV 65 (2005), S. 351, 385 ff.

[827] *A. L. Nazareth*, Reflections on Systemic Risk Regulation in Response to Karmel's Paper, Brooklyn Journal of International Law 35 (2010), S. 845, 849 m.w.N.; grundlegend auch *R. B. Stewart*, The Reformation of American Administrative Law, Harvard Law Review 88 (1974-1975), S. 1667, 1685; siehe auch *P. Halfpap*, Kapitalmarktaufsicht in Europa und den USA, 2008, S. 208, der *agency capture* als „gezielten Einfluss von Lobbyisten bei der exekutiven Normsetzung" beschreibt.

[828] Wenige grundlegende Regeln zum Verfahren finden sich in den Chartas der Ausschüsse: CESR Charter, CESR/08-375d; CEBS Charter; CEIOPS Charter, z.B. zu Abstimmungen und öffentlichen Anhörungen.

fahrens, die sehr gut angenommen wurden.[829] Problematisch war jedoch, dass sich an den Konsultationen fast ausschließlich die betroffenen Finanzinstitute und deren Interessenvertretungen beteiligten. Verbraucherverbände, Wissenschaftler etc. waren kaum vertreten.[830]

Im Anschluss an die Konsultation überarbeiteten die Level-3-Ausschüsse die Vorschläge. CESR beispielsweise zeigte sich durchaus bereit, auf Kritik einzugehen: Die Vorschläge zu den Empfehlungen zur Prospektverordnung stießen auf scharfen Protest der Marktteilnehmer, die CESR vorwarfen, Kompetenzen zu überschreiten, Vorschriften zu verschärfen und Diskussionen der Stufe 2 neu zu entfachen.[831] CESR berücksichtigte diese Kritik dann weitgehend bei den endgültig erlassenen Empfehlungen.[832] In anderen Fällen war die Kritik weniger erfolgreich. Mit den Leitlinien zur Marktmissbrauchsrichtlinie etablierte CESR eine Negativliste mit auf jeden Fall unzulässigen Marktprakti-

---

[829] *CESR*, Public Statement of Consultation Practices, CESR/01-007c; *CEBS*, Public Statement of Consultation Practices, 5.08.2008; *CEIOPS*, Public Statement of Consultation Practices, CEIOPS-DOC-01/05; *T. M. J. Möllers*, Der CESR – Stellung und Aufgaben im Europäischen Wertpapieraufsichtsrecht, in: *P. Braumüller/D. Ennöckl/M. Gruber/N. Raschauer* (Hrsg.), Von der MiFID zum WAG 2007, 2008, S. 55, 63 gibt einen Mittelwert von 50 Teilnehmenden pro Konsultation an. Dies dürfte nach meinen Berechnungen zu hoch gegriffen sein, eher ist von gut 20 Teilnehmenden auszugehen.

[830] Für die Leitlinien zur Marktmissbrauchsrichtlinie siehe *E. Ruffing*, Europäische Wertpapierregulierung zwischen Input- und Output-Legitimität, 2011, S. 199 ff. Für CESR war es schwierig, die Verbraucherinteressen ausreichend zu berücksichtigen, siehe *N. Moloney*, The European Securities and Markets Authority and Institutional Design for the EU Financial Market – A Tale of Two Competences: Part (1) Rule-Making, European Business Organization Law Review 12 (2011), S. 41, 83; zur Kritik, dass Verbraucherinteressen nicht genügend eingebunden seien, siehe *R. A. Kasten*, Regulierung durch Expertengruppen auf der Ebene der Europäischen Kommission – Lobbyismus oder notwendiger Sachverstand?, Zeitschrift für Bankrecht und Bankwirtschaft 2008, S. 238, 241 m.w.N.; allgemein für das Finanzmarktrecht auch *E. Ferran*, Building an EU Securities Market, 2004, S. 105 ff.

[831] *V. Wiegel*, Die Prospektrichtlinie und Prospektverordnung, 2008, S. 143.

[832] *CESR*, CESR's recommendations for the consistent implementation of the European Commission's Regulation on Prospectuses n° 809/2004, CESR/05-054b, dazu: *V. Wiegel*, Die Prospektrichtlinie und Prospektverordnung, 2008, S. 143.

ken.[833] Unzulässig sind z.B. *wash trades*, in denen ein Händler gleichzeitig als Käufer und Verkäufer auftritt, so ein höheres Handelsvolumen vortäuscht und dadurch dem Markt falsche Informationen liefert.[834] Die Stellungnahmen in der Konsultation, überwiegend von Bankenverbänden und Börsen, zeigten sich skeptisch, ob eine solche Liste überhaupt notwendig sei, und fast alle Praktiken der Negativliste wurden in einzelnen Stellungnahmen als nicht grundsätzlich marktmissbräuchlich bezeichnet. Im Feedbackstatement ging CESR auf einige Kritiken ein, jedoch äußerte sich CESR nicht zu allen Vorschlägen von Marktteilnehmern. Als Reaktion auf die ca. 30 Stellungnahmen strich CESR kein Beispiel aus der Negativliste, ergänzte allerdings einige deskriptive Beschreibungen der Praktiken, um diese klarer abzugrenzen. Problematisch war, dass CESR unzureichend begründete, warum er nur selektiv auf einige Vorschläge von Marktteilnehmern einging.[835]

Über die Abstimmungen der Level-3-Ausschüsse und das dazugehörige Verfahren ist wenig bekannt. Ursprünglich trafen die Ausschüsse die Entscheidungen im Konsens, wobei CESR unter Konsens Einstimmigkeit abzüglich einer oder zwei Stimmen verstand.[836] Im Rahmen der EU-Erweiterung fand zwar das Mehrheitsverfahren Aufnahme in die

---

[833] *CESR*, Market Abuse Directive – Level 3 – first set of CESR guidance and information on the common operation of the Directive, CESR/04-505b, S. 11.

[834] Dazu auch: Aufseher wollen bei Wash Trades aufräumen, Wall Street Journal v. 18.03.2013, http://www.wsj.de/article/SB10001424127887323415304578367824198420836.html (15.09.2015).

[835] *E. Ruffing*, Europäische Wertpapierregulierung zwischen Input- und Output-Legitimität, 2011, S. 200 f., die die Legitimität deshalb aus politikwissenschaftlicher Perspektive kritisch einschätzt.

[836] Art. 6.2 der CESR Charter, CESR/08-375d; *D. Fischer-Appelt*, The European Securities and Markets Authority: the beginnings of a powerful European securities authority?, Law and Financial Markets Review 2011, S. 21, 24; kritisch dazu *N. Moloney*, The European Securities and Markets Authority: a perspective from one year on, Zeitschrift für Öffentliches Recht 2013, S. 59, 63.

Chartas der Ausschüsse,[837] in der Praxis scheint jedoch weiterhin das Konsensverfahren dominiert zu haben.[838]

b. Europäische Aufsichtsbehörden

Bei den ESAs ist das Verfahren mit dem der Vorläuferausschüsse vergleichbar. Der Rat der Aufseher trifft sich mehrmals im Jahr, während unterdessen die einzelnen Arbeitsgruppen die konkreten Vorschläge ausarbeiten. Die einzelnen Verfahrensschritte sind wie folgt:

aa. Arbeitsprogramm

Auf der Grundlage eines mehrjährigen Arbeitsprogramms[839] beschließt der Rat der Aufseher das jährliche Arbeitsprogramm der jeweiligen ESA, welches er an das Europäische Parlament, den Rat und die Kommission übermittelt.[840] Darin sind die verschiedenen Vorhaben nach Prioritäten gestaffelt enthalten. ESMA konkretisiert darüber hinaus die Regulierungsvorhaben, insbesondere Empfehlungen, Leitlinien und technische Standards, des kommenden Jahres in einem gesonderten *Regulatory work programme*.[841]

bb. Entwurfsphase

Bevor die Arbeitsgruppen einen ersten Entwurf erstellen, können Marktteilnehmer teilweise im Rahmen eines *call for evidence* oder auf-

---

[837] *T. M. J. Möllers*, Der CESR – Stellung und Aufgaben im Europäischen Wertpapieraufsichtsrecht, in: *P. Braumüller/D. Ennöckl/M. Gruber/N. Raschauer* (Hrsg.), Von der MiFID zum WAG 2007, 2008, S. 55, 60.

[838] Dazu und zu den Problemen der *accountability* siehe *N. Moloney*, The Committee of European Securities Regulators and level 3 of the Lamfalussy Process, in: *M. Tison/H. De Wulf/C. Van der Elst/R. Steennot* (Hrsg.), Perspectives in company law and financial regulation, 2009, S. 449, 465.

[839] Art. 47 Abs. 2 der Gründungsverordnungen, allgemein dazu auch Common approach on agencies, 2012, http://ec.europa.eu/commission_2010-2014/sefcovic/headlines/news/2012/07/2012_07_17_joint_agreement_agencies_en.htm, S. 9 (15.09.2015).

[840] Art. 43 Abs. 4 der Gründungsverordnungen.

[841] Siehe z.B. *ESMA*, 2013 Regulatory Work Programme, ESMA/2013/455.

grund eines Diskussionspapiers (*discussion paper*) ihre Ideen einbringen.[842] Anschließend erarbeiten Mitarbeiter der ESAs zusammen mit den aus Vertretern der nationalen Behörden bestehenden Arbeitsgruppen einen Entwurf für Empfehlungen und Leitlinien der ESAs. Dabei erstellen sie gegebenenfalls auch eine Kosten-Nutzen-Analyse oder führen ein *impact assessment* durch, wobei diese Analysen im Verhältnis zu Umfang, Natur und Folgen der Leitlinien und Empfehlungen angemessen sein müssen, d.h. sie stehen im Ermessen der ESAs.[843] Der Rat der Aufseher beschließt dann die Veröffentlichung des Entwurfs im Rahmen einer öffentlichen Konsultation.[844]

cc. Konsultation

Im Regelfall konsultieren die ESAs die Öffentlichkeit. Dadurch können sie – dem Demokratieprinzip entsprechend – eine stärkere Transparenz erreichen[845] und durch die Informationssammlung bessere Ergebnisse erzielen.[846] Weiterhin können die ESAs durch die Konsultation die Ak-

---

[842] So z.B. für die *ESMA*, Leitlinien zu Schlüsselbegriffen der Richtlinie über die Verwalter alternativer Investmentfonds (AIFMD), ESMA/2013/611: *ESMA*, Discussion paper: Key concepts of the Alternative Investment Fund Managers Directive and types of AIFM, ESMA/2012/117; *ESMA*, Consultation paper: Guidelines on key concepts of the AIFMD, ESMA/2012/845.

[843] Für die Kosten-Nutzen-Analyse siehe Art. 16 Abs. 2 der Gründungsverordnungen; ausführlicher auch in Art. 5 der Decision of the European Banking Authority adopting a Procedure for developing and adopting Draft Technical Standards and Guidelines and Recommendations, 25.09.2012, EBA DC 030.

[844] Die ESAs diskutierten dabei die Frage, ob der Beschluss zur Veröffentlichung der Konsultation – wie die spätere Abstimmung über die endgültigen Leitlinien oder Empfehlungen auch – der qualifizierten Mehrheit bedarf. EBA diskutierte dies im Rat der Aufseher, wobei die endgültige Entscheidung offen blieb, *EBA*, Minutes of the sixth EBA Board of Supervisors meeting, 7.-8.12.2011, EBA BS 2011 210, S. 3. EIOPA beschließt Konsultationen mit einfacher Mehrheit (z.B. *EIOPA*, EIOPA Board of Supervisors Meeting 26.-27.03.2013, Approved Minutes, EIOPA-BoS-13/046, S. 2 f.). Aus den ESMA-Protokollen ist nicht ersichtlich, mit welcher Mehrheit ESMA die Konsultation beschließt.

[845] Allgemein zu Anhörung und Demokratieprinzip *B. Bredemeier*, Kommunikative Verfahrenshandlungen im deutschen und europäischen Verwaltungsrecht, 2007, S. 250 f.

[846] Allgemein *D. J. Galligan*, Due process and fair procedures, 1996, S. 131.

zeptanz der Betroffenen erhöhen[847] und ein Vertrauensverhältnis zu den Marktteilnehmern aufbauen.[848]

Die ESAs führen nach Art. 16 Abs. 2 der Gründungsverordnungen *gegebenenfalls* öffentliche Anhörungen durch, die im Verhältnis zu Umfang, Natur und Folgen der Leitlinien und Empfehlungen angemessen sein müssen, d.h. sie sind zu einer Konsultation nicht verpflichtet, sondern es liegt in ihrem Ermessen.[849] Auch holen sie gegebenenfalls die Stellungnahme der jeweils fest konstituierten Interessengruppen ein, wenn nicht einzelne Finanzmarktteilnehmer betroffen sind.[850] Im Rahmen der Konsultationen wenden die ESAs die „Allgemeinen Grundsätze und Mindeststandards für die Konsultation betroffener Parteien" der Kommission an.[851]

Die Regeln für Konsultationen sind in den *Public Statements of Consultation Practices* der drei ESAs festgehalten.[852] Die EBA hat darüber hinaus eine Entscheidung veröffentlicht, in der sie das Verfahren für die

---

[847] Dazu allgemein *T. Würtenberger*, Die Akzeptanz von Verwaltungsentscheidungen, 1996; *B. Bredemeier*, Kommunikative Verfahrenshandlungen im deutschen und europäischen Verwaltungsrecht, 2007, S. 56, 252.

[848] *B. Bredemeier*, Kommunikative Verfahrenshandlungen im deutschen und europäischen Verwaltungsrecht, 2007, S. 226; ähnlich *E. Chiti*, European Agencies' Rulemaking: Powers, Procedures and Assessment, ELJ 19 (2013), S. 93, 106 f.

[849] Ausnahmsweise liegt kein Ermessen vor, wenn primärrechtlich die Anhörung bestimmter Einrichtungen angeordnet ist, beispielsweise ordnet Art. 54 Abs. 4 S. 2 Verordnung (EU) Nr. 648/2012 des Parlaments und des Rates über OTC-Derivate, zentrale Gegenparteien und Transaktionsregister (EMIR), ABl. 2012 L 201, S. 1 für die „Leitlinien und Empfehlungen für die Erstellung kohärenter, effizienter und wirksamer Bewertungen von Interoperabilitätsvereinbarungen" an, dass ESMA das ESZB anhören muss.

[850] Art. 37 Abs. 1 der Gründungsverordnungen, s.o. Kapitel 1, C. II. 2.

[851] *F. Demarigny/J. McMahon/N. Robert*, Study for the European Parliament, Policy Department A: Economic and Scientific Policy, Review of the New European European System of Financial Supervision (ESFS), Part 1, PE 507.446, 2013, S. 56; Mitteilung der Kommission vom 11.12.2002, Hin zu einer verstärkten Kultur der Konsultation und des Dialogs – Allgemeine Grundsätze und Mindeststandards für die Konsultation betroffener Parteien durch die Kommission, KOM(2002) 704; dazu auch unten Kapitel 4, B. II. 3. c.

[852] *ESMA*, Public Statement of Consultation Practices, ESMA/2011/11; *EBA*, Public Statement on Consultation Practices, EBA BS 2012 182 (II); *EIOPA*, Public Statement of Consultation Practices, EIOPA-BOS-11-016.

Entwicklung von technischen Standards sowie Leitlinien und Empfehlungen ausführlicher festlegt.[853] Die Konsultationen erfolgen auf verschiedenen Wegen, in der Regel in schriftlicher Weise und durch mündliche öffentliche Anhörungen, es gibt aber auch runde Tische und technische Workshops. Beteiligen können sich alle interessierten Kreise, inklusive Marktteilnehmern, Verbrauchern und Endnutzern sowie den konstituierten Interessengruppen. Nationale Behörden sind demgegenüber schon bei der Ausarbeitung der Entwürfe über die Arbeitsgruppen beteiligt und nehmen deshalb an den Konsultationen nicht teil. Im Regelfall sollen die Konsultationen drei Monate dauern, wobei dies in der Praxis auch aus Dringlichkeitsgründen verkürzt wird.[854] Durchschnittlich beteiligten sich gut 20 Teilnehmende an den schriftlichen Konsultationen.[855]

Im Regelfall führen die ESAs schriftliche Konsultationen durch, insbesondere bei Leitlinien. Ausnahmen der ESMA sind erstens die „Leitlinien und Empfehlungen zur Zusammenarbeit einschließlich Delegation zwischen der ESMA, den zuständigen Behörden und den sektoralen zuständigen Behörden gemäß Verordnung (EU) Nr. 513/2011 über Ratingagenturen“ und zweitens die „Leitlinien und Empfehlungen zu schriftlichen Vereinbarungen zwischen Mitgliedern von CCP-Kollegien“.[856] In beiden Fällen richten sich die Leitlinien und Empfehlungen nur an die nationalen Behörden, die angehört oder beteiligt wurden. Bei letzteren Leitlinien begründet ESMA die fehlende Anhörung der Öffentlichkeit mit Zeitdruck, da sonst die Genehmigung von

---

[853] Decision of the European Banking Authority adopting a Procedure for developing and adopting Draft Technical Standards and Guidelines and Recommendations, 25.09.2012, EBA DC 030.

[854] Siehe z.B. für die *ESMA*, Leitlinien zu Schlüsselbegriffen der Richtlinie über die Verwalter alternativer Investmentfonds (AIFMD), ESMA/2013/611; *ESMA*, Summary of Conclusions BoS meeting 18.12.2012, ESMA/2013/BS/4, S. 4 f.

[855] Eigene Berechnung.

[856] *ESMA*, Leitlinien und Empfehlungen zur Zusammenarbeit einschließlich Delegation zwischen der ESMA, den zuständigen Behörden und den sektoralen zuständigen Behörden gemäß Verordnung (EU) Nr. 513/2011 über Ratingagenturen, ESMA/2011/188 DE; *ESMA*, Leitlinien und Empfehlungen zu schriftlichen Vereinbarungen zwischen Mitgliedern von CCP-Kollegien, ESMA/2013/1390.

zentralen Gegenparteien (*Central Counterparties*, CCPs)[857] ohne die schriftlichen Vereinbarungen zwischen Mitgliedern von CCP-Kollegien nicht stattfinden könnte.[858] Die EBA hat ihre Empfehlungen zur Bankenrekapitalisierung 2011 und die Euribor Empfehlung Anfang 2013 ohne eine öffentliche Konsultation erlassen; letzteres begründet sie ebenfalls mit Dringlichkeit.[859]

Insgesamt zeigt sich, dass die ESAs ihr Ermessen, eine Konsultation durchzuführen, ausüben und nur in Dringlichkeitsfällen von Konsultationen absehen. Zumeist verkürzen sie bei Zeitdruck eher die Konsultationsfrist, als dass sie die Konsultation nicht durchführen. Dies ist zu begrüßen, da so die Ziele der Konsultationen eher erreicht werden können.

Die ESAs veröffentlichen die Antworten auf Konsultationen in einem Feedbackstatement, soweit die Teilnehmer dem nicht aus Geheimhaltungsgründen widersprechen. Das Feedbackstatement enthält auch die Antworten der ESAs auf die vorgebrachte Kritik. Im Rahmen der Überprüfung des ESFS äußerten Kritiker, dass es nicht genügend Transparenz gebe, wie die ESAs den Input der Teilnehmenden verarbeiten, dies betrifft auch die Stellungnahmen der Interessengruppen, die sich mehr Feedback seitens der ESAs wünschen.[860]

---

[857] Zentrale Gegenparteien sind juristische Personen, die insbesondere im Derivatehandel zwischen Handelspartner treten und Käufer für jeden Verkäufer sowie Verkäufer für jeden Käufer sind, siehe die Begriffsbestimmung in Art. 2 Nr. 1 der Verordnung (EU) Nr. 648/2012 des Parlaments und des Rates über OTC-Derivate, zentrale Gegenparteien und Transaktionsregister (EMIR), ABl. 2012 L 201, S. 1.

[858] *ESMA*, Report, Guidelines and Recommendations regarding written agreements between members of CCP colleges, ESMA/2013/661, S. 5 f.

[859] *EBA*, EBA-Empfehlungen zur Beaufsichtigung von Tätigkeiten im Zusammenhang mit der Teilnahme von Banken am Euribor-Panel, EBA/REC/2013/01, S. 11.

[860] *EBA*, Joint Board of Supervisors/Banking Stakeholder Group Meeting – Minutes, 15.05.2013, EBA BS 2013 214, S. 4. Diese Forderung übernahm die Kommission in ihrem Bericht, siehe Bericht der Kommission an das Europäische Parlament und den Rat über die Tätigkeit der Europäischen Aufsichtsbehörden (ESA) und das Europäische System der Finanzaufsicht (ESFS), KOM(2014) 509, S. 6.

Problematisch ist zudem, dass sich Verbraucher(vertreter) nur in geringem Maße an den Konsultationen beteiligen.[861] Damit nicht nur die sehr spezialisierte Finanzindustrie teilnehmen kann, wäre insbesondere eine längere Konsultationsfrist notwendig.[862] Zudem wäre eine strukturelle oder finanzielle Unterstützung von Verbrauchervertretern wünschenswert.[863] ESMA selbst schlägt vor, dass die Verbraucherinteressen in der Interessengruppe SMSG stärker vertreten sein sollten, z.B. über eine Mindestzahl an Verbrauchervertretern.[864] Zudem benachteiligt Englisch als alleinige Sprache kleine Unternehmen[865] und Verbraucher.[866]

Zusammenfassend lässt sich festhalten, dass die Konsultationspraxis der ESAs begrüßenswert ist. Das Verfahren ähnelt dem US amerikanischen *notice and comment*-Verfahren des *Administrative Procedure Act*

---

861 Als Problem z.B. formuliert in *ESMA*, Summary of Conclusions BoS meeting 4.07.2013, ESMA/2013/BS/125, S. 4.

862 *Finance Watch*, Response to EC Consultation on the review of the European System of Financial Supervision, 30.07.2013, http://ec.europa.eu/internal_market/consultations/2013/esfs/docs/contributions/registered-organisations/finance-watch_en.pdf, S. 9 (15.09.2015).

863 *Finance Watch*, Response to EC Consultation on the review of the European System of Financial Supervision, 30.07.2013, http://ec.europa.eu/internal_market/consultations/2013/esfs/docs/contributions/registered-organisations/finance-watch_en.pdf, S. 9 (15.09.2015).

864 *ESMA*, Brief an Kommissar Barnier vom 31.10.2013, Review of the European System on Financial Supervision (ESFS), ESMA/2013/1561, S. 4; bislang sehen die Gründungsverordnungen vor, dass fünf Wissenschaftler Mitglied sind und zehn Mitglieder Finanzmarktteilnehmer vertreten, siehe Art. 37 Abs. 2 der Gründungsverordnungen. *Moloney* hingegen schätzt das *capture*-Risiko eher gering ein, weil der Einfluss der Großhandelsfinanzmarktlobby in der SMSG begrenzt sei und das Verbraucherschutzziel in Art. 9 der Gründungsverordnungen als Gegengewicht diene, siehe *N. Moloney*, The European Securities and Markets Authority and Institutional Design for the EU Financial Market – A Tale of Two Competences: Part (1) Rule-Making, European Business Organization Law Review 12 (2011), S. 41, 80.

865 *F. Demarigny/J. McMahon/N. Robert*, Study for the European Parliament, Policy Department A: Economic and Scientific Policy, Review of the New European European System of Financial Supervision (ESFS), Part 1, PE 507.446, 2013, S. 57.

866 Dazu siehe jedoch das Urteil EuG *EuG*, Rs. T-23/12, MAF/EIOPA, Slg. 2013, I-0000, s.u. Kapitel 4, B. II. 4.

1946.[867] Die Vertretung der Verbraucherinteressen sollte jedoch durch verschiedene Maßnahmen verstärkt werden.

dd. Annahme der Empfehlungen und Leitlinien durch den Rat der Aufseher

Der Rat der Aufseher nimmt die Empfehlungen und Leitlinien an, wobei er eine qualifizierte Mehrheit im Sinne der qualifizierten Mehrheit des Rates der EU erreichen muss.[868] Dabei versuchen die Mitglieder in der Regel, die Beschlüsse im Konsens zu fassen.[869] In den veröffentlichten Protokollen der Sitzungen des Rates der Aufseher von EBA und EIOPA sind keine Abstimmungsergebnisse enthalten.[870] ESMA hingegen kennzeichnet Ablehnungen und Enthaltungen namentlich mit Angabe des vertretenen Landes.[871] Dies kommt vereinzelt vor und be-

---

[867] Zur EASA ziehen diesen Vergleich *S. Griller/A. Orator*, Everything under control? The "way forward" for European agencies in the footsteps of the Meroni doctrine, ELRev. 35 (2010), S. 3, 29; *M. Shapiro*, Independent Agencies, in: *P. Craig/G. de Búrca* (Hrsg.), The Evolution of EU Law, 2011, S. 111, 112; *L. Senden/T. van den Brink*, Study for the European Parliament, Policy Department C: Citizen's Rights and Constitutional Affairs, Checks and Balances of Soft EU Rule-Making, PE 462/433, 2012, S. 72.

[868] Art. 44 Abs. 1 UAbs. 2 der Gründungsverordnungen, der auf Art. 16 Abs. 4 EUV verweist.

[869] Die Orientierung am Konsens prägt auch die *Public Statements of Consultation Practices*, in denen die Konsensbildung mit den Marktteilnehmern als Ziel genannt wird, *ESMA*, Public Statement of Consultation Practices, ESMA/2011/11, S. 1; *EBA*, Public Statement on Consultation Practices, EBA BS 2012 182 (II), S. 1; *EIOPA*, Public Statement of Consultation Practices, EIOPA-BOS-11-016, S. 1; sehr kritisch dazu, weil es nationalistische Tendenzen fördert, der Chef der EBA *Andrea Enria* im Interview mit der Financial Times, siehe Regulator warns on nationalism over banks, Financial Times v. 18.11.2013, S. 1.

[870] Ausnahme: *EBA*, Minutes of the EBA BoS meeting 25.-26.09.2012, EBA BS 2012 207, Nr. 10 und 35 f.; in den internen Versionen der EIOPA-Protokolle sind die Abstimmungsergebnisse enthalten, siehe Art. 5.13 der Rules of Procedure of the Board of Supervisors of EIOPA, EIOPA-BoS-11/002-Rev1.

[871] Beispielsweise für die Leitlinien für solide Vergütungspolitiken unter Berücksichtigung der AIFMD, siehe *ESMA*, Summary of Conclusions BoS meeting 29.01.2013, ESMA/2013/BS/30, S. 4; *ESMA*, Final Report – Guidelines on repurchase and reverse repurchase agreements, ESMA/2012/722, siehe

schränkt sich auf ein oder zwei Ablehnungen oder Enthaltungen. Darin setzt sich die Tradition von CESR fort, die Beschlüsse im Konsens, d.h. alle Stimmen abzüglich einer oder zwei Stimmen, zu fassen.

Die Verfahrensregeln der ESAs regeln die Details des Abstimmungsverfahrens.[872] Auf Druck der BaFin änderten die ESAs dabei das Vorgehen bei schriftlichen Abstimmungen im Anschluss an Telefonkonferenzen. Ursprünglich zählten nicht abgegebene Stimmen als „Ja", so dass die BaFin vermutete, dass die EBA osteuropäische nicht abgegebene Stimmen taktisch in ihrem Sinne benutzte.[873] Seit 2012 zählen nicht abgegebene Stimmen nicht mehr automatisch als „Ja".[874] Dabei änderten die drei ESAs ihre Verfahrensregeln zeitgleich und passten sie aneinander an, was auf die Arbeit des Gemeinsamen Ausschusses der ESAs (*Joint Committee*) zurückgeht.[875]

Welche Rolle spielt der Kommissionsvertreter im Rat der Aufseher? Eine Studie in anderen Agenturen hat ergeben, dass der informelle Einfluss der Kommission teilweise sehr groß ist.[876] Für die ESAs ergibt sich – soweit aus den Protokollen des Rates der Aufseher ersichtlich – ein gemischtes Bild. EBA hat in strittigen Punkten die Rückendeckung der Kommission eingeholt,[877] betont die enge Zusammenarbeit mit der Kommission im Rahmen des *Single Rulebook Q&A* und veröffentlicht Einschätzungen der zuständigen Generaldirektion der Kommission auf

---

ESMA, Summary of Conclusions BoS meeting 6.11.2012, ESMA/2012/BS/143, S. 6 f.

[872] Rules of Procedure of ESMA, ESMA/2012/BS/88 (rev 1); Rules of Procedure of the European Banking Authority Board of Supervisors, EBA DC 001(Rev1); Rules of Procedure of the Board of Supervisors of EIOPA, EIOPA-BoS-11/002-Rev1.

[873] Siehe Bankenstresstest: Enria macht sich zum Buhmann, Financial Times Deutschland v. 7.12.2011, http://www.ftd.de/finanzen/maerkte/:bankenstress test-enria-macht-sich-zum-buhmann/60139693.html (31.12.2012).

[874] Siehe z.B. Art. 4 Abs. 11 der Rules of Procedure of ESMA, ESMA/2012/BS/88 (rev 1).

[875] Work programme 2012, Overview of deliverables, JC/2011/82, Nr. 23.

[876] *M. Busuioc*, Accountability, Control and Independence: The Case of European Agencies, ELJ 15 (2009), S. 599, 610 ff.

[877] Z.B. zum Draft Consultation Paper for BTS: CCPs Capital Requirements, siehe *EBA*, Minutes of the EBA Board of Supervisors meeting 6.-7.06.2012, EBA BS 2012 141, S. 9.

der EBA Homepage.[878] ESMA demgegenüber scheint stärker auf ihre Unabhängigkeit von der Kommission bedacht zu sein. Obwohl der Kommissionsvertreter im Rat der Aufseher Bedenken anmeldete, änderte ESMA ihre Auffassung zumindest in einem Fall nicht.[879] Einen Vorschlag für technische Standards wies die Kommission daraufhin zurück.[880] Europäisches Parlament, Rat und Kommission haben sich 2012 nach langen Verhandlungen auf einen *Common approach on agencies* verständigt, der Vorgaben für dezentrale Agenturen der Union enthält.[881] Sie wollen die Rolle der Kommission (in der Zukunft) in allen Agenturen verstärken,[882] wobei abzuwarten bleibt, ob im Rahmen der ESFS-Reform Änderungen vorgenommen werden.

ee. Überprüfung

Um zu prüfen, ob Rechtsakte nach einer gewissen Zeit einiger Änderungen bedürfen, können die Leitlinien und Empfehlungen eine Überprüfung (*review*) vorsehen. Die EBA sieht ein generelles Überprüfungsprogramm vor als Anhang des jährlichen Arbeitsprogramms,[883]

---

[878] Siehe http://www.eba.europa.eu/single-rule-book-qa# (15.09.2015), weil die Kommission Bedenken bei zwei Q&A-Antworten äußerte, verschob der Rat der Aufseher deren Veröffentlichung, siehe *EBA*, Minutes of the EBA BoS meeting 1.-2.07.2013, EBA BS 2013 220, S. 3.

[879] *ESMA*, Summary of Conclusions BoS meeting 22.05.2013, ESMA/2013/BS/86, S. 3.

[880] Einen Vorschlag für CCP-Kollegien erließ ESMA daraufhin als Leitlinien, siehe *ESMA*, Report, Guidelines and Recommendations regarding written agreements between members of CCP colleges, ESMA/2013/661, S. 4.

[881] Common approach on agencies, 2012, http://ec.europa.eu/commission_2010-2014/sefcovic/headlines/news/2012/07/2012_07_17_joint_agreement_agencies_en.htm (15.09.2015).

[882] Common approach on agencies, 2012, http://ec.europa.eu/commission_2010-2014/sefcovic/headlines/news/2012/07/2012_07_17_joint_agreement_agencies_en.htm (15.09.2015); z.B. sollen zwei Kommissionsmitglieder im *Management Board* vertreten sein, S. 5, und die Kommission will einen Warnmechanismus einrichten, S. 11. Ebenfalls eine stärkere Rolle der Kommission bei der EBA, z.B. durch ein Beanstandungsrecht, fordert *K. Michel*, Die neue Europäische Bankenaufsichtsbehörde, Die Öffentliche Verwaltung 2011, S. 728, 732.

[883] Art. 13 der Decision of the European Banking Authority adopting a Procedure for developing and adopting Draft Technical Standards and

allerdings enthalten die veröffentlichten Leitlinien und Empfehlungen keinen Hinweis auf ihre Überprüfung. Die Leitlinien der EIOPA enthalten in ihren Schlussbestimmungen eine ausdrückliche Überprüfungsklausel, die jedoch keine Frist für eine Überprüfung angibt.[884] ESMA schließlich äußert sich überhaupt nicht zu einer möglichen Überprüfung ihrer Leitlinien und Empfehlungen. Es wäre wünschenswert, wenn alle ESAs eine Überprüfung ihrer Rechtsakte vorsähen, ob nun in allgemeiner Form oder durch Aufnahme in den jeweiligen Text der Leitlinien oder Empfehlungen.

ff. Verstoß gegen Verfahrensvorschriften

Was geschieht bei einem Verstoß gegen die soeben beschriebenen Verfahrensvorschriften? Im Unionsrecht ist nach Art. 263 Abs. 2 AEUV nur ein Verstoß gegen *wesentliche* Formvorschriften rügefähig.[885] Formvorschriften umfassen dabei – weiter als nach deutschem Verständnis – die Vorschriften über die äußere Form, aber auch die Vorschriften über das Zustandekommen des Rechtsaktes, also Verfahrensvorschriften.[886] Anders als es der Wortlaut vermuten lässt, bezieht sich die Wesentlichkeit nicht auf die Formvorschriften, weil sich abstrakt nicht bestimmen lässt, welche Vorschriften wesentlich sind, sondern die Vorschrift wird gelesen als „wesentliche Verletzung von Formvorschriften".[887] Ob ein wesentlicher Verstoß vorliegt, hängt dann am Kontext

---

Guidelines and Recommendations, 25.09.2012, EBA DC 030. Jedoch enthalten die Anhänge des Arbeitsprogramms 2013 und 2014 kein spezielles Überprüfungsprogramm. 2013 sind zumindest zwei Überprüfungen von Leitlinien im allgemeinen Programm mit enthalten, siehe *EBA*, Arbeitsprogramm 2013, EBA BS 2012 163, Anhang, Nr. 232 und 235.

[884] *EIOPA*, Leitlinien zur Beschwerdebearbeitung durch Versicherungsunternehmen, EIOPA-BoS-12/069, Nr. 21.

[885] Zur Zulässigkeit einer Klage zum EuGH s.u. Kapitel 4, C. I. 2. c.

[886] *O. Dörr*, in: *E. Grabitz/M. Hilf/M. Nettesheim*, Das Recht der EU (Stand Sept. 2013), Art. 263 AEUV, Rn. 166.

[887] *F. von Alemann*, Die Handlungsform der interinstitutionellen Vereinbarung, 2006, S. 304 f.; *W. Cremer*, in: *C. Calliess/M. Ruffert* (Hrsg.), EUV/AEUV, Kommentar, 2011, Art. 263 AEUV, Rn. 84; zögernd *O. Dörr*, in: *E. Grabitz/M. Hilf/M. Nettesheim*, Das Recht der EU (Stand Sept. 2013), Art. 263 AEUV, Rn. 171.

und den Auswirkungen, die der Verstoß im konkreten Fall hat.[888] Formvorschriften umfassen dabei typischerweise Beteiligungs- und Anhörungsrechte anderer Institutionen und Dritter, Anforderungen an die Beschlussfassung, Begründung und Veröffentlichung.

Im Fall der Leitlinien und Empfehlungen der ESAs sind die Verfahrensschritte Arbeitsprogramm, Entwurfsphase und Überprüfung (*review*) nicht primär- oder sekundärrechtlich vorgeschrieben, so dass sich ein Verstoß dagegen nicht auswirkt. Die Konsultationspflicht stellt eine Beteiligungs- und Anhörungsvorschrift dar.[889] Wie dargelegt, steht die Konsultation allerdings im Ermessen der ESAs und ist somit nicht obligatorisch. Eine Missachtung fakultativer Anhörungsrechte führt nicht zur Aufhebung des Rechtsaktes wegen eines Verstoßes gegen wesentliche Formvorschriften.[890] Soweit eine ESA Ermessensgrenzen überschritten haben sollte, prüft der EuGH dies unter einem anderen Klagegrund, dem der Vertragsverletzung.[891] Neben der Konsultationspflicht dürfte dies auch für die Durchführung einer Kosten-Nutzen-Analyse oder eines *impact assessments* gelten, die ebenfalls fakultativ sind.[892] Weiterhin sind die Vorschriften über die Beschlussfassung zur Annahme der Leitlinien und Empfehlungen der ESAs wesentliche Formvorschriften. Beispielsweise könnte ein wesentlicher Formfehler bei einem Verstoß gegen die qualifizierte Mehrheit vorliegen.[893] Da die ESAs in der Praxis allerdings am Konsens orientiert arbeiten, ist ein solcher Verstoß unwahrscheinlich, da die weit überwiegende Mehrheit in der Regel gesichert ist.

---

888 *F. von Alemann*, Die Handlungsform der interinstitutionellen Vereinbarung, 2006, S. 304.

889 Art. 16 Abs. 2 der Gründungsverordnungen.

890 *EuGH*, Rs. 165/87, Kommission/Rat, Slg. 1988, 5545, Rn. 20.

891 Art. 263 Abs. 2 AEUV; *O. Dörr*, in: *E. Grabitz/M. Hilf/M. Nettesheim*, Das Recht der EU (Stand Sept. 2013), Art. 263 AEUV, Rn. 179.

892 Art. 16 Abs. 2 der Gründungsverordnungen.

893 Art. 44 Abs. 1 UAbs. 2 der Gründungsverordnungen, der auf Art. 16 Abs. 4 EUV verweist; zum Quorum im schriftlichen Verfahren im Rat z.B. *EuGH*, Rs. 68/86, UK/Rat, Slg. 1988, 855, Rn. 46 ff.

c. Vergleich mit Verfahren anderer Unionsorgane, Einrichtungen und Agenturen sowie Stellungnahme

Die Verrechtlichung des Verfahrens anderer Unionsorgane, Einrichtungen und Agenturen ist unterschiedlich stark ausgeprägt. Das Verfahren in der überwiegenden Anzahl an Agenturen ist nur wenig formalisiert.[894] Ausnahmen dazu bilden – neben den ESAs – die Europäische Arzneimittel-Agentur und die Europäische Agentur für Flugsicherheit.

Die Europäische Arzneimittel-Agentur EMA hat das Verfahren zum Erlass ihrer Leitlinien ausführlich geregelt: von der Auswahl der Themen bis hin zur Implementierung.[895] Anders als im Regelfall bei den ESAs können sich die Betroffenen *zweimal* im Rahmen einer Konsultation äußern: zum einen nach Veröffentlichung eines Konzeptpapiers, das erste Vorstellungen und Ideen zu den Leitlinien formuliert, und zum anderen zum späteren Entwurf der Leitlinien. Um die Beteiligung von Patienten und deren Organisationen zu fördern, hat die EMA spezielle Verfahren entwickelt.[896] Nach fünf Jahren überprüft die EMA ihre Leitlinien.

Die Europäische Agentur für Flugsicherheit EASA hat ihr Verfahren ebenfalls ausführlich geregelt. Art. 52 der Gründungsverordnung VO 216/2008 bestimmt, dass der Verwaltungsrat transparente Verfahren für die Erarbeitung von Zulassungsspezifikationen und Anleitungen festlegen soll.[897] Diese sekundärrechtliche Vorgabe ist – soweit ersichtlich – im Rahmen von Agenturen einzigartig. Das vom Verwaltungsrat beschlossene Verfahren[898] ähnelt z.B. bei der Konsultation dem der

---

[894] Kritisch dazu *E. Chiti*, European Agencies' Rulemaking: Powers, Procedures and Assessment, ELJ 19 (2013), S. 93, 102.

[895] *Europäische Arzneimittel-Agentur*, Procedure for European Union guidelines and related documents within the pharmaceutical legislative framework, 18.03.2009, EMEA/P/24143/2004 Rev. 1 corr.

[896] *Europäische Arzneimittel-Agentur*, Procedure for European Union guidelines and related documents within the pharmaceutical legislative framework, 18.03.2009, EMEA/P/24143/2004 Rev. 1 corr, S. 11; für eine Übersicht siehe http://www.ema.europa.eu/ema/index.jsp?curl=pages/partners_and_networks/general/general_content_000317.jsp&mid=WC0b01ac058003500c (15.09.2015).

[897] Verordnung (EG) Nr. 216/2008 des Parlaments und des Rates (EASA), ABl. 2010 L 79, S. 1.

[898] EASA Decision of the Management Board, amending and replacing Decision 08-2007 concerning the procedure to be applied by the Agency for

ESAs. Bei der Evaluation der durch die Konsultation gewonnenen Anmerkungen soll die EASA Experten einsetzen, die zuvor nicht am Entwurf der Regelungen beteiligt waren. Diese evaluieren die Kommentare zusammen mit den Mitarbeitern, die die Regelungen entworfen haben.[899] Durch diese verfahrensrechtliche Vorgabe will die EASA die Qualität der Maßnahmen erhöhen und eine faire Behandlung aller Kommentare sicherstellen. Es wäre wünschenswert, wenn die ESAs diese Verfahrensregel übernähmen und bei der Evaluation der Anmerkungen ebenfalls Experten einsetzten, die nicht den Entwurf ausgearbeitet haben. Anders als bei den ESAs erfolgt die Annahme der Spezifikationen bei der EASA allein durch den Exekutivdirektor, der Verwaltungsrat ist nicht involviert.[900]

Das Verfahren für Empfehlungen des ESRB ist wenig geregelt. Eine Konsultation ist in der ESRB-Verordnung nicht vorgesehen.[901] Bei zwei von drei Empfehlungen aus 2011 hat der ESRB Stellungnahmen Privater vor Erlass der Empfehlung eingeholt,[902] was zu begrüßen ist.

---

issuing of opinions, certification specifications and guidance material ('rulemaking procedure'), 01-2012, dazu *E. Chiti*, European Agencies' Rulemaking: Powers, Procedures and Assessment, ELJ 19 (2013), S. 93, 108; *D. Riedel*, Die Gemeinschaftszulassung für Luftfahrtgerät: Europäisches Verwalten durch Agenturen am Beispiel der EASA, 2006, S. 117 ff.; zur Legitimation durch Verfahren siehe *A. Orator*, Möglichkeiten und Grenzen der Einrichtung von Unionsagenturen (Manuskript der Dissertation), 2011, S. 385 f.

[899] Art. 7 Abs. 1 S. 2 der EASA Decision of the Management Board, amending and replacing Decision 08-2007 concerning the procedure to be applied by the Agency for issuing of opinions, certification specifications and guidance material ('rulemaking procedure'), 01-2012.

[900] *D. Riedel*, Die Gemeinschaftszulassung für Luftfahrtgerät: Europäisches Verwalten durch Agenturen am Beispiel der EASA, 2006, S. 121 ff.

[901] Verordnung (EU) Nr. 1092/2010 des Parlaments und des Rates über die Finanzaufsicht der Europäischen Union auf Makroebene und zur Errichtung eines Europäischen Ausschusses für Systemrisiken, ABl. 2010 L 331, S. 1.

[902] *ESRB*, Empfehlung des ESRB vom 21.09.2011 zu Fremdwährungskrediten, ESRB/2011/1, ABl. 2011 C 342, S. 1; *ESRB*, Empfehlung des ESRB vom 22.12.2011 zu der Finanzierung der Kreditinstitute in US-Dollar, ESRB/2011/2, ABl. 2012 C 72, S. 1.

Dies hat er jedoch später nicht mehr fortgeführt.[903] Der ERSB beschließt seine Empfehlungen mit einer Zweidrittelmehrheit.[904]

Das Verfahren für Empfehlungen und Leitlinien der Kommission ist unterschiedlich ausgestaltet. Es gelten die Grundsätze, die die Kommission in ihrer Mitteilung zur Konsultation betroffener Parteien veröffentlicht hat[905] und die auch die ESAs anwenden.[906] Demnach soll die Frist bei schriftlichen Konsultationen in der Regel acht Wochen betragen.[907] Bei Leitlinien im Beihilferecht müssen teilweise die Mitgliedstaaten zustimmen, was sich nach der Rechtsprechung aus Art. 108 Abs. 1 AEUV ergibt.[908] In anderen Fällen ist das Verfahren sekundärrechtlich geprägt: Ist das Komitologieverfahren anwendbar, beteiligen sich die Mitgliedstaaten über die Komitologieausschüsse, so z.B. für die Empfehlung über die Ergebnisse der Risikobewertung und über die Risikobegrenzungsstrategien für bestimmte Stoffe nach Art. 11 Abs. 2 der Verordnung 793/93/EWG.[909] Im Telekommunikationsrecht ist für die relevante Empfehlung zur Marktdefinition die Anhörung der Öffentlichkeit und der nationalen Behörden vorgesehen, nicht jedoch bei den Leitlinien zur Marktanalyse und zur Bewertung beträchtlicher Markt-

---

903 In Empfehlungen der Jahre 2012 und 2013 finden sich keine entsprechenden Hinweise.

904 Art. 10 Abs. 3 der ESRB-Verordnung.

905 Mitteilung der Kommission vom 11.12.2002, Hin zu einer verstärkten Kultur der Konsultation und des Dialogs – Allgemeine Grundsätze und Mindeststandards für die Konsultation betroffener Parteien durch die Kommission, KOM(2002) 704. Allgemein zu Mitteilungen der Kommission *H. Adam*, Die Mitteilungen der Kommission: Verwaltungsvorschriften des Europäischen Gemeinschaftsrechts?, 1999, S. 73 ff.

906 S.o. Kapitel 4, B. II. 3. b. cc.

907 Mitteilung der Kommission vom 11.12.2002, Hin zu einer verstärkten Kultur der Konsultation und des Dialogs – Allgemeine Grundsätze und Mindeststandards für die Konsultation betroffener Parteien durch die Kommission, KOM(2002) 704, S. 20.

908 *EuGH*, Rs. C-311/94, IJssel Vliet, Slg. 1996, I-5023, Rn. 36 f., 42 f.; *EuGH*, Rs. C-242/00, Deutschland/Kommission, Slg. 2002, I-5603, Rn. 27 ff.; *U. Soltész*, Europäisches „Soft Law" – Ein Wesen ohne Kuschelfaktor, EuZW 2013, S. 881.

909 Für weitere Beispiele siehe *H. Adam*, Die Mitteilungen der Kommission: Verwaltungsvorschriften des Europäischen Gemeinschaftsrechts?, 1999, S. 75.

macht.[910] Bei Leitlinien im Wettbewerbsrecht schließlich konsultiert die Kommission regelmäßig die Öffentlichkeit, ohne dass dies ausdrücklich festgelegt wäre.[911]

Der Vergleich mit Verfahrensvorschriften anderer Unionsorgane und Einrichtungen verdeutlicht, dass die Regelungen der ESAs vorbildlich sind, indem sie für den Regelfall sekundärrechtlich eine Konsultation vorsehen. Sie können für viele ältere Agenturen als Inspirationsquelle dienen.[912] Es wäre jedoch wünschenswert, wenn ESMA und EIOPA ihre ausführlicheren Verfahrensregeln veröffentlichten, wie dies die EBA bereits getan hat.[913] Außerdem wäre es gut, bei der Auswertung der Konsultation Mitarbeiter einzubeziehen, die zuvor nicht mit dem Entwurf betraut waren. Schließlich ist die Beteiligung der Verbraucher in den Konsultationen zu stärken. Die Forderung nach einer verfahrenstechnischen Verrechtlichung[914] lässt sich demnach nicht auf die ESAs beziehen, denn bei den ESAs ist die Verrechtlichung schon weit fortgeschritten. Jedoch sind noch weitere Fortschritte möglich, insbesondere um der Gefahr einer *agency capture* zu begegnen.

4. Sprachenregime

Die Leitlinien und Empfehlungen der Level-3-Ausschüsse sowie die ersten Empfehlungen der EBA in 2011 sind nur in Englisch verfügbar,

---

[910] Art. 15 Abs. 1 und 2 der konsolidierten Fassung der Richtlinie 2002/21/EG des Parlaments und des Rates (Telekommunikationsrahmenrichtlinie), ABl. 2002 L 108, S. 33; dazu auch *M. U. Brohm*, Die „Mitteilungen" der Kommission im Europäischen Verwaltungs- und Wirtschaftsraum, 2012, S. 128 f. m.w.N.

[911] *H. Adam*, Die Mitteilungen der Kommission: Verwaltungsvorschriften des Europäischen Gemeinschaftsrechts?, 1999, S. 76, 139 ff., die eine Konsultationspflicht aus dem Grundsatz zur loyalen Zusammenarbeit herleitet.

[912] *L. Senden/T. van den Brink*, Study for the European Parliament, Policy Department C: Citizen's Rights and Constitutional Affairs, Checks and Balances of Soft EU Rule-Making, PE 462/433, 2012, S. 72.

[913] Decision of the European Banking Authority adopting a Procedure for developing and adopting Draft Technical Standards and Guidelines and Recommendations, 25.09.2012, EBA DC 030; s.o. Kapitel 4, B. II. 3. b. cc.

[914] Insbesondere für Standards des Basler Ausschusses und der IOSCO *C. Möllers*, Transnationale Behördenkooperation, ZaöRV 65 (2005), S. 351, 385 ff.

was Verbraucher und Wissenschaftler kritisierten, weil die Rechtsakte so wesentlich weniger zugänglich seien.[915] Dies änderte sich 2011: Gemäß Art. 73 der Gründungsverordnungen ist das allgemeine Sprachenregime der Union anwendbar, welches die Verordnung Nr. 1 regelt, die sich auf die Vorgängerregelung von Art. 342 AEUV stützt.[916]

In welche Sprachen Rechtsakte der Union übersetzt werden, hängt von ihren Adressaten ab. „Schriftstücke von allgemeiner Geltung" sind in allen Amtssprachen abzufassen, Art. 4 der Verordnung Nr. 1. Schriftstücke, die sich an einen Mitgliedstaat oder an eine der Hoheitsgewalt eines Mitgliedstaates unterstehende Person richten, sind in der Sprache dieses Mitgliedstaates abzufassen, Art. 3 der Verordnung Nr. 1. „Schriftstücke von allgemeiner Geltung" meint dabei abstrakt-generelle Regelungen, die nicht notwendigerweise verbindlich sein müssen, sondern es können auch unverbindliche Rechtsakte erfasst sein, wenn sie sich an ein allgemeines Unionspublikum richten.[917] Darunter fallen im Regelfall Leitlinien und Empfehlungen der ESAs, die generelle Regelungen enthalten. Soweit sie sich im Ausnahmefall nur an einzelne nationale Behörden oder Finanzmarktteilnehmer richten, so wären sie in der Sprache des betreffenden Mitgliedsstaates abzufassen.

Die Verordnung Nr. 1 enthält keine Anordnung einer Rechtsfolge, wenn gegen sie verstoßen wird. Der EuGH hat für eine Sammelent-

---

[915] Dazu *T. M. J. Möllers*, Europäische Methoden- und Gesetzgebungslehre im Kapitalmarktrecht – Vollharmonisierung, Generalklauseln und soft law im Rahmen des Lamfalussy-Verfahrens als Mittel zur Etablierung von Standards, Zeitschrift für europäisches Privatrecht 2008, S. 480, 493 f., m.w.N. Allgemein zu Vor- und Nachteilen siehe *S. Harz*, Behördliche Koordinierungsausschüsse im europäischen Finanzmarktaufsichts- und Regulierungsrecht, 2013. Teilweise stellten die nationalen Aufsichtsbehörden auch inoffizielle Übersetzungen zur Verfügung, so z.B. die österreichische FMA unter http://www.fma.gv.at/de/unternehmen/banken/spezialthemen/cebseba-leitlinien.html (15.09.2015).

[916] Verordnung Nr. 1 zur Regelung der Sprachenfrage für die Europäische Wirtschaftsgemeinschaft, ABl. 1958 Nr. 17, S. 385/58, jeweils beitrittsbedingt geändert. Bei anderen Agenturen ist teilweise vorgesehen, dass nur Schriftstücke mit besonderer Außenwirkung in allen Sprachen veröffentlicht werden, so z.B. Art. 32 der Verordnung (EG) Nr. 216/2008 des Parlaments und des Rates (EASA), ABl. 2010 L 79, S. 1. Das Harmonisierungsamt für den Binnenmarkt (Markenamt) hat insgesamt ein auf fünf Sprachen reduziertes Sprachenregime; dies hat der EuGH für rechtmäßig erklärt, *EuGH*, Rs. C-361/01 P, Kik/Harmonisierungsamt für den Binnenmarkt, Slg. 2003, I-8283.

[917] *J. C. Wichard*, in: *C. Calliess/M. Ruffert* (Hrsg.), EUV/AEUV, Kommentar, 2011, Art. 342 AEUV, Rn. 13.

scheidung geurteilt, dass ein Rechtsakt in allen vorgeschriebenen Sprachen Gegenstand der Beschlussfassung und Feststellung durch die erlassende Einrichtung sein muss.[918] Bei einem Verstoß dagegen sind wesentliche Formvorschriften verletzt und der Rechtsakt wird für nichtig erklärt.[919] Eine Unterscheidung zwischen verbindlichen und unverbindlichen Handlungsformen trifft der EuGH bislang nicht. Deshalb ist davon auszugehen, dass dieser strenge Maßstab auch für Leitlinien und Empfehlungen gilt. Seit Ende 2011 übersetzen die ESAs die Leitlinien und Empfehlungen und veröffentlichen die übersetzten Fassungen auf ihrer jeweiligen Homepage. Der Rat der Aufseher der ESAs beschließt – soweit ersichtlich – bislang in der Praxis allerdings nur über die englische Fassung und die Übersetzung erfolgt erst anschließend.[920] Dies ist mit den Vorgaben des EuGH nur schwer zu vereinbaren. Die weitere Frage, ob nicht bereits die Konsultationen mehrsprachig erfolgen müssen, hat das Gericht als unzulässig zurückgewiesen, weil es sich bei den Konsultationsdokumenten um vorbereitende Maßnahmen handle, die keine anfechtbaren Akte seien.[921]

5. Verstoß gegen die Meroni-Doktrin?

Wenn die Institutionen Befugnisse untereinander oder an andere Einrichtungen delegieren, müssen sie bestimmte Grenzen einhalten. Diese Grenzen hat der EuGH erstmals in seinen *Meroni*-Urteilen im Jahr 1958 präzisiert. In der *Meroni*-Konstellation hatte die Kommission unter dem EGKS-Vertrag Befugnisse im Bereich des Schrottmarktes auf zwei privatrechtliche Einrichtungen übertragen. Der EuGH prüfte die Delegation anhand von vier Kriterien: Niemand kann mehr Rechte übertragen, als er selbst besitzt (1.). Eine Delegation muss ausdrücklich

---

918 *EuGH*, Rs. C-137/92 P, Kommission/BASF u.a., Slg. 1994, I-2555, Rn. 70 und 75.

919 *EuGH*, Rs. C-137/92 P, Kommission/BASF u.a., Slg. 1994, I-2555, Rn. 76 ff.

920 So stimmt der Rat der Aufseher über den *final report* ab, diesen veröffentlicht die ESA und erst einige Monate später die übersetzten Fassungen, so z.B. Beschluss über den *Final report on guidelines on key concepts of the AIFMD* im Mai, *ESMA*, Summary of Conclusions BoS meeting 22.05.2013, ESMA/2013/BS/86, S. 2, Veröffentlichung der übersetzten Fassungen im August 2013.

921 *EuG*, Rs. T-23/12, MAF/EIOPA, Slg. 2013, I-0000, Rn. 37.

erfolgen und kann nicht vermutet werden (2.). Es können nur klar umschriebene Ausführungsbefugnisse delegiert werden, d.h. „Befugnisse, die nach freiem Ermessen auszuüben sind und die einen weiten Ermessensspielraum voraussetzen“ dürfen nicht an vertragsfremde Einrichtungen übertragen werden (3.).[922] Schließlich dürfen die Institutionen das „Gleichgewicht der Gewalten“ nicht verletzen (4.).[923] Letzteres entwickelte der EuGH in verschiedenen Urteilen zum institutionellen Gleichgewicht fort, wonach verschiedene Organe die Funktionen der Union ausüben und bei der Ausübung ihrer Aufgaben zusammenwirken.[924] Mit diesem Prinzip begrenzte er – neben den Delegationsfällen – vor allem Verschiebungen der horizontalen Kompetenzverteilung innerhalb der EU.[925] Inhaltlich sind mit der *Meroni*-Doktrin und dem institutionellen Gleichgewicht das Demokratie- und Rechtsstaatsprinzip eng verknüpft.[926] Denn dahinter stehen die Fragen, inwieweit demokratisch legitimierte Organe ihre Befugnisse weiterdelegieren können und wie ausreichender Rechtsschutz gewährt werden kann.

In der Literatur ist umstritten, inwieweit die strikten *Meroni*-Kriterien weiter Geltung beanspruchen können.[927] Der EuGH jedoch geht auch in neuerer Zeit davon aus, dass die *Meroni*-Doktrin im Grundsatz weiterhin gilt, weshalb sie hier zu Grunde gelegt wird.[928] Für die Delegati-

---

922 *EuGH*, Rs. 9/56, Meroni I, Slg. 1958, 11, 43, 44, 47.

923 *EuGH*, Rs. 9/56, Meroni I, Slg. 1958, 11, 44; *EuGH*, Rs. 10/56, Meroni-II, Slg. 1958, 51, 82.

924 *C. Calliess*, in: *C. Calliess/M. Ruffert* (Hrsg.), EUV/AEUV, Kommentar, 2011, Art. 13 EUV, Rn. 9 m.w.N.

925 *C. Calliess*, in: *C. Calliess/M. Ruffert* (Hrsg.), EUV/AEUV, Kommentar, 2011, Art. 13 EUV, Rn. 16, insbesondere im Hinblick auf Verfahrensrechte des Europäischen Parlaments.

926 *A. Orator*, Möglichkeiten und Grenzen der Einrichtung von Unionsagenturen (Manuskript der Dissertation), 2011, S. 180; *A. von Bogdandy/ J. Bast/F. Arndt*, Handlungsformen im Unionsrecht, ZaöRV 62 (2002), S. 77, 148.

927 Ausführlich dazu *A. Orator*, Möglichkeiten und Grenzen der Einrichtung von Unionsagenturen (Manuskript der Dissertation), 2011, S. 188 ff.; scharfe Kritik äußert z.B. *G. Majone*, Foundations of Risk Regulation: Science, Decision-Making, Policy Learning and Institutional Reform, European Journal of Risk Regulation 1 (2010), S. 5, 16 ff.

928 So z.B. *EuGH*, Rs. C-270/12, UK/Parlament und Rat, Slg. 2014, I-0000, Rn. 41 ff.; ähnlich *A. Orator*, Möglichkeiten und Grenzen der Einrichtung von Unionsagenturen (Manuskript der Dissertation), 2011, S. 188 ff.

on auf die ESAs als vertragsfremde Einrichtungen ist vor allem das dritte Kriterium relevant: Handelt es sich um zulässige klar definierte Ausführungsbefugnisse oder um rechtswidrige Befugnisse mit einem weiten Ermessensspielraum?

Bei der Errichtung der ESAs waren sich die Institutionen der *Meroni*-Problematik bewusst.[929] So geht das komplizierte Verfahren zum Erlass der verbindlichen technischen Standards auf *Meroni*-Bedenken zurück: Die ESAs dürfen keine verbindlichen Regeln erlassen, die in ihrem Ermessen ständen.[930] Für die technischen Standards ist deshalb letztendlich die Kommission verantwortlich, auch wenn die ESAs die Entwürfe erarbeiten. Zusätzlich sehen die Erwägungsgründe der Gründungsverordnungen vor, dass die ESAs technische Standards in genau festgelegten Bereichen entwerfen, die an keine politischen Entscheidungen geknüpft sind,[931] d.h. sie sollen auch bei den Entwürfen keinen weiten Ermessensspielraum haben.

Problematisch könnten auch die Beschlüsse im Einzelfall sein.[932] Für die Leerverkaufsverbote, die Beschlüsse der ESMA sind, hat der EuGH jedoch einen Verstoß gegen die *Meroni*-Kriterien verneint. Anders als im Fall *Meroni* handele es sich bei der ESMA nicht um einen privatrechtlichen Verband, sondern um eine Einrichtung der Union.[933] Zudem seien die umstrittenen Befugnisse nach der Leerverkaufsverordnung an verschiedene Kriterien und Bedingungen geknüpft, so dass

---

[929] *M. Busuioc*, Rule-Making by the European Financial Supervisory Authorities: Walking a Tight Rope, ELJ 19 (2013), S. 111, 113 f.; kritisch *M. Chamon*, EU agencies between *Meroni* and *Romano* or the devil and the deep blue sea, CML Rev. 48 (2011), S. 1055, 1069 f.

[930] Zusätzlich zu *Meroni* enthält das Urteil *Romano* Anhaltspunkte, dass Einrichtungen und sonstige Stellen der Union keine „Rechtsakte mit normativem Charakter" erlassen dürfen, siehe *EuGH*, Rs. 98/80, Romano, Slg. 1981, 1241, Rn. 20. Allerdings erlaubt es der Vertrag seit der Fassung von Lissabon ausdrücklich, dass auch Einrichtungen und sonstige Stellen der Union „Rechtsakte mit allgemeiner Geltung" erlassen, wie sich aus Art. 263 Abs. 1 AEUV und Art. 277 AEUV ergibt. Somit können die *Romano*-Bedenken nicht mehr durchgreifen, siehe dazu auch *EuGH*, Rs. C-270/12, UK/Parlament und Rat, Slg. 2014, I-0000, Rn. 65 f.

[931] 22. Erwägungsgrund der EBA- und ESMA-Verordnung, 21. Erwägungsgrund der EIOPA-Verordnung.

[932] Kritisch *M. Merlin*, Le nouveau système européen de supervision financière, Revue du Droit de l'Union Européenne 2011, S. 17, 32 f.

[933] *EuGH*, Rs. C-270/12, UK/Parlament und Rat, Slg. 2014, I-0000, Rn. 43.

ESMA eine Tatsachenbeurteilung technischer Art vornehme und kein weites Ermessen innehabe.[934] Dieselbe Argumentation dürfte auch für die in dieser Arbeit relevanten Beschlüsse nach Art. 17 der Gründungsverordnungen[935] gelten, wonach die ESAs als Sanktion für nationale Behörden nur unter bestimmten eng gefassten Kriterien und Bedingungen einen Beschluss an Finanzmarktteilnehmer richten dürfen.

Beschlüsse im Einzelfall und technische Standards verbindet, dass es sich um verbindliche Befugnisse handelt. Dadurch unterscheiden sie sich von Leitlinien und Empfehlungen der ESAs. Die bislang in Folge der *Meroni*-Entscheidung ergangene Rechtsprechung zur Delegation von Befugnissen beschäftigt sich nur mit verbindlichen Befugnissen.[936] Was gilt für unverbindliche Befugnisse? Diese haben weniger weitreichende Folgen als verbindliche Maßnahmen. Deshalb sind die hinter der *Meroni*-Doktrin stehenden demokratischen und rechtsstaatlichen Bedenken geringer zu gewichten: Wenn die Unionsinstitutionen unverbindliche Befugnisse an Agenturen delegieren, so bleiben ihnen selbst verbindliche Befugnisse erhalten. Im Fall der Empfehlungen und Leitlinien der ESAs z.B. bleibt der Kommission die Befugnis, verbindliche technische Standards (nach Ermächtigung durch Rat und Parlament) zu erlassen. Auch kann der EuGH – spätestens seit der Klarstellung in Art. 263 Abs. 1 S. AEUV – gegen Handlungen von Agenturen Rechtsschutz gewähren, wenn diese Rechtswirkungen gegenüber Dritten entfalten.[937] Aus diesen Gründen sollte die strikte *Meroni*-Doktrin auf die Delegation von unverbindlichen Befugnissen nicht anwendbar sein. Nach der hier vertretenen Ansicht verstoßen die Leitlinien und Empfehlungen der ESAs mithin nicht gegen die *Meroni*-Doktrin.

6. Weitere Grenzen für Leitlinien und Empfehlungen

Weitere Grenzen für Leitlinien und Empfehlungen ergeben sich zum einen aus allgemeinem Unionsrecht, zum anderen aus den Gründungsverordnungen. Leitlinien und Empfehlungen dürfen nicht gegen Pri-

---

934 *EuGH*, Rs. C-270/12, UK/Parlament und Rat, Slg. 2014, I-0000, Rn. 45 ff.

935 Dazu s.o. Kapitel 3, B. I.

936 Ausführlich zu den einzelnen Entscheidungen *A. Orator*, Möglichkeiten und Grenzen der Einrichtung von Unionsagenturen (Manuskript der Dissertation), 2011, S. 188 ff.

937 Zum Rechtsschutz s.u. Kapitel 4, C. I.

mär- oder Sekundärrecht verstoßen, ansonsten sind sie rechtswidrig,[938] weil unverbindliche Rechtsakte nicht die Anforderungen der verbindlichen, höherrangigen Rechtakte ändern können.[939] Außerdem dürfen sie nicht von der Rechtsprechung des EuGH abweichen.[940] Auch sind allgemeine Rechtsgrundsätze zu beachten wie z.B. der Verhältnismäßigkeitsgrundsatz:[941] Insbesondere kleine und mittlere Unternehmen drängen darauf, dass Leitlinien und Empfehlungen an ihre Bedürfnisse angepasst werden und der Verhältnismäßigkeitsgrundsatz Anwendung findet.[942]

Neben diesen allgemeinen Anforderungen sind auch die Voraussetzungen der Gründungsverordnungen, als spezielles Sekundärrecht, zu beachten. Zum einen sollen die ESAs Leitlinien und Empfehlungen nur in Bereichen erlassen, die nicht durch bindende technische Standards abgedeckt sind.[943] Dies bedeutet, dass die ESAs in den Bereichen, in denen technische Standards vorliegen, ihre Vorstellungen dazu in den Entwürfen dieser Standards einbringen. In diesen Bereichen dürfen sie dann nicht noch zusätzlich Leitlinien und Empfehlungen abgeben.[944]

---

[938] *EuGH*, Rs. 310/85, Deufil, Slg. 1987, 901, Rn. 22; *EuGH*, Rs. C-382/99, Niederlande/Kommission, Slg. 2002, I-5163, Rn. 24; *EuGH*, Rs. C-189/02, Dansk Rørindustri, Slg. 2005, I-5425, Rn. 252; *C. Ohler*, Finanzmarktregulierung und -aufsicht, in: *M. Ruffert* (Hrsg.), Europäisches Sektorales Wirtschaftsrecht, Bd. 5, 2013, S. 611, Rn. 122.

[939] *EuGH*, Rs. C-266/90, Soba, Slg. I-298, Rn. 19; *L. Senden*, Soft Law in European Community Law, 2004, S. 236.

[940] *EuGH*, Rs. C-189/02, Dansk Rørindustri, Slg. 2005, I-5425, Rn. 261.

[941] Art. 5 Abs. 4 EUV. Dieser gilt nicht nur bei verbindlichen Rechtsakten, sondern bei jeglicher Maßnahme der Union, dazu *J. Bast*, in: *E. Grabitz/ M. Hilf/M. Nettesheim*, Das Recht der EU (Stand Sept. 2013), Art. 5 EUV, Rn. 69. Zu Empfehlungen des ESRB siehe *A.-K. Kaufhold*, Systemaufsicht, Die Verwaltung 2013, S. 21, 46.

[942] Für ein *Think Small First*-Prinzip deshalb *F. Demarigny/J. McMahon/ N. Robert*, Study for the European Parliament, Policy Department A: Economic and Scientific Policy, Review of the New European European System of Financial Supervision (ESFS), Part 1, PE 507.446, 2013, S. 15, 94.

[943] 26. Erwägungsgrund der EBA- und ESMA-Verordnung bzw. 25. Erwägungsgrund der EIOPA-Verordnung.

[944] *N. Sasserath-Alberti/H. Hartig*, EIOPA-Verordnung: Rechtliche Herausforderungen für die Praxis, Versicherungsrecht 2012, S. 524, 531; allgemein zur Rolle von *soft law* mit der Forderung es dürfe nicht eingesetzt werden, wenn eine Rechtsetzungsbefugnis bestehe: Entschließung des Europäischen Parla-

Zum anderen ist der Tätigkeitsbereich der ESAs einzuhalten, den Art. 1 Abs. 2 und 3 der Gründungsverordnungen festlegen: Nur innerhalb der einzeln aufgezählten Verordnungen und Richtlinien des Kapitalmarktrechts darf jede ESA tätig werden. Die Bundesregierung z.B. bezweifelt, ob für die *Guidelines on enforcement of financial information* der ESMA und die darin geplanten detaillierten Vorgaben für die nationalen Bilanzkontrollsysteme die Transparenz- und Prospektrichtlinie ausreichende Anknüpfungspunkte bieten.[945] Zweifel ergaben sich beispielsweise auch bei den EIOPA-Leitlinien zum Beschwerdemanagement durch Versicherungsunternehmen: Es ist unklar, ob diese noch von Art. 1 der EIOPA-Verordnung gedeckt sind.[946] Die Leitlinien berufen sich auf den 16. Erwägungsgrund und Artikel 41, 46, 183 und 185 der Solvency II-Richtlinie. Diese erwähnen zwar eine Beschwerdestelle, treffen jedoch keine Aussage dazu, ob es sich um eine interne oder externe Beschwerdestelle handeln soll. EIOPA gibt mit den Leitlinien vor, dass es sich um eine interne Beschwerdestelle handeln muss, wofür es

---

ments zu rechtlichen und institutionellen Auswirkungen der Verwendung von nicht zwingenden Rechtsinstrumenten („soft law"), 2007/2028(INI), K.

[945] Stellungnahme der Bundesrepublik Deutschland vom 17.10.2013, Consultation Paper – ESMA Guidelines on enforcement of financial information, http://www.esma.europa.eu/system/files/anschreiben_weis_holle.pdf, S. 1, 3 (15.09.2015); siehe auch die Diskussion im Rat der Aufseher, *ESMA*, Summary of Conclusions BoS meeting 29.01.2013, ESMA/2013/BS/30, S. 7 f.

[946] *CEA*, Kommentare zum Consultation Paper on the Guidelines on Complaints-Handling by Insurance Undertakings, CP 10/2011, http://archive.eiopa.europa.eu/consultations/consultation-papers/2011-closed-consultations/november-2011/guidelines-on-complaints-handling-by-insurance-undertakings/index.html, S. 2 (15.09.2015); *Gesamtverband der Deutschen Versicherungswirtschaft*, Kommentare zum Consultation Paper on the Guidelines on Complaints-Handling by Insurance Undertakings, CP 10/2011, http://archive.eiopa.europa.eu/consultations/consultation-papers/2011-closed-consultations/november-2011/guidelines-on-complaints-handling-by-insurance-undertakings/index.html, S. 2 (15.09.2015); ähnlich für die Leitlinien zum Beschwerdemanagement von Versicherungsvermittlern die Antwort der *Wirtschaftskammer Österreich*, Kommentare zum Consultation Paper on the Proposal for Guidelines on Complaints-Handling by Insurance Intermediaries, http://archive.eiopa.europa.eu/consultations/consultation-papers/2013-closed-consultations/april-2013/consultation-paper-on-the-proposal-for-guidelin/index.html, Nr. 1 (15.09.2015).

keine Anknüpfung im Unionsrecht gibt,[947] so dass die Zweifel berechtigt sind.

Was ist die Rechtsfolge, wenn Leitlinien oder Empfehlungen der ESAs gegen Primär- oder Sekundärrecht, namentlich die Gründungsverordnungen, verstoßen? Nach der Rechtsprechung des EuGH sind sie nicht automatisch nichtig, sondern rechtswidrig und der EuGH kann sie für nichtig erklären.[948]

III. Formenwahlermessen

Zusätzlich zu den Gültigkeitsanforderungen, die sich aus der spezifischen Handlungsform ergeben, sind die Maßstäbe der Formenwahl zu untersuchen, d.h. die Anforderungen, die an die Wahl der Handlungsform gestellt werden.[949] Grundsätzlich gilt im Unionsrecht Formenwahlermessen: Die Rechtsgrundlagen in den Verträgen sprechen oft von „Maßnahmen", die die Organe ergreifen können, und soweit keine Form vorgeschrieben ist, sind die Unionseinrichtungen in der Wahl frei, solange sie die Verfahrensvorschriften und den Verhältnismäßigkeitsgrundsatz beachten.[950]

Im Grundsatz haben die ESAs somit Ermessen, welche Handlungsform sie wählen, soweit keine Form vorgeschrieben ist. Zwischen welchen Handlungsformen können sie nun wählen? In Betracht kommen bindende technische Standards, Leitlinien und Empfehlungen sowie Stellungnahmen. Für bindende technische Standards ist eine ausdrückliche

---

[947] Ausführlich *N. Sasserath-Alberti/H. Hartig*, EIOPA-Verordnung: Rechtliche Herausforderungen für die Praxis, Versicherungsrecht 2012, S. 524, 531 f.

[948] Dazu s.o. Kapitel 4, B.

[949] *P. Reimer*, Zur Theorie der Handlungsformen des Staates, 2008, S. 146 ff.

[950] Art. 296 Abs. 1 AEUV, ausführlich *J. Bast*, Grundbegriffe der Handlungsformen der EU, 2006, S. 33 ff.; *P. Szczekalla*, Handlungsformen im europäischen Verwaltungsrecht, in: *J. P. Terhechte* (Hrsg.), Verwaltungsrecht der Europäischen Union, 2011, § 5, Rn. 6 f.; a.A. zur Rechtslage vor Inkrafttreten des Lissabonvertrages *H. P. Ipsen*, Europäisches Gemeinschaftsrecht, 1972, Kap. 20, Rn. 23 ff. Zum deutschen Recht siehe *E. Schmidt-Aßmann*, Das allgemeine Verwaltungsrecht als Ordnungsidee, 2004, Kap. 6, Rn. 37; *E. Schmidt-Aßmann*, Die Lehre von den Rechtsformen des Verwaltungshandelns, DVBl. 1989, S. 533, 535.

Rechtsgrundlage in einem Level-1-Rechtsakt erforderlich. Diese scheiden somit für eine eigenständige Wahl der ESAs aus. In vielen Fällen ist bestimmt, dass die ESAs technische Standards erlassen „können" (aber nicht „müssen").[951] In diesen Fällen wäre dann auch die Wahl von Leitlinien oder Empfehlungen zulässig. Wenn im speziellen Sekundärrecht vorgesehen ist, dass die ESAs Leitlinien oder Empfehlungen erlassen, so sind sie dazu verpflichtet und haben keine weitere Wahl. In allen anderen Fällen können die ESAs Leitlinien und Empfehlungen erlassen oder z.B. Stellungnahmen abgeben.[952] Letztere können sie nach Art. 29 Abs. 1 lit. a der Gründungsverordnungen jedoch nur an nationale Behörden und nicht an Finanzmarktteilnehmer richten.

Bei ihrer Wahl haben die ESAs das Prinzip des formenbezogenen Interventionsminimums – als Ausprägung des Verhältnismäßigkeitsgrundsatzes[953] – zu beachten: Wenn das Ziel ebenso gut mit einem weniger einschneidenden Mittel erreicht werden kann, so ist dieses zu wählen. So sind Stellungnahmen, die keinen *comply or explain*-Mechanismus nach sich ziehen, weniger einschneidend als Leitlinien und Empfehlungen;[954] diese wiederum sind weniger einschneidend als technische Stan-

---

[951] Viele der Ermächtigungen finden sich in der Omnibus I-Richtlinie (Richtlinie 2010/78/EU des Parlaments und des Rates (Omnibus I), ABl. 2010 L 331, S. 120). Ermessen besteht z.B. für die ESMA in Art. 7 Abs. 4 der Richtlinie 2004/39/EG des Parlaments und des Rates über Märkte für Finanzinstrumente (MiFID), ABl. 2004 L 145, S. 1 oder in Art. 16 Abs. 5 der Richtlinie 2003/6/EG des Parlaments und des Rates über Insider-Geschäfte und Marktmanipulation (Marktmissbrauch), ABl. 2003 L 96, S. 16. Demgegenüber „entwickelt" ESMA technische Standards, für die eine Abgabefrist bei der Kommission vorgesehen ist nach Art. 10a Abs. 8 der Richtlinie 2004/39/EG des Parlaments und des Rates über Märkte für Finanzinstrumente (MiFID), ABl. 2004 L 145, S. 1, und es besteht somit kein Ermessen.

[952] So z.B. *ESMA*, Opinion on Article 50(2) (a) of Directive 2009/65/EC, ESMA/2012/721.

[953] *M. Nettesheim*, in: *E. Grabitz/M. Hilf/M. Nettesheim*, Das Recht der EU (Stand Sept. 2013), Art. 288 AEUV, Rn. 81.

[954] Im Rahmen von Ausnahmen für Vorhandelstransparenzpflichten (*MiFID waiver from pre-trade transparency*) hat ESMA diskutiert, ob sie diese als Stellungnahme oder als Leitlinien erlässt. Der Rat der Aufseher hat sich dann für letzteres entschieden, siehe *ESMA*, Summary of Conclusions BoS meeting 25.05.2011, ESMA/2011/BS/142, S. 8.

dards.[955] Allerdings ist zu beachten, dass auch zu prüfen ist, ob diese weniger einschneidenden Maßnahmen gleich effektiv sind.

Zusammengefasst lässt sich festhalten: Weil technische Standards eine ausdrückliche Ermächtigungsgrundlage benötigen, besteht die Wahl der ESAs im Regelfall zwischen Leitlinien und Empfehlungen oder Stellungnahmen.

IV. Keine formspezifische Fehlerfolgenlehre

Bemerkenswert ist im Unionrecht, dass die Anforderungen an die Gültigkeit (teilweise) formenspezifisch ausgestaltet sind, die Fehlerfolgen jedoch im Grundsatz formenneutral.[956] Die Rechtsprechung geht von einem einheitlichen System der Rechtsfolgen aus, wenn Rechtsakte fehlerhaft sind, sowohl für abstrakt-generelle Handlungen als auch für Einzelakte.[957] Die Grenze zwischen Inexistenz und bloßer Rechtswidrigkeit ist für alle Handlungsformen gleich. Grundsätzlich besteht eine Vermutung der Rechtmäßigkeit, so dass fehlerhafte Rechtsakte angewendet werden müssen, bis sie der EuGH für nichtig erklärt oder sie aufgehoben werden, was auch für unverbindliche Rechtsakte gilt.[958]

V. Zusammenfassung

Das Gültigkeitsregime von Leitlinien und Empfehlungen der ESAs bestimmt sich über folgende Gesichtspunkte: Erstens sind Leitlinien und Empfehlungen hinsichtlich des Inkrafttretens ab Veröffentlichung oder individueller Bekanntgabe wirksam, wenn kein anderer Zeitpunkt oder

---

[955] Letzteres kommt auch in den Erwägungsgründen der Omnibus I-Richtlinie zum Ausdruck: Zu den geltenden Vorschriften der Zuverlässigkeit von Führungspersonal seien Leitlinien ausreichend und bindende technische Standards nicht notwendig, siehe 34. Erwägungsgrund der Richtlinie 2010/78/EU des Parlaments und des Rates (Omnibus I), ABl. 2010 L 331, S. 120.

[956] *J. Bast*, Grundbegriffe der Handlungsformen der EU, 2006, S. 383.

[957] *X. Arzoz*, Rechtsfolgen der Rechtswidrigkeit von Verordnungen der Europäischen Gemeinschaften, JöR n.F. 49 (2001), S. 299, 308; *C. Busse*, Das Schicksal rechtswidriger Verordnungen im EG-Recht, JöR n.F. 50 (2002), S. 541, 551, 554 f.

[958] S.o. Kapitel 4, B.

keine anderweitige Frist bestimmt ist. Zweitens sind für die Rechtmäßigkeit folgende Punkte zu beachten: Sie sind nach Art. 296 AEUV zu begründen, wobei mindestens Art. 16 der Gründungsverordnungen als Rechtsgrundlage anzugeben ist. Die Verfahrensregeln sind einzuhalten und sie sind in alle Amtssprachen der Union zu übersetzen. Drittens gilt für die Formenwahl der ESAs nach dem Verhältnismäßigkeitsprinzip der Grundsatz des formenbezogenen Interventionsminimums. Es gibt hingegen keine formspezifische Fehlerfolgenlehre.

C. Kontrollregime

Dieses Unterkapitel des Rechtsregimes widmet sich dem Kontrollregime von Leitlinien und Empfehlungen der ESAs. Zunächst sind die Kontrollen durch Beschwerdemöglichkeiten und gerichtliche Verfahren, also Rechtsschutzmöglichkeiten, zu erörtern (I.). Bei rechtswidrigen Leitlinien und Empfehlungen stellt sich anschließend die Frage der Haftung (II.).

I. Rechtsschutz

Rechtsschutzregelungen bilden einen weiteren wichtigen Teil des Rechtsregimes von Leitlinien und Empfehlungen der ESAs, weil Betroffene so die Rechtmäßigkeit von Leitlinien und Empfehlungen gerichtlich kontrollieren lassen können. Das Gebot effektiven Rechtsschutzes, als Ausprägung des Rechtsstaatsprinzips,[959] hat der EuGH zunächst in seiner Rechtsprechung als allgemeinen Grundsatz des Unionsrechts aus den Verfassungstraditionen der Mitgliedstaaten und Art. 6 Abs. 1 und Art. 13 der EMRK hergeleitet und anerkannt.[960] Er erstreckte es ausdrücklich auch auf die Handlungen der Institutionen der Union, da diese eine „Rechtsgemeinschaft der Art (...), dass weder die Mitgliedstaaten noch die Gemeinschaftsorgane der Kontrolle darüber entzogen sind, ob ihre Handlungen im Einklang mit der Verfas-

---

[959] *K. Lenaerts*, The Rule of Law and the Coherence of the Judicial System of the European Union, CML Rev. 44 (2007), S. 1625, 1626.

[960] *EuGH*, Rs. 222/84, Johnston, Slg. 1986, 1651, Rn. 18; aus der nachfolgenden Rechtsprechung siehe nur *EuGH*, Rs. C-432/05, Unibet, Slg. 2007, I-2271, Rn. 37.

sungsurkunde der Gemeinschaft (...) stehen", sei.[961] Seit dem Lissabonvertrag ist das Recht auf effektiven Rechtsschutz nun auch ausdrücklich in Art. 47 GR-Charta verankert. Es erstreckt sich sowohl auf Handlungen der Organe als auch auf Handlungen der Agenturen, wie sich aus Art. 51 Abs. 1 S. 1 GR-Charta ergibt.[962]

Im Folgenden steht die Frage im Mittelpunkt, wie Betroffene – sowohl Finanzmarktteilnehmer als auch nationale Behörden – gegen Leitlinien und Empfehlungen der ESAs vorgehen können. Nach einer kurzen Darstellung des Systems des Rechtsschutzes gegen Maßnahmen der ESAs (1.) untersucht diese Arbeit die einzelnen Rechtsschutzmöglichkeiten (2.). Der Abschnitt schließt mit einer Stellungnahme und Reformvorschlägen (3.).

1. System des Rechtsschutzes gegen Maßnahmen der ESAs

Rechtsschutz gegen Handlungen von Agenturen ist unterschiedlich ausgestaltet. Während bei einigen Agenturen, die Entscheidungsbefugnisse gegenüber Dritten haben, ein Beschwerdeausschuss innerhalb der Agentur einer Klage vorgeschaltet ist,[963] sehen andere Agenturverordnungen – auch neueren Datums – entweder keine speziellen Rechtsbehelfe vor oder eine Beschwerde an die Kommission.[964]

Für den Level-3-Ausschuss CESR wurde bereits vor einigen Jahren eine informelle Schiedsstelle vorgeschlagen für den Fall, dass nationale Behörden nicht hinreichend kooperieren, jedoch war die Effektivität und Rechtmäßigkeit einer solchen Schiedsstelle im Rahmen von CESR fraglich.[965] Weil die ESAs nun u.a. rechtlich verbindliche Beschlüsse

---

[961] *EuGH*, Rs. 294/83, Les Verts, Slg. 1986, 1339, Rn. 23.

[962] Dazu auch *H. D. Jarass*, Charta der Grundrechte der Europäischen Union, 2013, Art. 51 GR-Charta, Rn. 5.

[963] Wie z.B. das Markenamt oder die EASA, *J. Saurer*, Individualrechtsschutz gegen das Handeln der Europäischen Agenturen, EuR 2010, S. 51, 57 f.

[964] Für eine Übersicht *P. Craig*, EU Administrative Law, 2012, S. 157 f.; *J. Gundel*, Der Rechtsschutz gegen Handlungen der EG-Agenturen – endlich geklärt?, EuR 2009, S. 383, 387; *T. Siegel*, Die Widerspruchskammer im System des europäischen Verwaltungsrechtsschutzes – Wesen und Funktionsweise der Widerspruchskammer nach der neuen REACH-Verordnung für Chemikalien, EuZW 2008, S. 141.

[965] Ablehnend *A. Schädle*, Exekutive Normsetzung in der Finanzmarktaufsicht, 2007, S. 132.

treffen, stellt sich die Frage des Rechtsschutzes unter rechtsstaatlichen Gesichtspunkten neu.

Rechtsschutz gegen Maßnahmen der ESAs folgt dem Beschwerdeausschussmodell und ist zweistufig ausgestaltet: Zunächst erfolgt eine Beschwerde zum Beschwerdeausschuss (Art. 60 der Gründungsverordnungen).[966] Gegen einen Beschluss des Beschwerdeausschusses können die Betroffenen dann vor dem Gerichtshof der Europäischen Union klagen.

Nationale Aufsichtsbehörden und Finanzmarktteilnehmer können beim Beschwerdeausschuss innerhalb von zwei Monaten ab Bekanntgabe des Beschlusses schriftlich eine Beschwerde einreichen, wenn sie direkt und unmittelbar betroffen sind.[967] Der Beschwerdeausschuss ist ein ständiger, gemeinsamer Ausschuss der drei ESAs, der aus sechs Mitgliedern besteht und durch Beschluss entscheidet:[968] Entweder er bestätigt den Beschluss der ESA oder er verweist die Angelegenheit an die ESA zurück. Die ESA ist dann bei der erneuten Entscheidung an die Vorgaben des Beschwerdeausschusses gebunden. Im Jahr 2013 hat der Beschwerdeausschuss seine ersten Verfahren durchgeführt, die einen Beschluss der EBA[969] und eine Nichtzulassung als Ratingagentur durch die ESMA[970] betrafen. Beide Beschlüsse bestätigte der Beschwerdeausschuss.

---

[966] Kritisch zum Beschwerdeausschuss, da dieser die Befugnisse des Rates der Aufseher unterlaufen könnte *E. O. Wymeersch*, The Institutional Reforms of the European Financial Supervisory System, European Company and Financial Law Review 7 (2010), S. 240, 264 f. *Wymeersch* verkennt allerdings die Bedeutung, ausreichende Rechtsschutzmöglichkeiten zu gewähren. Außerdem kann der Beschwerdeausschuss einen Beschluss des Rates der Aufseher nur zurückverweisen, diesen jedoch nicht selbst ändern, vgl. Art. 60 Abs. 5 der Gründungsverordnungen.

[967] Art. 60 Abs. 1 und 2 der Gründungsverordnungen.

[968] Jede ESA kann zwei Mitglieder ernennen, vgl. Art. 58 Abs. 3 der Gründungsverordnungen.

[969] *Gemeinsamer Beschwerdeausschuss der ESAs*, SV Capital OÜ/EBA, Entscheidung vom 24.06.2013, BoA 2013-008.

[970] *Gemeinsamer Beschwerdeausschuss der ESAs*, Global Private Rating Company "Standard Rating"/ESMA, Entscheidung vom 10.01.2014, BoA 2013-14.

Gegen Beschlüsse des Beschwerdeausschusses können Betroffene vor dem EuGH die Nichtigkeitsklage einreichen,[971] wobei in der Regel das Gericht (vormals Gericht erster Instanz) für Klagen Privater zuständig ist.[972] Wenn keine Beschwerde möglich ist, kann auch direkt Klage beim EuGH erhoben werden.[973] Außerdem gibt es die Möglichkeit einer Untätigkeitsklage, wenn die ESA überhaupt nicht tätig wird, jedoch wird dies in der Praxis selten der Fall sein.[974]

2. *Rechtsschutz gegen Leitlinien und Empfehlungen de lege lata*

Wie ein Adressat die Rechtmäßigkeit von Leitlinien und Empfehlungen der ESAs überprüfen lassen kann, ist bislang noch offen. Rechtsschutz gegen Leitlinien und Empfehlungen der ESAs kann dabei in verschiedenen Situationen relevant werden. Zum einen stellt sich die Frage, wenn sich eine nationale Aufsichtsbehörde gegen Empfehlungen und Leitlinien der ESAs wenden will. Zum anderen ist fraglich, wie Finanzmarktteilnehmer gegen Leitlinien und Empfehlungen vorgehen können, die entweder direkt Adressaten sind oder durch Umsetzungsmaßnahmen der nationalen Behörden betroffen. Als Rechtsschutzmittel kommen die Beschwerde zum Beschwerdeausschuss, eine inzidente

---

[971] Art. 61 der Gründungsverordnungen, der auf Art. 263 AEUV verweist.

[972] Art. 256 Abs. 1 AEUV i.V.m. Art. 51 der Satzung des EuGH.

[973] Teilweise vertritt die Literatur, dass – auch wenn eine Beschwerde möglich ist – eine direkte Klage nach Art. 263 Abs. 4 möglich sei, siehe *N. Sonder*, Rechtsschutz gegen Maßnahmen der neuen europäischen Finanzaufsichtsagenturen, Zeitschrift für Bank- und Kapitalmarktrecht 2012, S. 8, 10 ff. Die Gründungsverordnungen schweigen dazu. Dagegen spricht allerdings, dass die Gründungsverordnungen die Anfechtbarkeit eines Beschlusses des Beschwerdeausschusses vor dem EuGH ausdrücklich regeln. Eine direkte Klagemöglichkeit ist nur vorgesehen, wenn kein Recht auf Beschwerde besteht. Daraus kann man im Umkehrschluss schließen, dass ansonsten zunächst die Beschwerdemöglichkeit ausgeschöpft werden muss. Außerdem ist in Art. 263 Abs. 5 AEUV vorgesehen, dass der Gesetzgeber besondere Bedingungen für die Nichtigkeitsklage regeln kann. Darunter fällt auch ein vorheriges Beschwerdeverfahren, siehe *O. Dörr*, in: *E. Grabitz/M. Hilf/M. Nettesheim*, Das Recht der EU (Stand Sept. 2013), Art. 263 AEUV, Rn. 112; im Ergebnis gleich auch *T. Tridimas*, Financial Supervision and Agency Power: Reflections on ESMA, in: *N. Nic Shuibhne/L. W. Gormley* (Hrsg.), From Single Market to Economic Union, 2012, S. 55, 81 f.

[974] Art. 61 Abs. 3 der Gründungsverordnungen i.V.m. Art. 265 AEUV.

Kontrolle über ein Vorabentscheidungsverfahren und eine Nichtigkeitsklage zu den europäischen Gerichten in Betracht.

a. Beschwerde zum Beschwerdeausschuss

Eine Beschwerde zum Beschwerdeausschuss setzt nach Art. 60 Abs. 1 der Gründungsverordnungen einen *Beschluss* einer ESA voraus. Dem Wortlaut nach sind damit Leitlinien und Empfehlungen als Beschwerdegegenstand ausgeschlossen. Trotzdem will ein Teil der Literatur eine Beschwerde (und anschließende Klage) von nationalen Aufsichtsbehörden gegen die ESAs bei systeminternen Streitigkeiten zulassen. Dies wird mit dem „normativen Charakter" der Leitlinien und der „Waffengleichheit" zwischen ESA und nationalen Behörden begründet.[975] Dagegen sprechen jedoch neben dem klaren Wortlaut auch die Erwägungsgründe der Gründungsverordnungen: Nur „in Fällen, in denen die Behörde Beschlussfassungsbefugnisse hat", d.h. z.B. Beschlüsse im Einzelfall nach den Art. 17-19 der Gründungsverordnungen erlassen kann, soll eine Beschwerde möglich sein.[976] Dies entspricht auch der Deutung, die der Beschwerdeausschuss in seinem ersten Beschluss über eine Beschwerde gegen einen Beschluss der EBA darlegt,[977] und der Auslegung der Kommission.[978] Deshalb ist eine Beschwerde gegen Leitlinien und Empfehlungen *de lege lata* nicht möglich.

b. Inzidentkontrolle über ein Vorabentscheidungsverfahren

Wenn Finanzmarktteilnehmer durch Umsetzungsmaßnahmen der nationalen Behörden betroffen sind, steht ihnen der nationale Rechtsweg (in Deutschland zu den Verwaltungsgerichten) offen. Bei Zweifeln an der Rechtmäßigkeit der Leitlinien und Empfehlungen kann das nationale Gericht diese dann im Wege eines Vorabentscheidungsverfahrens

---

[975] *M. Lehmann/C. Manger-Nestler*, Die Vorschläge zur neuen Architektur der europäischen Finanzaufsicht, EuZW 2010, S. 87, 91.

[976] 58. Erwägungsgrund der Gründungsverordnungen.

[977] *Gemeinsamer Beschwerdeausschuss der ESAs*, SV Capital OÜ/EBA, Entscheidung vom 24.06.2013, BoA 2013-008, Rn. 24.

[978] Bericht der Kommission an das Europäische Parlament und den Rat über die Tätigkeit der Europäischen Aufsichtsbehörden (ESA) und das Europäische System der Finanzaufsicht (ESFS), KOM(2014) 509, S. 6.

durch den EuGH klären.[979] Empfehlungen der Kommission sind in ständiger Rechtsprechung durch Vorabentscheidungsverfahren überprüfbar[980] und dies dürfte auch für Empfehlungen und Leitlinien von Agenturen gelten. Die Inzidentkontrolle über ein Vorabentscheidungsverfahren steht allerdings nur Finanzmarktteilnehmern offen, die von Umsetzungsmaßnahmen der nationalen Behörden betroffen sind, nicht Finanzmarktteilnehmern, die direkt betroffen sind,[981] und nicht den nationalen Aufsichtsbehörden.

c. Nichtigkeitsklage

Ob eine Nichtigkeitsklage nach Art. 263 AEUV gegen Leitlinien und Empfehlungen der ESAs zulässig ist, ist umstritten und noch ungeklärt.[982] Die Gründungsverordnungen regeln in Art. 61 nur Klagen gegen Beschlüsse der ESAs, Leitlinien und Empfehlungen erwähnen sie nicht. Diese Regelungen könnten die Rechtsakte, gegen die eine Klage möglich ist, eingrenzen.[983] Denn Art. 263 Abs. 5 AEUV sieht vor, dass Sekundärrechtsakte besondere Bedingungen für eine Klage gegen

---

[979] Zum Wettbewerbs- und Beihilferecht *W. Frenz*, Mitteilungen, Bekanntmachungen und Leitlinien nach dem Vertrag von Lissabon, Wettbewerb in Recht und Praxis 2010, S. 224, 231; allgemein zu *soft law M. Knauff*, Europäisches Soft Law als Gegenstand des Vorabentscheidungsverfahrens, EuR 2011, S. 735.

[980] *EuGH*, Rs. C-322/88, Grimaldi, Slg. 1989, 4407, bestätigt in *EuGH*, Rs. C-137/08, VB Pénzügyi Lízing, Slg. 2010, I-10847, Rn. 38, zum Grimaldiurteil *A. Arnull*, The legal status of recommendations, ELRev. 15 (1990), S. 318; *M. Zahlbruckner*, Die Empfehlung im EWG-Vertrag – Rechtswirkung und Kontrolle durch den EuGH, Juristische Blätter 1993, S. 345, 350 ff.

[981] So z.B. Ratingagenturen, die direkt durch ESMA beaufsichtigt werden.

[982] Als Rechtsschutzlücke bezeichnet bei *N. Sonder*, Rechtsschutz gegen Maßnahmen der neuen europäischen Finanzaufsichtsagenturen, Zeitschrift für Bank- und Kapitalmarktrecht 2012, S. 8, 11; *C. Manger-Nestler*, Rechtsschutz in der europäischen Bankenaufsicht, Zeitschrift für das gesamte Kreditwesen 2012, S. 38, 42. Allgemein zu unverbindlichen Rechtsakten von Agenturen *J. Gundel*, Der Rechtsschutz gegen Handlungen der EG-Agenturen – endlich geklärt?, EuR 2009, S. 383, 391; *J. Saurer*, Individualrechtsschutz gegen das Handeln der Europäischen Agenturen, EuR 2010, S. 51, 60.

[983] Unklar *L. Senden/T. van den Brink*, Study for the European Parliament, Policy Department C: Citizen's Rights and Constitutional Affairs, Checks and Balances of Soft EU Rule-Making, PE 462/433, 2012, S. 48.

Rechtsakte von Einrichtungen und sonstigen Stellen der Union, wie z.B. Agenturen,[984] vorsehen können. Allerdings ist aus einem Schweigen der Gründungsverordnungen nicht der Schluss zu ziehen, dass eine Klage gegen Empfehlungen und Leitlinien immer ausgeschlossen sein soll. Eine Klage gegen Beschlüsse ist ausdrücklich vorgesehen; ein Schweigen zu Leitlinien und Empfehlungen bedeutet dann nur, dass Klagen gegen diese nicht explizit geregelt sind. Unabhängig von den Gründungsverordnungen ist deshalb die Zulässigkeit einer Nichtigkeitsklage nach den allgemeinen Regeln zu beurteilen.

aa. Anfechtbare Handlung

Nichtigkeitsklagen gegen Empfehlungen und Stellungnahmen von Rat, Kommission und EZB sind grundsätzlich unzulässig, da der Wortlaut des Art. 263 Abs. 1 S. 1 AEUV diese explizit ausnimmt, und somit sind Empfehlungen der genannten Institutionen kein tauglicher Anfechtungsgegenstand.[985] Dies besagt noch nichts über Empfehlungen und Leitlinien der Agenturen, jedoch ist die Rechtsprechung auch bei anderen unverbindlichen Maßnahmen eher zurückhaltend. Nach Art. 263 Abs. 1 S. 2 AEUV überwacht der EuGH die Rechtmäßigkeit von „Handlungen der Einrichtungen oder sonstigen Stellen der Union mit Rechtswirkung gegenüber Dritten“. Diese seit dem Lissabonvertrag eingefügte Vorschrift übernimmt die vorherige Rechtsprechung des EuGH zur Zulässigkeit von Nichtigkeitsklagen: Der EuGH hat Klagen zugelassen, wenn die Handlungen *tatsächlich* Rechtswirkungen erzeugten[986] oder *final* dazu bestimmt waren, Rechtswirkungen zu erzeugen.[987] Die Unionsgerichte nutzen das Kriterium der „Rechtswirkun-

---

[984] Agenturen wie die ESAs sind „sonstige Stellen der Union“, was sich eindeutiger aus dem englischen Text ergibt: „It [the ECJ] shall also review the legality of acts of bodies, offices or agencies of the Union intended to produce legal effects vis-à-vis third parties.“

[985] *EuGH*, Rs. C-322/88, Grimaldi, Slg. 1989, 4407, Rn. 8, siehe dazu auch die Ausnahme unten Kapitel 4, C. I. 2.c. bb.

[986] *EuGH*, Rs. 60/81, IBM/Kommission, Slg. 1981, 2639, Rn. 9; *EuGH*, Rs. C-516/06 P, Kommission/Ferriere Nord, Slg. 2007, I-10685, Rn. 27; *O. Dörr*, in: *E. Grabitz/M. Hilf/ M. Nettesheim*, Das Recht der EU (Stand Sept. 2013), Art. 263 AEUV, Rn. 41.

[987] *EuGH*, Rs. 22/70, Kommission/Rat (AETR), Slg. 1971, 263, Rn. 42; *EuGH*, Rs. C-463/10 P, Deutsche Post und Deutschland/Kommission,

gen" vor allem um vorbereitende Verfahrenshandlungen von endgültigen anfechtbaren Entscheidungen abzugrenzen, so sind z.B. Konsultationen für Empfehlungen und Leitlinien der ESAs vorbereitender Natur und unanfechtbar[988] oder Gutachten, die eine Agentur für die Kommission erstellt, sind vorbereitend und anfechtbar ist nur die endgültige Entscheidung der Kommission.[989]

In einigen Entscheidungen spiegelt sich ein enges Verständnis von Rechtswirkungen. „Alle Maßnahmen, die verbindliche Rechtswirkungen erzeugen, welche die Interessen des Klägers durch einen Eingriff in seine Rechtsstellung beeinträchtigen", sind mit der Nichtigkeitsklage anfechtbar.[990] Andere Urteile prägt ein weiteres Verständnis von Rechtswirkungen: Es werden keine „verbindlichen Rechtswirkungen" gefordert, sondern es reicht, wenn die Handlung dazu bestimmt ist, Rechtswirkungen zu erzeugen,[991] so hat z.B. die Verlängerung eines Gemeinschaftsrahmens – eine unverbindliche Maßnahme im Beihilferecht – Rechtswirkungen erzeugt.[992]

Wenn nach dem engen Verständnis unter Rechtswirkungen nur „verbindliche Rechtswirkungen" fallen, dann haben Leitlinien und Empfehlungen der ESAs keine Rechtswirkungen. Die ESAs können die Leitlinien und Empfehlungen nicht gegenüber den nationalen Behörden

---

Slg. 2011, I-9639, Rn. 36; *O. Dörr*, in: *E. Grabitz/M. Hilf/M. Nettesheim*, Das Recht der EU (Stand Sept. 2013), Art. 263 AEUV, Rn. 41.

988 *EuG*, Rs. T-23/12, MAF/EIOPA, Slg. 2013, I-0000, Rn. 37, s.o. Kapitel 4, B. II. 4.

989 *EuG*, Rs. T-74/00, Artegodan/Kommission, Slg. 2002, II-4945; *EuG*, Rs. T-326/99 Olivieri/Kommission und EMEA, Slg. 2003, II-6057, Rn. 53, kritisch dazu *M. Busuioc*, European agencies, 2013, S. 211 ff. Außerdem ist z.B. die Mitteilung der Beschwerdepunkte im Kartellverfahren eine vorbereitende Handlung, *EuGH*, Rs. 60/81, IBM/Kommission, Slg. 1981, 2639, Rn. 9 ff.

990 *EuGH*, Rs. 60/81, IBM/Kommission, Slg. 1981, 2639, Rn. 9 als Kurzfassung der AETR-Formel; ähnlich *EuGH*, Rs. C-463/10 P, Deutsche Post und Deutschland/Kommission, Slg. 2011, I-9639, Rn. 36 f. m.w.N.; *EuG*, Rs. T-154/10, Frankreich/Kommission, Slg. 2012, I-0000, Rn. 37.

991 *EuG*, Rs. T-258/06, Deutschland/Kommission, Slg. 2010, II-2033, Rn. 25 ff.

992 *EuGH*, Rs. C-135/93 Spanien/Kommission, Slg. 1995, I-1637, Rn. 20, 29.

durchsetzen und somit wäre eine Nichtigkeitsklage von Behörden und Finanzmarktteilnehmern grundsätzlich unzulässig.[993]

Wenn man den Begriff der Rechtswirkungen dagegen weiter fasst, haben Leitlinien und Empfehlungen der ESAs Rechtswirkungen, die an anderer Stelle beschrieben sind.[994] Insbesondere müssen nach Art. 16 der Gründungsverordnungen nationale Behörden und Finanzmarktteilnehmer alle erforderlichen Anstrengungen unternehmen, um diesen Rechtsakten nachzukommen. Zusätzlich greift der *comply or explain*-Mechanismus. Die Rechtsprechung schwankt, ob sie tatsächliche Rechtswirkungen fordert oder die Absicht, Rechtswirkungen herbeizuführen.[995] Auch nach der Neufassung des Art. 263 Abs. 1 AEUV durch den Lissabonvertrag ist dies nicht eindeutig geklärt.[996] Während die deutsche Fassung auf tatsächliche Rechtswirkungen abzustellen scheint („mit Rechtswirkung gegenüber Dritten"), betonen die englische und französische Fassung die Absicht, Rechtswirkungen herbeizuführen („intended to produce legal effects *vis-à-vis* third parties"/ „destinés à produire des effets juridiques à l'égard des tiers"). Die Rechtswirkungen der Leitlinien und Empfehlungen der ESAs sind nicht nur tatsächlicher Art, sondern sind von den Gründungsverordnungen beabsichtigt, so dass sie beide Rechtsprechungslinien erfüllen. Somit wären Leitlinien und Empfehlungen bei einem weiten Verständnis von Rechtswirkungen mit der Nichtigkeitsklage anfechtbar.

Für diese weite Auslegung sprechen verschiedene Argumente. Soweit erstens die Rechtsprechung Rechtswirkungen mit Verbindlichkeit gleichgesetzt hat, war dies für die in Rede stehenden unverbindlichen Maßnahmen richtig. Allerdings sind die Empfehlungen und Leitlinien der ESAs – insbesondere durch den *comply or explain*-Mechanismus – bislang einzigartig in ihrer Verrechtlichung und verstärkten Steuerungskraft. Dem würde es entsprechen, dass aufgrund ihrer verstärkten

---

[993] *C. Manger-Nestler*, Rechtsschutz in der europäischen Bankenaufsicht, Zeitschrift für das gesamte Kreditwesen 2012, S. 38, 42; *K. Michel*, Die neue Europäische Bankenaufsichtsbehörde, Die Öffentliche Verwaltung 2011, S. 728, 734.

[994] S.o. Kapitel 4, A. III.

[995] Siehe Fn. 986 und 987, dazu *O. Dörr*, in: *E. Grabitz/M. Hilf/ M. Nettesheim*, Das Recht der EU (Stand Sept. 2013), Art. 263 AEUV, Rn. 41.

[996] Dazu *L. Senden/T. van den Brink*, Study for the European Parliament, Policy Department C: Citizen's Rights and Constitutional Affairs, Checks and Balances of Soft EU Rule-Making, PE 462/433, 2012, S. 56 f.

Wirkungen auch eine direkte Klagemöglichkeit gegeben ist. Zweitens steht einem weiten Verständnis auch nicht der Ausschluss von Empfehlungen von der Nichtigkeitsklage in Art. 263 Abs. 1 S. 1 AEUV entgegen, denn dieser betrifft ausdrücklich nur Empfehlungen des Rates, der Kommission und der EZB. Drittens ist die Rechtsprechung des EuGH uneinheitlich: Er hat eine Klage der Kommission gegen den Rat für zulässig erklärt, die „Empfehlungen" nach Art. 126 Abs. 7 AEUV zum Gegenstand hatte. Der Rat hatte die Aussetzung des Defizitverfahrens im Rahmen des Stabilität- und Wachstumspakts gegen Deutschland und Frankreich beschlossen und dabei Empfehlungen der Kommission geändert. Für diese Empfehlungen hat der EuGH Rechtswirkungen (im Rahmen des Verfahrens nach Art. 126 AEUV) angenommen trotz der Unverbindlichkeit nach Art. 288 AEUV und des Ausschlusses in Art. 263 AEUV,[997] so dass die Rechtsprechung in diesem Punkt nicht einheitlich ist.[998] Insgesamt spricht also vieles dafür, Rechtswirkungen von Leitlinien und Empfehlungen anzunehmen, und damit läge eine anfechtbare Handlung vor.[999] Letztendlich hängt es jedoch davon ab, wie der EuGH den Begriff der Rechtswirkungen im Fall von Leitlinien und Empfehlungen der ESAs auslegt.

---

[997] *EuGH*, Rs. C-27/04, Kommission/Rat, Slg. 2004, I-6679, Rn. 50; dazu *U. Häde*, Der EuGH und die Haushaltsdisziplin – Das Urteil vom 13.7.2004 zum Verfahren bei einem übermäßigen Defizit, EuR 2004, S. 750, 757 ff.

[998] In einem weiteren Fall hat der EuGH eine als „Stellungnahme" bezeichnete Handlung der Kommission für anfechtbar erklärt, siehe *EuGH*, Rs. 8/66, Cimenteries/Kommission, Slg. 1967, 99, 122 ff.

[999] Ähnlich Bericht der Kommission an das Europäische Parlament und den Rat über die Tätigkeit der Europäischen Aufsichtsbehörden (ESA) und das Europäische System der Finanzaufsicht (ESFS), KOM(2014) 509, S. 6; *J. Ruthig*, Aktuelle Entwicklungen der Finanzmarktaufsicht in Europa, in: *J. Ziekow/ J. Hyun Seok* (Hrsg.), Der Staat als Wirtschaftssubjekt und -regulierer, 2013, S. 43, 74 ff.; *N. Sonder*, Rechtsschutz gegen Maßnahmen der neuen europäischen Finanzaufsichtsagenturen, Zeitschrift für Bank- und Kapitalmarktrecht 2012, S. 8, 12, für Spezifikationen der EASA auch *M. Busuioc*, European agencies, 2013, S. 199 ff.; allgemein zu Leitlinien *A. von Graevenitz*, Mitteilungen, Leitlinien, Stellungnahmen – Soft Law der EU mit Lenkungswirkung, EuZW 2013, S. 169, 173, Fn. 82.

bb. Ausnahme: rechtswidriger Anschein von Verpflichtungen

Unabhängig vom Verständnis der „Rechtswirkungen“ gibt es eine prozessual begründete Ausnahme. Gegen Mitteilungen der Kommission ist die Klage grundsätzlich unzulässig, insbesondere wenn sie die Rechtslage erläutern.[1000] Eine Ausnahme von dieser Regel besteht bei unverbindlichen Maßnahmen, die den Anschein erwecken, neue Verpflichtungen zu begründen.[1001] Die Auslegung, ob eine solche Maßnahme „Rechtswirkungen“ entfaltet, erfolgt mit Blick auf die Anfechtbarkeit des Rechtsakts.[1002] Dies ist nur vor dem Hintergrund des Prozessrechts der Unionsgerichte zu verstehen: Weil es keine Feststellungsklage gibt, kommt nur die Nichtigkeitsklage in Frage, um den Anschein von verbindlichen Rechtswirkungen zu beseitigen. Wenn man „Rechtswirkungen“ eng verstehen würde, müsste der Kläger paradoxerweise die Unzulässigkeit der eigenen Klage vortragen.[1003] Insbesondere bei Mitteilungen, in denen die Kommission ihre Meinung zum Inhalt von Pflichten erläutert, die sich angeblich aus dem Sekundärrecht ableiten lassen, hat der EuGH „Rechtswirkungen“ angenommen, wenn die Mitteilungen die geltende Rechtslage falsch erläuterten. Er prüft dann direkt die Begründetheit der Klage: Wenn die Mitteilung neue (Schein-)Verpflichtungen schafft, ist die Klage zulässig und, wenn keine Rechtsgrundlage für eine verbindliche Handlung vorliegt, zugleich begründet.[1004] Dabei orientiert sich der Gerichtshof am französischen Verwaltungsprozessrecht, das eine *circulaire interprétative*, die geltendes Recht falsch auslegt, als anfechtbare *circulaire réglementaire* ansieht.[1005]

[1000] *EuG*, Rs. T-258/06, Deutschland/Kommission, Slg. 2010, II-2033, Rn. 28.

[1001] *EuGH*, Rs. C-57/95, Frankreich/Kommission, Slg. 1997, I-1640, Rn. 13, 23; *EuGH*, Rs. C-325/91 Frankreich/Kommission, Slg. 1993, I-3303, Rn. 23, 30; *EuG*, Rs. T-258/06, Deutschland/Kommission, Slg. 2010, II-2033, Rn. 28. Diese Ausnahme ist bislang nur bei Klagen von Mitgliedstaaten relevant geworden.

[1002] *H.-W. Daig*, Nichtigkeits- und Untätigkeitsklagen im Recht der Europäischen Gemeinschaften, 1985, Rn. 45.

[1003] *J. Bast*, Grundbegriffe der Handlungsformen der EU, 2006, S. 79.

[1004] *EuGH*, Rs. C-366/88, Frankreich/Kommission, Slg. 1990, I-3595; *EuGH*, Rs. C-303/90, Frankreich/Kommission, Slg. 1991, I-5340; *EuGH*, Rs. C-57/95, Frankreich/Kommission, Slg. 1997, I-1640.

[1005] *J. Gundel*, Rechtsschutz gegen Kommissions-Mitteilungen zur Auslegung des Gemeinschaftsrechts, EuR 1998, S. 90, 97.

Für Leitlinien und Empfehlungen der ESAs bedeutet diese Ausnahme, dass die Rechtsakte anfechtbar wären, wenn die Leitlinien oder Empfehlungen den Anschein von Verpflichtungen erwecken, die über das geltende Sekundärrecht hinausgehen. Dies wird häufig die Argumentation der Kläger für die Rechtswidrigkeit der Maßnahmen sein und im Einzelfall hätte der EuGH dann zu prüfen, ob dies stimmt. Wenn die Leitlinien oder Empfehlungen der ESAs über das Sekundärrecht hinausgehende Verpflichtungen enthalten, dann läge in jedem Fall eine anfechtbare Handlung vor.

cc. Klagebefugnis

Es ist zweifelhaft, ob Finanzmarktteilnehmer nach einer der drei Varianten des Art. 263 Abs. 4 AEUV klagebefugt sind. Dies ist nach der ersten Variante der Fall, wenn eine Handlung an sie gerichtet ist, d.h. sie als Adressat der Leitlinien und Empfehlungen ausdrücklich bezeichnet.[1006] Eine „Handlung" umfasst auch Leitlinien und Empfehlungen, insoweit ist der Wortlaut nach dem Lissabonvertrag weiter als die vorherige Klagebefugnis gegen „Entscheidungen". Im Regelfall sind Leitlinien oder Empfehlungen der ESAs jedoch genereller Natur und bezeichnen ihre Adressaten nur allgemein. Dies würde nicht ausreichen, um als „Adressat" im Sinne von Art. 263 AEUV zu gelten, weil so die zweite Variante der Klagebefugnis unterlaufen werden könnte.[1007] Im Einzelfall können Leitlinien und Empfehlungen der ESAs allerdings auch an einzelne Finanzmarktteilnehmer gerichtet werden, denn Art. 16 der Gründungsverordnungen macht insoweit keine Vorgaben.[1008] Dann wären die Finanzmarktteilnehmer als „Adressaten" im Sinne von Art. 263 Abs. 4 Var. 1 AEUV klagebefugt. Für den Regelfall, dass Leitlinien und Empfehlungen genereller Natur sind, scheidet hingegen eine Klagebefugnis als Adressat aus.

[1006] Vgl. *O. Dörr*, in: *E. Grabitz/M. Hilf/M. Nettesheim*, Das Recht der EU (Stand Sept. 2013), Art. 263 AEUV, Rn. 57; *W. Cremer*, in: *C. Calliess/M. Ruffert* (Hrsg.), EUV/AEUV, Kommentar, 2011, Art. 263 AEUV, Rn. 31 f., die beide davon ausgehen, dass nur adressatengerichtete Beschlüsse diese Voraussetzung erfüllen können.

[1007] Ähnlich für den Fall einer Ablehnung einer beantragten Maßnahme *O. Dörr*, in: *E. Grabitz/M. Hilf/M. Nettesheim*, Das Recht der EU (Stand Sept. 2013), Art. 263 AEUV, Rn. 58.

[1008] Die EBA nimmt solche Fälle z.B. vom Recht auf Zugang zu Dokumenten aus, siehe oben Fn. 762.

Auch nach den anderen beiden Varianten des Art. 263 Abs. 4 AEUV sind Finanzmarktteilnehmer nicht klagebefugt. Zum einen sind sie nach der Rechtsprechung nicht „individuell" betroffen, weil der EuGH dieses Merkmal mit der *Plaumann*-Formel restriktiv auslegt.[1009] Zum anderen sind Leitlinien und Empfehlungen auch keine „Rechtsakte mit Verordnungscharakter, die sie unmittelbar betreffen und keine Durchführungsmaßnahmen nach sich ziehen". Welches „Rechtsakte mit Verordnungscharakter sind", ist umstritten. Einer Ansicht nach fallen darunter sämtliche abstrakt-generellen Handlungen.[1010] Das Gericht (vormals Gericht erster Instanz) und der EuGH haben sich der Gegenansicht angeschlossen, wonach der Begriff in Abgrenzung zu Gesetzgebungsakten nur „untergesetzliche" Rechtsakte erfassen soll: Rechtsakte mit Verordnungscharakter seien daher alle abstrakt-generellen Rechtsakte, die nicht Gesetzgebungsakte sind.[1011] Unabhängig von diesem Meinungsstreit erfassen „Rechtsakte mit Verordnungscharakter" nach

---

1009 Ein Kläger ist nur dann individuell betroffen, wenn die angefochtene Handlung den Kläger „wegen bestimmter persönlicher Eigenschaften oder besonderer, ihn aus dem Kreis aller übrigen Personen heraushebender Umstände berührt und ihn daher in ähnlicher Weise individualisiert wie den Adressaten"; *EuGH*, Rs. 25/62, Plaumann, Slg. 1963, 211, Ls. 4, seit dem ständige Rechtsprechung: vgl. *EuGH*, Rs. 169/84, COFAZ/Kommission, Slg. 1986, 391, Rn. 22. Zur Entwicklung *W. Cremer*, in: *C. Calliess/M. Ruffert* (Hrsg.), EUV/AEUV, Kommentar, 2011, Art. 263 AEUV, Rn. 39 f.; für eine weite Auslegung *M. Kottmann*, *Plaumanns* Ende: Ein Vorschlag zu Art. 263 Abs. 4 AEUV, ZaöRV 70 (2010), S. 547.

1010 *U. Everling*, Rechtsschutz in der Europäischen Union nach dem Vertrag von Lissabon, EuR Beiheft 1/2009, S. 71, 74; *J. Bast*, Handlungsformen und Rechtsschutz, in: *A. von Bogdandy/J. Bast* (Hrsg.), Europäisches Verfassungsrecht, 2009, S. 489, 556 f.; *M. Kottmann*, *Plaumanns* Ende: Ein Vorschlag zu Art. 263 Abs. 4 AEUV, ZaöRV 70 (2010), S. 547, 559.

1011 Gesetzgebungsakte sind nach Art. 289 Abs. 3 AEUV alle Rechtsakte, die in einem Gesetzgebungsverfahren angenommen werden. Nicht darunter fallen vor allem delegierte Rechtsakte nach Art. 290 und 291 AEUV. Diese Unterscheidung geht auf den Verfassungsvertrag zurück und der Lissabonvertrag hat sie beibehalten. *EuGH*, Rs. C-583/11 P, Inuit/Parlament und Rat, Slg. 2013, I-0000, Rn. 61; *EuG*, Rs. T-18/10, Inuit/Parlament und Rat, Slg. 2011, II-5599, Rn. 43 ff., 56; *EuG*, Rs. T-262/10, Microban, Slg. 2011, II-7697, Rn. 21; *EuG*, Rs. T-381/11, Eurofer/Kommission, Slg. 2012, II-0000, Rn. 42 ff.; kritisch dazu *J. Bast*, New Categories of Acts after the Lisbon Reform – Legal Regimes and Institutional Practice, CML Rev. 49 (2012), S. 885, 904 ff., 925 f.

allen Auffassungen aber nur verbindliche Rechtsakte.[1012] Unverbindliche Leitlinien und Empfehlungen sind also nicht erfasst. Eine Klage von Finanzmarktteilnehmern scheitert deshalb im Regelfall an der Klagebefugnis (Ausnahme: Leitlinien sind im Einzelfall direkt an sie gerichtet). Nationale Behörden hingegen könnten ihren jeweiligen Mitgliedstaat dazu bewegen, nach Art. 263 Abs. 2 AEUV zu klagen, ohne die Voraussetzungen der unmittelbaren und individuellen Betroffenheit zu erfüllen.

Zusammenfassend lässt sich festhalten, dass Finanzmarktteilnehmer mangels Klagebefugnis im Regelfall nicht mit der Nichtigkeitsklage gegen Leitlinien und Empfehlungen vorgehen können (zu den Ausnahmen s.o.). Nationale Behörden bzw. der jeweilige Mitgliedstaat haben jedoch Aussicht auf Erfolg einer Nichtigkeitsklage, wenn die Leitlinien und Empfehlungen den Anschein von Verpflichtungen erwecken, die über das Sekundärrecht hinausgehen. Darüber hinaus könnte ihre Klage zulässig sein, wenn der EuGH dem oben dargelegten weiteren Verständnis von „Rechtswirkungen" folgt.

3. Stellungnahme und Reformmöglichkeiten

Das gewählte Beschwerdeausschussmodell bietet – gerade verglichen mit anderen Agenturen ohne Beschwerdeausschuss – einen hohen Standard an Rechtsschutz, da eine zusätzliche Rechtsschutzebene besteht. Bei einer anschließenden Klage ist zudem der Sachverhalt für die Unionsgerichte bereits aufbereitet, so dass sie schneller entscheiden können.[1013] Außerdem gewährleistet der Beschwerdeausschuss als gemeinsames Organ der ESAs eine Einheitlichkeit zwischen den Entscheidungen der drei ESAs.[1014]

[1012] *O. Dörr*, in: *E. Grabitz/M. Hilf/M. Nettesheim*, Das Recht der EU (Stand Sept. 2013), Art. 263 AEUV, Rn. 82; *J. Bast*, New Categories of Acts after the Lisbon Reform – Legal Regimes and Institutional Practice, CML Rev. 49 (2012), S. 885, 905.

[1013] *K. Michel*, Die neue Europäische Bankenaufsichtsbehörde, Die Öffentliche Verwaltung 2011, S. 728, 734; *T. Siegel*, Die Widerspruchskammer im System des europäischen Verwaltungsrechtsschutzes – Wesen und Funktionsweise der Widerspruchskammer nach der neuen REACH-Verordnung für Chemikalien, EuZW 2008, S. 141, 143.

[1014] Der 58. Erwägungsgrund der Gründungsverordnungen verweist auf die Effizienz und Kohärenz durch einen gemeinsamen Ausschuss.

Im Hinblick auf die Klagemöglichkeiten bemängelt die Literatur Rechtsschutzlücken für Finanzmarktteilnehmer, da sie im Regelfall nur im Rahmen eines Vorabentscheidungsverfahrens Klarheit über Leitlinien und Empfehlungen der ESAs erhalten können.[1015] Der EuGH hingegen betont, dass sich Vorabentscheidungsverfahren und Nichtigkeitsklage gegenseitig zu einem kompletten Rechtsschutzsystem ergänzen und komplementäre Funktionen erfüllen.[1016] Dann wäre der Rechtsschutz über das Vorabentscheidungsverfahren ausreichend.

Gegen die Position des EuGH sprechen jedoch vor allem Schwierigkeiten, die für Finanzmarktteilnehmer mit dem Vorabentscheidungsverfahren verbunden sind. Zunächst müssen Finanzmarktteilnehmer eine belastende Entscheidung der nationalen Behörden abwarten.[1017] Ein sich anschließendes Vorabentscheidungsverfahren dauert jahrelang und ist mit erheblichen Kosten verbunden.[1018] Zudem ist eine Vorlage für die Instanzgerichte nicht verpflichtend, d.h. Finanzmarktteilnehmer müssen die Richter zunächst von einer Vorlage überzeugen oder sich bis zum höchsten Gericht „durchkämpfen", um eine Vorlage zu erreichen.[1019] Gerade im Finanzmarktrecht, das sich schnell und ständig wandelt, ist ein Rechtsschutz, der erst nach Jahren Klarheit bringt,

---

[1015] *C. Manger-Nestler*, Rechtsschutz in der europäischen Bankenaufsicht, Zeitschrift für das gesamte Kreditwesen 2012, S. 38, 42; *K. Michel*, Die neue Europäische Bankenaufsichtsbehörde, Die Öffentliche Verwaltung 2011, S. 728, 734; *N. Sasserath-Alberti/H. Hartig*, EIOPA-Verordnung: Rechtliche Herausforderungen für die Praxis, Versicherungsrecht 2012, S. 524, 535, die ein Demokratiedefizit beklagen, und *N. Sonder*, Rechtsschutz gegen Maßnahmen der neuen europäischen Finanzaufsichtsagenturen, Zeitschrift für Bank- und Kapitalmarktrecht 2012, S. 8, 11. Für Rechtsschutz gegen Empfehlungen des ESRB *H. Siekmann*, Neuorganisation der Finanzaufsicht, in: *S. Kadelbach* (Hrsg.), Nach der Finanzkrise, 2011, S. 131, 194.

[1016] *EuGH*, Rs. 294/83, Les Verts, Slg. 1986, 1339, Rn. 23; *EuGH*, Rs. 314/85, Foto-Frost, Slg. 1987, 4199, Rn. 16; *EuGH*, Rs. C-50/00 P, Unión de Pequeños Agricultores/Rat, Slg. 2002, I-6677, Rn. 40; *EuGH*, Rs. C-491/01, BAT, Slg. 2002, I-11453, Rn. 39.

[1017] Bzw. eine Entscheidung der ESAs im Fall der direkten Aufsicht, wogegen dann eine Beschwerde zum Beschwerdeausschuss zulässig ist.

[1018] Zur Dauer siehe *V. Skouris*, Stellung und Bedeutung des Vorabentscheidungsverfahrens im europäischen Rechtsschutzsystem, Europäische Grundrechte Zeitschrift 2008, S. 343, 346.

[1019] Ausführlicher zu den Problemen der Position des EuGH *P. Craig*, EU Administrative Law, 2012, S. 312 f.

praktisch wertlos.[1020] Deshalb wäre eine zentrale Entscheidung auf europäischer Ebene, die schnell zu Rechtsklarheit führt, dem Vorabentscheidungsverfahren vorzuziehen.[1021]

Um der für Finanzmarktteilnehmer unbefriedigenden Situation abzuhelfen, sind *de lege ferenda* zwei Wege möglich. Zum einen könnten die Gründungsverordnungen ein Beschwerderecht zum Beschwerdeausschuss vorsehen, zum anderen könnte die Nichtigkeitsklage ausgeweitet werden.

Die Literatur plädiert überwiegend dafür, die Nichtigkeitsklage gegen Leitlinien und Empfehlungen zuzulassen, jedoch ohne eine Beschwerdemöglichkeit zu erörtern.[1022] Die überzeugenderen Gründe sprechen hingegen für eine vorgeschaltete Beschwerde:[1023] Der mit Experten besetzte Beschwerdeausschuss kann schneller entscheiden als das mit Arbeit überlastete Gericht. Zusätzlich können die Betroffenen gegen den Beschluss des Beschwerdeausschusses anschließend Nichtigkeitsklage erheben, so dass der Sachverhalt dann schon für das Gericht aufbereitet ist und mit der Beschwerde eine weitere Rechtsschutzinstanz geschaffen wird.

Hänle differenziert bei der Beschwerdemöglichkeit zwischen nationalen Behörden und Finanzmarktteilnehmern. Während nationale Behörden die Rechtmäßigkeit von Leitlinien und Empfehlungen direkt mit der Beschwerde angreifen können sollten, solle dies für Finanzmarktteilnehmer spätestens nach einer belastenden Entscheidung durch eine nationale Behörde der Fall sein. Dann solle eine Vorlagepflicht für nati-

---

[1020] Zu lange Verfahrensdauern können das Gebot effektiven Rechtsschutzes nach Art. 47 GR-Charta verletzen, dazu *EuGH*, Rs. C-386/10 P, Chalkor/Kommission, Slg. 2011, I-0000, Rn. 51 f.; *J. Neumann*, Allgemeines und Verfahrensgrundsätze, in: *H.-W. Rengeling/A. Middeke/M. Gellermann* (Hrsg.), Handbuch des Rechtsschutzes in der Europäischen Union, 2014, § 21, Rn. 15.

[1021] Ähnlich für das Wettbewerbsrecht *W. Frenz*, Mitteilungen, Bekanntmachungen und Leitlinien nach dem Vertrag von Lissabon, Wettbewerb in Recht und Praxis 2010, S. 224, 230.

[1022] *L. Senden/T. van den Brink*, Study for the European Parliament, Policy Department C: Citizen's Rights and Constitutional Affairs, Checks and Balances of Soft EU Rule-Making, PE 462/433, 2012, S. 79 ff.; *N. Sonder*, Rechtsschutz gegen Maßnahmen der neuen europäischen Finanzaufsichtsagenturen, Zeitschrift für Bank- und Kapitalmarktrecht 2012, S. 8, 11.

[1023] Ähnlich *F. Hänle*, Die neue Europäische Finanzaufsicht, 2012, S. 157.

onale Behörden zum Beschwerdeausschuss bestehen, ähnlich dem Vorabentscheidungsverfahren.[1024]

Gegen diesen Vorschlag spricht allerdings, dass der Zeitpunkt einer solchen Vorlagepflicht nationaler Behörden *nach* einer nationalen Entscheidung bereits zu spät ist, denn dann erwächst diese – ohne eine Klage dagegen – in Bestandskraft. Wenn eine solche „Vorlage“ erfolgen sollte, dann müsste dies früher geschehen. Außerdem erfasst der Vorschlag nicht die Finanzmarktteilnehmer, die direkt von den ESAs beaufsichtigt werden. Deshalb ist die Differenzierung zwischen Finanzmarktteilnehmern und nationalen Behörden an dieser Stelle nicht überzeugend. Beiden sollte grundsätzlich ein unmittelbares Beschwerderecht zustehen.

Der Unionsgesetzgeber könnte ein solches Beschwerderecht einführen, indem er die Gründungsverordnungen der ESAs entsprechend ergänzt. Dabei könnte er die Voraussetzungen an die Beschwerdebefugnis (unmittelbare und individuelle Betroffenheit) im Vergleich mit der Nichtigkeitsklage herabsetzen. Für die Nichtigkeitsklage bietet dafür die Öffnungsklausel des Art. 263 Abs. 5 AEUV die Möglichkeit, bei Agenturen besondere Bedingungen festzulegen. Vor allem wird darunter ein vorgeschaltetes Beschwerdeverfahren gefasst.[1025] Zusätzlich könnte der Gesetzgeber auch die Bedingungen einer Klagebefugnis herabsetzen und bei Agenturen weiter reichenden Rechtsschutz gewähren als bei sonstigem Handeln der Union.[1026] Dafür würde sprechen, dass Agenturen verglichen mit Parlament und Rat weniger über Wahlen demokratisch legitimiert sind und dass ihre Maßnahmen deshalb stärker überprüft werden sollten.[1027] Wenn dies für die Klagebefugnis im Rahmen

---

[1024] *F. Hänle*, Die neue Europäische Finanzaufsicht, 2012, S. 157.

[1025] *O. Dörr*, in: *E. Grabitz/M. Hilf/M. Nettesheim*, Das Recht der EU (Stand Sept. 2013), Art. 263 AEUV, Rn. 112.

[1026] Beispielsweise könnte nur die Beteiligung am Beschwerdeverfahren und die anschließende Beschwer gefordert werden, siehe Art. 65 Abs. 4 der Verordnung (EG) Nr. 207/2009 des Rates über die Gemeinschaftsmarke (kodifizierte Fassung), ABl. 2009 L 78, S. 1 und Art. 61 Abs. 4 der konsolidierten Fassung der Verordnung (EG) Nr. 6/2002 des Rates über das Gemeinschaftsgeschmacksmuster, ABl. 2002 L 3, S. 1; dazu *O. Dörr*, in: *E. Grabitz/M. Hilf/M. Nettesheim*, Das Recht der EU (Stand Sept. 2013), Art. 263 AEUV, Rn. 114.

[1027] *L. Senden/T. van den Brink*, Study for the European Parliament, Policy Department C: Citizen's Rights and Constitutional Affairs, Checks and Balances of Soft EU Rule-Making, PE 462/433, 2012, S. 48 f.

der Nichtigkeitsklage gilt, so lässt sich dies erst recht auf die Beschwerdebefugnis übertragen. Um den Rechtsschutz von nationalen Behörden und Finanzmarktteilnehmern zu stärken, wäre deshalb *de lege ferenda* ein Beschwerderecht gegen Leitlinien und Empfehlungen der ESAs einzuführen.

II. Haftung

Was passiert, wenn ein Finanzmarktteilnehmer sich auf Leitlinien oder Empfehlungen verlässt, diese sich als rechtswidrig herausstellen und ihm ein Schaden entsteht?

Wenn durch die ESAs ein Schaden entsteht, haften diese nach Art. 69 der Gründungsverordnungen für außervertragliche Schäden nach den allgemeinen Rechtsgrundsätzen, die den Rechtsordnungen der Mitgliedstaaten gemeinsam sind. Wie bei anderen Agenturen auch, entspricht diese Vorschrift der außervertraglichen Amtshaftung der Union nach Art. 340 Abs. 2 AEUV.[1028]

Nach der Rechtsprechung des EuGH hat ein Anspruch folgende drei Voraussetzungen: Die verletzte Rechtsnorm muss bezwecken, dem Einzelnen Rechte zu verleihen; der Verstoß muss hinreichend qualifiziert sein und zwischen der Handlung und dem behaupteten Schaden muss ein unmittelbarer Kausalzusammenhang bestehen.[1029] Dabei hat die Rechtsprechung die früher bestehenden Unterschiede zwischen administrativem und normativem Unrecht inzwischen eingeebnet.[1030]

Für die Finanzaufsicht ist bereits zweifelhaft, ob die Rechtsnormen des Sekundärrechts auf Level 1 und 2 bezwecken, dem Einzelnen Rechte zu verleihen. Der EuGH hat in einem Vorabentscheidungsverfahren entschieden, dass im Bankenrecht die Einlagensicherungsrichtlinie (RL 94/19/EG) dem Einzelnen keine Rechte verleiht und somit gebilligt,

---

[1028] *D. Fischer-Appelt*, Agenturen der Europäischen Gemeinschaft, 1999, S. 304.

[1029] *EuGH*, Rs. C-472/00 P Fresh Marine, Slg. 2003, I-7541, Rn. 25; *EuGH*, Rs. C-46/93 Brasserie, Slg. 1996, I-1029, Rn. 51; *EuGH*, Rs. C-424/97 Haim, Slg. 2000, I-5123, Rn. 36.

[1030] *A. von Bogdandy/M. Jacob*, in: *E. Grabitz/M. Hilf/M. Nettesheim*, Das Recht der EU (Stand Sept. 2013), Art. 340 AEUV, Rn. 85; *F. Shirvani*, Haftungsprobleme im Europäischen Verwaltungsverbund, EuR 2011, S. 619, 627.

dass die deutsche Finanzaufsicht im öffentlichen Interesse tätig wird und nicht im Interesse des Einzelnen.[1031] Die ESAs werden nach Art. 1 Abs. 5 S. 1 der Gründungsverordnungen ebenfalls im öffentlichen Interesse tätig, was dagegen spricht, dass ihre Leitlinien und Empfehlungen dem Einzelnen Rechte verleihen. Außerdem fehlt es für administratives Unrecht – wie es rechtswidrige Leitlinien und Empfehlungen der ESAs wären – oft an einem hinreichend qualifizierten Verstoß.[1032] Insbesondere müssen bei Ermessensentscheidungen die Grenzen des Ermessens „offenkundig und erheblich" überschritten werden.[1033] Leitlinien und Empfehlungen der ESAs, die im Regelfall in ihrem Ermessen stehen, dienen der Interpretation des Unionsrechts und legen den Finanzmarktteilnehmern keine unmittelbaren Befolgungspflichten auf, somit sind sie bei Rechtswidrigkeit eine fehlerhafte Rechtsinterpretation der ESAs. Im Regelfall dürften sie aber die Grenzen des Ermessens nicht „offenkundig und erheblich" überschreiten. Wenn eine Haftung vorläge, so würden sich die ESAs in Zukunft darauf beschränken, die rechtlichen Bestimmungen von Level 1 und Level 2 zu wiederholen, um ein Haftungsrisiko auszuschließen.[1034] Aus den genannten Gründen sind Klagen auf Schadensersatz, für die der EuGH zuständig wäre,[1035] vermutlich selten und wenig Erfolg versprechend.[1036] Auch im deutschen Recht scheitert ein Amtshaftungsan-

---

[1031] *EuGH*, Rs. C-222/02 Paul, Slg. 2004, I-9460, Rn. 50, dazu kritisch *L. Dragomir*, European Prudential Banking Regulation and Supervision, 2010, S. 341 ff.; *J. Wieland*, Rechtsprechungsanalyse – Die Krise der Finanzdienstleistungsaufsicht, Die Verwaltung 2010, S. 83, 87.

[1032] *EuGH*, Rs. C-352/98 P, Bergaderm, Slg. 2000, I-5310, Rn. 43; *EuGH*, Rs. C-282/05 P, Holcim/Kommission, Slg. 2007, I-2941, Rn. 47; *EuG*, Rs. T-212/03, MyTravel Group/Kommission, Slg. 2008, II-1967, Rn. 37 ff.

[1033] *EuGH*, Rs. C-352/98 P, Bergaderm, Slg. 2000, I-5310, Rn. 43; *EuGH*, Rs. C-282/05 P, Holcim/Kommission, Slg. 2007, I-2941, Rn. 47.

[1034] Das Gericht lehnte eine Haftung der Kommission auch ab, „da sich das Risiko, die von den Unternehmen behaupteten Schäden erstatten zu müssen, hemmend auf die Fusionskontrolle auswirken könnte", siehe *EuG*, Rs. T-212/03, MyTravel Group/Kommission, Slg. 2008, II-1967, Rn. 42.

[1035] Art. 69 Abs. 1 S. 2 der Gründungsverordnungen.

[1036] *A. Frank*, Die Rechtswirkungen der Leitlinien und Empfehlungen der Europäischen Wertpapier- und Marktaufsichtsbehörde, 2012, S. 187 ff.; *C. Manger-Nestler*, Rechtsschutz in der europäischen Bankenaufsicht, Zeitschrift für das gesamte Kreditwesen 2012, S. 38, 41; *T. Tridimas*, Financial Supervision and Agency Power: Reflections on ESMA, in: *N. Nic Shuibhne/*

spruch an der fehlenden Drittbezogenheit der Amtspflichten, weil die Aufsicht im „öffentlichen Interesse" erfolgt.[1037]

D. Zusammenfassung

Die drei Elemente des Rechtsregimes von Leitlinien und Empfehlungen der ESAs lassen sich wie folgt zusammenfassen. Den Wirkungsmodus kennzeichnen vielfältige Wirkungen, die teilweise für nationale Behörden, Finanzmarktteilnehmer und mitgliedstaatliche Gerichte unterschiedlich sind. Obwohl Leitlinien und Empfehlungen der ESAs unverbindlich sind, erfolgt über den *comply or explain*-Mechanismus eine verfahrensrechtliche Verrechtlichung für nationale Aufsichtsbehörden und Finanzmarktteilnehmer und eine Stärkung der Steuerungswirkung der Leitlinien und Empfehlungen. Für die ESAs ist der Grundsatz der Selbstbindung der Verwaltung anwendbar, so dass die Leitlinien und Empfehlungen für sie „regelfallverbindlich" sind und sie Abweichungen begründen müssen. Mitgliedstaatliche Gerichte schließlich müssen Leitlinien und Empfehlungen der ESAs berücksichtigen.

Das Gültigkeitsregime enthält Regelungen für die Wirksamkeit und Rechtmäßigkeit der Leitlinien und Empfehlungen der ESAs. Erstens sind Leitlinien und Empfehlungen hinsichtlich des Inkrafttretens ab Veröffentlichung (generelle Rechtsakte) oder individueller Bekanntgabe (individuelle Rechtsakte) wirksam, wenn nichts anderes bestimmt ist. Zweitens sind für die Rechtmäßigkeit folgende Punkte zu beachten: Sie sind nach Art. 296 AEUV zu begründen, wobei mindestens die Rechtsgrundlage (Art. 16 der Gründungsverordnungen) anzugeben ist. Die

---

L. W. Gormley (Hrsg.), From Single Market to Economic Union, 2012, S. 55, 82. Einen anderen Ansatz wählt Rademacher, der Empfehlungen und Leitlinien der ESAs als Realakte einordnet und eine Amtshaftungsklage – ausgehend von der Rechtsschutzgarantie des Art. 47 GR-Charta – befürwortet. Seiner Ansicht nach könne die Unmittelbarkeit des Schadens bejaht werden, je nachdem, welcher Rechtsprechungslinie man folgt, siehe *T. Rademacher*, Realakte im Rechtsschutzsystem der Europäischen Union, 2014, S. 286 ff. Dagegen spricht allerdings, dass ein Rechtsschutz, der nicht bei der primären Ebene ansetzt, sondern nur sekundär Schadensersatz zuspricht, für die Betroffenen zu spät sein kann und dadurch weniger effektiv ist. Zudem werden Empfehlungen und Leitlinien in dieser Arbeit als Rechtsakte eingeordnet und nicht als Realakte, siehe Kapitel 1, A. I.

[1037] § 4 Abs. 4 FinDAG.

Verfahrensregeln sind einzuhalten und sie sind in alle Amtssprachen der Union zu übersetzen. Drittens gilt für die Formenwahl der ESAs nach dem Verhältnismäßigkeitsprinzip der Grundsatz des formenbezogenen Interventionsminimums.

Im Rahmen des Kontrollregimes ist *de lege lata* eine Beschwerde gegen Leitlinien und Empfehlungen der ESAs zum Beschwerdeausschuss nicht möglich, diese sollten die Unionsorgane aber *de lege ferenda* einführen. Eine Inzidentkontrolle über das Vorabentscheidungsverfahren und ggf. die Nichtigkeitsklage eines Mitgliedstaates, wenn Leitlinien oder Empfehlungen der ESAs den Anschein von Verpflichtungen erwecken, die über das Sekundärrecht hinausgehen, sind dagegen *de lege lata* schon möglich. Klagen auf Schadensersatz haben wenig Aussicht auf Erfolg.

Die verschiedenen Elemente des Rechtsregimes gelten einheitlich für Leitlinien und Empfehlungen der ESAs und differenzieren somit nicht zwischen diesen. Dieser Befund deckt sich mit der Untersuchung der formidentifizierenden Merkmale, die – abgesehen von der Bezeichnung – ebenfalls nicht zwischen Leitlinien und Empfehlungen der ESAs unterscheiden.[1038] Deshalb ist festzustellen, dass sich Leitlinien und Empfehlungen der ESAs nicht voneinander abgrenzen lassen, sondern derselben Handlungsform angehören.

[1038] Dazu s.o. Kapitel 3, B. IV.

Kapitel 5: Zusammenfassung in Thesen

1. Nach Zeiten der Selbstregulierung der Finanzmärkte erfolgt seit der Finanzkrise 2007 wieder eine verstärkte staatliche Regulierung, um die Finanzmärkte zu stabilisieren und zu „zähmen“. Diese Regulierung erfolgt seit 2011 durch das Europäische System der Finanzaufsicht (ESFS), das aus den nationalen Finanzaufsichtsbehörden und den Europäischen Aufsichtsbehörden (ESAs) sowie dem ESRB besteht. Den ESAs stehen dabei aufgrund der Gründungsverordnungen verschiedene Handlungsformen zur Verfügung, wie verbindliche technische Standards (zusammen mit der Kommission), Beschlüsse im Einzelfall oder Leitlinien und Empfehlungen.

2. Empfehlungen und Leitlinien der ESAs entfalten teilweise eine enorme ökonomische und praktische Bedeutung, so dass die ESAs durch sie *supranationale öffentliche Gewalt* im Sinne des *International Public Authority*-Ansatzes ausüben. Um die Ausübung dieser öffentlichen Gewalt zu strukturieren, leistet diese Arbeit eine dogmatische Formalisierung im Sinne des Rechtsstaatsprinzips.

3. Primärrechtlicher Ausgangspunkt für die Handlungsformen des Unionsrechts ist Art. 288 AEUV, der im Katalog der Rechtsakte u.a. unverbindliche Empfehlungen aufführt. Dieser Katalog ist nicht abschließend hinsichtlich der möglichen Handlungsformen und Art. 288 AEUV entfaltet keine organbezogene Sperrwirkung, so dass Agenturen wie die ESAs Empfehlungen erlassen dürfen. Auch Art. 292 AEUV, der bestimmt, dass Rat, Kommission und EZB Empfehlungen abgeben, entfaltet keine organbezogene Sperrwirkung.

4. Die Bestandsaufnahme der Rechtspraxis ergibt, dass die Funktionen von Empfehlungen und Leitlinien zugenommen haben. Während zunächst seit 2001 die Auslegungs- und Konkretisierungsfunktion im Vordergrund standen, tritt seit 2010 die Kompensationsfunktion hinzu: Weil teilweise noch keine gesetzlichen Regelungen bestehen, erlassen die ESAs Leitlinien und Empfehlungen zur Überbrückung, bis verbindliche gesetzliche Regelungen in Kraft sind.

5. Eine Handlungsform kennzeichnen zwei Elemente: zum einen Identifizierungsmerkmale, anhand derer sich bestimmt, dass ein Rechtsakt dieser Handlungsform angehört, zum anderen das Rechtsregime, das

J.E. Dickschen, *Empfehlungen und Leitlinien als Handlungsform der Europäischen Finanzaufsichtsbehörden,* Beiträge zum ausländischen öffentlichen Recht und Völkerrecht, DOI 10.1007/978-3-662-54361-0_6

auf die Rechtsakte dieser Handlungsform anwendbar ist und Rechtsfolgen bestimmt.

6. Formidentifizierende Merkmale für Leitlinien und Empfehlungen der ESAs sind nach meinem Vorschlag erstens die Bezeichnung, zweitens Hinweise auf die rechtliche Stellung und Art. 16 der Gründungsverordnungen sowie drittens die Adressaten (nationale Aufsichtsbehörden und/oder Finanzmarktteilnehmer). Hinsichtlich der genannten Adressaten bleibt zudem festzuhalten, dass Leitlinien und Empfehlungen zwei Untertypen haben: zum einen generelle Rechtsakte, zum anderen individuelle, wobei die ESAs bislang nur abstrakt-generelle Leitlinien und Empfehlungen veröffentlicht haben.

7. Das Rechtsregime der untersuchten Handlungsform besteht aus den drei Elementen Wirkungsmodus, Gültigkeitsregime und Kontrollregime.

8. Im Rahmen des Wirkungsmodus ist zunächst festzustellen, dass die Leitlinien und Empfehlungen der ESAs unverbindlich sind, d.h. sie können keine strikte Beachtung verlangen, unabhängig davon, an wen sie sich richten und ob sie Rechte und Pflichten begründen wollen. Im Übrigen entfalten sie für nationale Behörden, Finanzmarktteilnehmer und mitgliedstaatliche Gerichte unterschiedliche Wirkungen.

9. Eine verfahrensrechtliche Verrechtlichung und Stärkung der Steuerungskraft erfolgt über den *comply or explain*-Mechanismus, wodurch der Umgang mit Leitlinien oder Empfehlungen für nationale Behörden und Finanzmarktteilnehmer verbindlich festgelegt ist.

10. Wenn nationale Aufsichtsbehörden gegen die verfahrensrechtlichen Vorschriften des *comply or explain*-Mechanismus oder gegen die den Leitlinien oder Empfehlungen zugrunde liegenden Sekundärrechtsakte verstoßen, können die ESAs ein Verfahren wegen Verstoßes gegen Unionsrecht nach Art. 17 der Gründungsverordnungen durchführen. Dieser Sanktionsmechanismus sieht im Ergebnis eine Empfehlung der ESAs vor. Bei Nichtbefolgung der Empfehlung durch die nationale Aufsichtsbehörde kann die Kommission eine förmliche Stellungnahme verabschieden und schließlich können die ESAs einen verbindlichen Beschluss erlassen, der sich an Finanzmarktteilnehmer richtet. Die Einführung des verschärften *comply or explain*-Mechanismus 2011 hat zu einer weitgehenden Einhaltung der Leitlinien und Empfehlungen durch die nationalen Behörden geführt.

11. Die ESAs selbst binden sich durch ihre Leitlinien und Empfehlungen nach dem Grundsatz der Selbstbindung der Verwaltung. Ihnen gegenüber sind die Leitlinien und Empfehlungen somit „regelfallverbind-

lich“, d.h. sie müssen begründen, wenn sie von den Leitlinien oder Empfehlungen abweichen. Bei rechtswidrigen Leitlinien oder Empfehlungen oder wenn sie diese ändern, müssen sie zudem Vertrauensschutzgesichtspunkte berücksichtigen.

12. Mitgliedstaatliche Gerichte müssen die Leitlinien und Empfehlungen – anders als die Unionsgerichte – berücksichtigen.

13. Für Finanzmarktteilnehmer gilt, dass Leitlinien oder Empfehlungen eine verschärfende oder entlastende Auswirkung auf die zivilrechtliche Haftung im Wertpapierrecht haben können.

14. Die beschriebene Verrechtlichung führt dazu, dass die Grenzen zwischen unverbindlichen und verbindlichen Handlungsformen verschwimmen.

15. Das Gültigkeitsregime besteht aus Wirksamkeitsregime und Rechtmäßigkeitsregime, je nachdem, ob die Rechtsfolge Unwirksamkeit oder Rechtswidrigkeit und damit Anfechtbarkeit ist.

16. Die Wirksamkeit von Leitlinien und Empfehlungen, d.h. ihr Inkrafttreten, hängt von der Veröffentlichung (generelle Rechtsakte) oder individuellen Bekanntgabe (individuelle Rechtsakte) ab, soweit keine andere Regelung getroffen wird. Ihr Außerkrafttreten erfolgt durch eine Aufhebung.

17. Im Rahmen der Rechtmäßigkeit sind Leitlinien und Empfehlungen zu begründen, wobei dies mindestens die Angabe der Rechtsgrundlage meint. Als Rechtsgrundlage ist Art. 16 der Gründungsverordnungen ausreichend und es sind keine weiteren sekundärrechtlichen Ermächtigungen notwendig.

18. Leitlinien und Empfehlungen verstoßen nicht gegen die *Meroni*-Doktrin, weil nur verbindliche Befugnisse unter diese strenge Delegationsrechtsprechung fallen.

19. Die Verfahrensregeln befinden sich, verglichen mit denen anderer Agenturen, u.a. durch die regelmäßige Konsultation auf hohem Niveau. Allerdings wäre es wünschenswert, die Verbraucherinteressen zu stärken.

20. Das Sprachenregime erfordert eine Beschlussfassung und anschließende Veröffentlichung der Leitlinien und Empfehlungen in allen Amtssprachen der Union, soweit es sich um abstrakt-generelle Rechtsakte handelt.

21. Bei der Wahl der Handlungsform – im Regelfall Leitlinien und Empfehlungen oder Stellungnahmen – sind die ESAs frei. Es gilt der Grundsatz des formenbezogenen Interventionsminimums als Ausprä-

gung des Verhältnismäßigkeitsgrundsatzes, wonach weniger einschneidende Mittel vorzuziehen sind.

22. Leitlinien und Empfehlungen haben kein spezifisches Fehlerfolgenregime.

23. Kontrollregime: *De lege lata* ist eine Beschwerde gegen Leitlinien und Empfehlungen der ESAs zum Beschwerdeausschuss nicht möglich. Rechtsschutzmöglichkeiten sind eine Inzidentkontrolle über ein Vorabentscheidungsverfahren und ggf. die Nichtigkeitsklage eines Mitgliedstaates, wenn Leitlinien oder Empfehlungen der ESAs den Anschein von Verpflichtungen erwecken, die über das Sekundärrecht hinausgehen. Darüber hinaus könnte die Nichtigkeitsklage zulässig sein, wenn der EuGH einem weiten Verständnis von „Rechtswirkungen" folgt.

24. *De lege ferenda* sollten die Unionsorgane eine Beschwerdemöglichkeit gegen Leitlinien und Empfehlungen der ESAs zum Beschwerdeausschuss einführen, indem sie die Gründungsverordnungen ändern.

25. Die ESAs haften für außervertragliche Schäden; allerdings sind Klagen auf Schadensersatz, die auf Leitlinien oder Empfehlungen beruhen, wenig erfolgversprechend, weil die Voraussetzungen des unionsrechtlichen Haftungsanspruchs nicht gegeben sind.

26. Zur Abgrenzung von Leitlinien und Empfehlungen der ESAs voneinander gilt: Abgesehen von der Bezeichnung sind die anderen formidentifizierenden Merkmale gleich. Auch das Rechtsregime ist für Leitlinien und Empfehlungen der ESAs identisch. Somit lassen sie sich nicht voneinander abgrenzen, sondern gehören derselben Handlungsform an.

Summary

Recommendations and Guidelines as Legal Instrument of the European Financial Supervisory Authorities

The present thesis concerns recommendations and guidelines of the European Financial Supervisory Authorities. Since the financial crisis in 2007/2008, the regulation of financial markets has been an important challenge in order to stabilize and tame financial markets. At the European level, the European System of Financial Supervision has operated since 2011, consisting of national and European supervisory authorities. This contribution concentrates on the three European Supervisory Authorities (ESAs), namely the European Banking Authority (EBA), the European Insurance and Occupational Pensions Authority (EIOPA) and the European Securities and Markets Authority (ESMA). These three ESAs use different legal instruments, in particular technical standards, decisions, guidelines and recommendations.

In the first chapter, the basics, the term "legal instrument" (*Handlungsform*, literally "form of action") is presented as a dogmatic category of Union law (*dogmatische Kategorie des Unionsrechts*). Its starting point in the EU treaties is Art. 288 TFEU which contains a (not exhaustive) list of legal instruments such as regulations and directives. The term legal instrument refers to the various forms of EU legal acts. A legal instrument is characterized by form-identifying characteristics as well as a specific legal regime.

Guidelines and recommendations of the ESAs have an enormous practical and economic impact. As a consequence the ESA exercise supranational public authority in the sense of the International Public Authority-approach. This implies that their exercise should be structured and analyzed according to the rule of law.

The second chapter examines guidelines and recommendations of the ESAs (from 2011 until 2013) and their predecessors in practice. In recent years, recommendations and guidelines have increasingly gained more functions. In addition to the traditional function of interpreting regulations and directives, nowadays they are sometimes being used to compensate that binding legal acts are missing. Moreover, this chapter

J.E. Dickschen, *Empfehlungen und Leitlinien als Handlungsform der Europäischen Finanzaufsichtsbehörden,* Beiträge zum ausländischen öffentlichen Recht und Völkerrecht, DOI 10.1007/978-3-662-54361-0_7

has a look at guidelines and recommendations of other agencies of the European Union and of the European Systemic Risk Board in order to compare them with guidelines and recommendations of the ESAs.

The third chapter identifies the object of the study in detail. How can guidelines or recommendations be recognized? How can they be distinguished from other legal instruments? Is there a difference between guidelines and recommendations? According to my proposal, form-identifying characteristics are the denomination, references to the legal basis and the addressees (national supervisory authorities and/or financial market participants). There is no difference between guidelines and recommendations as the form-identifying characteristics – apart from the denomination – and the applicable legal regime are identical.

The fourth chapter deals with the legal regime of guidelines and recommendations. Concerning their legal effects, guidelines and recommendations are non-binding. The so-called comply or explain-mechanism determines how national supervisory authorities and financial market participants have to deal with guidelines and recommendations. Thus, the comply or explain-mechanism entails a procedural juridification. Since the comply or explain-mechanism is in place, guidelines and recommendations have been observed by most national authorities.

The ESAs themselves are bound by their own guidelines and recommendations (*Selbstbindung der Verwaltung*). They have to justify if they are deviating from their own guidelines or recommendations. Courts of the Member States are bound to take the guidelines and recommendations into consideration. Concerning financial market participants, guidelines and recommendations can have an aggravating or exculpatory effect on the civil liability in securities market law. The juridification formerly described entails that the limits between binding and non-binding legal instruments are blurred.

With regard to their legality, guidelines and recommendations have to be justified. As a legal basis Art. 16 of the founding regulations (e.g. Regulation (EU) No 1095/2010) is sufficient and there is no need of further specific legal bases. Guidelines and recommendations do not breach the so-called *Meroni* doctrine because this strict jurisprudence regarding delegation of competences concerns only binding competences. The rules of procedure to elaborate guidelines and recommendations are relatively high compared to other agencies, for example a consultation of stakeholders in general is mandatory. However, consumer interests should be strengthened.

The Court of Justice of the European Union exercises judicial control that is guaranteed through preliminary reference procedures. Possibly, an action for annulment by a Member State is admissible if – non binding– guidelines and recommendations are intended to have legal effects on their own distinct from secondary law and lay down obligations which are specific or new. Moreover, an action for annulment could be admissible if the Court of Justice follows a wide understanding of "legal effects". Currently, an appeal against guidelines and recommendations to the Board of Appeal is not possible. However, the European Union should change the founding regulations of the ESAs in order to allow such an appeal to the Board of Appeal.

In the case of non-contractual liability, the ESAs shall make good any damage, according to their founding regulations. Yet, actions for damages relying on guidelines and recommendations to the Court of Justice might not be successful as the requirements of the jurisprudence might not be met, namely that the norm intends to protect the individual and that the breach of law is sufficiently serious.

Literaturverzeichnis

van Aaken, Anne, Transnationales Kooperationsrecht nationaler Aufsichtsbehörden als Antwort auf die Herausforderung globalisierter Finanzmärkte, in: *Möllers, Christoph/Voßkuhle, Andreas/Walter, Christian* (Hrsg.), Internationales Verwaltungsrecht, Tübingen 2007, S. 219 ff.

Abbott, Kenneth W./Snidal, Duncan, Hard and Soft Law in International Governance, International Organization 54 (2000), S. 421 ff.

Adam, Heike, Die Mitteilungen der Kommission: Verwaltungsvorschriften des Europäischen Gemeinschaftsrechts?, Baden-Baden 1999

von Alemann, Florian, Die Handlungsform der interinstitutionellen Vereinbarung, Berlin, Heidelberg 2006

von Alemann, Florian, Die Notwendigkeit eines formalen Rechtsbegriffes der Unionsrechtsordnung, Der Staat 2006, S. 383 ff.

Alexander, Kern, Reforming European Financial Supervision: some of the legal and institutional challenges, Zeitschrift für Europarecht 2011, S. 50 ff.

Amtenbrink, Fabian, Institutionelle Aspekte der neuen europäischen Finanzmarktregulierung und -aufsicht, in: *Gramlich, Ludwig/Manger-Nestler, Cornelia* (Hrsg.), Europäisierte Regulierungsstrukturen und -netzwerke, Baden-Baden 2011, S. 119 ff.

Annacker, Claudia, Der fehlerhafte Rechtsakt im Gemeinschafts- und Unionsrecht, Wien 1998

Appel, Nicole, Das Internationale Kooperationsrecht der Europäischen Union, Heidelberg 2016

Arndt, Dominik E., Sinn und Unsinn von Soft Law, Baden-Baden 2011

Arnull, Anthony, The legal status of recommendations, ELRev. 15 (1990), S. 318 ff.

Arora, Anu, The Global Financial Crisis: A New Global Regulatory Order?, Journal of Business Law 8 (2010), S. 670 ff.

Arzoz, Xavier, Rechtsfolgen der Rechtswidrigkeit von Verordnungen der Europäischen Gemeinschaften, JöR n.F. 49 (2001), S. 299 ff.

Baber, Graeme, The European Systemic Risk Board, Company Lawyer 32 (2011), S. 225 ff.

Bartodziej, Peter, Reform der EG-Wettbewerbsaufsicht und Gemeinschaftsrecht, Baden-Baden 1994

Basler Ausschuss für Bankenregulierung, Basel III regulatory consistency assessment (Level 2), Preliminary report: European Union, 2012, http://www.bis.org/bcbs/implementation/l2_eu.pdf (15.09. 2015)

Bast, Jürgen, Grundbegriffe der Handlungsformen der EU, Berlin 2006

Bast, Jürgen, Handlungsformen und Rechtsschutz, in: *von Bogdandy, Armin/Bast, Jürgen* (Hrsg.), Europäisches Verfassungsrecht, 2. Aufl., Berlin, Heidelberg 2009, S. 489 ff.

Bast, Jürgen, New Categories of Acts after the Lisbon Reform – Legal Regimes and Institutional Practice, CML Rev. 49 (2012), S. 885 ff.

Baur, Georg/Boegl, Martin, Die neue europäische Finanzmarktaufsicht – Der Grundstein ist gelegt, Zeitschrift für Bank- und Kapitalmarktrecht 2011, S. 177 ff.

Bechtold, Rainer, Faktische Rechtssätze aus Brüssel, in: *Müller, Gerda/Osterloh, Eilert/Stein, Torsten* (Hrsg.), Festschrift für Günter Hirsch zum 65. Geburtstag, München 2008, S. 223 ff.

Bedkowski, Dorothea, Der neue Emittentenleitfaden der BaFin, Betriebs-Berater 2009, S. 394 ff.

Bedkowski, Dorothea, Der neue Emittentenleitfaden der BaFin – nunmehr veröffentlicht, Betriebs-Berater 2009, S. 1482 ff.

Begg, Iain, Regulation and Supervision of Financial Intermediaries in the EU: The Aftermath of the Financial Crisis, Journal of Common Market Studies 47 (2009), S. 1107 ff.

Bengtsson, Elias, Shadow banking and financial stability: European money market funds in the global financial crisis, Journal of International Money and Finance 32 (2013), S. 579 ff.

Bertezzolo, Giulia, The European Union facing the global arena: standard-setting bodies and financial regulation, ELRev. 34 (2009), S. 257 ff.

Biervert, Bernd, Der Mißbrauch von Handlungsformen im Gemeinschaftsrecht, Baden-Baden 1999

Bleckmann, Albert, Europarecht, 6. Aufl., Köln u.a. 1997

Blokker, Niels, Decisions of international organizations: the case of the European Union, Netherlands Yearbook of International Law 30 (2000), S. 3 ff.

Bloomberg, Stellungnahme, RE: Public Consultation, "Inducements under MiFID" (December 2006), CESR/06-687 vom 9.02.2007, http://www.esma.europa.eu/system/files/3603018_2.pdf (15.09.2015)

von Bogdandy, Armin, The European Lesson for International Democracy: The Significance of Articles 9–12 EU Treaty for International Organizations, European Journal of International Law 23 (2012), S. 315 ff.

von Bogdandy, Armin, Grundprinzipien, in: *von Bogdandy, Armin/Bast, Jürgen* (Hrsg.), Europäisches Verfassungsrecht, 2. Aufl., Berlin, Heidelberg 2009, S. 13 ff.

von Bogdandy, Armin, Gubernative Rechtsetzung, Tübingen 2000

von Bogdandy, Armin, Prinzipien von Staat, supranationalen und internationalen Organisationen, in: *Isensee, Josef/Kirchhof, Paul* (Hrsg.), Handbuch des Staatsrechts, Bd. XI, Heidelberg 2013, § 232

von Bogdandy, Armin/Bast, Jürgen/Arndt, Felix, Handlungsformen im Unionsrecht, ZaöRV 62 (2002), S. 77 ff.

von Bogdandy, Armin/Dann, Philipp/Goldmann, Matthias, Developing the Publicness of Public International Law: Towards a Legal Framework for Global Governance Activities, German Law Journal 9 (2008), S. 1375 ff.

von Bogdandy, Armin/Dann, Philipp/Goldmann, Matthias, Völkerrecht als öffentliches Recht: Konturen eines rechtlichen Rahmens für Global Governance, Der Staat 2010, S. 23 ff.

von Bogdandy, Armin/Goldmann, Matthias, Die Ausübung internationaler öffentlicher Gewalt durch Politikbewertung – die PISA-Studie der OECD als Muster einer neuen völkerrechtlichen Handlungsform, ZaöRV 69 (2009), S. 51 ff.

von Bogdandy, Armin/Huber, Peter M., Staat, Verwaltung und Verwaltungsrecht: Deutschland, in: *von Bogdandy, Armin/Cassese, Sabino/Huber, Peter M.* (Hrsg.), IPE III, Verwaltungsrecht in Europa: Grundlagen, Heidelberg 2010, § 42

von Bogdandy, Armin/Kottmann, Matthias/Antpöhler, Carlino/Dickschen, Johanna/Hentrei, Simon/Smrkolj, Maja, Ein Rettungsschirm für europäische Grundrechte, ZaöRV 72 (2012), S. 45 ff.

von Bogdandy, Armin/Venzke, Ingo, In wessen Namen?, Berlin 2014

Bredemeier, Barbara, Kommunikative Verfahrenshandlungen im deutschen und europäischen Verwaltungsrecht, Tübingen 2007

Bréhier, Bertrand, High frequency trading: should technological developments be considered a potential threat to financial markets and be subject to specific regulation?, ERA Forum 2013, S. 69 ff.

Brohm, Markus U., Die „Mitteilungen" der Kommission im Europäischen Verwaltungs- und Wirtschaftsraum, Baden-Baden 2012

Buchmann, Tobias, Umsetzung vollharmonisierender Richtlinien, Baden-Baden 2008

Buchner, Herbert, Vertrauensschutz bei Änderung der Rechtsprechung, in: *Hueck, Götz/Richardi, Reinhard* (Hrsg.), Gedächtnisschrift für Rolf Dietz, München 1973, S. 175 ff.

Bumke, Christian, Kapitalmarktregulierung, Die Verwaltung 2008, S. 227 ff.

Bumke, Christian, Rechtsetzung in der Europäischen Gemeinschaft: Bausteine einer gemeinschaftsrechtlichen Handlungsformenlehre, in: *Schuppert, Gunnar Folke/Pernice, Ingolf/Haltern, Ulrich* (Hrsg.), Europawissenschaft, Baden-Baden 2005, S. 643 ff.

Burgorgue-Larsen, Laurence/Levade, Anne/Picod, Fabrice (Hrsg.), Traité établissant une Constitution pour l'Europe: Commentaire article par article, Brüssel 2007

Busse, Christian, Das Schicksal rechtswidriger Verordnungen im EG-Recht, JöR n.F. 50 (2002), S. 541 ff.

Busuioc, Madalina, Accountability, Control and Independence: The Case of European Agencies, ELJ 15 (2009), S. 599 ff.

Busuioc, Madalina, European agencies, Oxford 2013

Busuioc, Madalina, Rule-Making by the European Financial Supervisory Authorities: Walking a Tight Rope, ELJ 19 (2013), S. 111 ff.

Calliess, Christian/Ruffert, Matthias (Hrsg.), EUV/AEUV, Kommentar, 4. Aufl., München 2011

Camilli, Enrico Leonardo, Basel-Brussels One Way? The EU in the Legalization Process of Basel Soft Law, in: *Chiti, Edoardo/Mattarella, Bernardo Giorgio* (Hrsg.), Global Administrative

Law and EU Administrative Law, Heidelberg, Berlin 2011, S. 323 ff.

CEA, Kommentare zum Consultation Paper on the Guidelines on Complaints-Handling by Insurance Undertakings, CP 10/2011, http://archive.eiopa.europa.eu/consultations/consultation-papers/2011-closed-consultations/november-2011/guidelines-on-complaints-handling-by-insurance-undertakings/index.html (15.09.2015)

Cengiz, Firat, Multi-level governance in competition policy: the European Competition Network, ELRev. 35 (2010), S. 660 ff.

CEP, EU Beschlüsse zur Finanzmarktaufsicht, 30.04.2009, http://www.cep.eu/Analysen_KOM/EU-Finanzaufsicht/KA_Finanzmarktaufsicht.pdf (15.09.2015)

Chalmers, Damian, European Union Public Law, Cambridge 2010

Chamon, Merijn, EU agencies between *Meroni* and *Romano* or the devil and the deep blue sea, CML Rev. 48 (2011), S. 1055 ff.

Chiti, Edoardo, European Agencies' Rulemaking: Powers, Procedures and Assessment, ELJ 19 (2013), S. 93 ff.

Chiti, Edoardo, The governance of compliance, in: *Cremona, Marise* (Hrsg.), Compliance and the enforcement of EU law, Oxford 2012, S. 31 ff.

Chiti, Edoardo, An Important Part of the EU's Institutional Machinery: Features, Problems and Perspectives of European Agencies, CML Rev. 46 (2009), S. 1395 ff.

Chiu, Iris H.-Y., Regulatory Convergence in EU Securities Regulation, Austin u.a. 2008

Claussen, Carsten P./Florian, Ulrich, Der Emittentenleitfaden, Aktiengesellschaft 2005, S. 745 ff.

Conant, Lisa, The governance of compliance, in: *Cremona, Marise* (Hrsg.), Compliance and What EU Member States Make of It, Oxford 2012, S. 1 ff.

Cotterli, Simonetta/Gualandri, Elisabetta, Cross-border groups: Supervision after the Crisis, in: *Bottiglia, Roberto/Gualandri, Elisabetta/Mazzoco, Gian Nereo* (Hrsg.), Consolidation in the European Financial Industry, Basingstoke u.a. 2010, S. 146 ff.

Craig, Paul, EU Administrative Law, Oxford 2012

Crones, Christian, Selbstbindungen der Verwaltung im europäischen Gemeinschaftsrecht, Baden-Baden 1997

Čulinović Herc, Edita/Braut Filipović, Mihaela, The Role of CESR in EU Securities Market Law – From technical advisor to sectoral supervisor, in: *Bodiroga-Vukobrat, Nada/Sander, Gerald G./Barić, Sanja* (Hrsg.), Die Offene Methode der Koordinierung in der Europäischen Union, Hamburg 2010, S. 263 ff.

Daig, Hans-Wolfram, Nichtigkeits- und Untätigkeitsklagen im Recht der Europäischen Gemeinschaften, Baden-Baden 1985

von Danwitz, Thomas, Europäisches Verwaltungsrecht, Heidelberg 2008

von Danwitz, Thomas, Verwaltungsrechtliches System und Europäische Integration, Tübingen 1996

Darnaculleta, Maria Mercè/Bohórquez, Leñero, The Reinforcement of the Basel Committee's Authoritativeness on the Global level by the European Union: The Case of the European Banking Authority, conference paper, Debt and Financial Regulation in Reaction to the Crisis, MPI Heidelberg, 29.11.2012

Davies, Howard/Green, David, The Essential Guide, Cambridge, Malden 2008

Dehousse, Renaud, Regulation by networks in the European Community: the role of European agencies, Journal of European Public Policy 4 (1997), S. 246 ff.

Demarigny, Fabrice/McMahon, Jonathan/Robert, Nicolas, Study for the European Parliament, Policy Department A: Economic and Scientific Policy, Review of the New European European System of Financial Supervision (ESFS), Part 1, PE 507.446, 2013

Deutscher Sparkassen- und Giroverband, Stellungnahme vom 10.10.2012, http://www.bafin.de/SharedDocs/Downloads/DE/Konsultation/2012/dl_kon_0812_stn_DSGV_wa.pdf;jsessionid=D915F54EC7DFCEF2F55BC3C4CF7E3805.1_cid363?__blob=publicationFile&v=2 (15.09.2015)

Dickschen, Johanna, International Regulation of Financial Derivatives, in: *Wolfrum, Rüdiger* (Hrsg.), MPEPIL, 2013, online-edition, http://www.mpepil.com (15.09.2015)

Dieckmann, Raimar, Post-FSAP Agenda: Chance zur Vollendung der europäischen Finanzmarktintegration, Deutsche Bank Research Nr. 24, 25.05.2005

Dietz, Thomas, Schriftliche Stellungnahme im Rahmen der schriftlichen Anhörung des Finanzausschusses des Deutschen Bundestags zu dem Gesetzentwurf der Bundesregierung „Entwurf eines Gesetzes zur Umsetzung der Richtlinie 2010/78/EU vom 24. November 2010 im Hinblick auf die Errichtung des Europäischen Finanzaufsichtssystems" – Drucksache 17/6255, 22.09.2011

Dinov, Stanyo, Europäische Bankenaufsicht im Wandel, EuR 2013, S. 593 ff.

Dorn, Nicholas, Render Unto Caesar: EU Financial Market Regulation Meets Political Accountability, Journal of European Integration 2011, S. 205 ff.

Dragomir, Larisa, European Prudential Banking Regulation and Supervision, New York 2010

Dreier, Horst (Hrsg.), Grundgesetz-Kommentar, 2. Aufl., Bd. 2, Tübingen 2006

Duve, Christian/Keller, Moritz, MiFID: Die neue Welt des Wertpapiergeschäfts, Betriebs-Berater 2006, S. 2425 ff.

Eekhoff, Meike, Die Verbundaufsicht, Tübingen 2006

Ehricke, Ulrich, „Soft law" – Aspekte einer neuen Rechtsquelle, NJW 1989, S. 1906 ff.

Ernst, Christian, Die Verwaltungserklärung, Berlin 2008

Esken, Nadia, Das Expedia-Urteil des EuGH – Folgen für die kartellrechtliche Praxis, Wettbewerb in Recht und Praxis 2013, S. 443 ff.

Everling, Ulrich, Die allgemeine Ermächtigung der Europäischen Gemeinschaft zur Zielverwirklichung nach Art. 235 EWG-Vertrag, EuR Beiheft 1/1976, S. 2 ff.

Everling, Ulrich, Rechtsschutz in der Europäischen Union nach dem Vertrag von Lissabon, EuR Beiheft 1/2009, S. 71 ff.

Fahey, Elaine, Does the Emperor Have Financial Crisis Clothes? Reflection on the Legal Basis of the European Banking Authority, Modern Law Review 74 (2011), S. 581 ff.

Ferran, Eilís, Building an EU Securities Market, Cambridge 2004

Ferran, Eilís/Alexander, Kern, Can Soft Law Bodies be Effective? The Special Case of the European Systemic Risk Board, ELRev. 35 (2010), S. 751 ff.

Finance Watch, Response to EC Consultation on the review of the European System of Financial Supervision, 30.07.2013, http://ec.europa.eu/internal_market/consultations/2013/esfs/docs/contributions/registered-organisations/finance-watch_en.pdf (15.09.2015)

Fischer-Appelt, Dorothee, Agenturen der Europäischen Gemeinschaft, Berlin 1999

Fischer-Appelt, Dorothee, The European Securities and Markets Authority: the beginnings of a powerful European securities authority?, Law and Financial Markets Review 2011, S. 21 ff.

Fleischer, Holger, Verbotsirrtum und Vertrauen auf Rechtsrat im europäischen Wettbewerbsrecht, EuZW 2013, S. 326 ff.

Ford, Greg/Philipponnat, Thierry, The Role of Civil Society in Holding Financial Powers Accountable, Journal of Civil Society 9 (2013), S. 178 ff.

Frank, Alexander, Die Rechtswirkungen der Leitlinien und Empfehlungen der Europäischen Wertpapier- und Marktaufsichtsbehörde, Baden-Baden 2012

Frenz, Walter, Mitteilungen, Bekanntmachungen und Leitlinien nach dem Vertrag von Lissabon, Wettbewerb in Recht und Praxis 2010, S. 224 ff.

Galligan, Denis James, Due process and fair procedures, Oxford 1996

Gesamtverband der Deutschen Versicherungswirtschaft, Kommentare zum Consultation Paper on the Guidelines on Complaints-Handling by Insurance Undertakings, CP 10/2011, http://archive.eiopa.europa.eu/consultations/consultation-papers/2011-closed-consultations/november-2011/guidelines-on-complaints-handling-by-insurance-undertakings/index.html (15.09.2015)

Giani, Leonardo, The complementarity between financial supervision and crisis resolution: a gap in the EU framework at the time of the crisis, Law and Financial Markets Review 4 (2010), S. 421 ff.

Glaser, Andreas, Die Entwicklung des europäischen Verwaltungsrechts aus der Perspektive der Handlungsformenlehre, Tübingen 2013

Goldmann, Matthias, Internationale öffentliche Gewalt, Handlungsformen internationaler Institutionen im Zeitalter der Globalisierung, Heidelberg 2015

Goldmann, Matthias, Inside Relative Normativity: From Sources to Standard Instruments for the Exercise of International Public Authority, German Law Journal 9 (2009), S. 1865 ff.

Goldmann, Matthias, Stress Testing Stress Tests: Challenging the Authority of Indicators (13.06.2012), erhältlich unter SSRN, http://ssrn.com/abstract=2083594 (15.09.2015)

Grabitz, Eberhard, Rechtshandlungen der Gemeinschaftsorgane, in: *Europäische Kommission* (Hrsg.), Dreißig Jahre Gemeinschaftsrecht, Brüssel 1983, S. 91 ff.

Grabitz, Eberhard/Hilf, Meinhard/Nettesheim, Martin, Das Recht der EU, Loseblattsammlung, München, Stand Sept. 2013

von Graevenitz, Albrecht, Mitteilungen, Leitlinien, Stellungnahmen – Soft Law der EU mit Lenkungswirkung, EuZW 2013, S. 169 ff.

Griller, Stefan/Orator, Andreas, Everything under control? The "way forward" for European agencies in the footsteps of the Meroni doctrine, ELRev. 35 (2010), S. 3 ff.

Grimm, Dieter, Das Öffentliche Recht vor der Frage nach seiner Identität, Tübingen 2012

von der Groeben, Hans/Schwarze, Jürgen (Hrsg.), Kommentar zum EU-/EG-Vertrag, 6. Aufl., Baden-Baden 2004

Groß, Thomas, Exekutive Vollzugsprogrammierung durch tertiäres Gemeinschaftsrecht?, Die Öffentliche Verwaltung 2004, S. 20 ff.

Groß, Wolfgang, Kapitalmarktrecht, Kommentar, 5. Aufl., München 2012

Grune, Jeanette K., Anmerkung zu EuGH-Urteil „Expedia", EuZW 2013, S. 116 ff.

Gundel, Jörg, Der Rechtsschutz gegen Handlungen der EG-Agenturen – endlich geklärt?, EuR 2009, S. 383 ff.

Gundel, Jörg, Rechtsschutz gegen Kommissions-Mitteilungen zur Auslegung des Gemeinschaftsrechts, EuR 1998, S. 90 ff.

Gurlit, Elke, Handlungsformen der Finanzmarktaufsicht, ZHR 177 (2013), S. 862 ff.

Haar, Kenneth/Pohl, Christine/Rowell, Andy/Vassalos, Yiorgos, Alter-EU, A captive Commission – the role of the financial industry in shaping EU regulation, 2009, http://www.alter-eu.org/sites/default/files/documents/a-captive-commission-5-11-09.pdf (15.09.2015)

Habermas, Jürgen, Faktizität und Geltung, Frankfurt 1992

Häde, Ulrich, Der EuGH und die Haushaltsdisziplin – Das Urteil vom 13.7.2004 zum Verfahren bei einem übermäßigen Defizit, EuR 2004, S. 750 ff.

Hänle, Florian, Die neue Europäische Finanzaufsicht, Hamburg 2012

Härtel, Ines, Handbuch Europäische Rechtsetzung, Berlin 2006

Halfpap, Patrick, Kapitalmarktaufsicht in Europa und den USA, Frankfurt am Main 2008

Hartig, Helge, Abweichkultur und Befolgungsdruck bei Leitlinien der europäischen Aufsichtsbehörden im Finanzbereich vor dem Hintergrund des § 161 AktG und des DCGK, Betriebs-Berater 2012, S. 2959 ff.

Harz, Silke, Behördliche Koordinierungsausschüsse im europäischen Finanzmarktaufsichts- und Regulierungsrecht, Hamburg 2013

Hellmann, Vanessa, Der Vertrag von Lissabon, Berlin, Heidelberg 2009

Herdegen, Matthias, Bankenaufsicht im Europäischen Verbund, Berlin, New York 2010

Herdegen, Matthias, Europäische Bankenunion: Wege zu einer einheitlichen Bankenaufsicht, WM 2012, S. 1889 ff.

Heun, Werner, Finanzaufsicht im Wandel, JZ 2012, S. 235 ff.

Heußner, Kristina, Informationssysteme im Europäischen Verwaltungsverbund, Tübingen 2007

Hirsbrunner, Simon/Schädle, Anne, Wirkungsloses Rückwirkungsverbot, Wirtschaft und Wettbewerb 2009, S. 12 ff.

Hirte, Heribert/Möllers, Thomas M. J. (Hrsg.), Kölner Kommentar zum WpHG, 2. Aufl., Köln 2014

Hoffmann-Riem, Wolfgang, Rechtsformen, Handlungsformen, Bewirkungsformen, in: *Hoffmann-Riem, Wolfgang/Schmidt-Aßmann, Eberhard/Voßkuhle, Andreas* (Hrsg.), Grundlagen des Verwaltungsrechts, 2. Aufl., Bd. II, München 2012, § 33

Hofmann, Herwig, Normenhierarchien im europäischen Gemeinschaftsrecht, Berlin 2000

Hofmann, Herwig/Morini, Alessandro, Constitutional aspects of the pluralisation of the EU executive through "agencification", ELRev. 37 (2012), S. 419 ff.

Hopt, Klaus J., Auf dem Weg zu einer neuen europäischen und internationalen Finanzmarktarchitektur, NZG 2009, S. 1401 ff.

Hüffer, Uwe, Aktiengesetz, Kommentar, 10. Aufl., München 2012

Hupka, Jan, Die Integration der europäischen Finanzmärkte: Zur Rolle des Commitee of European Securities Regulators (CESR) und der Bindungswirkung von Standards, Zeitschrift für Gemeinschaftsprivatrecht 2008, S. 286 ff.

Hupka, Jan, Kapitalmarktaufsicht im Wandel – Rechtswirkungen der Empfehlungen des Committee of European Securities Regulators (CESR) im deutschen Kapitalmarktrecht, WM 2009, S. 1351 ff.

Hupka, Jan, Neue Rechtsquellen im europäischen Kapitalmarktrecht und ihre Behandlung durch nationale Gerichte, in: *Busch, Christoph/Kopp, Christina/McGuire, Mary-Rose/Zimmermann, Martin* (Hrsg.), Europäische Methodik: Konvergenz und Diskrepanz europäischen und nationalen Privatrechts, Stuttgart, München 2010, S. 291 ff.

Ihrig, Hans-Christoph/Kranz, Christopher, EuGH-Entscheidung Geltl/Daimler: „Selbstbefreiung" von der Ad-hoc-Publizitätspflicht, Betriebs-Berater 2013, S. 451 ff.

Ingves, Stefan, Experiences with the ESRB - The View from within and Relation to Other Policy Areas, in: *Gerlach, Stefan/Gnan, Ernest/Ulbrich, Jens* (Hrsg.), The ESRB at 1, SUERF Studies: 2012/4, Wien 2012, S. 33 ff.

Institut der Wirtschaftsprüfer, Stellungnahme vom 11.10.2012, http://www.bafin.de/SharedDocs/Downloads/DE/Konsultation/2012/dl_kon_0812_stn_IdW_wa.pdf?__blob=publicationFile&v=2 (15.09.2015)

Ipsen, Hans Peter, Europäisches Gemeinschaftsrecht, Tübingen 1972

IWF, EBA Technical Note, Financial Sector Assessment Program European Union, IMF Country Report No. 13/74, 2013, http://www.imf.org/external/pubs/ft/scr/2013/cr1374.pdf (15.09.2015)

IWF, ESMA Technical Note, Financial Sector Assessment Program European Union, IMF Country Report No. 13/69, 2013, http://www.imf.org/external/pubs/ft/scr/2013/cr1369.pdf (15.09.2015)

IWF, Technical Note on Macroprudential Oversight and the Role of the ESRB, Financial Sector Assessment Program European Union, IMF Country Report No. 13/70, 2013, http://www.imf.org/external/pubs/ft/scr/2013/cr1370.pdf (15.09.2015)

Jarass, Hans D., Charta der Grundrechte der Europäischen Union, 2. Aufl., München 2013

Jestaedt, Matthias, Wissenschaftliches Recht, in: *Kirchhof, Gregor/Magen, Stefan/Schneider, Karsten* (Hrsg.), Was weiß Dogmatik?, Tübingen 2012, S. 117 ff.

Kahl, Wolfgang, Der Europäische Verwaltungsverbund: Strukturen – Typen – Phänomene, Der Staat 2011, S. 353 ff.

Kalss, Susanne/Oppitz, Martin/Zollner, Johannes, Kapitalmarktrecht, Bd. I – System, Wien 2005

Kapoor, Sony, Study for the European Parliament, Policy Department A: Emergent Global Challenges: What Europe Needs to Do to Tackle the Triple Crises of Tax, Finance and Climate, PE 433.452, 2010

Karpf, Alexander, Der Lamfalussy-Prozeß, Bank-Archiv 2005, S. 573 ff.

Kasten, Roman A., Regulierung durch Expertengruppen auf der Ebene der Europäischen Kommission – Lobbyismus oder notwendiger Sachverstand?, Zeitschrift für Bankrecht und Bankwirtschaft 2008, S. 238 ff.

Kaufhold, Ann-Katrin, Systemaufsicht, Die Verwaltung 2013, S. 21 ff.

Kelemen, R. Daniel, Eurolegalism: the transformation of law and regulation in the European Union, Cambridge, Mass. u.a. 2011

Kern, Steffen, US-Finanzmarktreform, Deutsche Bank Research, EU-Monitor 77, 6.12.2010

Kirchhof, Gregor/Magen, Stefan, Dogmatik: Rechtliche Notwendigkeit und Grundlage fächerübergreifenden Dialogs – eine systematisierende Übersicht, in: *Kirchhof, Gregor/Magen, Stefan/Schneider, Karsten* (Hrsg.), Was weiß Dogmatik?, Tübingen 2012, S. 151 ff.

Kirchhof, Gregor/Magen, Stefan/Schneider, Karsten (Hrsg.), Was weiß Dogmatik?, Tübingen 2012

Kirchner, Christian, Die ökonomische Theorie, in: *Riesenhuber, Karl* (Hrsg.), Europäische Methodenlehre, 2. Aufl., Berlin 2010, § 5

Klöhn, Lars, Der „gestreckte Geschehensablauf" vor dem EuGH – Zum DaimlerChrysler-Vorlagebeschluss des BGH, NZG 2011, S. 166 ff.

Knauff, Matthias, Europäisches Soft Law als Gegenstand des Vorabentscheidungsverfahrens, EuR 2011, S. 735 ff.

Kohtamäki, Natalia, Die Reform der Bankenaufsicht in der Europäischen Union, Tübingen 2012

Köndgen, Johannes, Privatisierung des Rechts, AcP 206 (2006), S. 477 ff.

Kottmann, Matthias, *Plaumanns* Ende: Ein Vorschlag zu Art. 263 Abs. 4 AEUV, ZaöRV 70 (2010), S. 547 ff.

Krause, Peter, Rechtsformen des Verwaltungshandelns, Berlin 1974

Kraußer, Hans-Peter, Das Prinzip begrenzter Ermächtigung im Gemeinschaftsrecht als Strukturprinzip des EWG-Vertrages, Berlin 1991

Kümpel, Siegfried/Wittig, Arne (Hrsg.), Bank- und Kapitalmarktrecht, 4. Aufl., Köln 2011

Lannoo, Karel/Casey, Jean-Pierre, EU Financial Regulation and Supervision beyond 2005, CEPS Task Force Report, No. 54, 2005

Lannoo, Karel/Valiante, Diego, Integrating Europe's Back Office, ECMI Policy Brief, 2009

Lecheler, Helmut, Ungereimtheiten bei den Handlungsformen des Gemeinschaftsrechts – dargestellt anhand der Einordnung von „Leitlinien", DVBl. 2008, S. 873 ff.

Lefevre, Silvère, Les actes communautaires atypiques, Brüssel 2006

Lehmann, Matthias/Manger-Nestler, Cornelia, Das neue Europäische Finanzaufsichtssystem, Zeitschrift für Bankrecht und Bankwirtschaft 2011, S. 2 ff.

Lehmann, Matthias/Manger-Nestler, Cornelia, Die Vorschläge zur neuen Architektur der europäischen Finanzaufsicht, EuZW 2010, S. 87 ff.

Lenaerts, Koen, The Rule of Law and the Coherence of the Judicial System of the European Union, CML Rev. 44 (2007), S. 1625 ff.

Lenaerts, Koen/Van Nuffel, Piet, European Union Law, 3. Aufl., London 2011

Louis, Jean-Victor, The Implementation of the Larosière Report: A Progress Report, in: *Giovanoli, Mario/Devos, Diego* (Hrsg.), International Monetary and Financial Law: The Global Crisis, Oxford 2010, S. 146 ff.

Ludwigs, Markus, Das veränderte Machtgefüge der Institutionen nach dem Dritten EU-Binnenmarktpaket, DVBl. 2011, S. 61 ff.

Luhmann, Niklas, Rechtssystem und Rechtsdogmatik, Stuttgart 1974

Lutter, Marcus/Bayer, Walter/Schmidt, Jessica, Europäisches Unternehmens- und Kapitalmarktrecht, 5. Aufl., Berlin 2012

Lynch, Timothy E., Gambling by Another Name; The Challenge of Purely Speculative Derivatives, Stanford Journal of Law, Business & Finance 17 (2012), S. 67 ff.

Maggetti, Martino/Gilardi, Fabrizio, The policy-making structure of European regulatory networks and the domestic adoption of standards, Journal of European Public Policy 18 (2011), S. 830 ff.

Majone, Giandomenico, Foundations of Risk Regulation: Science, Decision-Making, Policy Learning and Institutional Reform, European Journal of Risk Regulation 1 (2010), S. 5 ff.

Manger-Nestler, Cornelia, Rechtsschutz in der europäischen Bankenaufsicht, Zeitschrift für das gesamte Kreditwesen 2012, S. 38 ff.

Martino Levi, Luca, The European Banking Authority: Legal Framework, Operations and Challenges Ahead, Tulane European and Civil Law Forum 28 (2013), S. 51 ff.

Maurer, Hartmut, Allgemeines Verwaltungsrecht, 18. Aufl., München 2011

McPhilemy, Samuel/Roche, John, Study for the European Parliament, Policy Department A: Economic and Scientific Policy, Review of the New European System of Financial Supervision (ESFS), Part 2, PE 507.490, 2013

Mendes, Joana, Participation in EU Rule-Making, Oxford 2011

Merlin, Martin, Le nouveau système européen de supervision financière, Revue du Droit de l'Union Européenne 2011, S. 17 ff.

Michel, Katja, Die neue Europäische Bankenaufsichtsbehörde, Die Öffentliche Verwaltung 2011, S. 728 ff.

Möllers, Christoph, Die drei Gewalten, Weilerswist 2008

Möllers, Christoph, Methoden, in: *Hoffmann-Riem, Wolfgang/Schmidt-Aßmann, Eberhard/Voßkuhle, Andreas* (Hrsg.), Grundlagen des Verwaltungsrechts, 2. Aufl., Bd. I, München 2012, § 3

Möllers, Christoph, Transnationale Behördenkooperation, ZaöRV 65 (2005), S. 351 ff.

Möllers, Thomas M. J., Auf dem Weg zu einer neuen europäischen Finanzmarktaufsichtsstruktur: Ein systematischer Vergleich der Rating-VO (EG) Nr. 1060/2009 mit der geplanten ESMA-VO, NZG 2010, S. 285 ff.

Möllers, Thomas M. J., Der BGH, die BaFin und der EuGH: Ad-hoc-Publizität beim einvernehmlichen vorzeitigen Ausscheiden des Vorstandsvorsitzenden Jürgen Schrempp, NZG 2008, S. 330 ff.

Möllers, Thomas M. J., Der CESR – Stellung und Aufgaben im Europäischen Wertpapieraufsichtsrecht, in: *Braumüller, Peter/Ennöckl, Daniel/Gruber, Michael/Raschauer, Nicolas* (Hrsg.), Von der MiFID zum WAG 2007, Wien 2008, S. 55 ff.

Möllers, Thomas M. J., Europäische Methoden- und Gesetzgebungslehre im Kapitalmarktrecht – Vollharmonisierung, Generalklauseln und soft law im Rahmen des Lamfalussy-Verfahrens als Mittel zur Etablierung von Standards, Zeitschrift für europäisches Privatrecht 2008, S. 480 ff.

Möllers, Thomas M. J., Sekundäre Rechtsquellen, Eine Skizze zur Vermutungswirkung und zum Vertrauensschutz bei Urteilen, Verwaltungsvorschriften und privater Normsetzung, in: *Bauer, Jobst-Hubertus/Möllers, Thomas M. J./Kort, Michael/Sandmann, Bernd* (Hrsg.), Festschrift für Herbert Buchner zum 70. Geburtstag, München 2009, S. 649 ff.

Möllers, Thomas M. J., Standards als sekundäre Rechtsquellen, in: *Möllers, Thomas M. J.* (Hrsg.), Geltung und Faktizität von Standards, Baden-Baden 2009, S. 143 ff.

Moloney, Niamh, The Committee of European Securities Regulators and level 3 of the Lamfalussy Process, in: *Tison, Michel/De Wulf, Hans/Van der Elst, Christoph/Steennot, Reinhard* (Hrsg.), Perspectives in company law and financial regulation, Cambridge 2009, S. 449 ff.

Moloney, Niamh, EC Securities Regulation, 2. Aufl., Oxford 2008

Moloney, Niamh, EU Financial Market Regulation after the Global Financial Crisis: "More Europe" or more Risks?, CML Rev. 47 (2010), S. 1317 ff.

Moloney, Niamh, The European Securities and Markets Authority and Institutional Design for the EU Financial Market – A Tale of Two Competences: Part (1) Rule-Making, European Business Organization Law Review 12 (2011), S. 41 ff.

Moloney, Niamh, The European Securities and Markets Authority: a perspective from one year on, Zeitschrift für Öffentliches Recht 2013, S. 59 ff.

Moloney, Niamh, Innovation and risk in EC financial market regulation: new instruments of financial market intervention and the Committee of European Securities Regulators, ELRev. 32 (2007), S. 627 ff.

Morand, Charles-Albert, Les recommandations, les résolutions et les avis du droit communautaire, Cahiers de droit européen 6 (1970), S. 623 ff.

Mülbert, Peter O./Wilhelm, Alexander, Reforms of EU Banking and Securities Regulation after the Financial Crisis, Banking & Finance Law Review 26 (2011), S. 187 ff.

Napolitano, Giulio, The role of the State in (and after) the financial crisis: new challenges for administrative law, in: *Rose-Ackerman, Susan/Lindseth, Peter L.* (Hrsg.), Comparative Administrative Law, Cheltenham 2010, S. 569 ff.

Nazareth, Annette L., Reflections on Systemic Risk Regulation in Response to Karmel's Paper, Brooklyn Journal of International Law 35 (2010), S. 845 ff.

Neumann, Jan, Allgemeines und Verfahrensgrundsätze, *in: Rengeling, Hans-Werner/Middeke, Andreas/Gellermann, Martin* (Hrsg.), Handbuch des Rechtsschutzes in der Europäischen Union, München 2014, § 21

Nicolaysen, Gert, Europarecht I, Die europäische Integrationsverfassung, 2. Aufl., Baden-Baden 2002

Nietsch, Michael, Schadensersatzhaftung wegen Verstoßes gegen Adhoc-Publizitätspflichten nach dem Anlegerschutzverbesserungsgesetz, Betriebs-Berater 2005, S. 785 ff.

Noduoushani, Manuel, Stille Einlagen im Lichte von Basel III, Zeitschrift für Wirtschaftsrecht 2011, S. 1995 ff.

Ohler, Christoph, Finanzmarktregulierung und -aufsicht, in: *Ruffert, Matthias* (Hrsg.), Europäisches Sektorales Wirtschaftsrecht, Bd. 5, Baden-Baden 2013, S. 611 ff.

Oppermann, Thomas/Classen, Claus Dieter/Nettesheim, Martin, Europarecht, 4. Aufl., München 2009

Orator, Andreas, Möglichkeiten und Grenzen der Einrichtung von Unionsagenturen, Tübingen 2016

Ossenbühl, Fritz, Die Handlungsformen der Verwaltung, JuS 1979, S. 681 ff.

Pampel, Gunnar, Rechtsnatur und Rechtswirkungen horizontaler und vertikaler Leitlinien im reformierten europäischen Wettbewerbsrecht, Baden-Baden 2005

Pauly, Walter, Grundlagen einer Handlungsformenlehre im Verwaltungsrecht, in: *Becker-Schwarze, Kathrin/Köck, Wolfgang/Kupka, Thomas/von Schwanenflügel, Matthias* (Hrsg.), Wandel der Handlungsformen im Öffentlichen Recht, Stuttgart 1991, S. 25 ff.

Pernice, Ingolf, Multilevel constitutionalism in the European Union, ELRev. 27 (2002), S. 511 ff.

Peters, Anne, Typology, Utility and Legitimacy of European Soft Law, in: *Epiney, Astrid/Haag, Marcel/Heinemann, Andreas* (Hrsg.),

Die Herausforderung von Grenzen/Le défi des frontières/Challenging boundaries: Festschrift für Roland Bieber, Baden-Baden, Zürich 2007, S. 405 ff.

Pieroth, Bodo/Schlink, Bernhard/Kniesel, Michael, Polizei- und Ordnungsrecht, 7. Aufl., München 2012

Posner, Elliot, The Lamfalussy Process: Polyarchic Origins of Networked Financial Rule-Making in the EU, in: *Sabel, Charles F./Zeitlin, Jonathan* (Hrsg.), Experimentalist Governance in the European Union, Oxford 2010, S. 43 ff.

Rabe, Hans-Jürgen, Das Verordnungsrecht der Europäischen Wirtschaftsgemeinschaft, Hamburg 1963

Rademacher, Timo, Realakte im Rechtsschutzsystem der Europäischen Union, Tübingen 2014

Reimer, Philipp, Zur Theorie der Handlungsformen des Staates, Baden-Baden 2008

Riedel, Daniel, Die Gemeinschaftszulassung für Luftfahrtgerät: Europäisches Verwalten durch Agenturen am Beispiel der EASA, Berlin 2006

Ringleb, Henrik Michael/Kremer, Thomas/Lutter, Marcus/von Werder, Axel (Hrsg.), Deutscher Corporate Governance Kodex, München 2014

Röhl, Hans Christian, Ausgewählte Verwaltungsverfahren, in: *Hoffmann-Riem, Wolfgang/Schmidt-Aßmann, Eberhard/Voßkuhle, Andreas* (Hrsg.), Grundlagen des Verwaltungsrechts, 2. Aufl., Bd. II, München 2012

Röhl, Hans Christian, Finanzmarktaufsicht, in: *Fehling, Michael/Ruffert, Matthias* (Hrsg.), Regulierungsrecht, Tübingen 2010, § 18

Rüthers, Bernd, Rechtstheorie, 7. Aufl., München 2013

Ruffing, Eva, Europäische Wertpapierregulierung zwischen Input- und Output-Legitimität, Baden-Baden 2011

Ruhl, J. B./Salzman, James, In Defense of Regulatory Peer Review, Environmental Law Reporter 38 (2008), S. 10553 ff.

Ruthig, Josef, Aktuelle Entwicklungen der Finanzmarktaufsicht in Europa, in: *Ziekow, Jan/Hyun Seok, Jong* (Hrsg.), Der Staat als Wirtschaftssubjekt und -regulierer, Berlin 2013, S. 43 ff.

Sabido, Pascoe, Alter-EU, A Year of Broken Promises, 2013, http://www.alter-eu.org/sites/default/files/documents/Broken_Promises_web.pdf (15.09.2015)

Sasserath-Alberti, Natascha, Single Rulebook – Theorie und Praxis, EuZW 2012, S. 641 ff.

Sasserath-Alberti, Natascha/Hartig, Helge, EIOPA-Verordnung: Rechtliche Herausforderungen für die Praxis, Versicherungsrecht 2012, S. 524 ff.

Saurer, Johannes, Individualrechtsschutz gegen das Handeln der Europäischen Agenturen, EuR 2010, S. 51 ff.

Schädle, Anne, Exekutive Normsetzung in der Finanzmarktaufsicht, Baden-Baden 2007

Schammo, Pierre, EU Prospectus Law, Cambridge 2011

Schammo, Pierre, The European Securities and Markets Authority: Lifting the veil on the allocation of powers, CML Rev. 48 (2011), S. 1879 ff.

Scherer, Joachim, Neue Entwicklungen im Recht der regulierten Netzinfrastrukturen, NVwZ 2010, S. 1321 ff.

Scherzberg, Arno, Mittelbare Rechtssetzung durch Gemeinschaftsrecht, Jura 1992, S. 572 ff.

Schmidt-Aßmann, Eberhard, Das allgemeine Verwaltungsrecht als Ordnungsidee, 2. Aufl., Berlin 2004

Schmidt-Aßmann, Eberhard, Die Lehre von den Rechtsformen des Verwaltungshandelns, DVBl. 1989, S. 533 ff.

Schmolke, Klaus Ulrich, Der Lamfalussy-Prozess im Europäischen Kapitalmarktrecht – eine Zwischenbilanz, NZG 2005, S. 912 ff.

Schoch, Friedrich/Schmidt-Aßmann, Eberhard/Pietzner, Rainer (Hrsg.), VwGO-Kommentar, Bd. 1, München 2011

Schöndorf-Haubold, Bettina, Die Strukturfonds der Europäischen Gemeinschaft, München 2005

Schuppert, Gunnar Folke, Der Rechtsstaat unter den Bedingungen informaler Staatlichkeit, Baden-Baden 2011

Schwarze, Jürgen (Hrsg.), EU-Kommentar, 2. Aufl., Baden-Baden u.a. 2008

Schwarze, Jürgen (Hrsg.), EU-Kommentar, 3. Aufl., Baden-Baden u.a. 2012

Schweitzer, Michael/Hummer, Waldemar/Obwexer, Walter, Europarecht, Wien 2007

Segna, Ulrich, Irrungen und Wirrungen im Umgang mit den §§ 21 ff. WpHG und § 244 AktG, Aktiengesellschaft 2008, S. 311 ff.

Seidl, David/Sanderson, Paul/Roberts, John, Applying "comply-or-explain": Conformance with Codes of Corporate Governance in the UK and Germany, Centre for Business Research, University of Cambridge, Working Paper No. 389, 2009

Senden, Linda, Soft Law in European Community Law, Oxford 2004

Senden, Linda/van den Brink, Ton, Study for the European Parliament, Policy Department C: Citizen's Rights and Constitutional Affairs, Checks and Balances of Soft EU Rule-Making, PE 462/433, 2012

Shapiro, Martin, Independent Agencies, in: *Craig, Paul/de Búrca, Gráinne* (Hrsg.), The Evolution of EU Law, 2. Aufl., Oxford 2011, S. 111 ff.

Shirvani, Foroud, Haftungsprobleme im Europäischen Verwaltungsverbund, EuR 2011, S. 619 ff.

Siegel, Thorsten, Die Widerspruchskammer im System des europäischen Verwaltungsrechtsschutzes – Wesen und Funktionsweise der Widerspruchskammer nach der neuen REACH-Verordnung für Chemikalien, EuZW 2008, S. 141 ff.

Siekmann, Helmut, Die Finanzmarktaufsicht in der Krise, in: *Scherzberg, Arno/Dogan, Ilyas/Çan, Osman* (Hrsg.), Staatliche Finanzmarktregulierung und Eigentumsschutz, Berlin 2010, S. 9 ff.

Siekmann, Helmut, Die Neuordnung der Finanzmarktaufsicht, Die Verwaltung 2010, S. 95 ff.

Siekmann, Helmut, Die Schaffung von Einrichtungen der Finanzaufsicht auf EU-Ebene, in: *Baums, Theodor* (Hrsg.), Eine stabile Geld-, Währungs- und Finanzordnung, Berlin 2013, S. 449 ff.

Siekmann, Helmut, Errichtung einer Europäischen Ratingagentur, in: *Baums, Theodor* (Hrsg.), Eine stabile Geld-, Währungs- und Finanzordnung, Berlin 2013, S. 541 ff.

Siekmann, Helmut, Neuorganisation der Finanzaufsicht, in: *Kadelbach, Stefan* (Hrsg.), Nach der Finanzkrise, Baden-Baden 2011, S. 131 ff.

Siekmann, Helmut, Staatsversagen und Marktversagen im Bereich der Finanzmärkte, in: *Baums, Theodor* (Hrsg.), Eine stabile Geld-, Währungs- und Finanzordnung, Berlin 2013, S. 637 ff.

Skouris, Vassilios, Stellung und Bedeutung des Vorabentscheidungsverfahrens im europäischen Rechtsschutzsystem, Europäische Grundrechte Zeitschrift 2008, S. 343 ff.

Slaughter, Anne-Marie, A New World Order, Princeton 2004

Smits, René, The European Competition Network: Selected Aspects, Legal Issues of Economic Integration 32 (2005), S. 175 ff.

Soldatos, Panayotis/Vandersanden, Georges, La recommandation, source indirecte du rapprochement des législations nationales dans le cadre de la Communauté économique européenne, in: *de Ripainsel-Landy, Denise/Gerard, Alain/Limpens-Meinertzhagen, Anne/Louis, Jean-Victor/Soldatos, Panayotis/Vander Elst, Raymond/Vandersanden, Georges* (Hrsg.), Les instruments du rapprochement des législations dans la Communauté économique européenne, Brüssel 1976, S. 95 ff.

Soltész, Ulrich, Europäisches „Soft Law" – Ein Wesen ohne Kuschelfaktor, EuZW 2013, S. 881 ff.

Sonder, Nicolas, Rechtsschutz gegen Maßnahmen der neuen europäischen Finanzaufsichtsagenturen, Zeitschrift für Bank- und Kapitalmarktrecht 2012, S. 8 ff.

Spindler, Gerald/Hupka, Jan, Bindungswirkung von Standards im Kapitalmarktrecht, in: *Möllers, Thomas M. J.* (Hrsg.), Geltung und Faktizität von Standards, Baden-Baden 2009, S. 117 ff.

Stancanelli, Paolo, Le système décisionnel de l'Union, in: *Amato, Giuliano/Bribosio, Hervé/De Witte, Bruno* (Hrsg.), Genèse et destinée de la Constitution européenne, Brüssel 2007, S. 485 ff.

Stefan, Oana, Hybridity before the Court: a Hard Look at Soft Law in the EU Competition and State Aid Case Law, ELRev. 37 (2012), S. 49 ff.

Stewart, Richard B., The Reformation of American Administrative Law, Harvard Law Review 88 (1974-1975), S. 1667 ff.

Streinz, Rudolf (Hrsg.), EUV/AEUV-Kommentar, 2. Aufl., München 2012

Sydow, Gernot, Europäische exekutive Rechtsetzung zwischen Kommission, Komitologieausschüssen, Parlament und Rat, JZ 2012, S. 157 ff.

Szczekalla, Peter, Handlungsformen im europäischen Verwaltungsrecht, in: *Terhechte, Jörg Philipp* (Hrsg.), Verwaltungsrecht der Europäischen Union, Baden-Baden 2011, § 5

Terhechte, Jörg Philipp, Der Vertrag von Lissabon: Grundlegende Verfassungsurkunde der europäischen Rechtsgemeinschaft oder technischer Änderungsvertrag?, EuR 2008, S. 143 ff.

Thieme, Juliane, Wertpapierdienstleistungen im Binnenmarkt, Baden-Baden 2008

Thomas, Stefan, Die Bindungswirkung von Mitteilungen, Bekanntmachungen und Leitlinien der EG-Kommission, EuR 2009, S. 423 ff.

Threipland, Mark, Rules and Guidance, in: *Blair, Michael* (Hrsg.), Blackstone's Guide to the Financial Services and Markets Act 2000, Oxford 2001, S. 135 ff.

Tridimas, Takis, Community Agencies, Competition Law, and ECSB Initiatives on Securities Clearing and Settlement, Yearbook of European Law 2009, S. 216 ff.

Tridimas, Takis, EU Financial Regulation: Federalization, Crisis Management and Law Reform, in: *Craig, Paul/de Búrca, Gráinne* (Hrsg.), The Evolution of EU Law, 2. Aufl., Oxford 2011, S. 783 ff.

Tridimas, Takis, Financial Supervision and Agency Power: Reflections on ESMA, in: *Nic Shuibhne, Niamh/Gormley, Laurence W.* (Hrsg.), From Single Market to Economic Union, Oxford 2012, S. 55 ff.

Vedder, Christoph/Heintschel von Heinegg, Wolff (Hrsg.), Europäischer Verfassungsvertrag: Handkommentar, Baden-Baden 2007

Veil, Rüdiger, Europäisches Kapitalmarktrecht, Tübingen 2011

Veil, Rüdiger/Wundenberg, Malte, Englisches Kapitalmarktrecht, Köln 2010

Verband der Finanzdienstleistungsinstitute, Stellungnahme vom 10.10.2012, http://www.bafin.de/SharedDocs/Downloads/DE/Konsultation/2012/dl_kon_0812_stn_VFI_wa.pdf;jsessionid=D915F54EC7DFCEF2F55BC3C4CF7E3805.1_cid363?__blob=publicationFile&v=2 (15.09.2015)

Versluis, Esther/Tarr, Erika, Improving Compliance with European Union Law via Agencies: The Case of the European Railway Agency, Journal of Common Market Studies 2013, S. 316 ff.

Vetter, Jochen, Tagungsbericht Juristentag 2012, Abteilung Wirtschaftsrecht, JZ 2013, S. 404 ff.

Vogt, Matthias, Die Entscheidung als Handlungsform des Europäischen Gemeinschaftsrechts, Tübingen 2005

Voßkuhle, Andreas, Neue Verwaltungsrechtswissenschaft, in: *Hoffmann-Riem, Wolfgang/Schmidt-Aßmann, Eberhard/Voßkuhle,*

Andreas (Hrsg.), Grundlagen des Verwaltungsrechts, 2. Aufl., Bd. I, München 2012, § 1

Wahl, Rainer, Verwaltungsvorschriften: Die ungesicherte dritte Kategorie des Rechts, in: *Schmidt-Aßmann, Eberhard/Sellner, Dieter/Hirsch, Günter/Kemper, Gerd-Heinrich/Lehmann-Grube, Hinrich* (Hrsg.), Festgabe 50 Jahre Bundesverwaltungsgericht, Köln u.a. 2003

Waldhoff, Christian, Kritik und Lob der Dogmatik, in: *Kirchhof, Gregor/Magen, Stefan/Schneider, Karsten* (Hrsg.), Was weiß Dogmatik?, Tübingen 2012, S. 17 ff.

Walla, Fabian, Die Europäische Wertpapier- und Marktaufsichtsbehörde (ESMA) als Akteur bei der Regulierung der Kapitalmärkte Europas – Grundlagen, erste Erfahrungen und Ausblick, Zeitschrift für Bank- und Kapitalmarktrecht 2012, S. 265 ff.

Walla, Fabian, Die Konzeption der Kapitalmarktaufsicht in Deutschland, Baden-Baden 2012

Walzel, Daisy Karoline, Bindungswirkungen ungeregelter Vollzugsinstrumente der EU-Kommission, Köln, München 2008

Weber, Rolf H./Lezzi, Lukas, Neues Europäisches Finanzmarktaufsichtssystem, in: *Epiney, Astrid/Fasnacht, Tobias* (Hrsg.), Schweizerisches Jahrbuch für Europarecht, Bern 2011, S. 251 ff.

Weiß, Wolfgang, Das Leitlinien(un)wesen der Kommission verletzt den Vertrag von Lissabon, Europäisches Wirtschafts- und Steuerrecht 2010, S. 257 ff.

Weiß, Wolfgang, Der Europäische Verwaltungsverbund, Berlin 2010

Wiegel, Volker, Die Prospektrichtlinie und Prospektverordnung, Berlin 2008

Wieland, Joachim, Rechtsprechungsanalyse – Die Krise der Finanzdienstleistungsaufsicht, Die Verwaltung 2010, S. 83 ff.

Wirtschaftskammer Österreich, Kommentare zum Consultation Paper on the Proposal for Guidelines on Complaints-Handling by Insurance Intermediaries, http://archive.eiopa.europa.eu/consultations/consultation-papers/2013-closed-consultations/april-2013/consultation-paper-on-the-proposal-for-guidelin/index.html (15.09.2015)

Wirtschaftsprüferkammer, Stellungnahme vom 11.10.2012 zur Konsultation 8/2012 der BaFin zu einem Entwurf einer Dritten Verordnung zur Änderung der Wertpapierdienstleistungsverordnung

(WpDPV), http://www.bafin.de/SharedDocs/Downloads/DE/Konsultation/2012/dl_kon_0812_stn_wpk_wa.pdf?__blob=publicationFile&v=2 (15.09.2015)

Wolff, Hans J./Bachof, Otto/Stober, Rolf/Kluth, Winfried, Verwaltungsrecht I, 12. Aufl., München 2007

Würtenberger, Thomas, Die Akzeptanz von Verwaltungsentscheidungen, Baden-Baden 1996

Wymeersch, Eddy O., The Institutional Reforms of the European Financial Supervisory System, European Company and Financial Law Review 7 (2010), S. 240 ff.

Wymeersch, Eddy O., The Structure of Financial Supervision in Europe: About Single Financial Supervisors, Twin Peaks and Multiple Financial Supervisors, European Business Organization Law Review 8 (2007), S. 237 ff.

Zahlbruckner, Martin, Die Empfehlung im EWG-Vertrag – Rechtswirkung und Kontrolle durch den EuGH, Juristische Blätter 1993, S. 345 ff.

Zeitler, Franz-Christoph, Vergessene Ursachen der Banken- und Finanzkrise, WM 2012, S. 673 ff.

Zülch, Henning/Hoffmann, Sebastian/Detzen, Dominic, ESMA – Die neue europäische Wertpapier- und Kapitalmarktaufsicht, Europäisches Wirtschafts- und Steuerrecht 2011, S. 167 ff.

Sachregister

Abschlussklausel: 93, 94, 95
Adäquanzgebot: 79
Adressaten: 15, 21, 54, 73, 79, 83 ff., 94, 95 f., 98 f., 103, 106, 108, 110 f., 113 f., 121, 177 ff., 211, 224, 232, 244
AETR-Urteil (Rs. 22/70): 18, 227
Agentur für die Zusammenarbeit der Energieregulierungsbehörden (ACER): 71, 87, 140
Anfechtbare Handlung: 227 ff.
Aufhebung: 174, 180 f., 206, 245
Außerkrafttreten: 180 f., 245
Begründungspflicht: 126, 182 f.
Bekanntgabe, siehe individuelle Bekanntgabe
Berücksichtigungspflicht: 135, 158 ff., 171
Beschluss: 6, 21, 24 f., 38, 94, 98, 101, 120, 130, 136, 175, 177, 179, 182, 214 f., 222 ff., 236, 243 f.
Beschwerdeausschuss: 40, 124, 222 f., 234, 236 f., 241, 246
Bezeichnung: 12, 29, 58, 68, 78, 80 f., 95 ff., 100 ff., 112 ff., 186, 241, 244, 246
comply or explain-Mechanismus: 1 f., 8, 66, 68, 73, 82, 92, 96 f., 99, 112, 123, 124 ff., 134, 136 f., 144, 161, 170, 173, 180, 219, 229, 240, 244
Einleitungsformel: 93 f., 108, 113
Ermessen: 127, 149, 178, 197 f., 200, 206, 213 ff., 218 ff., 239
ESRB: 35, 40, 45, 73 ff., 87, 90, 93, 95, 130, 179, 208, 243
Europäische Agentur für Flugsicherheit (EASA): 70, 71 ff., 152, 207 f., 222
Europäische Arzneimittel-Agentur (EMA): 72 f., 180, 207
Europäisches System der Finanzaufsicht (ESFS): 36, 44, 200, 204, 243
EZB: 21, 26, 46, 49, 124, 187, 227, 230, 243
ESZB: 21, 36, 45, 186 ff.
Formalisierung: 11, 14 f., 17, 192, 243
Formenwahlermessen: 218 ff.
Formidentifizierende Merkmale: 77 ff., 244
Framework: 107, 112 ff.
Funktionen, siehe auch Handlungsform: 69, 75, 243
Gesetzesvorbehalt: 189
Gewaltenteilung: 17, 78
Grimaldi-Urteil (Rs. C-322/88): 158 ff., 226
Gültigkeitsregime: 115, 173 ff., 220, 240, 244 f.
Gültigkeitsvermutung: 174
Haftung

– zivilrechtliche: 164 ff., 171, 245
– der ESAs: 115, 148, 221, 238 ff., 246

Handlungsform: 5 ff., 11 ff., 21, 23 ff., 38, 83, 93, 108 f., 130, 172 f., 175, 181, 212, 220, 241, 243 ff.
– Funktionen: 17 ff.
– Qualifikationsbefugnis: 77 ff.
– Regimeelemente: 77, 115 f.,

Handlungsformenlehre: 5, 12
implied power: 26, 188
Individuelle Bekanntgabe: 177, 179
Inkrafttreten: 175 ff., 179 f., 240
Institutionelles Gleichgewicht: 16, 44, 46, 213
International Public Authority-Ansatz (IPA): 5, 117, 243
Komitologieverfahren: 29, 209
Kompetenz: 15, 17 f., 48, 65, 145, 181, 185, 188, 213,
– siehe auch Rechtsgrundlage

Konsultation: 41, 64, 79, 92, 97, 104 f., 107, 124, 138, 168, 178, 180, 185 f., 193 ff., 197 ff., 200 f., 206, 207 ff., 212, 245
Kontrollregime: 79, 115, 221 ff., 246
Lamfalussy-Verfahren: 29 f., 38, 60, 125, 184
Level-3-Ausschüsse: 8, 20, 28 ff., 58 f., 81, 83 f., 90, 93, 100, 103, 109, 112, 119 ff., 126, 143 f., 163, 170, 180, 193 ff., 222
Meroni-Doktrin (Rs. 9/56): 8, 173, 212 ff., 245
Mitteilung: 22 f., 56, 78, 84, 160, 174, 182, 209, 231
Netzwerk: 36, 128
Nichtigerklärung: 174, 182, 212, 218, 220
Nichtigkeitsklage: 18, 224, 226 ff., 241, 246
numerus clausus der Formen, siehe Sperrwirkung
Prinzip der begrenzten Ermächtigung, siehe Rechtsgrundlage
Prinzipien: 9, 16, 29, 105 ff.
Question and Answer (Q&A)-Dokumente: 103 ff., 163, 203
Rechtmäßigkeit: 79, 116, 153, 174, 181 f., 221 f., 224 f., 227, 236, 240, 245
Rechtmäßigkeitsvermutung: 220
Rechtsform, siehe Handlungsform
Rechtsgrundlage: 15 f., 64, 68, 82, 96 f., 101, 108, 114, 181, 183 ff., 191 f., 218 f., 221, 231, 245
– Grundsatz der begrenzten Einzelermächtigung: 183, 188
– Wesentlichkeitstheorie: 189

Rechtssicherheit: 17, 78, 173
Rechtsstaat: 7 ff., 11, 14, 16 f., 19, 56, 79, 114, 178, 182, 213, 215, 221, 223, 243
Regelfallverbindlichkeit: 152, 170

Regulierung: 2, 4, 39, 46, 65, 193, 243
safe harbour: 146 ff.
sekundäre Rechtsquelle: 171 f.
Selbstbindung der Verwaltung: 123, 146, 148 ff., 170, 178 f., 181, 240, 244
soft law: 56, 73, 121, 164, 171, 216
Sperrwirkung: 23 ff., 243
Sprachenregime: 210 f., 245
Stellungnahmen: 13, 21, 23, 26, 82, 91, 101 ff., 134, 177, 182, 218 ff., 227, 245
Technische Standards: 6, 38, 40, 50, 100 f., 107, 133, 196, 204, 214 ff., 218 ff.
Unabhängigkeit: 44, 46, 204
Unterzeichnungsformel: 80, 93, 95
Unverbindlichkeit: 1, 15, 19, 21 f., 33, 53, 55, 66, 82, 106, 115, 118 ff., 122 ff., 130, 160 f., 170, 174, 177, 182, 187, 211, 230, 240, 244
Verbindlichkeit: 13, 22, 79, 90, 94, 116, 119, 123 f., 130, 133, 138, 151, 170, 173, 187, 229, 244
Verbraucherinteressen: 4, 193 f., 201 f., 245
Verhältnismäßigkeitsgrundsatz: 16, 154, 156, 182, 216, 218 f., 221, 241, 246
Verhaltensnorm: 149
Veröffentlichung: 73, 126, 128, 135, 141, 149, 156, 164, 168, 175 ff., 177 ff., 197, 206 f., 240, 245
Verrechtlichung: 2, 8, 91, 93, 113, 130, 144, 171 ff., 181, 192, 207, 210, 229, 240, 244 f.
– sekundärrechtliche: 135 ff.
Vertrauensschutz: 146 ff., 151, 152 f., 154 ff., 168, 170, 172, 245
Vorabentscheidungsverfahren: 55, 225 f., 235 ff., 241, 246
Wirkungsmodus: 115 f., 170, 240, 244

Max-Planck-Institut für ausländisches öffentliches Recht und Völkerrecht

Beiträge zum ausländischen öffentlichen Recht und Völkerrecht

Hrsg.: A. von Bogdandy, A. Peters

Bde. 27–59 erschienen im Carl Heymanns Verlag KG Köln, Berlin (Bestellung an: Max-Planck-Institut für Völkerrecht, Im Neuenheimer Feld 535, 69120 Heidelberg); ab Band 60 im Springer-Verlag GmbH

---

261 Johanna Elisabeth *Dickschen*: **Empfehlungen und Leitlinien als Handlungsform der Europäischen Finanzaufsichtsbehörden.** 2017. XIX, 277 Seiten. Geb. € 84,99

260 Mohamed *Assakkali*: **Europäische Union und Internationaler Währungsfonds.** 2017. XV, 516 Seiten. Geb. € 99,99

259 Franziska *Paefgen*: **Der von Art. 8 EMRK gewährleistete Schutz vor staatlichen Eingriffen in die Persönlichkeitsrechte im Internet.** 2017. XV, 220 Seiten. Geb. € 69,99

258 Tim René *Salomon*: **Die internationale Strafverfolgungsstrategie gegenüber somalischen Piraten.** 2017. XXXII, 743 Seiten. Geb. € 129,99

257 Jelena *Bäumler*: **Das Schädigungsverbot im Völkerrecht.** 2017. XIX, 379 Seiten. Geb. € 89,99

256 Christopher *Peters*: **Praxis Internationaler Organisationen - Vertragswandel und völkerrechtlicher Ordnungsrahmen.** 2016. XXVIII, 498 Seiten. Geb. € 99,99

255 Nicole *Appel*: **Das internationale Kooperationsrecht der Europäischen Union.** 2016. XVIII, 608 Seiten. Geb. € 109,99

254 Christian *Wohlfahrt*: **Die Vermutung unmittelbarer Wirkung des Unionsrechts.** 2016. XIX, 300 Seiten. Geb. € 84,99

253 Katja *Göcke*: **Indigene Landrechte im internationalen Vergleich.** 2016. XVII, 818 Seiten. Geb. € 139,99

252 Julia *Heesen*: **Interne Abkommen.** 2015. XXI, 473 Seiten. Geb. € 94,99

251 Matthias *Goldmann*: **Internationale öffentliche Gewalt.** 2015. XXIX, 636 Seiten. Geb. € 109,99

250 Isabelle *Ley*: **Opposition im Völkerrecht.** 2014. XXIII, 452 Seiten. Geb. € 94,99

249 Matthias *Kottmann*: **Introvertierte Rechtsgemeinschaft.** 2014. XII, 352 Seiten. Geb. € 84,99

248 Jelena *von Achenbach*: **Demokratische Gesetzgebung in der Europäischen Union.** 2014. XVI, 522 Seiten. Geb. € 94,99

247 Jürgen *Friedrich*: **International Environmental "soft law".** 2014. XXI, 503 Seiten. Geb. € 94,99 zzgl. landesüblicher MwSt.

246 Anuscheh *Farahat*: **Progressive Inklusion.** 2014. XXIV, 429 Seiten. Geb. € 94,99

245 Christina *Binder*: **Die Grenzen der Vertragstreue im Völkerrecht.** 2013. XL, 770 Seiten. Geb. € 119,99

244 Cornelia *Hagedorn*: **Legitime Strategien der Dissensbewältigung in demokratischen Staaten.** 2013. XX, 551 Seiten. Geb. € 99,99

243 Marianne *Klumpp*: **Schiedsgerichtsbarkeit und Ständiges Revisionsgericht des Mercosur.** 2013. XX, 512 Seiten. Geb. € 94,99

242 Karen *Kaiser* (Hrsg.): **Der Vertrag von Lissabon vor dem Bundesverfassungsgericht.** 2013. XX, 1635 Seiten. Geb. € 199,99

241 Dominik *Steiger*: **Das völkerrechtliche Folterverbot und der "Krieg gegen den Terror".** 2013. XXX, 821 Seiten. Geb. € 139,99

240 Silja *Vöneky*, Britta *Beylage-Haarmann*, Anja *Höfelmeier*, Anna-Katharina *Hübler* (Hrsg.): **Ethik und Recht - Die Ethisierung des Rechts/Ethics and Law - The Ethicalization of Law.** 2013. XVIII, 456 Seiten. Geb. € 94,99

239 Rüdiger *Wolfrum*, Ina *Gätzschmann* (eds.): **International Dispute Settlement: Room for Innovations?** 2013. XIV, 445 Seiten. Geb. € 94,95 zzgl. landesüblicher MwSt.

238 Isabel *Röcker*: **Die Pflicht zur rahmenbeschlusskonformen Auslegung nationalen Rechts.** 2013. XXIII, 410 Seiten. Geb. € 89,95

237 Maike *Kuhn*: **Die Europäische Sicherheits- und Verteidigungspolitik im Mehrebenensystem.** 2012. XIII, 325 Seiten. Geb. € 79,95

236 Armin *von Bogdandy*, Ingo *Venzke* (eds.): **International Judicial Lawmaking.** 2012. XVII, 509 Seiten. Geb. € 94,95 zzgl. landesüblicher MwSt.

235 Susanne *Wasum-Rainer*, Ingo *Winkelmann*, Katrin *Tiroch* (eds.): **Arctic Science, International Law and Climate Change.** 2012. XIX, 374 Seiten. Geb. € 84,95 zzgl. landesüblicher MwSt.

234 Mirja A. *Trilsch*: **Die Justiziabilität wirtschaftlicher, sozialer und kultureller Rechte im innerstaatlichen Recht.** 2012. XIX, 559 Seiten. Geb. € 99,95

233 Anja *Seibert-Fohr* (ed.): **Judicial Independence in Transition.** 2012. XIII, 1378 Seiten. Geb. € 169,95 zzgl. landesüblicher MwSt.

232 Sandra *Stahl*: **Schutzpflichten im Völkerrecht - Ansatz einer Dogmatik.** 2012. XXX, 505 Seiten. Geb. € 94,95

231 Thomas *Kleinlein*: **Konstitutionalisierung im Völkerrecht.** 2012. XLII, 940 Seiten. Geb. € 149,95

230 Roland *Otto*: **Targeted Killings and International Law.** 2012. XVIII, 661 Seiten. Geb. € 109,95 zzgl. landesüblicher MwSt.

229 Nele *Matz-Lück*, Mathias *Hong* (Hrsg.): **Grundrechte und Grundfreiheiten im Mehrebenensystem - Konkurrenzen und Interferenzen.** 2012. VIII, 394 Seiten. Geb. € 89,95

228 Matthias *Ruffert*, Sebastian *Steinecke:* **The Global Administrative Law of Science,** 2011. IX, 140 Seiten. Geb. € 59,95 zzgl. landesüblicher MwSt.

227 Sebastian *Pritzkow*: **Das völkerrechtliche Verhältnis zwischen der EU und Russland im Energiesektor.** 2011. XXIV, 304 Seiten. Geb. € 79,95

226 Sarah *Wolf*: **Unterseeische Rohrleitungen und Meeresumweltschutz.** 2011. XXIII, 442 Seiten. Geb. € 94,95

225 Clemens *Feinäugle*: **Hoheitsgewalt im Völkerrecht.** 2011. XXVI, 418 Seiten. Geb. € 89,95

224 David *Barthel*: **Die neue Sicherheits- und Verteidigungsarchitektur der Afrikanischen Union.** 2011. XXV, 443 Seiten. Geb. € 94,95

223 Tilmann *Altwicker*: **Menschenrechtlicher Gleichheitsschutz.** 2011. XXX, 549 Seiten. Geb. € 99,95

222 Stephan *Bitter*: **Die Sanktion im Recht der Europäischen Union.** 2011. XV, 351 Seiten. Geb. € 84,95

221 Holger *Hestermeyer*, Nele *Matz-Lück*, Anja *Seibert-Fohr,* Silja *Vöneky* (eds.): **Law of the Sea in Dialogue.** 2011. XII, 189 Seiten. Geb. € 69,95 zzgl. landesüblicher MwSt.

220 Jan *Scheffler*: **Die Europäische Union als rechtlich-institutioneller Akteur im System der Vereinten Nationen.** 2011. XXXV, 918 Seiten. Geb. € 149,95

219 Mehrdad *Payandeh*: **Internationales Gemeinschaftsrecht.** 2010. XXXV, 629 Seiten. Geb. € 99,95

218 Jakob *Pichon*: **Internationaler Strafgerichtshof und Sicherheitsrat der Vereinten Nationen.** 2011. XXVI, 399 Seiten. Geb. € 89,95

217 Michael *Duchstein*: **Das internationale Benchmarkingverfahren und seine Bedeutung für den gewerblichen Rechtsschutz.** 2010. XXVI, 528 Seiten. Geb. € 99,95

216 Tobias *Darge*: **Kriegsverbrechen im nationalen und internationalen Recht.** 2010. XXXV, 499 Seiten. Geb. € 94,95

215 Markus *Benzing*: **Das Beweisrecht vor internationalen Gerichten und Schiedsgerichten in zwischenstaatlichen Streitigkeiten.** 2010. L, 846 Seiten. Geb. € 139,95

214 Urs *Saxer*: **Die internationale Steuerung der Selbstbestimmung und der Staatsentstehung.** 2010. XLII, 1140 Seiten. Geb. € 169,95

213 Rüdiger *Wolfrum*, Chie *Kojima* (eds.): **Solidarity: A Structural Principle of International Law.** 2010. XIII, 238 Seiten. Geb. € 69,95 zzgl. landesüblicher MwSt.

212 Ramin S. *Moschtaghi*: **Die menschenrechtliche Situation sunnitischer Kurden in der Islamischen Republik Iran**. 2010. XXIII, 451 Seiten. Geb. € 94,95

211 Georg *Nolte* (ed.): **Peace through International Law. The Role of the International Law Commission.** 2009. IX, 195 Seiten. Geb. € 64,95 zzgl. landesüblicher MwSt.

GPSR Compliance
The European Union's (EU) General Product Safety Regulation (GPSR) is a set of rules that requires consumer products to be safe and our obligations to ensure this.

If you have any concerns about our products, you can contact us on

ProductSafety@springernature.com

In case Publisher is established outside the EU, the EU authorized representative is:

Springer Nature Customer Service Center GmbH
Europaplatz 3
69115 Heidelberg, Germany

www.ingramcontent.com/pod-product-compliance
Lightning Source LLC
LaVergne TN
LVHW020451051026
849527LV00001B/344
* 9 7 8 3 6 6 2 5 4 3 6 0 3 *